LERNBÜCHER FÜR WIRTSCHAFT UND RECHT

Herausgegeben von Prof. Dr. Dres. h. c. Günter Wöhe
und Prof. Dr. Dr. h. c. Gerhard Lüke

Bartling/Luzius, Grundzüge der Volkswirtschaftslehre

D1620704

Grundzüge der
Volkswirtschaftslehre

Einführung in die Wirtschaftstheorie
und Wirtschaftspolitik

von

Dr. Hartwig Bartling

Universitätsprofessor für
Volkswirtschaftslehre, Mainz

und

Dr. Franz Luzius

Diplom-Volkswirt

8., verbesserte Auflage

Verlag Franz Vahlen München

CIP-Titelaufnahme der Deutschen Bibliothek

Bartling, Hartwig:
Grundzüge der Volkswirtschaftslehre : Einführung in die
Wirtschaftstheorie und Wirtschaftspolitik / von Hartwig
Bartling u. Franz Luzius. – 8., verb. Aufl. –
München : Vahlen, 1991
  (Lernbücher für Wirtschaft und Recht)
  ISBN 3 8006 1526 6
NE: Luzius, Franz:

ISBN 3 8006 1526 6

© 1991 Verlag Franz Vahlen GmbH, München
Satz und Druck der C. H. Beck'schen Buchdruckerei, Nördlingen

Vorwort zur achten Auflage

Eine Neuauflage ist schon nach kurzer Zeit notwendig geworden. Sie wurde vor allem genutzt, um Zahlenangaben, Tabellen und Literaturhinweise zu aktualisieren. Außerdem hat der Beitritt der DDR zur Bundesrepublik Deutschland inhaltliche Änderungen veranlaßt.

Zu danken haben wir besonders Herrn Direktor *A. Netzold* sowie den Herren Dipl.Vw. *A. Hemmersbach,* Dipl. Vw. *J. Hippchen,* Dipl.Vw. Dipl. Ing. *A. Pett* und Frau cand. rer. pol. *A. Geldsetzer* für die wirkungsvolle Unterstützung. Frau *B. Berg* erledigte in gewohnt guter Weise die Korrekturen und koordinierte die vielfältigen Arbeiten.

Mainz, November 1990
Hartwig Bartling
Franz Luzius

Aus dem Vorwort zur fünften Auflage

Über die Kontroversen zur Bekämpfung von Arbeitslosigkeit, Wachstumsschwäche und Inflation, die von vorsichtiger Anwendung herkömmlicher Fiskalpolitik bis zur strikten Ablehnung antizyklischer Maßnahmen reichen – wie bei den ,,Reaganomics" (ab 1980 in den USA) und dem ,,Thatcherism" (ab 1979 in Großbritannien) –, wurde bereits in der vierten Auflage berichtet. Bei der Überarbeitung des Textes für die Neuauflage sind hierzu neue Erfahrungen einbezogen worden. Angesichts der auf einem ungewöhnlich hohen Niveau verharrenden Arbeitslosigkeit in der BR Deutschland haben neben der herkömmlichen Konjunkturpolitik arbeitsmarktpolitische Maßnahmen zunehmend an Bedeutung gewonnen. Sie sind jetzt in einem eigenen Abschnitt erörtert.

Neu gestaltet und wesentlich erweitert ist die Auseinandersetzung mit dem ergänzenden Problem der Umweltverschmutzung. Im Anschluß an die oft diskutierte Frage, ob sich Zielkonflikte zwischen Ökologie und Ökonomie vermeiden lassen, werden Instrumente der Umweltschutzpolitik – auch anhand praktischer Beispiele – verglichen. Die wirtschaftswissenschaftlichen Konzepte sind inzwischen weitgehend ausgereift, es kommt jetzt im wesentlichen auf ihre politische Umsetzung an.

Die mit der Süderweiterung der Europäischen Gemeinschaft verbundenen Schwierigkeiten sind in knapper Form ebenfalls neu aufgenommen worden.

Außerdem sind kleinere Änderungen z. B. bei der Umverteilungspolitik zur staatlichen Sparförderung und zur Einkommensschichtung berücksichtigt worden. Tabellen und Zahlenangaben sowie das Literaturverzeichnis wurden wiederum aktualisiert.

Mainz, Oktober 1985   *Hartwig Bartling*
                                                       Franz Luzius

Vorwort zur ersten Auflage

Dieses Buch richtet sich in erster Linie an geplagte **Studenten**

- der Wirtschaftswissenschaften im *Anfangssemester,*
- mit Volkswirtschaftlehre im *Nebenfach,*
- an *Fachhochschulen* und *Wirtschaftsakademien*

sowie an wirtschaftswissenschaftlich interessierte **Abiturienten.**

Heute beschäftigt sich ein großer Personenkreis nicht nur oberflächlich mit den Wirtschaftswissenschaften und benötigt dafür eine nicht zu umfangreiche Einführung in wichtige volkswirtschaftliche Zusammenhänge mit aktuellem Bezug. Dieses Buch enthält auf kleinem Raum eine geschlossene Lehreinheit von volkswirtschaftstheoretischen Grundlagen in Verbindung mit wirtschaftspolitischen Fragestellungen. An solchen kombinierten Einführungswerken mangelt es bisher.

Besonderer Wert ist auf die didaktische Aufbereitung der Lehrinhalte gelegt. Die Stoffauswahl sollte einerseits möglichst repräsentativ für den derzeitigen Stand der Wissenschaft sein und darf andererseits den Anfänger nicht überfordern. Die Abschnitte enthalten jeweils Schaubilder, in denen die Hauptinhalte in einprägsamer Kurzform wiedergegeben werden. Theoretische Bezüge und empirische Daten werden gleichermaßen berücksichtigt. Sie sind in erster Linie auf die Volkswirtschaft der BR Deutschland bezogen. Um ein vertieftes Studium zu erleichtern, finden sich jeweils am Schluß der Hauptkapitel kommentierende Hinweise auf weiterführende Literatur.

Das Buch ist nicht zuletzt durch die Erfahrungen mit Vorlesungen und Übungen zur Volkswirtschaftslehre für Nebenfachökonomen, insbesondere Juristen, an der Universität Mainz gefördert worden. Wertvolle Anregungen verdanken wir Herrn Professor Dr. Klaus Rose, der das Manuskript bereits in einem frühen Stadium durchgesehen hat. Auch von Herrn Dipl.Vw. D. Sobotka erhielten wir fruchtbare Verbesserungsvorschläge. Frau Berg und Herr Ohlendorf besorgten einsatzfreudig die Schreibarbeit und lasen geduldig Korrektur. Herrn Professor Dr. G. Wöhe danken wir für die Aufnahme des Buches in die Reihe ,,Lernbücher für Wirtschaft und Recht''.

Mainz, Oktober 1976   *Hartwig Bartling*
                                                       Franz Luzius

Inhaltsübersicht

Detailgliederung

Einleitung

,,Nationalökonomie ist, wenn die Leute sich wundern, warum sie kein Geld haben. Das hat mehrere Gründe, die feinsten sind die wissenschaftlichen". Diese Definition von Kurt Tucholsky zählt vielleicht nicht zu den ,,feinsten", aber sie sticht. Sie zu beurteilen, setzt Kenntnisse der Volkswirtschaftslehre voraus. In diese soll das Buch einführen.

Im *ersten Kapitel* werden zunächst die **allgemeine Problemstellung der Volkswirtschaftslehre** skizziert und die **Methoden der Volkswirtschaftslehre** vorgestellt.

Dabei geht es unter anderem um Fragen wie:
– Warum müssen wir überhaupt wirtschaften?
– Wer wirtschaftet eigentlich?
– Wie gelangt die Volkswirtschaftslehre zu ihren Erkenntnissen?

Im *zweiten Kapitel* wird die Darstellung etwas spezieller. Bei der Behandlung der **Grundprobleme jeder Wirtschaft** werden wir sehen, daß es gar nicht so leicht ist, Antworten auf die drei Hauptfragen zu finden:

(1) Was soll produziert werden?
Welche alternativen Güter sollen in welchen Mengen hergestellt werden? Sollen wir Nahrungsmittel oder Bekleidung, Kühlschränke oder Kraftfahrzeuge produzieren? Sollen wir Schulen oder Straßen oder Krankenhäuser bauen? Ist es sinnvoll, heute weniger Konsumgüter bereitzustellen und statt dessen mehr Maschinen, Fabrikanlagen und mehr Ausbildung zu ermöglichen, so daß wir in den nächsten Jahren reicher werden können?

(2) Wie sollen die Güter produziert werden?
Welche Rohstoffe sollen eingesetzt werden? Welche Technik soll angewandt werden? Mit welchen Maschinen und in welchen Fabriken sollen die Güter erstellt werden?

(3) Für wen sollen die Güter produziert werden?
Wer soll in den Genuß der hergestellten Güter kommen? Wollen wir einige (wieviele?) Reiche und viele Arme oder bescheidenen Wohlstand für die meisten von uns?

Diese drei Problemkreise werden in unterschiedlichen Wirtschaftssystemen – denken Sie an die Wirtschaftssysteme östlicher Prägung und die in den westlichen Industrieländern – auf verschiedene Art zu lösen versucht.

In den sog. **freien Marktwirtschaften westlicher Prägung,** auf deren Probleme wir uns vom dritten Kapitel an konzentrieren wollen, planen die einzelnen Wirtschaftseinheiten – wie die Haushalte und Unternehmen oder die staatlichen Gebietskörperschaften (Bund, Länder und Gemeinden) – selbständig ihre Geschäfte und versuchen, sie in ihrem Eigeninteresse durchzusetzen. Daraus ergibt sich die Frage: Wie werden diese Millionen von Einzelplänen aufeinander abgestimmt?

Das *dritte Kapitel* soll darauf eine Antwort geben, d. h. es befaßt sich mit der **marktwirtschaftlichen Selbststeuerung** der Pläne vieler Einzelwirtschaften. Für die Analyse der einzelnen Wirtschaftseinheiten brauchen wir zunächst
– eine Theorie des Haushalts und eine Theorie der Unternehmung, und sodann müssen wir uns mit dem
– Preissystem als Lenkungsmechanismus vertraut machen. Das bedeutet auch, daß wir die in der Wirklichkeit auftretenden
– Mängel dieses Selbststeuerungsmechanismus aufdecken, die Sie als Schlagworte sicher schon gehört haben – z. B. Monopole, Inflation, ungenügende Versorgung mit öffentlichen Gütern oder Umweltverschmutzung, um nur einige zu nennen. Der Selbststeuerungsmechanismus als solcher wird durch Wettbewerbsbeschränkungen beeinträchtigt. Deshalb soll in diesem Kapitel über die wettbewerbliche Selbststeuerung hierauf und auf die zugehörige
– Politik gegen Wettbewerbsbeschränkungen besonders eingegangen werden.

Das *vierte Kapitel* ist der **Einkommensverteilung in der Marktwirtschaft** gewidmet. Es gilt, Fragen zu behandeln wie:
– Was bestimmt die Höhe des Arbeitslohns?
– Warum beziehen einige Wirtschaftssubjekte sogenannte ,,mühelose‘‘ Einkommen aus Vermögen?
– Welche Möglichkeiten einer Einkommens- und Vermögensumverteilungspolitik gibt es, und wie erfolgversprechend sind sie?

Schließlich sollen im *fünften Kapitel* unter der Überschrift **Gesamtwirtschaftliche Stabilität und Wachstum in der Marktwirtschaft** wirtschaftspolitisch besonders im Vordergrund stehende Probleme zur Sprache kommen wie:
– Warum kommt es immer wieder zu Inflation und Arbeitslosigkeit?
– Können wir nicht viel schneller reicher werden?
– Wie entstehen Verschuldungen gegenüber dem Ausland, und wie kann man sie beseitigen?

Dabei werden wir insbesondere zu klären haben:
– Wie sollte der Staat die öffentlichen Einnahmen und Ausgaben gestalten,
– was für eine Geldpolitik muß die Deutsche Bundesbank betreiben, und
– welche Lohnforderungen der Gewerkschaften sind lohnpolitisch vertretbar, damit die gesamtwirtschaftlichen Ziele ,,Preisniveaustabilität‘‘, ,,Vollbeschäftigung‘‘, ,,Gleichgewicht im Zahlungsverkehr mit dem Ausland‘‘ und ,,Wachstum des Volkseinkommens‘‘ soweit als möglich erreicht und gesichert werden können?

Wir werden erkennen, wie schwer es ist, diese und alle anderen wirtschaftspolitisch angestrebten Ziele gleichzeitig zu verwirklichen. Gelegentlich spricht man deshalb auch von einem ,,magischen Vieleck‘‘ der Wirtschaftspolitik. Diese Magie verständlich zu machen, ist die Absicht dieses Buches.

A. Einführung

Vom Begriff Volkswirtschaftslehre ausgehend ergeben sich die Abschnitte:

I. *Wirtschaft,*
II. *Volks*wirtschaft,
III. Volkswirtschafts*lehre,*
IV. *Methoden* der Volkswirtschaftslehre.

Die inhaltliche Struktur wird jedem Abschnitt als Übersichtsschema vorangestellt.

I. Was ist Wirtschaft?

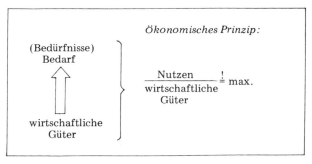

Abb. 1

1. Knappheit als Ausgangsproblem

Unter Wirtschaft kann ganz allgemein jener Ausschnitt menschlichen Handelns verstanden werden, der in Verfügungen über **knappe Mittel** *zur Erfüllung menschlicher* **Bedürfnisse** *besteht.*

Diese menschlichen **Bedürfnisse** sind eine Ausgangstatsache für den Wirtschaftsprozeß. Die Ursache ihrer Entstehung ist eine Frage, die in der Regel außerhalb des Bereiches der Wirtschaftswissenschaften liegt.

Die Ökonomen halten sich an den von den Nachfragern geäußerten Bedarf. **Bedarf** *ist ein konkretisiertes Bedürfnis, zu dessen Befriedigung verfügbare Kaufkraft – d. h. Geld – eingesetzt werden kann.*

Aufgrund des Bedarfs entwickelt sich eine kaufkräftige Nachfrage. Sie richtet sich auf Güter, mit denen die Bedürfnisse befriedigt werden können.

Unter einem **Gut** *verstehen wir jedes Mittel, das geeignet und in der Lage ist, einen Nutzen zu stiften, d. h. ein Bedürfnis zu befriedigen.*

Zu den Gütern im ökonomischen Sinn gehören deshalb nicht nur materielle Gegenstände (Sachgüter wie Lebensmittel, Kleidung, Auto), sondern auch Rechte (Patente, Firmenwerte etc.) und Dienstleistungen. Bei den Dienstleistungen (wie Arzt-, Transport- oder Reparaturleistungen) erfolgt die Bedürfnisbefriedigung durch die unmittelbare Leistung von Personen und nicht durch greifbare Güter.

In bezug auf die Knappheit der Güter sind zwei wichtige Gütergruppen zu unterscheiden:
– freie Güter und
– knappe oder wirtschaftliche Güter.

Freie Güter sind im Verhältnis zu den Bedürfnissen in so großer Menge vorhanden, daß jeder seine Bedürfnisse nach diesen Gütern in beliebigem Umfang befriedigen kann. Ihre Zahl ist offenbar nicht sehr groß. Typische Beispiele dafür sind vielleicht noch Sonnenlicht, Wind und Regen; Luft und Wasser sind angesichts der Umweltverschmutzung nur noch teilweise freie Güter.

Die meisten Güter sind offenbar knapp und müssen deshalb bewirtschaftet werden. Hier treffen wir allerdings schon auf die erste Kontroverse: Es gibt Autoren, die speziell von der amerikanischen Gesellschaft als einer Gesellschaft im Überfluß sprechen. Ein oft zitierter Harvard-Nationalökonom, John K. Galbraith, hat z.B. ein Buch mit dem Titel: ,,The Affluent Society'' (Die Überflußgesellschaft) geschrieben.[1] Worum es ihm geht, ist aber im Grunde nicht die These eines generellen Überflusses, vielmehr will er aufmerksam machen auf das Ungleichgewicht zwischen dem Reichtum an privaten Gütern und dem Mangel an öffentlichen Gütern, wie eine saubere Umwelt, Schulen, öffentliche Sicherheit oder innerstädtische Verkehrsverbindungen.

Ähnlich wie z.B. auch bei dem bekannten Bestseller-Autor Vance Packard[2] geht es hier mehr um eine Sozialkritik. Es werden zu viele, oft unnütze Dinge dem privaten Konsum zugeführt. Was hier bemängelt wird, resultiert also in erster Linie aus einem Lenkungsproblem der Kaufkraft und ist keine Frage der Knappheit. Denken wir außerdem an die vielen armen Länder in der dritten Welt, dürfte jedem klar sein, daß die Menschheit noch keineswegs im Überfluß lebt. Wer wüßte nicht gleich eine ganze Reihe von Gütern zu nennen, die er sich gern zusätzlich kaufen möchte.

Wirtschaften heißt also letztlich nichts anderes, als das Spannungsverhältnis zwischen Bedürfnissen und knappen Mitteln so weit wie möglich zu verringern.

---

[1] J. K. GALBRAITH, The Affluent Society, Boston 1958; deutsche Übersetzung: Gesellschaft im Überfluß, München und Zürich 1963.

[2] Vgl. V. PACKARD, The Waste Makers, New York 1960; deutsche Übersetzung: Die große Verschwendung, Frankfurt/M. u. Hamburg 1960 sowie *derselbe*, The Hidden Persuaders, New York 1957; deutsche Übersetzung: Die geheimen Verführer, Frankfurt/M. u. Berlin 1966.

2. Das ökonomische Prinzip

Die knappen Mittel werden bewirtschaftet. Bei rationalem Verhalten erfolgt dieses Bewirtschaften nach dem sogenannten **ökonomischen Prinzip.** Es beruht auf dem allgemeinen Vernunftprinzip, das jedem Menschen gebietet, entweder mit gegebenen Mitteln (Gütern) einen möglichst großen Erfolg (Nutzen) zu erzielen, oder aber, anders formuliert, ein vorgegebenes Ziel (eine bestimmte Nutzenhöhe) mit einem möglichst geringen Aufwand (möglichst wenig Gütern) zu erreichen.

So handeln Sie ökonomisch, wenn Sie mit einem gegebenen Zeit- und Arbeitsaufwand (z. B. zehn Semester lang 30 Wochenstunden intensiven Studiums) ein möglichst gutes Examen ablegen wollen.

Sie handeln aber auch ökonomisch, wenn Sie eine bestimmte Examensnote (Ziel) mit einem möglichst geringen Zeit- und Arbeitsaufwand erreichen wollen.

Die erste Handlungsweise (fixierter Input, maximaler Output) bezeichnet man als Handeln nach dem **Maximumprinzip,** die zweite (fixierter Output, minimaler Input) als Handeln nach dem **Minimumprinzip.** In der allgemeinen Formulierung, bei variablem Mitteleinsatz (Input) und variablem Erfolgsziel (Output) besteht das ökonomische Prinzip in dem Grundsatz, das Verhältnis von Erfolg zu Mitteleinsatz zu maximieren (**generelles Extremumprinzip**).

Unsinnig, d. h. logisch nicht möglich, ist es, mit dem geringstmöglichen Aufwand den größtmöglichen Erfolg anzustreben. Man kann nicht gleichzeitig nach zwei Richtungen einen Extremwert bestimmen. Vielmehr geht man üblicherweise von einer fixierten Größe aus und versucht, für die andere Größe den Extremwert zu finden.

Was ist also das Ausgangsproblem der Wirtschaftswissenschaften? Wenn für Juristen die Kernfrage ihres Fachs etwa lautet: Was ist dem Gesetz gemäß? oder entsprechend für die Mediziner: Was dient oder schadet der Gesundheit des Menschen? oder für die Theologen: Was ist dem Wort Gottes gemäß?, so heißt eine solche Kernfrage für die Wirtschaftswissenschaftler: Was reduziert die relative Knappheit der Güter?

II. Was ist Volkswirtschaft?

1. Einzelwirtschaften und Gesamtwirtschaft

Mit dem Begriff Volkswirtschaft wird zum Ausdruck gebracht, daß der Blick nicht auf eine oder mehrere Einzelwirtschaften beschränkt bleiben soll, sondern daß es auch auf deren Zusammenspiel in einer Gesamtwirtschaft ankommt. Im engeren Sinne ist Volkswirtschaft dabei auf eine Nationalwirtschaft, d. h. eine Wirtschaft innerhalb der Grenzen eines staatlich organisierten Volkes konzentriert. In einem weiteren Sinne dagegen meint man mit Volkswirtschaft den Zusammenhang wirtschaftlicher Tätigkeit ohne Rücksicht auf die staatliche Einheit: Sie ist dann Weltwirtschaft.

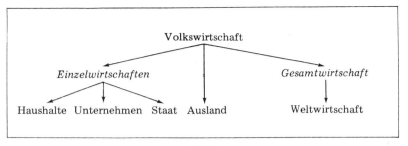

Abb. 2

Beginnen wir aber mit den kleinsten Wirtschaftseinheiten. Einzelwirtschaften, die dadurch gekennzeichnet sind, daß sie einheitliche Wirtschaftspläne aufstellen, kann man vier großen Gruppen zurechnen:

(1) *Haushalte.* Das sind private Konsumeinheiten, die einen einheitlichen **Verbrauchsplan** aufstellen. In ihnen vollzieht sich der Güterverbrauch. Zahlenmäßig sind in der BR Deutschland etwa 7 v. H. aller Haushalte Einzelhaushalte, 80 v. H. sind Familienhaushalte und rd. 13 v. H. sind Anstaltshaushalte.

(2) *Unternehmen* als Wirtschaftseinheiten, die einen einheitlichen **Produktionsplan** aufstellen.

(3) *Staat,* worunter hier eine Mehrzahl von Wirtschaftseinheiten zu verstehen ist, die durch besondere Hoheitsrechte gekennzeichnet sind.

(4) *Ausland,* das wir als eine besondere Gruppe von Wirtschaftseinheiten betrachten, die meist zu einem Aggregat zusammengefaßt werden.

Eine besondere Bedeutung für Aussagen über Einzelwirtschaften und Gesamtwirtschaft kommt dem **Trugschluß der Verallgemeinerung** zu. Darunter versteht man die falsche Annahme, daß alles, was einzelwirtschaftlich richtig ist, auch automatisch gesamtwirtschaftlich richtig sei. So kann z. B. ein einzelner Arbeitsloser selbst dann, wenn die Zahl der offenen Stellen kleiner ist als die Zahl der Arbeitslosen, einen Arbeitsplatz dadurch finden, daß er besonders intensiv nach Arbeit sucht. Verhalten sich aber alle Arbeitslosen so, bleibt ein Teil dennoch ohne Arbeitsplatz.

Angenommen, Sie wollen unbedingt eine Eintrittskarte für ein Schlagerspiel der Fußball-Bundesliga. Stehen Sie als einziger schon eine Stunde vor Öffnung der Vorverkaufsstelle vor der Tür, so werden Sie mit Sicherheit eine Eintrittskarte bekommen. Denken aber außer Ihnen noch 1000 andere Fußballfans so, werden unter Umständen nicht alle eine Eintrittskarte erhalten können.

Die Zahl der Beispiele läßt sich leicht vermehren. Die typische Fehlerquelle liegt immer darin, daß einzelwirtschaftliche Sachverhalte kritiklos auf die Gesamtwirtschaft übertragen werden. Tatsächlich ist die Volkswirtschaft als Ganzes etwas anderes als bloß die Summe aller Einzelwirtschaften.

2. Der Wirtschaftsprozeß als Kreislauf

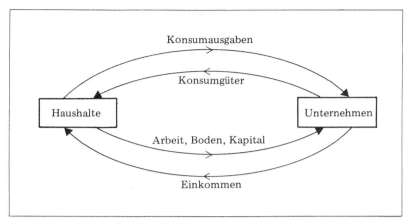

Abb. 3: Geschlossene Wirtschaft ohne staatliche Aktivität

Um einen ersten Eindruck vom Zusammenspiel der Wirtschaftseinheiten in einer Gesamtwirtschaft zu gewinnen, betrachten wir (in Abb. 3) eine einfache Kreislaufdarstellung des Wirtschaftsprozesses. In dieser Wirtschaft soll es nur Haushalte und Unternehmen geben. Der Staat nimmt nicht am wirtschaftlichen Leben teil, und es gibt keine ökonomischen Beziehungen zum Ausland. Eine solche Wirtschaft nennt man eine *geschlossene Wirtschaft* (geschlossen gegenüber dem Ausland) *ohne ökonomische Staatsaktivität.*

Durch welche Vorgänge sind hier die Haushalte mit den Unternehmen verknüpft? Zunächst kann man feststellen, daß ein Teil der Mitglieder eines Haushalts zu den Unternehmen geht, um dort zu arbeiten. D.h. **Arbeitsleistungen** werden von den Haushalten an die Unternehmen abgegeben. Dafür zahlen die Unternehmen an die Haushalte *(Arbeits-)Einkommen.* Einige reiche Haushalte stellen den Unternehmen außerdem noch **Kapital** und vielleicht auch **Gebäude und Grund und Boden** zur Verfügung. Dafür erhalten sie ebenfalls Einkommen, und zwar in Form von *Zinsen, Dividenden, Mieten und Pachten.*

Wichtig ist also, daß einerseits ein Güterstrom (Arbeit, Boden, Kapital) von den Haushalten zu den Unternehmen fließt.

Andererseits fließt ein Geldstrom in Form des Einkommens zu den Haushalten. Der Einfachheit halber nehmen wir an, daß die Haushalte von dem erzielten Einkommen nichts sparen. Dann geben sie es wieder voll zum Kauf von **Konsumgütern** aus *(Konsumausgaben),* die sie als Gegenleistung von den Unternehmen erhalten. Wenn wir uns die Kreislaufdarstellung genau ansehen, erkennen wir jetzt zwei Kreisläufe:
– Außen eingezeichnet ist der sog. **Geldkreislauf:** Die Unternehmen zahlen an die Haushalte Einkommen, die das Geld in Form von Konsumausgaben wieder an die Unternehmen zurückgeben.

– Innen eingezeichnet ist der **Güterkreislauf** der Wirtschaft: Die Haushalte stellen dem Unternehmen Arbeitskraft, Boden und Kapital zur Verfügung, und die Unternehmen liefern an die Haushalte die von ihnen produzierten Konsumgüter.

Welcher der beiden Kreisläufe ist der wichtigere? Auch in einer **Geldwirtschaft** geht es den Wirtschaftseinheiten (hier: Haushalte und Unternehmen) letztlich um die Güter. Das Geld fungiert lediglich als ein Tauschmittel. Es erleichtert die Tauschvorgänge wesentlich, wenn Waren gegen Geld und anschließend das Geld mit ganz anderen Wirtschaftseinheiten gegen Waren getauscht werden kann. Anders ist das in einer **Naturalwirtschaft,** in der Waren nur direkt gegen andere Waren getauscht werden.

Die erste Betrachtung des Wirtschaftsprozesses bleibt verständlicherweise etwas oberflächlich. Viele – kompliziertere – Einzelheiten werden bewußt übergangen. Zunächst kam es nur darauf an, eine erste Vorstellung vom Zusammenwirken der Einzelwirtschaften in einer Gesamtwirtschaft zu gewinnen.

III. Was ist Volkswirtschaftslehre?

1. Teildisziplin der Wissenschaften

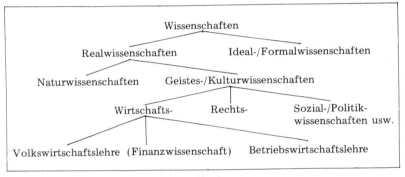

Abb. 4

Die Volkswirtschaftslehre ist eine Disziplin im Rahmen der Wissenschaften, deren Erkenntnisgegenstand die schon umrissene Volkswirtschaft ist. Man kann die Wissenschaften insgesamt in *Realwissenschaften* und Ideal- oder Formalwissenschaften einteilen. Bei den Realwissenschaften, die Informationen über die Realität liefern, kann man wieder in Natur- und *Geistes-/Kulturwissenschaften* gliedern. Etwas vereinfacht läßt sich sagen, daß sich die Kultur- oder Geisteswissenschaften mit den von Menschen geschaffenen Bereichen befassen; demgegenüber haben die Naturwissenschaften als Erkenntnisobjekt die Natur, die ohne Zutun des Menschen existiert.

Zu den Geisteswissenschaften zählen u. a. die *Wirtschaftswissenschaften* und die Rechtswissenschaften. Bei der Systematik der Wirtschaftswissenschaft un-

terscheidet man – besonders im deutschen Sprachbereich – nach Volkswirtschaftslehre und Betriebswirtschaftslehre. Das hat vor allem historische Gründe. Bei der **Betriebswirtschaftslehre** liegt der Schwerpunkt der Betrachtung
beim einzelnen Betrieb und seinen Problemen; die **Volkswirtschaftslehre** untersucht vorwiegend gesamtwirtschaftliche Zusammenhänge. Praktisch kommt
die Betriebswirtschaftslehre nicht ohne gesamtwirtschaftliche Erkenntnisse
und die Volkswirtschaftslehre selbstverständlich nicht ohne einzelwirtschaftliche Grundlagen aus.

Vergleicht man den Betriebswirt mit einem Wissenschaftler, der die ökonomischen
Vorgänge in einer Volkswirtschaft aus der „Froschperspektive" betrachtet, so sieht
der Volkswirt den gleichen Sachverhalt gleichsam aus der „Vogelperspektive". Der
Betriebswirt analysiert das wirtschaftliche Geschehen, indem er von den Einzelwirt-
schaften und ihren internen Abläufen ausgeht, während für den Volkswirt der
Schwerpunkt in den gesamtwirtschaftlichen Beziehungen liegt.

Die **Finanzwissenschaft** wird interessanterweise als besonderer Teil der
Volkswirtschaftslehre angesehen. Sie ist die Einzelwirtschaftslehre von staatlichen Körperschaften wie
– Gebietskörperschaften: Bund, Ländern, Gemeinden;
– öffentlich-rechtlichen Körperschaften: Universitäten, Kirchen, Kammern;
– internationalen Organisationen: Montanunion, EG etc.
Beim gegenwärtigen Erkenntnisstand erscheint es eigentlich naheliegend,
die Wirtschaftswissenschaften als einheitliche Disziplin aufzufassen.
Von den Formalwissenschaften wie besonders der Mathematik und der Statistik sowie von der Logik und der Methodologie erhält die Wirtschaftswissenschaft wesentliche *instrumentelle Hilfe* für die Erkenntnisgewinnung. Außerdem haben die *Ergebnisse von Nachbardisziplinen* wie Rechtswissenschaft,
Soziologie oder Politologie für viele ökonomische Fragen *unmittelbare Bedeutung.*
So stellen z. B. Gesetze nicht selten eine spezielle Art wirtschaftspolitischer
Instrumente dar. Das begründet die Forderung nach interdisziplinärer Zusammenarbeit, die bereits in viele Studienpläne Eingang gefunden hat. Ziel dieser
Ausbildung ist es nicht etwa, den universal gebildeten ‚Alleskönner' zu züch-
ten. Vielmehr soll einer immer dringender werdenden Kooperation von hoch-
qualifizierten Fachleuten verschiedenster Wissenschaftsbereiche ein Weg ge-
ebnet werden.
Irgendwelche Einteilungen der Wissenschaft sollte man nicht als bindende
Abgrenzungen verstehen. Was letztlich allein zählt, ist der Erkenntnisfort-
schritt. Die historisch gewachsene Arbeitsteilung der Disziplinen ist eine reine
Zweckmäßigkeitsfrage und steht als solche jederzeit zur Disposition.
Die **Geburtsstunde der Wirtschaftswissenschaft** liegt in der zweiten Hälfte des
18. Jahrhunderts. Manche sehen sie 1758 mit der Veröffentlichung des Ta-
bleau Economique (erste Kreislaufdarstellung) durch François Quesnay und
manche 1776 mit dem Erscheinen von Adam Smith's „Inquiry into the Nature
and Causes of the Wealth of Nations" (Untersuchung über die Natur und die

Ursachen des Reichtums der Nationen). Davon haben Sie möglicherweise schon im Geschichtsunterricht gehört.

Ein wirtschaftswissenschaftliches Studium mit eigenem Abschluß gibt es an deutschen Hochschulen erst seit der Jahrhundertwende; an den Universitäten sogar erst seit 1914.

Abschließend soll noch auf einige **mit „Volkswirtschaftslehre" verwandte Begriffe** hingewiesen werden:

– *Politische Ökonomie* wurde früher synonym für Volkswirtschaftslehre gebraucht. Die Neue Politische Ökonomie (seit Beginn der 60er Jahre) hat schwerpunktmäßig die Wechselwirkungen zwischen dem ökonomischen und dem politischen Bereich zum Gegenstand.

– *Politökonomie* sieht die wirtschaftlichen Prozesse aus der Sicht des Marxismus-Leninismus.

– *Sozialökonomie bzw. Sozialwirtschaftslehre* war vor allem um die Jahrhundertwende der gängigste Begriff für Volkswirtschaftslehre. Er bringt gut zum Ausdruck, daß Wirtschaft immer soziale Bezüge hat. Heute ist allerdings die Bezeichnung Volkswirtschaftslehre allgemein üblich.

– *Nationalökonomie* findet sich in Deutschland synonym für Volkswirtschaftslehre. Beide Begriffe sind ähnlich problematisch, weil sie durch die Hervorhebung von „Volk-" und „National-" unzutreffende Abgrenzungen betonen. Für eine Weltwirtschaft sind beide zu eng definiert, für regionalwirtschaftliche Aspekte dagegen zu weit.

– *Wirtschaftswissenschaften* scheint heute für den Erkenntnisbereich Wirtschaft der passendste Ausdruck zu sein. Dabei kann zwischen Gesamtwirtschaftslehre (= Volkswirtschaftslehre) und Einzelwirtschaftslehre (= Betriebswirtschaftslehre) unterschieden werden.

2. Von der Wirtschaftstheorie zur Wirtschaftspolitik

Wichtiger als historische Fragen und sicherlich wichtiger auch als die vorhergehenden wissenschaftssystematischen Aspekte ist im folgenden für uns die Unterscheidung von Wirtschaftstheorie und Wirtschaftspolitik.

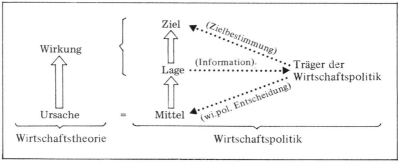

Abb. 5

Eine *Vorstufe* für beide ist die rein deskriptive Darstellung von Gegenständen der Wirtschaft. Hier spricht man von *Wirtschaftskunde*. Sie beschreibt z. B., daß in unserer Wirtschaft Geld aus Banknoten, Münzen und Buchguthaben bei Banken besteht. Insofern gibt die Wirtschaftskunde gewissermaßen Antwort auf die Frage: Was ist?

Die **Wirtschaftstheorie** versucht darüber hinaus zu klären, warum etwas so ist. Ihre Aufgabe besteht also darin, die wirtschaftlichen Zusammenhänge zu erklären (und richtig vorherzusagen). Gewöhnlich geht es hier um **Kausalaussagen,** m. a. W. um Ursache-Wirkungs-Bezüge. Ein Beispiel ist die Aussage: Wenn die Geldmenge unbegrenzt vermehrt wird, verschlechtert sich der Geldwert, d. h. dann steigt das Preisniveau.

Die **Wirtschaftspolitik** versucht Antwort auf die Frage zu finden: Was ist realisierbar und wie lassen sich bestimmte Ziele erreichen? Die Ursache-Wirkungs-Zusammenhänge der Theorie werden in der Wirtschaftspolitik zu Mittel-Ziel-Beziehungen. Aufgrund von Informationen über die Diskrepanz von gewünschter Lage (= Ziel) und tatsächlicher Lage setzen die Träger der Wirtschaftspolitik bestimmte Mittel ein, um tatsächliche Lage und Zielvorstellung in Übereinstimmung zu bringen. Gewissermaßen geht es hier um **Finalaussagen,** wobei die von der Theorie entwickelten Kausalgesetzlichkeiten genutzt werden. Ein Beispiel dafür ist: Wenn politisch Preisniveaustabilität angestrebt wird, darf die Geldmenge nicht unbegrenzt wachsen (sie muß vielmehr in noch näher zu bestimmender Weise reguliert werden).

Eine theoretische Aussage ist der Hinweis, daß Sie eine unbefriedigende Klausur schreiben, wenn Sie sich nicht sorgfältig auf die gestellten Fragen vorbereiten. Die aus diesem Sachverhalt folgende politische Aussage lautet: Wenn Sie eine befriedigende Klausur schreiben wollen, müssen Sie sich sorgfältig genug auf die gestellten Fragen vorbereiten.

Am Anfang der Wirtschaftspolitik steht also ein **Ziel,** das realisiert werden soll. Die Festlegung solcher Ziele oder Normen, d. h. dessen, was sein sollte, läßt sich rein wissenschaftlich allgemeingültig nicht vornehmen. Hier handelt es sich immer um **Werturteile,** die der wissenschaftlichen Analyse vorgegeben werden müssen. Die anzustrebenden Ziele sind essentiell politisch (staatspolitisch), etwa durch das Parlament, zu bestimmen.

Beim Prozeß der Zielfindung stoßen wir auf ein Problem, das unter der Überschrift ,,Wertfreiheit der Wissenschaft'' diskutiert wird. Wann immer die Forderung nach ,,wertfreier Wissenschaft'' erhoben wird, so kann das nie bedeuten, daß überhaupt keine Werturteile in die wissenschaftliche Analyse eingehen. Gemeint ist damit nur, daß Werturteile, über die man verschiedener Ansicht sein kann und bei denen Meinungsverschiedenheiten nicht durch Rückgriff auf die Regeln der Logik oder durch erfahrungswissenschaftliche Tatsachen beigelegt werden können, nicht als wissenschaftliche Aussagen gelten können.

„Wertfreie Aussagen" unterscheiden sich von „Werturteilen" dadurch, daß sie entweder aufgrund der Regeln der Logik oder/und aufgrund empirischer Beobachtung allgemeinverbindlich sind.

„Werturteile" kommen also durchaus als Elemente in wissenschaftlichen Analysen vor. Sie sollten dann allerdings als solche kenntlich gemacht werden. Hier ist es Aufgabe der Wissenschaft, im Rahmen einer **Ideologiekritik** die „wertfreien Aussagen" von den „Werturteilen" zu trennen.

IV. Zur Methode der Volkswirtschaftslehre

Die bisherigen Ausführungen haben sich auf den Gegenstand der Volkswirtschaftslehre bezogen. Zum Abschluß des einführenden Kapitels geht es jetzt bei der Methode der Volkswirtschaftslehre um die spezielle Art und Weise der Erkenntnisgewinnung.

1. Abstraktion als Hilfsmittel

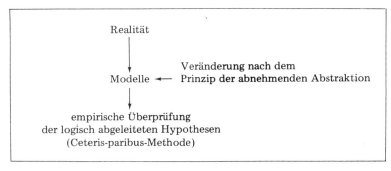

Abb. 6

Typisch für das ökonomische Denken ist das Denken in Modellen. **Modelle** sind immer vereinfachte Abbildungen eines Ausschnitts aus der Realität. Nur ein Teil der Realität wird nachgebaut, der Rest wird weggelassen.

Die Denkmodelle der Wirtschaftswissenschaft sind immer gedankliche Hilfskonstruktionen zur logischen Behandlung der Wirklichkeit auf vereinfachter Grundlage.

Die einfachsten Entwürfe von Modellen kennzeichnet ein sehr hoher Abstraktionsgrad von der Wirklichkeit. Man verbessert sie nach und nach, indem man dem Prinzip der abnehmenden Abstraktion folgt.

Nach dem **Prinzip der abnehmenden Abstraktion** werden schrittweise in die Modelle zusätzliche, wirklichkeitsnähere Annahmen eingeführt. Dafür ergeben sich im folgenden laufend Beispiele.

Generell wichtig ist hier unter methodischem Aspekt – und darum geht es uns zunächst nur –, daß es mit dem Basteln von Denkmodellen und daraus abgeleiteten theoretischen Aussagen letztlich nicht sein Bewenden haben kann. Vielmehr bedarf es darüber hinaus – und daran mangelt es bisher sehr – der **empirischen Überprüfung der theoretischen Hypothesen.** *Nur die Hypothesen, die im empirischen Test (noch) nicht falsifiziert, d. h. als nicht zutreffend erkannt und nicht durch bessere verdrängt worden sind, gehören zum Bestand einer Wissenschaft.*

Bei der empirischen Überprüfung tut sich die Volkswirtschaftslehre allerdings ziemlich schwer. Naturwissenschaftler, wie Physiker oder Chemiker, sind hier prinzipiell im Vorteil: Sie können ihre Hypothesen durch eine Reihe von beliebig wiederholbaren Laborexperimenten untermauern oder widerlegen. Sie können künstliche Bedingungen schaffen, unter denen die Wirkung nur einer Größe auf andere Größen isoliert überprüft werden kann.

Soll zum Beispiel der Siedepunkt verschiedener Flüssigkeiten bestimmt werden, so wird die Bedeutung des Luftdrucks für den Siedepunkt dadurch eliminiert, daß man den Luftdruck in jedem Experiment konstant hält.

Man spricht hier von der **Ceteris-paribus-Methode.** Ceteris paribus heißt: ,,unter sonst gleichen Bedingungen". *Unter Ceteris-paribus-Methode versteht man also, daß der Einfluß einer Größe (Ursache) auf eine andere Größe (Wirkung) isoliert unter Konstanz der übrigen Bedingungen untersucht wird.*

Zu solchen kontrollierten Experimenten – bei denen isolierte Abläufe unter gleichen Bedingungen regelmäßig wiederholt werden können – hat die Wirtschaftswissenschaft kaum Möglichkeiten. So sind die Wirtschaftswissenschaftler darauf angewiesen, die Zusammenhänge und Kausalgesetzlichkeiten in erster Linie gedanklich zu durchdringen und zu erfassen.

Man kann sich gedanklich fragen, wie ändert sich wohl die nachgefragte Menge nach einem Gut, wenn der Preis für dieses Gut steigt und wenn alle anderen Umstände gleich bleiben (ceteris paribus). Empirisch läßt sich die Ceteris-paribus-Bedingung kaum erfüllen.

Versuchen Sie einmal, den Einfluß Ihres Sitzplatzes (vorn, mitten oder hinten im Hörsaal) auf Ihre Klausurleistungen zu messen. Sie werden kaum mehrere oder gar beliebig viele Klausuren schreiben können, bei denen außer Ihrem Sitzplatz während der Klausur alles andere gleich ist: Fragestellung, Platznachbarn, Aufsichtsführung, Ihr Wissen und persönliches Wohlbefinden und vieles andere mehr, was auch nur den geringsten Einfluß auf die von Ihnen in der Klausur erbrachten Leistungen haben kann. Folglich sind Sie, den Zusammenhang von Sitzplatz und Klausurleistungen betreffend, auf Hypothesen angewiesen.

Das meiste, was die Volkswirtschaftslehre heute ausmacht, sind Gedankenexperimente und aus modelltheoretischen Analysen gewonnene Hypothesen. Der Bestand an empirisch überprüften Hypothesen ist (trotz inzwischen erheblichen Einsatzes statistischer Methoden) vergleichsweise gering.

2. Wissenschaftsprogramme

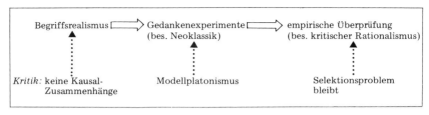

Abb. 7

Die Volkswirtschaftslehre kommt – wie andere Wissenschaften auch – nicht ohne einen Grundstock an Definitionen und Klassifikationen aus. Jedoch darf sie sich nicht in einem „Begriffsrealismus" erschöpfen. Wenn man etwas definiert, z. B. was man unter einem Haushalt oder unter einer Unternehmung zu verstehen hat, so kann man damit beim Gesprächspartner Assoziationen wecken. Erkenntnisse über wirtschaftliche Zusammenhänge – wie etwa den Wirtschaftskreislauf – lassen sich aber so nicht gewinnen. Gegen den „Begriffsrealismus" ist deshalb einzuwenden, daß man durch Definitionen und Klassifikationen allein *keine Ursache-Wirkungszusammenhänge* erfassen kann.

Eine Verbesserung in dieser Hinsicht ermöglichen die „Gedankenexperimente", die besonders mit der als „Neoklassik" bezeichneten Forschungsrichtung verbunden sind.

Gegen diese Forschungsrichtung ist kritisch eingewandt worden, daß sie sich im wesentlichen in „Modellplatonismus" erschöpfe. Die meist auf sehr restriktiven Annahmen aufbauenden Gedankenexperimente seien „Spielereien" ohne hinreichenden realen Bezug, wodurch deren Relevanz für die praktische Wirtschaftspolitik außerordentlich begrenzt werde.

Als Weiterentwicklung fordert der „kritische Rationalismus", daß die theoretisch hergeleiteten Hypothesen mit den Fakten konfrontiert werden müßten. Dazu seien die Hypothesen so aufzustellen, daß sie durch Beobachtung widerlegt werden könnten, d. h. sie müßten falsifizierbar sein.[3]

Die Verifizierung (Beweis der Richtigkeit) von Hypothesen ist nicht möglich; denn es kann immer nur eine begrenzte Zahl von Beobachtungen gemacht werden, und es ist nicht auszuschließen, daß zukünftige Beobachtungen nicht doch im Widerspruch zur Theorie stehen.

Demzufolge gehören – wie schon oben hervorgehoben – alle noch nicht falsifizierten, aber falsifizierbaren Hypothesen, soweit sie nicht schon theoretisch durch bessere verdrängt sind, zum Bestand der Wissenschaft.

Eine theoretisch begründete, empirisch überprüfbare und bisher nicht falsifizierte Hypothese ist z. B. die Behauptung, daß man in einer Klausur eine um so bessere Note erzielt, je intensiver man sich vorbereitet. (Es gilt die Ceteris-paribus-Klausel.)

---

[3] Man spricht hier vom „*Popper-Kriterium*", weil das Postulat zurückgeht auf K. R. POPPER, Logik der Forschung, (1. Aufl. 1934) 5. Aufl. Tübingen 1973.

Auch das Wissenschaftsprogramm des „kritischen Rationalismus" ist allerdings nicht frei von Kritik geblieben. So wird gelegentlich eingewandt, es löse das Problem der einseitigen Auswahl und Behandlung von anstehenden Fragestellungen nicht *(Basis- oder Selektionsproblem)*. Tatsächlich liegt in der Wahl der Probleme, die die einzelnen Forscher aufgreifen, bereits eine Wertung. Es kann die Gefahr nicht ausgeschlossen werden, daß bestimmte Fragestellungen zu kurz kommen. So könnte die Wissenschaft trotz Anwendung exakter Methoden zu einem Instrument der herrschenden Gruppen werden. Das ist ein Vorwurf, der z. B. von neomarxistischer Seite gegen die sogenannte „bürgerliche Nationalökonomie" erhoben wird.

Das Basisproblem trifft die Wirtschaftswissenschaften allerdings nicht anders als die Naturwissenschaften oder andere Wissenschaften. Es ist ganz einfach eine Folge davon, daß die Zahl der zu lösenden Probleme größer ist als die Forschungskapazität, und läßt sich allenfalls etwas entschärfen, indem zu einseitige Forschungsausrichtungen vermieden werden.

Verständnisfragen zu Kapitel A

1. a) Warum müssen Menschen im Schlaraffenland nicht wirtschaften, wohl aber in einer Volkswirtschaft wie der der BR Deutschland?
   b) Erklären Sie, warum Gold als nicht lebensnotwendiges Gut einen hohen Preis hat, während Luft lebensnotwendig ist und dennoch in der Regel nichts kostet.
2. a) Warum verhalten sich Menschen unklug, wenn sie sich nicht nach dem „ökonomischen Prinzip" richten?
   b) Wieweit wird gegen das ökonomische Prinzip verstoßen,
      – wenn ein Haushalt statt nach weiteren Einkommenserhöhungen nach einer Herabsetzung der Arbeitszeit bei gleichbleibendem Einkommen trachtet?
      – wenn ein Unternehmen danach strebt, sein Ansehen statt seinen Gewinn zu vergrößern?
   c) Kritisieren Sie folgenden Satz aus einer Direktive zu einem Fünfjahresplan der früheren DDR: „Bei der Vertiefung der Intensivierung kommt es darauf an, mit niedrigstem Aufwand auf allen Gebieten höchste Ergebnisse zu erreichen."
3. a) Warum ist es sinnvoll, zwischen Einzelwirtschaften und der Gesamtwirtschaft zu trennen?
   b) Wie unterscheiden sich die selbständig handelnden Wirtschaftseinheiten aufgrund ihrer Aktivitäten?
4. Für ein Unternehmen ist es von Vorteil, wenn es den Preis für seine Produkte erhöhen kann. Läßt sich daraus schließen, daß auch die Erhöhung aller Preise in einer Volkswirtschaft für die Unternehmen von Vorteil wäre?
5. a) Welche Beziehungen und Unterschiede bestehen zwischen Geldkreislauf und Güterkreislauf in einer Volkswirtschaft?
   b) Nehmen Sie Stellung zu der Behauptung: „Geld ist das einzige Gut, das zu nichts anderem nützlich ist, als es loszuwerden. Es ernährt Dich nicht, es kleidet Dich nicht, es schützt Dich nicht wie ein Haus, es sei denn, Du gibst es aus."
6. Erläutern Sie die Zusammenhänge zwischen
   a) Volkswirtschaftslehre und Betriebswirtschaftslehre,
   b) Volkswirtschaftslehre und Rechtswissenschaften,
   c) Volkswirtschaftslehre und Naturwissenschaften.

7. a) Zeigen Sie an konkreten Beispielen, wie sich Wirtschaftskunde, Wirtschaftstheorie und Wirtschaftspolitik unterscheiden und ergänzen.
   b) Welche Rollen spielen jeweils die Träger der Wirtschaftspolitik?
8. a) Wie lassen sich Werturteile von wertfreien Aussagen unterscheiden?
   b) Warum ist die Aussage ,,Ein Land sollte ebenso viele Güter exportieren wie importieren" ein Werturteil, während es kein Werturteil ist zu behaupten, ,,daß ein Land, das ständig mehr Güter importiert als exportiert, sich zunehmend gegenüber dem Ausland verschuldet"?
9. a) Erläutern Sie den Einsatz von Modellen und die Anwendung der Ceteris-paribus-Methode an selbstgewählten ökonomischen Beispielen.
   b) Nehmen Sie Stellung zu folgender Kritik: ,,Den Unsinn der Ceteris-paribus-Methode beweist die Aussage: Wenn ein Nichtschwimmer in tiefes Wasser springt, dann ertrinkt er; ceteris paribus bleibt er trocken."
10. a) ,,Während nur wenige Menschen in der Lage sind, Atomphysikern oder Chemikern Ratschläge zu erteilen, betrachten sich viele als verkannte Genies der Wirtschaftspolitik."
    Warum ist es so schwierig, ökonomische Stammtisch-Ideen als unbrauchbar zu entlarven?
    b) Im letzten Absatz des berühmten, im Jahr 1936 erschienenen Buches von J. M. Keynes ,,The General Theory of Employment, Interest and Money" heißt es (übersetzt): ,,Die Ideen der Nationalökonomen – seien sie richtig oder falsch – sind weit einflußreicher als man glaubt. ... Praktiker, die sich völlig frei von jedem intellektuellen Einfluß glauben, sind gewöhnlich nur Sklaven irgendeines verstorbenen Nationalökonomen."
    Interpretieren Sie diese Aussage hinsichtlich ihrer Bedeutung für das Studium der Volkswirtschaftslehre.

Literaturhinweise

Eine für Studienanfänger geeignete **Einführung in Arbeitstechniken** ist
– *M. R. Theisen*, Wissenschaftliches Arbeiten, 1984, 4. Aufl., München 1990, 240 S.
Es werden zunächst Werke genannt, die sich auf die Volkswirtschaftslehre insgesamt beziehen und für ein Vertiefungsstudium geeignet sind. Die Literaturhinweise im Anschluß an die nächsten Hauptkapitel enthalten nur noch Angaben zu den jeweils behandelten Spezialthemen.
Ein **Führer zu volkswirtschaftlichen Literaturquellen** ist
– *K. Borchardt*, Vademecum für den Volkswirt, Stuttgart 1973, 211 S.
Als **Lehrbuch** für die gesamte Volkswirtschaftslehre vgl.
– *P. A. Samuelson*, Economics, 1948, 11. Aufl. New York u. a. 1980, 861 S.; deutsche Übersetzung: Volkswirtschaftslehre, 8. Aufl. Köln 1987, 2 Bde., 480 S. und 640 S.
Dieses in viele Sprachen übersetzte Buch ist das am meisten verbreitete Lehrbuch der Volkswirtschaftslehre. Es ist flott und anschaulich geschrieben, wenn es auch oft in die Breite geht.
Lehr- und Handbücher mit Beiträgen verschiedener Experten zu Teilgebieten der Volkswirtschaftslehre sind
– *D. Bender u. a.*, Vahlens Kompendium der Wirtschaftstheorie und Wirtschaftspolitik, 2 Bde., München 1980/81, Bd. 1, 4. Aufl. 1990, 607 S. u. Bd. 2, 4. Aufl. 1990, 625 S. und als älteres Werk
– *W. Ehrlicher, I. Esenwein-Rothe, H. Jürgensen, K. Rose* (Hrsg.), Kompendium der Volkswirtschaftslehre, 2 Bde., Göttingen 1967, Bd. 1, 5. Aufl. 1975, 586 S. und Bd. 2, 4. Aufl. 1975, 533 S.

Zur Wirtschaftstheorie:

– *A. Woll,* Allgemeine Volkswirtschaftslehre, 1969, 10. Aufl. München 1990, 650 S. Zu dieser weit verbreiteten und didaktisch geschickt auch formale Denkansätze benutzenden Einführung gibt es ein Übungsbuch, 7. Aufl. München 1987, 560 S.
– *E. Helmstädter,* Wirtschaftstheorie, 2 Bde., München 1974/79, Bd. 1, 4. Aufl. i. V. und Bd. 2, 3. Aufl. 1986, 282 S. Diese gut aufbereiteten Einführungsbände stützen sich auf das Denken in Modellen, wie es vertiefend für Fortgeschrittene auch für das folgende umfassende Werk kennzeichnend ist:
– *M. Neumann,* Theoretische Volkswirtschaftslehre, 3 Bde., Bd. I, 1976, 3. Aufl. München 1988, 392 S., Bd. II 2. Aufl. München 1987, 366 S. und Bd. III München 1982, 379 S.
– *A. Stobbe,* Volkswirtschaftslehre, 3 Bde., Bd. I: Volkswirtschaftliches Rechnungswesen, 1966, 6. Aufl. München 1984, 401 S., Bd. II: Mikroökonomik, München 1983, 600 S., Bd. III: Makroökonomik, 2. Aufl. München 1987, 394 S.

Zur Wirtschaftspolitik:

– *O. Issing* (Hrsg.), Allgemeine Wirtschaftspolitik, 1982, 2. Aufl. München 1988, 216 S. Die ab dem Jahr 1980 zunächst in der Zeitschrift ,,Wirtschaftswissenschaftliches Studium (WiSt)`` erschienenen zwanzig Beiträge von verschiedenen Autoren geben kurze Überblicke über wesentliche Teilbereiche der Wirtschaftspolitik.
– *A. Woll,* Wirtschaftspolitik, München 1984, 385 S. Vom gleichen Autor wie die weit verbreitete Einführung in die ,,Allgemeine Volkswirtschaftslehre`` erfolgt eine geschickte und gut lesbare Analyse zentraler Bereiche der Wirtschaftspolitik, die konsequent vom Primat individueller Freiheit ausgeht.
– *M. E. Streit,* Theorie der Wirtschaftspolitik, 1979, 3. Aufl. Düsseldorf 1983, 332 S. Die grundlegende Einführung ist im akademischen Lehrbetrieb ebenso eingeführt wie vor allem der erste Band des folgenden Werkes, dessen einzelne Teile verschiedene Verfasser haben:
– *Th. Pütz* (Hrsg.), Wirtschaftspolitik, Grundlagen und Hauptgebiete, 3 Bde., Stuttgart 1971 ff. (Bd. I, 1971, 4. Aufl. 1979, 267 S. und Bd. II, 1975 (Neuersch. i. V.), 164 S. und Bd. III, 1971, 236 S.)
Branchenstudien für die BR Deutschland enthalten die Sammelbände
– *P. Oberender* (Hrsg.), Marktstruktur und Wettbewerb in der BR Deutschland, München 1984, 694 S. und *derselbe* (Hrsg.), Marktökonomie, München 1989, 742 S.
Die Wechselwirkungen zwischen dem ökonomischen und dem politischen Bereich werden betont bei
– *B. S. Frey,* Theorie demokratischer Wirtschaftspolitik, München 1981, 401 S.

Nachschlagewerke sind

– *E. Dichtl, O. Issing* (Hrsg.), Vahlens Großes Wirtschaftslexikon, München 1987, 2 Bde., 1126 S. und 1038 S.
– *F. Geigant, D. Sobotka, H. M. Westphal,* Lexikon der Volkswirtschaft, 1975, 5. Aufl. Landsberg 1987, 832 S.
– *H. C. Recktenwald,* Lexikon der Staats- und Geldwirtschaft, München 1983, 760 S.
– *H. C. Recktenwald,* Wörterbuch der Wirtschaft, 1954, 10. Aufl. Stuttgart 1987, 706 S.
– Gablers Wirtschaftslexikon, 1956, 12. Aufl. Wiesbaden 1988, 2 Bde., über 3000 S. und 6000 Spalten.
– *A. Woll* (Hrsg.), Wirtschaftslexikon, 4. Aufl. München, Wien 1990, 824 S.
Die bisher genannten Nachschlagewerke enthalten kurze Erläuterungen zu jedem Stichwort – meist ohne Verfasser und weiterführende Literaturangaben. Umfassendere

Handwörterbücher und Enzyklopädien mit namentlich gezeichneten Aufsätzen und Literaturangaben zu jedem Stichwort sind
- Handwörterbuch der Wirtschaftswissenschaft, hrsg. von *W. Albers u. a.* Göttingen u. a. 1977–1982, 10 Bde., Registerband 6971 S. (Studienausgabe 1988) und sein Vorgänger
- Handwörterbuch der Sozialwissenschaften, hrsg. von *E. v. Beckerath u. a.* Göttingen u. a. 1952–1965, 12 Bde. und Registerband, 9027 S.
- Handwörterbuch der Betriebswirtschaft, hrsg. von *E. Grochla, W. Wittmann,* 1974–1976, 4. Aufl. Stuttgart 1984, insgesamt 5009 Spalten;
- Handbuch der Finanzwissenschaft, hrsg. von *W. Gerloff, F. Neumark,* 1952–1965, 3. Aufl. Tübingen 1977–1983, 4 Bde., insgesamt 2538 S.

B. Grundprobleme jeder Volkswirtschaft

I. Die Güterproduktion in einer Periode

1. Der Grundansatz

Wer an Wirtschaft denkt, denkt auch an Güterproduktion; denn fast alle knappen Güter müssen erst durch den Menschen hergestellt werden. Güterproduktion wird in der Volkswirtschaftslehre sehr weit aufgefaßt. Dazu gehört nicht nur die technische Be- und Verarbeitung von Stoffen, sondern z. b. auch die Leistung, die ein Händler erbringt, wenn er ein Auto von der Fabrik bezieht und an den Kunden weiterveräußert.

Die volkswirtschaftliche Güterproduktion umfaßt alle ökonomischen Aktivitäten von der Urerzeugung über die Be- und Verarbeitung bis hin zur Verteilung (Distribution) knapper Güter. Lediglich der Verbrauch der Güter (Konsumtion) gehört nicht mehr dazu.

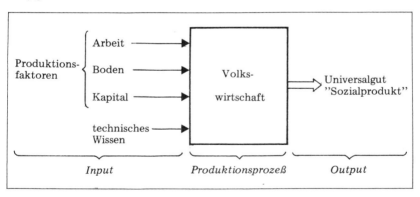

Abb. 8

Wir betrachten die gesamte Volkswirtschaft – modellhaft vereinfacht (Abb. 8) – als eine einzige Riesenunternehmung, die durch einen Kasten dargestellt wird, von dem wir zunächst nicht wissen (wollen), was in seinem Inneren vor sich geht. Auf der einen Seite geht ein „Input" ein, und auf der anderen Seite kommt in einer Periode (z. B. einem Jahr) durch die Produktion in der Riesenunternehmung Volkswirtschaft ein „Output" heraus.

Hinsichtlich des **Output** nehmen wir zunächst in extremster Abstraktion an, daß nur ein einziges Universalgut hergestellt wird, das sich für alle denkbaren Verwendungszwecke gleich gut eignet. Wir wollen das Gut „Sozialprodukt" (SP) nennen.

2*

Den **Input** sehen wir etwas genauer an. Zusammenfassend spricht man hinsichtlich aller Mittel, die an der Erstellung von Gütern beteiligt sind, von den **Produktionsfaktoren.** Sie werden herkömmlich in die drei großen Gruppen Arbeit (A), Boden (B) und Kapital (K) eingeteilt.[1]

Eine besondere Frage ist, wie das technisch-organisatorische Wissen (t) – d. h. die Menge aller Kenntnisse über die Produktions- und Organisationsmöglichkeiten – berücksichtigt werden soll. Während die Produktionsfaktoren angeben, was im Produktionsprozeß kombiniert wird, bestimmt das technische Wissen, *wie* diese Kombination durchgeführt wird. Für die Produktionsleistung der Volkswirtschaft sind beide Aspekte wichtig; denn letztlich hängt die in einer Periode herstellbare Menge des Universalgutes SP sowohl von Art und Menge der einsetzbaren Produktionsfaktoren als auch vom Stand des bei ihrer Kombination angewandten technisch-organisatorischen Wissens ab.

Das **technisch-organisatorische Wissen** können wir deshalb als Bindeglied zwischen Produktionsfaktoren, Input und Output begreifen.

2. Die gesamtwirtschaftliche Produktionsfunktion

a) Input und Output

Die beschriebenen Abhängigkeiten lassen sich in prägnanter und kompakter Form als Funktionalbeziehung darstellen. Die als ,,**gesamtwirtschaftliche Produktionsfunktion**'' bezeichnete Gleichung enthält folgende Größen:

$$\text{Menge}_{SP} = t\,(A, B, K)$$

Menge_{SP} = hergestellte Menge des ,,Sozialprodukt'' genannten Universalgutes,

t = technisch-organisatorisches Wissen, das bei der Kombination der Produktionsfaktoren eingesetzt wird,

A = Arbeit,

B = Boden,

K = Kapital.

Die gesamtwirtschaftliche Produktionsfunktion besagt, daß (und sobald sie näher spezifiziert wird, auch wie) das Sozialprodukt als Output einer Volkswirt-

---

[1] Es sind auch andere Gruppenbildungen mit dem gleichen Anspruch auf Richtigkeit logisch denkbar. Welche Einteilung am zweckmäßigsten ist, hängt vom speziellen Untersuchungsziel ab. – So hat insbesondere die Betriebswirtschaftslehre für ihre Erkenntniszwecke ein eigenes System von Produktionsfaktoren entwickelt. Sie unterscheidet: Arbeitsleistungen, Betriebsmittel, Werkstoffe und, neben diesen sog. Elementarfaktoren, den dispositiven Produktionsfaktor Betriebs- und Geschäftsleitung. – In der Volkswirtschaftslehre besteht im allgemeinen kein Anlaß, von der genannten ,,klassischen'' Dreier-Gliederung abzugehen.

schaft von den zum Einsatz kommenden Produktionsfaktoren Arbeit, Boden und Kapital und dem für die Art der Kombination dieser Produktionsfaktoren maßgeblichen technisch-organisatorischen Wissen abhängt.
Hier (und im folgenden) wird das Handeln nach dem ökonomischen Prinzip immer als gegeben unterstellt.

Bei vorhandenen Beständen an Produktionsfaktoren (A, B, K) und gegebener Technik (t) ist in einer Volkswirtschaft die in einer Periode maximal herstellbare Gesamtgütermenge genau bestimmt. Soll das ,,Sozialprodukt`` einer Volkswirtschaft zunehmen, so muß mindestens eine seiner – auf der rechten Seite der Gleichung stehenden – Determinanten positiv verändert werden. Damit sind wir bei einem der zentralen wirtschaftlichen Probleme, vor dem jede Wirtschaft – ganz gleich wie sie organisiert ist – steht, nämlich bei den Möglichkeiten und Grenzen ihres gesamtwirtschaftlichen Wachstums. Diese Betrachtung soll später fortgesetzt werden. Zuvor ist es noch zweckmäßig, die einzelnen Produktionsfaktorgruppen näher zu charakterisieren.

b) Die Produktionsfaktoren

ba) Der Produktionsfaktor Arbeit

In der Volkswirtschaft versteht man unter Arbeit jede menschliche Tätigkeit, die zur Befriedigung der Bedürfnisse anderer und in der Regel gegen Entgelt verrichtet wird.
Nicht zur Arbeit gehören Beschäftigungen, die nur der eigenen Bedürfnisbefriedigung dienen (z. B. Hobbytätigkeit, private Haushaltsaktivitäten).

Ein Fußballspieler arbeitet, wenn er als Berufssportler für seinen Verein und die Zuschauer aktiv ist. Ein anderer, der als Amateurfußballer in erster Linie zum eigenen Vergnügen spielt, arbeitet im volkswirtschaftlichen Sinn nicht während des Spiels.

Arbeit ist heute noch zu einem kleinen Teil primärer – d. h. unproduzierter – Produktionsfaktor, denn dazu wird nur die ungelernte Arbeit gezählt. Durch Ausbildung wird die Arbeit meist ihrerseits zum ,,Produkt`` von Produktionsprozessen, an denen andere Arbeitskräfte und auch Produktionsmittel in erheblichem Maße mitwirken.

Auf jeden Fall sind bei dem Faktor Arbeit die beiden Komponenten Quantität und Qualität besonders bedeutsam.

bb) Der Produktionsfaktor Boden

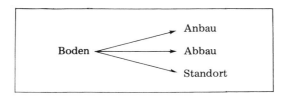

Boden ist der sehr weit gefaßte Oberbegriff für alle Gratishilfsquellen, die von der Natur in den Produktionsprozeß eingebracht werden, d. h. für alle sogenannten ,,natürlichen Ressourcen".

Dazu zählt nicht nur der Quadratmeter Boden am Rhein-Main-Flughafen oder in der Frankfurter Innenstadt, nicht nur alle Acker-, Grünland- oder Waldflächen. Vielmehr gehören auch alle Bodenschätze, Gewässer, die Vegetation und das gesamte Klima (Regen, Wind, Wärme u. ä.) zum Produktionsfaktor Boden.

Besondere Bedeutung kommt den Unterschieden in der praktischen Nutzungsart des Bodens zu. So dient der Boden als
– Anbauboden: bei land- und forstwirtschaftlicher Nutzung,
– Abbauboden: bei der Gewinnung von Rohstoffen, z. B. bei Mineral-, Kohle- oder Eisenerzvorkommen,
– Standort: besonders für die Produktion in Industrie und Handwerk sowie im Dienstleistungsbereich.
Zu diesen drei **produktiven Nutzungsarten** – Einsatz im Unternehmenssektor – kommt als vierte noch die unmittelbar **konsumtive Nutzung** durch die privaten Haushalte hinzu. Angesichts der Tatsache, daß der Gesamtumfang des Bodens praktisch konstant ist, haben die Verschiebungen zwischen den einzelnen Nutzungsarten eine gravierende Bedeutung. So kann z. B. der industrielle Standortboden nur ausgedehnt werden, wenn zugleich der landwirtschaftliche Anbauboden und/oder der unmittelbar konsumtiv genutzte Bodenanteil schrumpft.
Wie bei der Arbeit sprechen wir auch beim Boden von einem primären Produktionsfaktor, soweit er ursprünglich, d. h. noch nicht durch Produktionsprozesse verändert ist. Diese Art von Boden gibt es allerdings kaum noch, da bereits jede Rodung, jede Änderung der Be- oder Entwässerung (z. B. durch Staudämme oder Drainagen) die Qualität des Bodens beeinflußt. So ist es im Grunde nur historisch von Bedeutung, wenn Arbeit und Boden als die beiden originären oder primären Produktionsfaktoren dem dritten Produktionsfaktor Kapital gegenübergestellt werden. Kapital ist von Anfang an mit Hilfe der beiden Produktionsfaktoren produziert worden und insofern kein originärer, sondern schon immer ein derivativer oder sekundärer Produktionsfaktor. – Auf seine Charakteristik gehen wir im folgenden Abschnitt näher ein.

bc) Der Produktionsfaktor Kapital

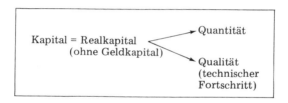

Zum volkswirtschaftlichen Produktionsfaktor Kapital gehören alle produzierten und (noch) nicht in den Bereich der Haushalte übergegangenen Güter. Das sind neben den im Produktionsprozeß eingesetzten Produktionsmitteln (wie Maschinen, Fabrikgebäude, Rohstoffe usw.) auch alle Lagerbestände an hergestellten Gütern (unabhängig davon, ob sie für konsumtive oder produktive Zwecke produziert werden), solange sie sich noch im Bereich der Unternehmen befinden.

Daß so z. B. auch die Wurst beim Fleischer, solange sie noch nicht verkauft ist, zum volkswirtschaftlichen Produktionsfaktor Kapital zählt, findet seinen Grund letztlich nur darin, daß dadurch die Quantifizierung im Rahmen der volkswirtschaftlichen Gesamtrechnung erleichtert wird. Das werden wir im einzelnen später behandeln.

Von der Sache her überzeugt auch heute noch eine engere Abgrenzung, wie sie die nationalökonomische Klassik (ab 1776: Adam Smith) vorgenommen hatte. Sie rechnet zum Produktionsfaktor Kapital nur solche Güter, die speziell zu dem Zweck produziert sind, als Input beim Produktionsprozeß zur Herstellung weiterer Güter mitzuwirken.

Wenn in der Umgangssprache von ,,Kapital'' die Rede ist, so werden die meisten an Geld – vielleicht an viel Geld – denken. Tatsächlich müssen wir volkswirtschaftlich das Geldkapital vom unmittelbar produktiven Realkapital unterscheiden. Wenn wir an unser Modell vom Wirtschaftskreislauf denken, so fließt dem Güterkreislauf ein monetär äquivalenter Geldkreislauf entgegen, weil in der Geldwirtschaft regelmäßig Ware gegen Geld bzw. Geld gegen Ware getauscht wird. Input-Faktoren im realen Produktionsprozeß können letztlich nur Realgüter sein, während das Geld als allgemeines Tauschmittel lediglich die Geschäftsabwicklung erleichtert.

Der Produktionsfaktor Kapital bezieht sich deshalb immer auf das Realkapital (und nicht auf das Geldkapital).

Die Bedeutung des Produktionsfaktors Kapital für den Produktionsprozeß und damit für die Wirtschaft besteht darin, daß die Gütererzeugung mit geeignetem Kapital einen höheren Ertrag (ein höheres Sozialprodukt) bringt als eine Produktion ohne Einsatz von Kapital.

Betrachten wir die Romanfigur des Robinson Crusoe, der allein auf eine unbewohnte Insel verschlagen wird und keinerlei Hilfsmittel für die Produktion seiner täglichen Nahrung hat. In unserem Denkmodell wollen wir annehmen, daß Robinson acht Stunden am Tag mit Fischfangen mit der Hand verbringt. Eines Tages kommt er auf die Idee, einen Teil des gefangenen Fisches nicht zu essen, sondern für den nächsten Tag zu sparen. Robinson nutzt den nächsten Tag, indem er sich eine Angel und ein Netz bastelt. Fortan muß er sehr viel weniger Zeit aufwenden, um die gleiche Menge Fische zu fangen wie zuvor. Anders ausgedrückt: Der Einsatz von geeignetem Kapital (in unserem Beispiel von Angel und Netz) ermöglicht es Robinson, in der gleichen Zeit wie bisher mehr zu produzieren (mehr Fische zu fangen).

Wie wertvoll das Kapital für den Produktionsprozeß ist, hängt ab von Quantität und Qualität dieses Produktionsfaktors.

Verbesserungen in der Qualität des eingesetzten Kapitals werden zum technischen Fortschritt gezählt. Diese Art von technischem Fortschritt, der in Verbindung mit (neuem) Realkapital auftritt – sich also in höherer Qualität der Maschinen, Werkstoffe usw. niederschlägt –, kann man gedanklich trennen von dem technisch-organisatorischen Fortschritt, der in der gesamtwirtschaftlichen Produktionsfunktion durch t dargestellt wird.

Unter technisch-organisatorischem Fortschritt ist ein höherer Produktionsoutput bei konstantem quantitativen und qualitativen Einsatz an Produktionsfaktoren zu verstehen. Er ist allein auf eine bessere Kombination der Produktionsfaktoren zurückzuführen. *Prinzipiell davon zu unterscheiden ist der technische Fortschritt, der sich in Qualitätsverbesserungen des Produktionsfaktors Kapital manifestiert.*

In der Realität sind diese von uns gedanklich getrennten Aspekte häufig miteinander verknüpft. So läßt sich ein technisch-organisatorischer Fortschritt (z.B. durch Einführung eines neuen Produktionsablaufs) in der Regel nur realisieren, wenn zugleich der Realkapitalstock (z.B. die Maschinen) qualitativ und quantitativ an die neue Produktionsmethode angepaßt werden. Regelmäßig wird sich dabei das Einsatzverhältnis der Produktionsfaktoren verschieben.

In hochindustrialisierten Ländern sind selbst Qualitätsverbesserungen des Kapitals meist nur bei gleichzeitiger Ausweitung der Quantität dieses Produktionsfaktors möglich.

Diese realen Abgrenzungsschwierigkeiten wollen wir aber nicht weiter verfolgen, sondern die erarbeiteten Grundlagen nutzen, um Einsichten in eine wichtige wirtschaftspolitische Fragestellung zu gewinnen.

3. Möglichkeiten und Grenzen gesamtwirtschaftlichen Wachstums

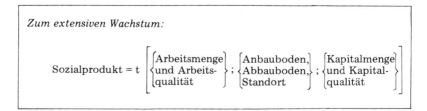

Abb. 9: Determinanten des gesamtwirtschaftlichen Wachstums

Wirtschaftswachstum definieren wir in einfachster Ausprägung als Erhöhung des in einer Periode erzielten Sozialprodukts – d. h. in einer Zunahme der produzierten Menge unseres Universalgutes – (*„extensives Wachstum"*).

Die Frage, wie das Sozialprodukt gesteigert werden kann, stellt sich in dieser allgemeinen Form in jeder Wirtschaft, unabhängig davon, wie sie organisiert ist. Als Ausgangspunkt unserer Betrachtung wählen wir die schon erarbeitete gesamtwirtschaftliche Produktionsfunktion. Sie enthält auf der linken Seite als gesamtwirtschaftlichen Output die Menge unseres Universalguts – oder, wie wir gleich etwas realistischer sagen können, das „Sozialprodukt" als Ausdruck für die Summe aller in einer Volkswirtschaft in einer bestimmten Periode (z. B. einem Jahr) produzierten Güter. Auf der rechten Seite der Gleichung stehen die vier Hauptbestimmungsgründe für die Höhe dieses Sozialprodukts (t, A, B, K), wobei bei den Produktionsfaktoren Arbeit und Kapital noch einmal zwei und bei Boden drei Unteraspekte unterschieden werden. Die Frage ist, welche dieser acht Determinanten die besten Ansatzpunkte für eine Förderung des Wirtschaftswachstums bieten.

a) Produktionsfaktoren als Wachstumsdeterminanten

aa) Arbeit

Zum intensiven Wachstum:

$$\frac{\text{Sozialprodukt}}{\text{Bevölkerungszahl}} = t \ (A, B, K)$$

Abb. 10

Wenn wir die Quantität der im Produktionsprozeß eingesetzten Arbeit vermehren wollen, so ist das langfristig nur durch Bevölkerungswachstum möglich. Das Bevölkerungswachstum ermöglicht dann zweifellos bei sonst gleichen Umständen (d. h. ceteris paribus) ein höheres Sozialprodukt; m. a. W. der in einem Jahr produzierbare Güterberg einer Volkswirtschaft läßt sich so steigern.

Die Frage ist allerdings, ob wir mit einem solchen Wachstum des Sozialprodukts wirtschaftspolitisch ohne weiteres zufrieden sind. Letztlich geht es uns nicht um die absolute Zunahme der Gütermenge *(extensives Wachstum)*, sondern es kommt darauf an, daß sich die **Güterversorgung des einzelnen** verbessert *(intensives Wachstum)*.

Ziel der Wachstumspolitik ist deshalb eine Erhöhung des Sozialproduktes pro Kopf der Bevölkerung, d. h. Zielgröße ist der Quotient aus Sozialprodukt und Bevölkerungszahl.

Steigt die **Bevölkerungszahl,** so hat das offenbar zwei Effekte. Zunächst erhöht sich unmittelbar der Nenner unserer Zielgröße. Das bedeutet, die Pro-

Kopf-Güterversorgung wird tendenziell schlechter, weil die Zahl der Verbraucher ansteigt. Außerdem ermöglicht die quantitative Zunahme des Produktionsfaktors Arbeit mittelbar eine Erhöhung des Sozialprodukts, was den ersten Effekt ausgleichen kann.

Eine Bevölkerungsvermehrung kann über die quantitative Ausweitung des Produktionsfaktors Arbeit das Sozialprodukt stärker, gleich stark oder weniger stark ansteigen lassen, als es dem Bevölkerungswachstum entspricht.

Nimmt das Sozialprodukt lediglich im Ausmaß der Bevölkerungsvermehrung zu, so verbessert sich die durchschnittliche individuelle Versorgungslage nicht. Eine generelle Aussage über den Einfluß des Bevölkerungswachstums auf das „intensive Wirtschaftswachstum" läßt sich nicht machen.

Anders ist es, wenn die **Qualität** des Produktionsfaktors Arbeit ansteigt. Der Anstieg führt ceteris paribus zu einer besseren Pro-Kopf-Versorgung der Bevölkerung und ist deshalb ein geeigneter wachstumspolitischer Ansatzpunkt. Konkret ist hier z. B. an alle Maßnahmen zur Ausbildungsförderung als wirtschaftspolitisches Mittel zur Erhöhung der Arbeitsqualität zu denken.

ab) Boden

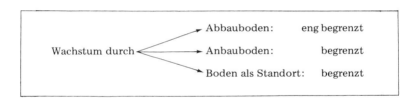

Beim Boden liegen wohl die stärksten Begrenzungen für das wirtschaftliche Wachstum. Besonders gravierend ist die Gefahr, daß sich beim **Abbauboden** eine Reihe nicht regenerierender Rohstoffe noch in diesem Jahrhundert erschöpft. Dazu gehören z. B. das Erdöl als derzeit noch wichtigste Energiequelle und bedeutende Minerale wie Kupfer, Zink, Blei, Zinn, Silber, Platin und auch Uran. Wie entscheidend das Wirtschaftswachstum durch das allmähliche Versiegen solcher Bodenschätze beeinflußt wird, hängt von den jeweiligen Substitutionsmöglichkeiten und den technologischen Erfindungen ab, die diese Substitution knapp werdender Rohstoffe durch andere Güter erleichtern können. Darüber sind keine verläßlichen Schätzungen möglich. Sicher ist nur, daß die Tatsache, daß gegenwärtig wichtige Rohstoffe immer knapper werden, die Gütererzeugung in einzelnen Ländern und auch auf der ganzen Erde erheblich belasten kann.

Daß auch der **Boden für Anbauzwecke** ein wachstumspolitisches Problem darstellt, wird schon aus der Tatsache deutlich, daß mindestens ein Drittel der gesamten Erdbevölkerung ungenügend ernährt ist; und zwar sowohl nach der

Gesamtzahl der Kalorien als auch besonders hinsichtlich der lebensnotwendigen Grundeiweißstoffe.[2]

Beängstigend knapp wird bei weiter zunehmender Bevölkerung und Ausdehnung der Güterproduktionskapazitäten selbst der **Boden als Standort.** Schließlich muß dem einzelnen ein bestimmter der Konsumtion zuzurechnender Mindest-Lebensraum verbleiben, um zu wohnen, sich auf Straßen fortbewegen zu können oder um den Abfall zu beseitigen. In der Studie des Club of Rome sind dafür als Landfläche für jede zusätzliche Person durchschnittlich 0,08 Hektar (d. h. 800 qm) angesetzt worden.

Völlig unsicher ist allerdings, um wieviel die Erdbevölkerung in den nächsten Jahrzehnten wirklich zunimmt. Bekanntlich stagniert die Bevölkerungszahl in den hochindustrialisierten Ländern seit einiger Zeit. In der Bundesrepublik ist seit 1972 sogar ein Rückgang bei der natürlichen Bevölkerungsbewegung zu verzeichnen; die BR Deutschland hatte 1974 die niedrigste Geburtenrate auf der Welt überhaupt.

Zusammenfassend kann man festhalten, *daß beim Boden wohl die Hauptbegrenzungen für ein weiteres Wirtschaftswachstum liegen dürften.*

ac) Kapital

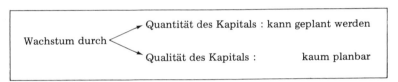

Ansatzpunkte der Wachstumspolitik beim Produktionsfaktor Kapital sind Qualitätsverbesserung und Quantitätsausweitung (Erhöhung des Kapitalstocks).

Qualitätsverbesserung bedeutet technischen Fortschritt, und dieser ist seinem Wesen nach in erheblichem Maß ein Zufallsergebnis. Zwar lassen sich durch intensive Bemühungen die Wahrscheinlichkeiten für sein Eintreten erhöhen; dennoch bleiben für den Erfolg letztlich die konkreten technologischen Widerstände bestimmend, die im Kern im voraus nicht bekannt sind. So hat eine Reihe empirischer Untersuchungen gezeigt, daß hohe Aufwendungen von Unternehmen für Forschung und Entwicklung keineswegs mit besseren Resultaten gleichbedeutend sind.

Eine **Ausweitung der Quantität** des im Produktionsprozeß eingesetzten Kapitals ist dagegen planbar und – soweit Investitionsneigung und Investitionsmög-

---

[2] Dazu heißt es in der bekannten Studie des Club of Rome: ,,Selbst wenn man sich entscheiden würde, Nahrungsmittel mit absolutem Vorrang herzustellen, könnte die anwachsende Bevölkerung ... das System in einen Zustand treiben, bei dem alle verfügbaren Möglichkeiten nur noch zur Nahrungsmittelerzeugung genutzt werden können und so nichts mehr bleibt für eine weitere Expansion". (D. MEADOWS, Die Grenzen des Wachstums, Stuttgart 1972, S. 44).

lichkeiten ausreichend sind – auch realisierbar. Der Förderung dieser Wachstumsdeterminante kommt deshalb in der Realität besonderes Gewicht zu.

b) Technisch-organisatorischer Fortschritt

Hinsichtlich des Erfolges einer Politik zur Förderung des technisch-organisatorischen Fortschritts gelten prinzipiell die gleichen Unsicherheiten wie für die Förderung des technischen Fortschritts, der sich in Qualitätsverbesserungen des Produktionsfaktors Kapital manifestiert. Ein unmittelbares Erzwingen des technisch-organisatorischen Fortschritts ist nicht möglich, nur die Wahrscheinlichkeit für sein Eintreffen kann erhöht werden. Entsprechend lassen die meisten wachstumstheoretischen Modelle den technologischen Fortschritt ganz einfach ,,vom Himmel fallen", ohne seine Ursachen näher zu klären. Ein zuverlässiger Ansatzpunkt für eine erfolgreiche Wachstumspolitik ergibt sich hier also bisher nicht.

Immerhin haben empirische Untersuchungen die große praktische Bedeutung gerade dieser nur schwer beeinflußbaren Determinante für das Wachstum gezeigt. So ist z. B. für die BR Deutschland in den Jahren 1950 bis 1962 geschätzt worden, daß mehr als drei Fünftel der Erhöhung des Volkseinkommens auf technische und technisch-organisatorische Fortschritte zurückzuführen sind, während sich nur je knapp ein Fünftel des Wachstums dem Arbeitseinsatz und dem Kapitalbestand zurechnen ließ.[3] Da die Schätzungen unmittelbar nur die Produktionsfaktoren Arbeit und Kapital als Wachstumsdeterminanten berücksichtigen und der gesamte, dadurch nicht erklärte Rest einfach dem technischen Fortschritt zugeschrieben wird, ist die Restgröße wahrscheinlich aus methodischen Gründen überhöht.

c) Ergebnis

Da die Möglichkeiten, den technischen und technisch-organisatorischen Fortschritt zu fördern, unsicher sind und beim Produktionsfaktor Boden besonders schwer zu überwindende Grenzen für das Wirtschaftswachstum liegen, bleiben also als wichtigste Ansatzpunkte einer gezielten Wachstumspolitik:
– Maßnahmen, die die Qualität des Produktionsfaktors Arbeit erhöhen, sowie
– Maßnahmen zur quantitativen Ausweitung des Realkapitalstocks.
Vergleicht man diese beiden wachstumspolitischen Ansatzpunkte miteinander, so hat die Steigerung der Arbeitsqualität durch Ausbildungsförderung den strukturellen Nachteil, daß sie die Menschen unmittelbar belastet. Demgegenüber bringt uns eine Ausweitung des Realkapitalstocks der Vision weitgehend automatisierter Produktionsprozesse ein Stück näher. Allerdings hat die Förderung des Wirtschaftswachstums selbst auf diesem Weg ihren Preis. Er besteht im Verzicht auf Konsum in der Gegenwart zugunsten von Investitionen für die Zukunft.

---

[3] Vgl. E. Dürr, Wachstumspolitik, Bern, Stuttgart 1977, S. 97.

II. Güterproduktion über mehrere Perioden

Die Aufspaltung des in einer Periode erstellten Sozialprodukts in Produktions- und in Konsumgüter impliziert eine zweifache Erweiterung des bisher benutzten Universalgutmodells. Mit der Entscheidung über den Anteil dieser beiden Gütergruppen am Sozialprodukt wird gleichzeitig eine Entscheidung darüber getroffen, wie hoch das in der folgenden Periode herstellbare Sozialprodukt ist. Dieser Zusammenhang soll in den folgenden beiden Abschnitten verdeutlicht werden.

1. Die gesamtwirtschaftlichen Produktionsmöglichkeiten

a) Zwei-Güter-Modell mit Produktions- und Konsumgütern

Das Sozialprodukt (Output unseres Riesenbetriebs Volkswirtschaft) soll jetzt aus zwei Gruppen von Gütern bestehen:
- *Produktionsgüter:* alle produzierten Güter, die im Unternehmensbereich verbleiben und in der nächsten Periode als Input in den Produktionsprozeß eingehen, und
- *Konsumgüter:* alle produzierten Güter, die letztlich in die Verfügungsmacht von Haushalten übergehen.

Volkswirtschaftlich stellt sich in jeder Periode das Wahlproblem, welche Mengen von beiden Gütergruppen hergestellt werden sollen.

In einem Koordinatensystem – vgl. Abb. 11 – tragen wir auf der horizontalen Achse (Abszisse) die hergestellte Konsumgütermenge (in Stück) ab. Auf der vertikalen Achse (Ordinate) tragen wir die hergestellte Produktionsgütermenge (in Stück) ab. Dabei unterstellen wir, daß die beiden Gütergruppen in sich homogen sind (d. h. das Aggregationsproblem der in der Wirklichkeit sehr verschiedenartigen Güter sei für jede Gruppe gelöst).

Dann können wir eine gesamtwirtschaftliche **Kapazitätslinie** (Transformationskurve) einzeichnen, die angibt, welche Kombinationen von Produktions- und Konsumgütern eine Volkswirtschaft in einer Periode maximal produzieren kann:
- Werden keine Produktions-, sondern nur Konsumgüter hergestellt, so ermöglicht das die maximal herstellbare Konsumgütermenge $\overline{OD}$.
- Werden nur Produktionsgüter hergestellt, so ist die maximale Menge $\overline{OE}$ erreichbar.
- In allen Punkten der zum Ursprung konkaven Verbindungslinie der Punkte D und E werden Produktions- und Konsumgüter in jeweils bestimmtem Verhältnis hergestellt.
- Kombinationen der beiden Gütergruppen, die durch Punkte außerhalb der Kapazitätslinie – z. B. Punkt Z – dargestellt werden, können bei gegebenem Bestand an Produktionsfaktoren und technisch-organisatorischem Wissen nicht erreicht werden.

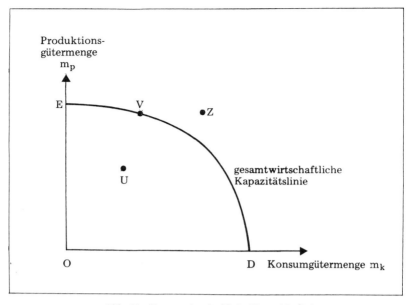

Abb. 11: Gesamtwirtschaftliche Kapazitätslinie

– Gütergruppenkombinationen, die durch Punkte innerhalb der Kapazitätslinie – z. B. Punkt U – dargestellt werden, sind grundsätzlich realisierbar.
Allerdings sind dann entweder die Produktionsfaktoren nicht bestmöglich
im Produktionsprozeß eingesetzt oder – wenn die günstigste Produktions-
faktorkombination vorliegt – sind die Kapazitäten nicht voll ausgenutzt, d. h.
ein Teil der Produktionsfaktoren ist unterbeschäftigt (Arbeitslosigkeit,
Kurzarbeit, Betriebsstillegungen usw.). Auf jeden Fall kennzeichnet Punkt
U einen ineffizienten Faktoreinsatz, da von jeder Gütergruppe mehr erzeugt
werden könnte.

*Alle Punkte auf der gesamtwirtschaftlichen Kapazitätslinie geben Kombina-
tionen von Konsum- und Produktionsgütern an, bei denen sämtliche Produktionsfaktoren einer Volkswirtschaft ausgelastet und effizient eingesetzt sind.
Kombinationen außerhalb der Kapazitätslinie sind nicht erreichbar; jene innerhalb sind nicht effizient (Unterbeschäftigung und/oder ungünstige Produktions-
faktorkombination).*

b) Die Opportunitätskosten

ba) Definition

Wenn ein Punkt der dargestellten Kapazitätslinie realisiert ist, so kann die
Volkswirtschaft offenbar von einer Gütergruppe nur dann mehr produzieren,
wenn sie auf eine bestimmte Menge anderer Güter verzichtet.

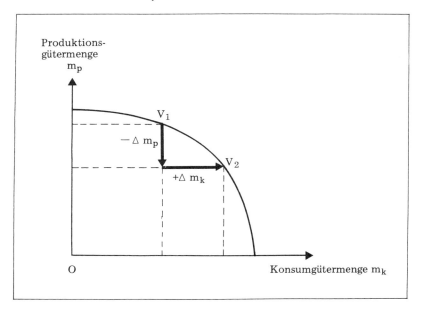

Abb. 12

Soll z. B. – ausgehend von Punkt V_1 in Abb. 12 – die Konsumgütermenge in einer vollbeschäftigten Wirtschaft ausgedehnt werden, so muß die Produktionsgütermenge um $\triangle m_p$ verringert werden, wenn die Konsumgütermenge um $\triangle m_k$ vergrößert werden soll.

Für diesen Substitutionsvorgang entlang der Kapazitätslinie kennen die Ökonomen ein exaktes Meßkonzept. Da die Entwicklung und Anwendung solcher Meßkonzepte typisch für die ökonomische Analyse sind, wollen wir kurz darauf eingehen.

$$\text{Opportunitätskosten} = \frac{\text{Verringerung der Menge des Gutes P}}{\text{Erhöhung der Menge des Gutes K}}$$

Das Verhältnis der Gütereinbuße bei einem Gut zur Gütervermehrung bei einem anderen Gut infolge der anderen Verwendung der Produktionsfaktoren nennt man **Opportunitätskosten.** *Nimmt man die Erhöhung der Konsumgütermenge um eine Einheit als Maßstab, so werden die Opportunitätskosten einer Konsumgütererhöhung durch jene Produktionsgütermenge angegeben, auf die man verzichten muß, um eine Einheit mehr an Konsumgütern zu erzeugen.*

Das Konzept der Opportunitätskosten hat allgemeine Bedeutung. So lassen sich die Opportunitätskosten einer Stunde Freizeit durch das Entgelt messen, das einem dadurch entgeht, daß man in dieser Stunde nicht arbeitet. – Entsprechend sind die Opportunitätskosten von Spareinlagen bei einer Bank der höchstmögliche Ertrag, den das gleiche Geld in einer anderen Verwendung erbringen würde. – Die Reihe solcher Beispiele aus dem täglichen Leben ließe sich leicht fortsetzen. Dabei handelt es sich allgemein bei den Opportunitätskosten immer um den an sich erzielbaren Ertrag, auf den man verzichten muß, wenn man die Produktionsfaktoren nicht für diese, sondern für eine andere Verwendungsrichtung nutzt.

bb) Das Gesetz der zunehmenden Opportunitätskosten

Die gesamtwirtschaftliche Kapazitätslinie ist zum Ursprung konkav gekrümmt. Die Bedeutung einer solchen Krümmung zeigt Abb. 13.

Ausgehend von Punkt V_1 auf der Kapazitätslinie soll bei stets vollbeschäftigten Produktionsfaktoren die Konsumgüterproduktion jeweils um eine Einheit gesteigert werden.

Für jede Einheit, um die m_k steigt, wird die Produktionsgütermenge m_p, auf die verzichtet werden muß, immer größer. Das heißt, auf dem Weg von V_1 nach V_4 nehmen die Opportunitätskosten, die ja definiert sind als Quotient einer Verringerung der Produktionsgütermenge und der Erhöhung der Konsumgütermenge um eine Einheit, ständig zu. Deshalb spricht man hier vom Gesetz der zunehmenden Opportunitätskosten.

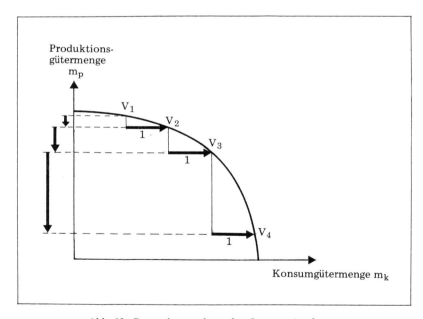

Abb. 13: Gesetz der zunehmenden Opportunitätskosten

Das Gesetz der zunehmenden Opportunitätskosten besagt, daß bei fortgesetzter Ausdehnung der Produktion eines Gutes (oder einer Gütergruppe) um eine

Einheit immer mehr Einheiten der alternativen Güter aufgegeben werden müssen.

Die praktische Relevanz des Gesetzes der zunehmenden Opportunitätskosten ergibt sich daraus, daß die in einer Volkswirtschaft vorhandenen Produktionsfaktoren sehr unterschiedlich sind. Sie eignen sich nicht für alle Verwendungen gleich gut. Je mehr man von einem bestimmten Gut produzieren will, um so mehr Produktionsfaktoren muß man dafür einsetzen und dabei in immer stärkerem Umfang auf Produktionsfaktoren zurückgreifen, die zur Herstellung dieses Gutes weniger, für die Herstellung des Alternativgutes aber besser geeignet sind.

Als Beispiel mögen Kleidung als repräsentatives Konsumgut und Mähdrescher als repräsentatives Produktionsgut dienen. Je mehr Kleidung produziert wird, um so mehr Arbeitskräfte und Sachkapital müssen aus der Mähdrescherproduktion abgezogen werden, die sich für die Kleiderherstellung weniger gut eignen. Jede zusätzlich hergestellte Einheit (z. B. eine Tonne) Kleidung wird deshalb immer mehr Mähdrescher „kosten".

2. Veränderung der zukünftigen Produktionsmöglichkeiten

In jeder Periode wird ein bestimmter Teil der Produktionsgüter verbraucht und abgenutzt. Als Ersatz müssen entsprechend viele Produktionsgüter hergestellt werden, wenn der Produktionsapparat in der nächsten Periode gleich groß sein soll. Man spricht insoweit von Ersatz- oder Reinvestitionen.

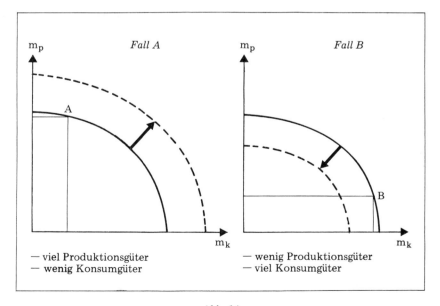

Abb. 14

Im *durch Punkt A gekennzeichneten Fall* (Abb. 14) werden relativ viele Produktionsgüter hergestellt. Das ermöglicht nicht nur den Ersatz verbrauchter bzw. abgenutzter Maschinen, sondern darüber hinaus eine Ausweitung des Realkapitalstocks. Folglich steigen die Produktionsmöglichkeiten für die anschließende Periode an. Die Kapazitätslinie verschiebt sich nach rechts oben, was „Wachstum" bedeutet. D. h. bei Vollbeschäftigung tritt eine Erhöhung des Sozialprodukts in Form des produzierten Güterberges ein.

Ein höherer Konsum in der nächsten Periode kann also durch Konsumverzicht in der gegenwärtigen Periode erreicht werden. Die Produktionsgüterherstellung muß dann auf Kosten der Konsumgüterproduktion ausgedehnt werden.[4]

Der *Fall B* ist demgegenüber von vornherein durch eine relativ geringe Produktionsgüterherstellung gekennzeichnet. Sie reicht nicht einmal aus, die bei der Produktion verbrauchten Produktionsmittel zu ersetzen. So schrumpft der Realkapitalstock, und die gesamtwirtschaftliche Kapazitätslinie verschiebt sich tendenziell nach links unten. D. h. die zukünftigen Produktionsmöglichkeiten nehmen ab.

Tatsächlich steht jede Volkswirtschaft in jeder Periode aufs neue vor der Alternative: Wie hoch sollen die Konsumgüter- und die Produktionsgütermenge sein? Soll der Konsum heute eingeschränkt werden zugunsten einer höheren Konsummöglichkeit morgen oder nicht?

Die Beantwortung dieser zentralen Frage jeder Volkswirtschaft ist in den Wirtschaftssystemen verschieden organisiert. Die Entscheidungsbefugnis ist unterschiedlichen Wirtschaftseinheiten zugeordnet. Zwei grundsätzliche Lösungsmöglichkeiten werden im folgenden Abschnitt dargestellt.

III. Wirtschaftssysteme als Organisationsformen

1. Die Idealtypen Zentralverwaltungswirtschaft und Marktwirtschaft

Bisher wurden nur die grundsätzlichen Produktionsmöglichkeiten betrachtet. Es bleibt zu klären, wie der Entscheidungsprozeß organisiert ist, d. h. wer bestimmt, was, wie und für wen produziert wird.

Gedanklich gibt es zwei reine Formen von Wirtschaftsordnungen, sogenannte **Idealtypen** (im Gegensatz zu den Realtypen): Zentralverwaltungswirtschaft und Marktwirtschaft. Als Unterscheidungsmerkmale kann man die Koordination der Wirtschaftseinheiten und die Subordination dieser Wirtschaftseinhei-

---

[4] Die gesamtwirtschaftliche Kapazitätslinie braucht sich dabei nicht unbedingt parallel zu verschieben. Je nachdem, ob die zusätzlichen Produktionsgüter bevorzugt der Konsumgüter- oder der Produktionsgüterindustrie zugeführt werden, bewegt sie sich in Richtung der jeweiligen Achse der Grafik stärker nach außen.

ten unter den Staat wählen, außerdem kann man noch nach der Eigentumsordnung und nach der Interdependenz mit dem politischen System unterscheiden.

Hauptunter-scheidungselemente	idealtypische Wirtschaftssysteme	
	Zentralverwaltungswirtschaft	Marktwirtschaft
Koordination der Wirtschaftseinheiten	Einplanwirtschaft und staatliche Steuerung („Zentralgelenkte Planwirtschaft")	Mehrplanwirtschaft und Wettbewerbssteuerung („Freie Verkehrswirtschaft")
Subordination der Wirtschaftseinheiten unter den Staat	Gebote (Plansoll-Vorgaben)	Verbote (staatlicher Ordnungsrahmen)
Eigentums-ordnung	Staatseigentum („Sozialismus")	Privateigentum („Kapitalismus")
Interdependenz mit der politischen Ordnung	Diktatur	Demokratie

In der reinen **Zentralverwaltungswirtschaft** wird vom Staat ein zentraler Wirtschaftsplan aufgestellt. Deshalb spricht man hier auch häufig von Einplanwirtschaft. Der Staat lenkt den gesamten Ablauf des Wirtschaftsprozesses nach diesem Plan. Er macht den Unternehmen und Haushalten entsprechende Planauflagen (Vorgabe des Plansolls). Die Einhaltung der Planvorgaben wird mit Zwang durchgesetzt (staatliche Detailanweisungen). Das Eigentum – vor allem an den Produktionsgütern – befindet sich in den Händen des Staates („Sozialismus"). Das ökonomische System ist im Regelfall verbunden mit dem politischen System „Diktatur".

In der freien **Marktwirtschaft** gibt es keinen Zentralplan, sondern alle Haushalte und Unternehmen stellen selbständig für ihre Bereiche Konsum- und Produktionspläne auf und versuchen, ihre Planungen auch durchzusetzen. Deshalb handelt es sich hier um eine Mehrplanwirtschaft oder dezentral geplante Wirtschaft. Die Abstimmung oder der Bezug der Wirtschaftspläne aufeinander erfolgt durch den Wettbewerb. Tatsächlich ist dieser koordinierende Selbststeuerungsmechanismus ein besonderes Problem, mit dem wir uns in einem eigenen Kapitel – im nächsten Hauptabschnitt – eingehender beschäftigen wollen. In der Marktwirtschaft ist Privateigentum grundsätzlich auch an allen Produktionsgütern möglich. Soll dieser Aspekt betont werden, spricht man auch von „kapitalistischer" Wirtschaftsordnung. Die Grenzen der einzelwirtschaftlichen Aktivität und der Verfügungsmacht über das Eigentum werden von allgemeingültigen Gesetzen gezogen. Statt staatlicher Detailanweisung beschränkt sich der Staat darauf, einen Ordnungsrahmen zu setzen. Der eigentliche Ablauf des Wirtschaftsprozesses soll von staatlichen Eingriffen möglichst freibleiben. Eine marktwirtschaftliche Ordnung tritt in der Regel in Verbindung mit der Demokratie als Staatsform auf.

2. Zu den Realtypen

Die realen Wirtschaftsordnungen lassen sich je nach dem Grad ihrer Abweichung von den beiden Idealtypen unterscheiden (vgl. Abb. 15). Gehen wir zunächst *vom Idealtyp ,,Marktwirtschaft" aus,* so ergeben sich **als Realtypen:**

(1) **Anarchie** oder eine totale **,,Laissez-faire-Wirtschaft"** liegt vor, wenn jede organisierte (Staats-)Autorität abgelehnt wird. Als praktische Konsequenz ergibt sich, alle Regierungsvorschriften abzuschaffen, größere Unternehmen zu zerschlagen sowie sämtliche Aktivitäten heutiger Wohlfahrtsstaaten zu unterbinden. Gegen eine rigorose Laissez-faire-Lösung spricht, daß dann auch alle ungedämpften ,,Nachteile des Marktes" akzeptiert werden müssen, wie vermachtete Märkte, ungleichmäßige Einkommensverteilungen sowie überhaupt das rohe Dominieren der ökonomisch Starken auf Kosten der Schwachen. Außerdem besteht wegen des *Fehlens staatlicher Autoritäten* die Gefahr, daß es an der Versorgung öffentlicher Güter wie z.B. der persönlichen Sicherheit mangelt. Die Individuen werden so umfangreiche Mittel aufwenden, einerseits, um andere zu berauben, und andererseits, um sich selbst jeweils gegen Raub zu schützen. Die dadurch bedingte Mittelverschwendung werden sie als rationale Menschen bald einsehen und zumindest zur folgenden realtypischen Wirtschaftsordnung übergehen.

(2) Durch einen **speziellen staatlichen Ordnungsrahmen für die Wirtschaft** wird die bestehende Güterverteilung überwiegend anerkannt, und zu deren Sicherung akzeptiert man eine öffentliche *Eigentumsverfassung.* Außerdem ist durch eine adäquate Rechtsordnung vor allem der *Wettbewerb* als zentraler Selbststeuerungsmechanismus vor Beschränkungen zu schützen und ein funktionsfähiges *Geldwesen* zu schaffen. Nach der Vorstellung des ,,Liberalismus" hat der Staat sich sonstiger Eingriffe in die private Wirtschaft möglichst zu enthalten.

(3) Schon der ,,*Liberalismus" anerkennt* allerdings, daß neben dem privatwirtschaftlichen Bereich ein staatlicher Wirtschaftsbereich notwendig ist, weil es Aufgaben gibt, die zwar gesamtgesellschaftlich produktiv, aber privatwirtschaftlich nicht hinreichend rentabel gelöst werden können. Daß eine **staatliche Steuerung von Nichtwettbewerbsbereichen** – besonders zur *Bereitstellung* ,,*öffentlicher Güter"* – erforderlich ist, ist heute unbestritten. Problematisch ist nur die Grenzziehung, welche Güter durch den Staat und welche in privatwirtschaftlichem Wettbewerb angeboten werden sollen.

(4) **Staatliche Redistributionspolitik** ergibt sich aus der Unzufriedenheit mit der Einkommensverteilung, wie sie unmittelbar aus den Marktprozessen resultiert. Als ,,ungerecht" empfundene Ungleichmäßigkeiten der ursprünglichen Einkommensverteilung zu beseitigen, ist deshalb Kernpunkt beim Übergang zur sogenannten ,,*Sozialen Marktwirtschaft"* – ein Aspekt, der heute in allen westlichen Industriestaaten intensiv beachtet wird.

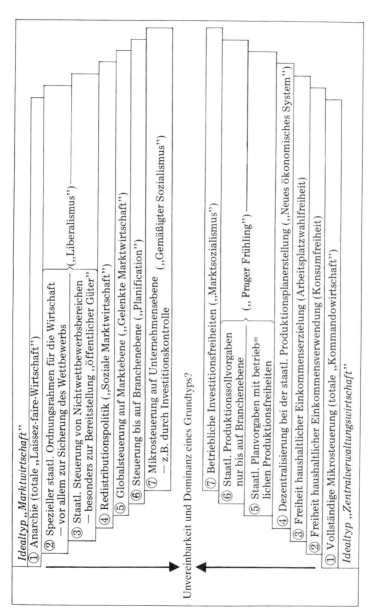

Idealtyp „Marktwirtschaft"
① Anarchie (totale „Laissez-faire-Wirtschaft")
② Spezieller staatl. Ordnungsrahmen für die Wirtschaft
    – vor allem zur Sicherung des Wettbewerbs
③ Staatl. Steuerung von Nichtwettbewerbsbereichen
    – besonders zur Bereitstellung „öffentlicher Güter"
④ Redistributionspolitik („Soziale Marktwirtschaft")
⑤ Globalsteuerung auf Marktebene („Gelenkte Marktwirtschaft")
⑥ Steuerung bis auf Branchenebene („Planification")
⑦ Mikrosteuerung auf Unternehmensebene („Gemäßigter Sozialismus")
    – z.B. durch Investitionskontrolle

„Liberalismus"

Unvereinbarkeit und Dominanz eines Grundtyps?

⑦ Betriebliche Investitionsfreiheiten („Marktsozialismus")
⑥ Staatl. Produktionssollvorgaben
    nur bis auf Branchenebene
⑤ Staatl. Planvorgaben mit betrieb=
    lichen Produktionsfreiheiten
④ Dezentralisierung bei der staatl. Produktionsplanerstellung („Neues ökonomisches System")
③ Freiheit haushaltlicher Einkommenserzielung (Arbeitsplatzwahlfreiheit)
② Freiheit haushaltlicher Einkommensverwendung (Konsumfreiheit)
① Vollständige Mikrosteuerung (totale „Kommandowirtschaft")
Idealtyp „Zentralverwaltungswirtschaft"

„Prager Frühling"

Abb. 15: Reale Wirtschaftsordnungen als Abweichung von den beiden Idealtypen

(5) Hinzugekommen ist seit einigen Jahren eine grobe Einflußnahme des Staates auf den Ablauf des Wirtschaftsprozesses – man spricht hier von der sogenannten „Globalsteuerung" –, um Ziele wie die Erhaltung eines stabilen Preisniveaus, die Vermeidung von Arbeitslosigkeit, die Förderung des Wirtschaftswachstums und die Wahrung des Zahlungsgleichgewichtes mit dem Ausland möglichst weitgehend zu realisieren. Dazu verändert der Staat nur makroökonomische, d. h. gesamtwirtschaftliche Größen. Eine solchermaßen „*gelenkte Marktwirtschaft*" zeichnet sich dadurch aus, daß sie dem Individuum noch einen sehr großen Freiheitsspielraum beläßt, gleichzeitig aber weitere „Nachteile des Marktes" zu verringern sucht.

(6) Während Vertreter der „konservativen" Richtung eine Verringerung der Globalsteuerung und sogar der Redistributionspolitik anstreben, wünscht eine ganze Reihe „progressiver" Ökonomen die **Steuerung der Wirtschaft bis hinab auf einzelne Branchen,** wie sie z. B. in Frankreich mit der sog. *Planification* verwirklicht war. **Indikative Lenkung** legt dabei den Branchen Zielgrößen in der unverbindlichen Form von Empfehlungen oder Orientierungsdaten nahe. Bei **imperativer Lenkung** werden den Branchen bestimmte Ziele verbindlich vorgegeben.

(7) *Gemäßigte Sozialisten* fordern zudem die aktive Einflußnahme des Staates auf einzelwirtschaftliche Entscheidungen, insbesondere die **direkte Investitionskontrolle bei privaten Unternehmen.** Sie gilt bei allen, die im Prinzip am marktwirtschaftlichen Wirtschaftssystem festhalten wollen, vorerst als letzter Schritt auf dem Wege der Umgestaltung der Wettbewerbsordnung und wird uns später noch eingehender beschäftigen.

Auch die *Zentralverwaltungswirtschaft* ist und war in keinem Land der Welt in absolut reiner Form verwirklicht. **Als Realtypen** lassen sich hier graduell abgestuft unterscheiden:

(1) Eine **totale Kommandowirtschaft** mit vollständiger Mikrosteuerung sämtlicher wirtschaftlicher Aktivitäten von Haushalten und Unternehmen durch ins einzelne gehende staatliche Vorschriften und Befehle beläßt *den Individuen keinen Freiheitsspielraum* und ist deshalb praktisch nicht durchsetzbar.

(2) Zu den Mindestanforderungen für eine realisierbare Wirtschaftsordnung gehört die **individuelle Freiheit bei der Einkommensverwendung,** d. h. seine Aufteilung auf Konsum und Ersparnis. Diese im Verbrauchswirtschaftsplan festgelegte Entscheidung des einzelnen Haushaltes muß die zentral erstellten Produktionspläne nicht zunichte machen, wenn der Konsum durch variable Preise erhöht oder gesenkt werden kann. Die Präferenzen der Verbraucher bestimmen zwar nicht die Zusammensetzung der Konsumgüterproduktion – diese bestimmt der Staat. Die Konsumenten können aber ihr Geldeinkommen so ausgeben, wie es ihnen geeignet erscheint (Nutzenmaximierung), und zwar für solche Konsumgüter, die der Zentralplan zur Verfügung gestellt hat. Mit dieser *Konsumfreiheit* allein geben sich jedoch die Individuen auf Dauer schwerlich zufrieden.

(3) Kaum einschränkbar ist deshalb die Freiheit der Individuen, wie sie ihr Einkommen im Rahmen der bestehenden Ordnungen erzielen wollen. Das System wird daher in einem bestimmten Ausmaß die **freie Berufs- und Arbeitsplatzwahl** zulassen müssen. Freie Erwerbswirtschaftspläne sind aber mit einem zentral befohlenen, fest vorgegebenen Produktionsprogramm nur vereinbar, wenn die Arbeitskräfte durch unterschiedliche Lohnhöhen in die Betriebe geleitet werden, in denen sie benötigt werden. Jede zentralverwaltungswirtschaftliche Ordnung muß deshalb außer der – staatlich festgelegten – Änderung von Preisen auch *für die ,,richtigen'' Lohnsatzunterschiede innerhalb einzelner Branchen und Berufe sorgen,* wodurch die staatliche Planerstellung zusätzlich kompliziert wird. Gleichzeitig verstößt ein solches System zwangsläufig gegen das – erklärtermaßen angestrebte – Ziel der gleichmäßigen Verteilung des Volkseinkommens, weil mit zunehmender Lohndifferenzierung eine neue Schichtung der Bevölkerung entsteht.

(4) Mehrfach experimentiert wurde in den Zentralverwaltungswirtschaften östlicher Prägung mit dem Versuch einer **Dezentralisierung bei der staatlichen Produktionsplanerstellung.** So wurden in der DDR ab 1963 im Rahmen des *,,Neuen ökonomischen Systems der Planung und Leitung der Volkswirtschaft''* den regionalen Verwaltungsstellen und den volkseigenen Betrieben ein Vorschlagsrecht bei der Ausarbeitung der Planung und eine begrenzte Entscheidungsfreiheit eingeräumt. Die Dezentralisierung hatte sich aber nicht bewährt, denn 1971 wurde durch das *,,***Ökonomische System des Sozialismus***''* die Bindung an den Zentralplan wieder enger – ganz besonders hinsichtlich der Veränderung der Produktionskapazitäten. Dabei wurde die betriebliche Eigenverantwortung allerdings immer noch grundsätzlich bejaht. Die Betriebe spezifizierten die zentrale Grobplanung durch eine Feinplanung, auf deren Grundlage sie die endgültigen Planvorgaben erhielten.

(5) Im Prinzip möglich ist die Abkehr von solchen mikroökonomischen Plankennziffern und die Erlaubnis, daß die Betriebe in gewissen Grenzen eigene Vorstellungen über Art und Umfang der herzustellenden Produkte verwirklichen **(Produktionsfreiheiten auf Betriebsebene).** Entweder wird nur noch die herzustellende Menge einer Produktgattung (z. B. Schuhe, Oberbekleidung) fixiert, oder es werden sogar nur noch die betriebliche Produktionskapazität und das Investitionsvolumen vorgeschrieben. Dadurch gewinnen Erfolgsindikatoren für die einzelnen Betriebe und die Erfolgsbeteiligung eine immer größere Bedeutung. Weil aber derartige Abweichungen von der zentralen Mikrosteuerung zu nahezu unüberwindlichen Schwierigkeiten bei der zentralen Planerstellung führen, sind Versuche in dieser Richtung bei den Ostblockstaaten sehr selten gewesen. So folgte beispielsweise in der Tschechoslowakei auf die Wirtschaftsreformen im Zusammenhang mit dem sog. *,,Prager Frühling''* seit dem Jahr 1968 eine strikte Kursumkehr.

(6) Noch problematischer für die zentralen Produktionssollvorgaben wäre es, wenn die **Plan-Vorgaben grundsätzlich nur bis auf Branchenebene** festgelegt würden, um den Individuen außer – wie schon oben ausgeführt – beim Konsum auch bei der Produktion noch mehr Entscheidungsfreiheit zu ermöglichen. Dann gestaltete sich die Abstimmung der einzelnen Branchen und Betriebsentwicklungen mit dem Zentralplan noch schwieriger.

(7) Denkbar ist auch noch die weitere Veränderung der zentralen Verwaltungswirtschaft in Richtung auf mehr Freiheit der Produktionseinheiten, indem die **betrieblichen Investitionen den einzelnen Betrieben überlassen** werden und damit Umfang und Struktur der Produktion nicht mehr zentral fixiert werden. Das würde eine Erfolgsbeteiligung der Betriebe und deren Sicherheit über zukünftige Erträge voraussetzen, die der Zentralplan nicht beseitigen darf.

3. Die Frage nach der besten Wirtschaftsordnung

Aus den bisherigen Ausführungen ergibt sich die generelle Frage, ob sich die Realtypen der Zentralverwaltungs- und Marktwirtschaften mit der Zeit annähern werden oder ob sich ein Grundtyp als überlegen durchsetzt.

Vertreter der **Konvergenzthese** (z. B. Jan Tinbergen, John K. Galbraith) prognostizierten, daß sich die beiden Wirtschaftssysteme auf eine *dritte, ,,bessere"* *Ordnung* hinbewegen, die durch eine Mischung der positiven Elemente beider idealtypischen Wirtschaftssysteme charakterisiert ist.

Demgegenüber besagt die **Unvereinbarkeitsthese,** daß Mischungen von marktwirtschaftlichen und zentralverwaltungswirtschaftlichen Elementen instabil oder zumindest weniger funktionsfähig als die beiden reinen Lenkungssysteme seien. Oft wird hier eine grundsätzliche Tendenz zur Dominanz des einen Lenkungssystems über das andere angenommen *(Dominanzthese)*. Vertreter dieser Auffassung sind große Liberale (z. B. Walter Eucken, Friedrich A. v. Hayek) und mit anderem Vorzeichen und aus anderen Gründen überzeugte Kommunisten (z. B. der Sowjetrusse Pjatakow).

Letztlich können Hilfen bei der ordnungspolitischen Grundentscheidung für oder gegen ein bestimmtes Wirtschaftssystem von der Logik und/oder von der Empirie kommen. **Logische Argumentationsmuster** allein führen hier allerdings nicht weit. Unter idealen, unwirklichen Bedingungen könnten beide Systeme hervorragend funktionieren. So lassen sich Modelle der Zentralverwaltungswirtschaft konstruieren, in denen eine allwissende und weise Fachbehörde die Wirtschaft ideal steuert. Analog können Modellen der Marktwirtschaft Annahmen zugrunde gelegt werden, die für einen reibungslosen und überall intakten Marktmechanismus sorgen. Im Ergebnis wären also beide Systeme unter bestmöglichen Voraussetzungen gleich gut.

Daß bei einem Vergleich einer als makellos angenommenen Zentralverwaltungswirtschaft als Idealtyp mit einer mit Mängeln behafteten Marktwirtschaft als Realtyp regelmäßig der Idealtyp besser abschneidet, ist selbstverständlich. Praktisch ist ein solcher Systemvergleich allerdings ohne Aussagewert. Man kommt also nicht umhin, den Überlegungen die in der Realität vorhandenen Wirtschaftsordnungen zugrunde zu legen.

Versucht man, die Frage nach der besten Wirtschaftsordnung mit Hilfe **empirischer Untersuchungen** zu beantworten, wird in der Regel von einem höheren Pro-Kopf-Einkommen in marktwirtschaftlich orientierten Ländern im Vergleich zu Zentralverwaltungswirtschaften auf eine Überlegenheit der Marktwirtschaft geschlossen. Tatsächlich war das Bruttosozialprodukt pro Kopf der Bevölkerung zum Beispiel in den USA im Jahr 1980 mehr als doppelt so hoch wie das – durch Ergänzungen vergleichbar gemachte – modifizierte Pro-Kopf-Nationaleinkommen in der UdSSR.

Auch insgesamt verfügten die westlichen Industrieländer im Jahr 1980 mit 10 320 Dollar pro Kopf über weit mehr Einkommen als die kommunistischen Länder, die im Durchschnitt nur 4640 Dollar pro Kopf erwirtschaften konnten. Die Pro-Kopf-Produktion der BR Deutschland (13 590 Dollar pro Kopf) war etwa dreimal so hoch wie die der UdSSR (4550 Dollar pro Kopf) und fast zweimal so groß wie die der DDR (7180 Dollar pro Kopf).

Der unkritische Schluß von einem höheren Pro-Kopf-Einkommen auf die Überlegenheit einer Wirtschaftsordnung vernachlässigt allerdings historisch unterschiedliche Ausgangsniveaus. So war die – im Jahr 1980 etwa zweieinhalbmal so hohe – Güterversorgung in den USA im Vergleich zur UdSSR nach dem zweiten Weltkrieg noch mehr als dreimal so hoch. Die UdSSR hatte also durch höhere Wachstumsraten den Rückstand in den rd. 30 Nachkriegsjahren etwas verkleinert.

Unter Hinweis auf diese höheren Wachstumsraten wird von Verfechtern der Zentralverwaltungswirtschaft sogar behauptet, daß die Zentralverwaltungswirtschaft überlegen sei. Immerhin betrug die jährliche Wachstumsrate des Sozialprodukts pro Kopf in der UdSSR von 1960 bis 1980 im Durchschnitt 4,0 v. H. im Vergleich zu 2,3 v. H. in den USA. Auch diese Argumentation erweist sich jedoch insofern als vordergründig, als wegen des wesentlich niedrigeren Ausgangsniveaus des Sozialprodukts in der UdSSR selbst die höheren Wachstumsraten noch eine geringere absolute Zunahme der Güterversorgung bedeuten, als die vergleichsweise kleinen Wachstumsraten des Sozialprodukts in den USA. Außerdem erscheint es plausibel, daß weitere Erhöhungen des Sozialprodukts mit zunehmendem Ausgangsniveau immer schwieriger werden.

Als spezieller Test für die Überlegenheit von Wirtschaftsordnungen liegt es nahe, die ehemalige DDR und die BR Deutschland, die bis zum Ende des Zweiten Weltkriegs zu einem einheitlichen Wirtschaftsgebiet gehörten, in ihrer Entwicklung bis zur Wiedervereinigung im Jahr 1990 zu vergleichen. Wenn von der höheren Pro-Kopf-Produktion in der BR Deutschland im Vergleich zur ehemaligen DDR auf die höhere Leistungsfähigkeit des marktwirtschaftlichen Systems geschlossen wird, sollten allerdings zwei Aspekte berücksichtigt werden. Aufgrund einer unterschiedlichen Besatzungspolitik der Sieger des

Zweiten Weltkriegs hatte die BR Deutschland alsbald Teil an der sog. Marshallplan-Hilfe der USA zum wirtschaftlichen Wiederaufbau, während die DDR bis 1953 jährlich rund ein Viertel der laufenden Produktion als Reparationen an die Sowjetunion abliefern mußte. Hinzu kam, daß die Spaltung des deutschen Wirtschaftsgebietes für die mitteldeutsche Industrie mehr strukturelle Probleme aufwarf als für die westdeutsche Industrie. Während die westdeutsche Industrie eine weitgehend ausgeglichene Branchenstruktur hatte, fehlte es der auf Weiterverarbeitung spezialisierten DDR-Wirtschaft an Rohstoff- und Investitionsgüterindustrien. Im übrigen ging die wesentlich niedrigere Güterversorgung in der DDR im Vergleich zur BR Deutschland allerdings auf Mängel der Zentralverwaltungswirtschaft zurück.

Generell treten vor allem folgende **systemtypische Mängel in Zentralverwaltungswirtschaften** auf:

– Eine *Überforderung der Zentralbehörde* ergibt sich aus der Vielzahl der zu planenden Güter (bis zu einer Million). In der ehemaligen DDR beschränkte sich die Zentrale auf die Erarbeitung von Mengenbilanzen für die wichtigsten Gütergruppen (rund 5000 zentrale Pläne). Erst auf der mittleren und unteren Planungsebene wurden daraus die Produktionsvorgaben für die einzelnen Güter in Form von Branchen- und Betriebsplänen abgeleitet (vgl. das stark vereinfachte Schema zur DDR-Jahresplanung auf der folgenden Seite).

– Das *Horten von Produktionsfaktoren* ist charakteristisch, weil die Betriebe nach möglichst niedrigen Soll-Vorgaben („weichen Plänen") für ihre Produktion streben. Insbesondere geben sie bei der Plandiskussion und -verteidigung ihr Produktionspotential kleiner an, als es in Wirklichkeit ist („strategische Informationen") und fordern außerdem mehr Produktionsfaktoren an, als zur Planerfüllung nötig ist. Auch geben die Betriebe einmal zugeteilte Arbeitskräfte, Maschinen und sonstige Produktionsfaktoren wegen der erfahrungsgemäß auftretenden und unvorhersehbar wechselnden Engpässe bei den Faktoren selbst dann nicht mehr ab, wenn sie zur Einhaltung der Produktionspläne nicht benötigt werden. Um durch Planungsfehler bedingte Engpässe zu überwinden, duldet interessanterweise die Zentralbehörde gelegentlich sogar einen – mit Hilfe gehorteter Produktionsfaktoren durchgeführten – illegalen Naturaltausch zwischen den Betrieben.

– Eine *kennziffernbedingte Fehlausrichtung der Produktion* folgt aus der in Zentralverwaltungswirtschaften üblichen Produktionsvorgabe durch Naturalkennziffern. Vereinfacht läßt sich das Problem wie folgt verdeutlichen. Wird z. B. bei der Schraubenproduktion das Plansoll als Bruttoproduktionswert in Tonnen festgelegt, so werden die Betriebe bevorzugt große Schrauben herstellen („Tonnenideologie"). Kleine Schrauben werden dann rasch zur Mangelware. Erfolgt die Soll-Vorgabe dagegen als Stückzahl, werden die Betriebe vor allem kleine Schrauben produzieren, um ihr Soll möglichst leicht und mit geringem Materialaufwand zu erfüllen. In beiden Fällen ist gerade bei ökonomischem Verhalten zu erwarten, daß bei einzelnen Schraubensorten unverkäufliche Läger entstehen, während andere Sorten fehlen.

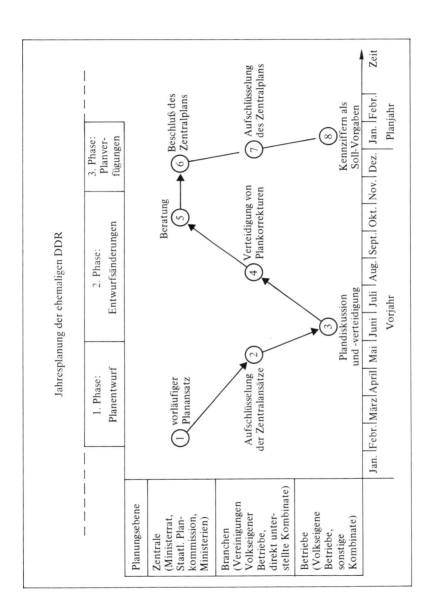

Jahresplanung der ehemaligen DDR

– Die von der Zentralbehörde einheitlich festgelegten *Preise sind keine Knapp-heitsindikatoren*. Sie stehen weder in unmittelbarem Bezug zu den Kosten der Produktion noch zur Dringlichkeit der Nachfrage. Die Preise werden letztlich durch politisch-elitäre Entscheidungen der Zentrale festgelegt. Dabei kann es kaum gelingen, die Art und Menge der von den Verbrauchern gewünschten Güter exakt vorauszusehen. Außerdem besteht die Tendenz, zum staatlich vorgeschriebenen Einheitspreis nur Standardgüter einer Durchschnittsqualität anzubieten.

– *Behinderungen des technischen Fortschritts* können sich dadurch ergeben, daß im Falle der Entwicklung neuer Produkte und Produktionsverfahren die Soll-Vorgaben in den Betrieben durch staatliche Kontrolleure überprüft und angepaßt werden. Dabei besteht die Gefahr, daß die Inspektion auch Produktionsreserven aufdeckt, die durch das betriebliche Streben nach „weichen Plänen" entstanden sind. Schon deshalb ist das Interesse der Betriebe an technischen Fortschritten nur gering, wie ganz allgemein von „oben" erlassene Soll-Vorgaben die Leistungsmotivation dämpfen können.

Seit Anfang der sechziger Jahre fanden in nahezu allen östlichen Zentralverwaltungs-wirtschaften besondere Wirtschaftsreformen zur Bekämpfung systemtypischer Mängel statt. Einige Grundelemente der Reformen können in Verbindung mit dem obigen Schema der ehemaligen DDR-Jahresplanung verdeutlicht werden. Im Jahr 1963 verlagerte sich durch das „Neue ökonomische System" die maßgebliche Planungsebene von der Zentrale auf die Branchen- bzw. Betriebsebene (Dezentralisierung der Planerstellung), und statt der Naturalkennziffern wurden den Betrieben jetzt Wertkennziffern (Erfolg = Istgewinn – Sollgewinn) vorgegeben, um die Faktorkosten besser zu erfassen und außerdem statt der produzierten die bei vorgegebenen Preisen verkauften Gütermengen für den Erfolg der Betriebe maßgeblich zu machen. Allerdings führten die dezentralen Entscheidungen zu verstärkten Diskrepanzen auf der Zentralebene, weil die individuellen Pläne der vielen Tausend Betriebe auf gesamtwirtschaftlicher Ebene nicht miteinander harmonierten. Nachdem die aufgetretenen Mängel nicht mit der Weiterführung der Reformen durch Einführung des „Ökonomischen Systems des Sozialismus" im Jahr 1968 beseitigt werden konnten, kehrte die Zentrale Anfang der siebziger Jahre ihren Reformkurs um. Die Mitwirkung der Betriebe bei der Planerstellung wurde reduziert, und Naturalkennziffern traten wieder in den Vordergrund.

Alle Experimente mit Wirtschaftsreformen änderten letztlich wenig an den grundlegenden Mängeln von Zentralverwaltungswirtschaften, und in den osteuropäischen Ländern setzen sich spätestens seit dem Jahr 1990 marktwirtschaftliche Wirtschaftsordnungen durch.

IV. Rahmenbedingungen des Wirtschaftsprozesses

Bevor wir uns im nächsten Hauptteil auf Probleme der Marktwirtschaft, wie sie in den westlichen Industriestaaten dominiert, konzentrieren, sollen als Abschluß der bisherigen Überlegungen die gesamtwirtschaftlichen Rahmenbedingungen oder Daten, wie sie für jede Volkswirtschaft maßgeblich sind, gesammelt werden.

„**Gesamtwirtschaftliche Daten**" *sind Größen, die einerseits für den Wirtschafts-*
ablauf maßgeblich sind, andererseits von den Wirtschaftsprozessen selbst nicht
unmittelbar beeinflußt werden.
(Mittelbare Rückwirkungen des Wirtschaftsprozesses auf die gesamtwirtschaftlichen Daten sind allerdings möglich, was anschließend noch erörtert
werden soll. – Außerdem darf nicht verkannt werden, daß die Wirtschaftspolitik vor diesen Daten keineswegs haltmacht, sondern sie wirkt oft gerade dadurch, daß sie diese Daten verändert.)
Gesamtwirtschaftliche Daten sind:
1. die *Bedürfnisse* der einzelnen Haushalte (z. B. nach Nahrung, Kleidung,
   Wohnung, Bildung, usw.);
2. die *Produktionsfaktoren* Arbeit, Boden und Kapital mit ihren jeweiligen
   quantitativen und qualitativen Komponenten;
3. das *technisch-organisatorische Wissen,* das einer Volkswirtschaft zur Verfügung steht;
4. die *Rechts- und Sozialordnung,* innerhalb der sich die Wirtschaftsprozesse
   abspielen, wobei der Entscheidung für ein bestimmtes Wirtschaftssystem
   besondere Bedeutung zukommt.
Wenn diese gesamtwirtschaftlichen Daten auch als exogene (d. h. vorgegebene) Bedingungen des Wirtschaftsprozesses angesehen werden können und
deshalb von der Volkswirtschaftslehre kaum erklärt werden, ruft der Wirtschaftsablauf mittelbar doch durchaus Datenänderungen auch bei diesen Größen hervor. Erinnert sei an den wichtigen Bezug, den eine vermehrte Produktion von Produktionsgütern (Realkapital) für die Verschiebung der gesamtwirtschaftlichen Kapazitätslinie hat. Sicherlich hat der Wirtschaftsprozeß auch
einen gewissen Einfluß auf die Bevölkerungsentwicklung und außerdem auf
die Bildungsmöglichkeiten und -neigungen. Damit wirkt er auf den Produktionsfaktor Arbeit ein. Diese Liste ließe sich leicht fortsetzen.
Was sich hier zeigt, ist die Interdependenz aller Größen, d. h. deren wechselseitige Abhängigkeit, die es so schwer macht, die Kausalzusammenhänge zu
analysieren. Angesichts dieser **generellen Interdependenz aller Größen** ist es eher
eine Konvention als eine für die Forschung verbindliche Vorschrift, daß die
Volkswirtschaftslehre den Ablauf der wirtschaftlichen Prozesse in erster Linie
jeweils für bestimmte Konstellationen eines solchen gegebenen gesamtwirtschaftlichen Datenkranzes untersucht.

Verständnisfragen zu Kapitel B

1. a) Inwiefern sind „Arbeit" und „Boden" primäre Produktionsfaktoren, und wieso ist
   „Kapital" ein sekundärer Produktionsfaktor?
   b) Nehmen Sie Stellung zu der These: „Die Wirtschaft in der BR Deutschland investiert zu viel in maschinelle Anlagen und zu wenig bei den Menschen".
2. a) Erläutern Sie anhand der gesamtwirtschaftlichen Produktionsfunktion, welche
   Unterschiede sich ergeben, wenn volkswirtschaftlich das ökonomische Prinzip im

Sinne des Maximumprinzips, des Minimumprinzips oder des generellen Extremumprinzips verfolgt wird.

b) Diskutieren Sie die unterschiedliche Eignung der Produktionsfaktoren als Ansatzpunkte zur Förderung gesamtwirtschaftlichen Wachstums im Sinne einer Erhöhung des realen Sozialproduktes (extensives Wirtschaftswachstum).

3. a) Wie werden das ,,extensive" und das ,,intensive" Wachstum einer Volkswirtschaft durch die Beschäftigung zusätzlicher Gastarbeiter (unter sonst gleichen Umständen) beeinflußt?

b) Kritisieren Sie folgende Aussage in einem Zeitungsartikel über das Geburtendefizit in der BR Deutschland: ,,Eine Nation, in der die Bevölkerungszahl ständig zunimmt, ist prinzipiell ökonomisch von anderer Qualität als eine schrumpfende Wirtschaft. Im letzten Fall müssen die Ansprüche an das Sozialprodukt zurückgehen."

4. a) Welche Folgen ergeben sich für den Konsum, wenn der Realkapitalstock in einer vollbeschäftigten und effizient produzierenden Volkswirtschaft erhöht wird?

b) Inwieweit steht eine Volkswirtschaft mit unbeschäftigten oder nicht effizient eingesetzten Produktionsfaktoren den gleichen Problemen gegenüber?

5. a) Wie können in einer Volkswirtschaft zunächst außerhalb der ,,gesamtwirtschaftlichen Kapazitätslinie" liegende Gütermengen auf Dauer doch produziert werden?

b) Nehmen Sie Stellung zu der These: ,,Es ist volkswirtschaftlich falsch, den Konsum zu reduzieren, um die Investitionen zu fördern, denn nur ein hoher Konsum führt auch zu hohen Investitionen".

6. a) Was halten Sie von der Auffassung, daß nur Verzicht auf Wachstum des Sozialprodukts, der Bevölkerung und des Konsums die einzige Möglichkeit sei, lebensbedrohende Umweltbelastungen zu verhindern (und den Instabilitäten der Wirtschaft entgegenzuwirken)?

b) Begründen Sie, daß eine exakte Vorgabe von Wachstumsraten des Sozialprodukts als verbindliches Ziel der Wirtschaftspolitik mit einer marktwirtschaftlichen Wirtschaftsordnung nicht vereinbar ist.

7. a) Überprüfen Sie – unter Berücksichtigung eventueller gesamtwirtschaftlicher Opportunitätskosten – die Aussage eines Ministers: ,,Eine Armee von 500000 Freiwilligen ist so viel teurer als eine Armee von 500000 Wehrpflichtigen, daß wir sie uns volkswirtschaftlich nicht leisten können".

b) Wodurch werden die zunehmenden Opportunitätskosten in einer Volkswirtschaft bei fortgesetzter Ausdehnung der Produktion eines Gutes verursacht (was bedingt also die konkave Krümmung der ,,gesamtwirtschaftlichen Kapazitätslinie")?

8. a) Welche Rolle spielen Pläne – in Marktwirtschaften und – in Zentralverwaltungswirtschaften?

b) Welche Umstände haben in der Realität Abweichungen von den beiden Idealtypen veranlaßt?

9. a) Erläutern Sie systemtypische Mängel von
 – zentralverwaltungswirtschaftlich geprägten Wirtschaftsordnungen,
 – marktwirtschaftlich geprägten Wirtschaftsordnungen.

b) Inwieweit ist es ein schlüssiger Beweis für die Überlegenheit der marktwirtschaftlichen Wirtschaftsordnung, daß bei der Wiedervereinigung Deutschlands im Jahr 1990 die Pro-Kopf-Produktion in der BR Deutschland deutlich höher war als in der DDR?

10. Um systemtypischen Mängeln in der Zentralverwaltungswirtschaft zu begegnen, wurde in der DDR im Jahre 1963 die Hauptkennziffer ,,Differenz zwischen Ist-Bruttoproduktion und Soll-Bruttoproduktion (Naturalerfolg)" durch die Hauptkennziffer ,,Differenz zwischen Ist-Gewinn und Soll-Gewinn (wertmäßiger Erfolg)" ersetzt.

a) Welche Überlegungen sprachen für eine solche Reform?
b) Zeigen Sie den Unterschied zwischen der Hauptkennziffer ,,wertmäßiger Erfolg"
in Zentralverwaltungswirtschaften und den in Marktwirtschaften für den Erfolg
maßgeblichen Unternehmergewinnen, und machen Sie die dabei zum Ausdruck
kommende Rolle des Staates deutlich.

Literaturhinweise

Ausführungen über **Produktionsfaktoren** finden sich in allen Lehrbüchern. Die Darstellung ist in der älteren Literatur meist gründlicher; so ist noch heute empfehlenswert
– *A. Smith,* An Inquiry into the Nature and Causes of the Wealth of Nations, London
1776; deutsche Übersetzung: Der Wohlstand der Nationen, 1974 (als Tb München
1978), 4. Aufl. München 1988, 855 S.
Zum **Wirtschaftswachstum** als Einführung in theoretische Wachstumsmodelle:
– *K. Rose,* Grundlagen der Wachstumstheorie, 1970, 5. Aufl. Göttingen 1987,
223 S.
– *H. Walter,* Wachstums- und Entwicklungstheorie, Stuttgart, New York 1983,
199 S.
Zum Wirtschaftswachstum unter wirtschaftspolitischem Aspekt:
– *E. Dürr,* Wachstumspolitik, Bern, Stuttgart 1977, 362 S.
– *R. L. Frey,* Wachstumspolitik, Stuttgart, New York 1979, 165 S.
– *E. J. Mishan,* Die Wachstumsdebatte, Stuttgart 1980, 272 S.
– *U. Teichmann,* Grundlagen der Wachstumspolitik, München 1987, 300 S.
Den Vergleich von **Wirtschaftssystemen** behandeln zusammenfassend die Monogra-
phien
– *K. P. Hensel,* Grundformen der Wirtschaftsordnung, Marktwirtschaft – Zentralver-
waltungswirtschaft, 1972, 3. Aufl. München 1978, 192 S.
– *H. Leipold,* Wirtschafts- und Gesellschaftssysteme im Vergleich, 1976, 5. Aufl.
Stuttgart 1988, 300 S.
Als Sammelbände seien aus der umfangreichen Literatur genannt:
– *D. Cassel* (Hrsg.), Wirtschaftspolitik im Systemvergleich, Konzeptionen und Praxis
der Wirtschaftspolitik in kapitalistischen und sozialistischen Wirtschaftssystemen, Mün-
chen 1984, 383 S. sowie *derselbe* (Hrsg.), Wirtschaftssysteme im Umbruch, München
1990, 434 S.
– Forschungsstelle zum Vergleich wirtschaftlicher Lenkungssysteme (Hrsg.), Zur
Transformation von Wirtschaftssystemen, Marburg 1990, 170 S.
Speziell zum Vergleich der Wirtschaftssysteme von BR Deutschland und ehemaliger
DDR:
– *H. Hamel* (Hrsg.), Soziale Marktwirtschaft – Sozialistische Planwirtschaft, 1977,
5. Aufl. München 1989, 254 S.
– *Bundesregierung* (Hrsg.), Materialien zum Bericht zur Lage der Nation im geteilten
Deutschland, 1987, Bonn 1988, BT-Drucks. 11/11 (v. 18. 2. 1987), 819 S.
Die Rahmenbedingungen des Wirtschaftsprozesses betont besonders W. Eucken,
dessen Schriften noch heute für eine liberale Wirtschaftsordnung grundlegend sind:
– *W. Eucken,* Die Grundlagen der Nationalökonomie, 1939, 8. Aufl. Berlin u. a.
1965, 279 S. und *derselbe,* Grundsätze der Wirtschaftspolitik, 1952, 6. Aufl. Tübingen
1990, 398 S.

C. Zur wettbewerblichen Selbststeuerung in der Marktwirtschaft

I. Die Preisbildung auf Märkten

Die Grundidee der marktwirtschaftlichen Lenkung der Wirtschaft ist schwerer verständlich zu machen als die der Zentralverwaltungswirtschaft. Alle Wirtschaftssubjekte (Haushalte und Unternehmen) stellen selbständig für ihre Bereiche Wirtschaftspläne auf, die ausschließlich dem Eigeninteresse dienen. Ihre Planungen versuchen sie am Markt (dem ökonomischen Ort des Zusammentreffens von Angebot und Nachfrage) durchzusetzen.

Fraglich ist, wer dann das Gesamtinteresse in einer Marktwirtschaft wahrnimmt. Diese Aufgabe soll von Preis- und Wettbewerbsmechanismen gelöst werden. Man spricht hier von der *Selbststeuerung der Marktwirtschaft* durch die Gesetze von Angebot und Nachfrage. Mit ihrer Hilfe werden die vielen Einzelwirtschaftspläne der Haushalte und Unternehmen so aufeinander abgestimmt, daß auch das Gesamtinteresse „bestmöglich" wahrgenommen wird.

Diese Zusammenhänge sollen wieder in einem vereinfachten Ansatz – einem Modell der Preisbildung durch Güternachfrage und Güterangebot – analysiert werden.

1. Güternachfrage

Die Nachfrage nach Sachgütern und Dienstleistungen charakterisieren wir mit Hilfe eines Koordinatensystems (vgl. Abb. 16). Wir betrachten nur ein einziges Gut, dessen Menge m auf der horizontalen Achse (Abszisse) abgetragen wird. Die Variable m beschreibt die Gütermenge, die von allen Haushalten zusammen in einer Periode nachgefragt wird. Auf der vertikalen Achse (Ordinate) wird der jeweilige Preis p des Gutes eingezeichnet. Dabei besteht folgender Wirkungszusammenhang zwischen Preis und Menge: Der Preis ist die Ursache (unabhängige Variable) und die Menge die Wirkung (abhängige Variable).

Geht man von dem relativ hohen Preis p_A aus, so wird die zu diesem Preis nachgefragte Menge in der Regel ziemlich gering sein (z. B. nur m_A). Wenn der Preis niedriger ist (p_B), werden sich mehr Käufer für das Gut finden (m_B).

Ordnet man jedem denkbaren Preis die bei ihm jeweils nachgefragte Menge zu, erhält man im Preis-Mengen-Diagramm die Nachfragekurve. Die *Nachfragekurve* ist also der geometrische Ort aller Kombinationen von Preisen als Ursache und Nachfragemengen als Wirkung.

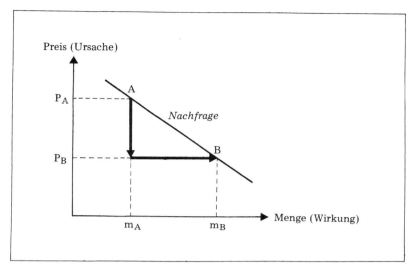

Abb. 16: Nachfragekurve im Preis-Mengen-Diagramm

So wird z. B. eine Hausfrau auf einem Wochenmarkt bei einem „hohen" Preis von 4 DM für 1 kg Äpfel weniger Äpfel einkaufen, als wenn die gleiche Apfelsorte nur 2 DM pro kg kostet.

Mit Hilfe dieser Kurve kann die von jeder Preisänderung verursachte Änderung der Nachfragemenge deutlich gemacht werden. Diese Reaktionen bezeichnet man auch als Nachfragegesetz.

Das Nachfragegesetz besagt, *daß normalerweise die nachgefragte Menge eines Gutes desto kleiner ist, je höher der Preis dieses Gutes ist. Sinkt der Preis, so steigt die nachgefragte Menge (und umgekehrt).*

2. Güterangebot

Genauso wie die Güternachfrage läßt sich auch das Güterangebot mit Hilfe des Preis-Mengen-Diagramms veranschaulichen (Abb. 17). Unabhängige (d. h. ursächliche) Variable ist wieder der Preis, und abhängige Variable ist die Menge, die jetzt die in einer Periode von allen Unternehmen zusammen angebotene Menge angibt.

Bei einem relativ hohen Preis p_C wird in der Regel eine große Gütermenge angeboten, z. B. die Menge m_C. Ist der Preis dagegen niedrig, so wird normalerweise relativ wenig angeboten (Punkt D mit p_D und m_D).

Die bei alternativen Preisen in einer Periode angebotenen Gütermengen ergeben im Preis-Mengen-Diagramm die sogenannte *Angebotskurve.* An ihr läßt sich für jeden Preis erkennen, welche zugehörige Menge von den Unternehmen angeboten wird. Bei Preisänderungen kann die dadurch bewirkte Änderung der angebotenen Menge abgelesen werden.

4 Bartling/Luzius, Volkswirtschaftslehre 8. A.

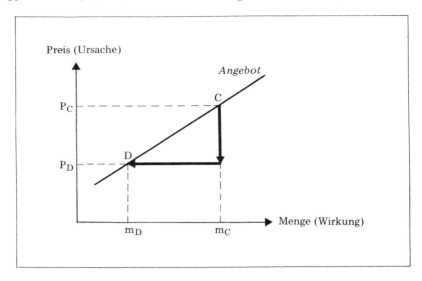

Abb. 17: Angebotskurve im Preis-Mengen-Diagramm

Gilt auf einem Wochenmarkt der relativ niedrige Preis von 2 DM/kg Äpfel, so werden sich nur wenige Verkäufer die Mühe machen, die Äpfel zu pflücken, zu sortieren, zum Verkaufsstand zu transportieren und dort anzubieten. Entsprechend wird bei dem niedrigen Preis die Angebotsmenge nur gering sein. Läßt sich aber ein Preis von 4 DM/kg Äpfel erzielen, so lohnt es sich für viele Apfelanbieter, nach Hause zu fahren, um weitere Äpfel zu holen und auf dem Wochenmarkt anzubieten.

Das Angebotsgesetz besagt, *daß normalerweise die angebotene Menge eines Gutes desto größer ist, je höher der Preis dieses Gutes ist. Sinkt der Preis, so sinkt auch die angebotene Menge (und umgekehrt).*

3. Marktpreisbildung bei unveränderten Angebots- und Nachfragebedingungen

Unter einem **Markt** *versteht man die Gesamtheit der ökonomischen Beziehungen zwischen Anbietern und Nachfragern eines bestimmten Gutes in einem bestimmten Raum zu einer bestimmten Zeit.*
Da sowohl die angebotene als auch die nachgefragte Menge auf einem Markt – wie in den beiden vorangehenden Abschnitten gezeigt – vom Preis des Gutes abhängen, können die sich zwischen Marktangebot und Marktnachfrage ergebenden Wirkungszusammenhänge in einem integrierten Preis-Mengen-Diagramm, das gleichzeitig die Angebots- und die Nachfragekurve enthält, veranschaulicht werden (vgl. Abb. 18).
Bei einem relativ hohen Preis ($p_{A,C}$) bieten die Unternehmen eine große Gütermenge an. Die nachfragenden Haushalte werden aber durch den hohen Preis abgeschreckt und kaufen nur wenig oder gar nichts. Als Folge ergibt sich

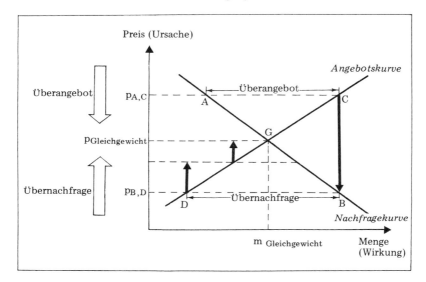

Abb. 18: Preisbildung auf einem Gütermarkt

.ein Überangebot (AC), d. h. die zum Preis $p_{A,C}$ angebotene Gütermenge ist
größer als die nachgefragte Menge.

Da die Anbieter möglichst ihre gesamte Produktion verkaufen wollen, werden sie sich im Preis unterbieten, um möglichst viel Nachfrage auf sich zu
ziehen. Der Marktpreis sinkt also unter $p_{A,C}$. Dabei wird bei jedem niedrigeren
Preis als $p_{A,C}$ eine größere Menge als vorher nachgefragt (Nachfragegesetz)
und eine kleinere Menge als vorher angeboten (Angebotsgesetz); das Überangebot verringert sich.

*Der Druck auf die Unternehmen, den Preis ihres Gutes zu senken, wird so
lange anhalten, wie nicht alles verkauft werden kann, was produziert wurde, d. h.
solange die angebotene Menge größer ist als die nachgefragte Menge (Überangebot).*

Senken die Anbieter den Preis sehr stark, z. B. bis auf $p_{B,D}$, so übertrifft die
Nachfrage sogar das Angebot. Es herrscht Übernachfrage (DB). Aufgrund des
niedrigen Preises stehen die Kunden jetzt vor den Geschäften der Anbieter
Schlange, und nicht alle Kaufwilligen können das Gut bekommen.

Sobald die Anbieter die Übernachfrage merken, werden sie ihren Preis nicht
unverändert lassen, sondern ihn in der Hoffnung erhöhen, ihr Angebot auch zu
dem angehobenen Preis abzusetzen. Bei Geltung der Angebots- und Nachfra-
gegesetze hat das wiederum zwei Wirkungen:

– Die nachgefragte Menge geht zurück, da bei einem höheren Preis weniger
  Nachfrager bereit oder in der Lage sind, das Gut zu kaufen, und von den
  verbleibenden Nachfragern nur kleinere Mengen gekauft werden.

– Gleichzeitig wird ein höherer Preis die Anbieter bewegen, mehr als bisher anzubieten, weil sie sich davon einen höheren Gewinn erhoffen. Es werden eventuell sogar neue Anbieter auf dem Markt erscheinen, die zum niedrigen Preis $p_{B,D}$ nicht bereit oder in der Lage waren, das betrachtete Gut anzubieten.

Die Tendenz zur Preiserhöhung wird so lange bestehen, wie die Anbieter mehr verkaufen könnten als produziert ist, d. h. solange die nachgefragte Menge größer ist als die angebotene Menge (Übernachfrage).

Nehmen wir an, daß die Unternehmen den Preis ihres Gutes nach und nach so weit erhöhen, bis der *Gleichgewichtspreis* ($p_{Gleichgewicht}$) realisiert wird. Bei ihm ist die angebotene Menge gerade gleich der nachgefragten Menge, d. h. die Angebots- und die Nachfragekurve schneiden sich. Also gibt es dann weder ein Überangebot (und damit keinen Druck auf die Unternehmen, den Preis zu senken) noch eine Übernachfrage, die die Unternehmen zu Preiserhöhungen veranlassen könnte. Entsprechend bleibt auf einem Markt – solange sich die Angebots- und Nachfragekurven nicht ändern – der Gleichgewichtspreis erhalten.

Die zum Gleichgewichtspreis gehörige Menge ist die *Gleichgewichtsmenge* ($m_{Gleichgewicht}$). Sie ist die größte Menge, die auf dem Markt umgesetzt werden kann; denn bei Preisen, die höher sind als der Gleichgewichtspreis, begrenzt die Nachfrage die Tauschmenge, und bei Preisen unterhalb des Gleichgewichtspreises sorgt das Angebot für eine kleinere als die Gleichgewichtsmenge. So ist im Marktgleichgewicht die mengenmäßige Güterversorgung offenbar am höchsten.

Diesem **Marktgleichgewicht** – definiert durch Gleichgewichtspreis und zugehörige Gleichgewichtsmenge – kommt letztlich also sowohl vor als auch nach seinem Erreichen besondere Bedeutung zu:
- Wenn der *Gleichgewichtspreis eingetreten ist,* so sind die Wirtschaftspläne von Anbietern und Nachfragern miteinander vereinbar, d. h. keine der Wirtschaftseinheiten (weder Haushalte noch Unternehmen) haben dann Anlaß, ihre individuellen Wirtschaftspläne zu ändern.
- Solange der *Gleichgewichtspreis noch nicht erreicht* ist, erleben die Wirtschaftseinheiten am Ende der Perioden jeweils Überraschungen. Es zeigt sich entweder ein Überangebot oder eine Übernachfrage, was die Wirtschaftseinheiten zu Anpassungsreaktionen veranlaßt, die den Markt in der Regel dem Gleichgewicht näherbringen **(Tendenz zum stabilen Marktgleichgewicht).**

4. Marktgleichgewicht in dynamischer Betrachtung

In der Realität werden Marktgleichgewichte selten erreicht, und wenn einmal, dann meist nur für kurze Dauer. Der Grund liegt nicht so sehr in fehlenden Tendenzen der Marktkräfte, die zum Gleichgewicht hinführen. Vielmehr sind dafür in erster Linie die in der Praxis ständig auftretenden Datenänderungen verantwortlich, die zu Verschiebungen der Angebots- und/oder Nachfragekurven führen, noch bevor das durch die alten Gegebenheiten determinierte Gleichgewicht verwirklicht ist. So steuern die Märkte zwar fortwährend Marktgleichgewichte an; bevor diese erreicht werden, gelten jedoch meist bereits neue Daten, die den Marktprozessen eine geänderte Ausrichtung geben.

Typisch für die Marktsteuerung sind also nicht Anpassungsprozesse an jeweils für lange Zeit gleichbleibende Gleichgewichtszustände. Vielmehr ändern sich die tendenziell angesteuerten Gleichgewichtswerte laufend.

II. Die Nachfrage durch Haushalte

1. Elemente des Konsumplans

Bisher wurde die Nachfrageseite des Marktes durch Nachfragekurven dargestellt, ohne die dahinterstehenden konsumtiven Wirtschaftseinheiten, die Haushalte, näher in die Analyse einzubeziehen. Hierfür ist die im folgenden zu entwickelnde *Theorie des Haushalts* eine vertiefende Ergänzung.

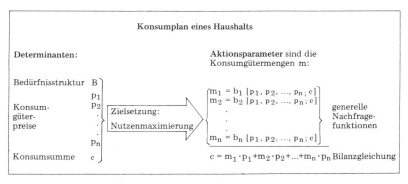

Abb. 19

Der Konsumgüternachfrage – und folglich auch jeder Nachfragekurve – liegen die Entscheidungen vieler Haushalte zugrunde, die in ihrem **Konsumplan** oder Verbrauchswirtschaftsplan festlegen, welche Güter in welchen Mengen nachgefragt werden sollen. Bestimmungsgrößen (Determinanten) dieser Konsumentscheidungen sind für den jeweiligen Haushalt:

(1) Bedürfnisstruktur des Haushaltes (B), d.h. relative Intensität, mit der der Haushalt ein bestimmtes Gut wünscht;

(2) erwartete Preise ($p_1, p_2, \ldots, p_n$) der in die Konsumentscheidung einbezogenen Güter – diese Preise stellen gewissermaßen die Beschaffungswiderstände dar;

(3) geplante Konsumsumme (c); d.h. der Geldbetrag, der dem Haushalt zum Kauf von Konsumgütern zur Verfügung steht (Beschaffungskraft).

Die drei Determinantengruppen bestimmen, welche Mengen der einzelnen Güter ein Haushalt in einer Wirtschaftsperiode (z. B. in einer Woche) nachfragt. Diese Mengen sind für die Haushalte Aktionsparameter.

Aktionsparameter *einer Wirtschaftseinheit sind Größen in ihrem Wirtschaftsplan, die von der Wirtschaftseinheit nach eigenem Ermessen wertmäßig festgelegt werden können.*

Sind einem Haushalt nur die Konsumgüter Bier, Brot, Wurst und Zigaretten bekannt, so kann er bei gegebenen Preisen und bei einer gegebenen pro Tag zur Verfügung stehenden Geldsumme autonom festlegen, welche Mengen von Bier, Brot, Wurst oder Zigaretten er kaufen will. Mancher Haushalt wird von jedem Gut etwas kaufen, ein anderer wird auf Zigaretten verzichten, um dafür mehr Wurst erhalten zu können, ein dritter Haushalt wird gar alles Geld für Bier ausgeben. Der Wert der Aktionsparameter Biermenge (m_1), Brotmenge (m_2), Wurstmenge (m_3) und Zigarettenmenge (m_4) kann von jedem Haushalt in einer anderen Höhe festgelegt werden.

Bei der Entscheidung, welchen Wert die Aktionsparameter „gewünschte Gütermengen" jeweils annehmen sollen, kann der Haushalt unterschiedliche Ziele verfolgen. Die Haushaltstheorie geht normalerweise davon aus, daß das angestrebte Ziel die Maximierung des Gesamtnutzens ist, den der Haushalt sich mit Hilfe der ihm zur Verfügung stehenden Konsumsumme verschaffen kann. Das ist der Inhalt des für den Haushalt konkretisierten ökonomischen Prinzips.

Zwar sind daneben auch andere Zielsetzungen denkbar – z. B. die Erfüllung eines bestimmten Anspruchsniveaus –, die Hauptfrage für jeden Haushalt lautet aber: Wie ist bei gegebenen Konsumgüterpreisen die vorgegebene Konsumsumme auf den Kauf der einzelnen Güter so aufzuteilen, daß sich bei gegebener Bedürfnisstruktur ein Nutzenmaximum einstellt?

Preise und Konsumsumme sind meßbare und in Geldeinheiten ausdrückbare Größen. Demgegenüber ist es ein besonderes Problem, die Bedürfnisstruktur und den Nutzen zu erfassen.

2. Nachfragefunktionen

Der Nutzen kann in der Realität weder unmittelbar bei einem einzelnen Individuum gemessen noch zwischen verschiedenen Personen verglichen werden, wie z. B. noch bei den von Hermann Heinrich Gossen (1854)[5] formulierten zwei Gesetzen angenommen wird.

Das **Erste Gossen'sche Gesetz** – oder auch Sättigungsgesetz – sagt etwas aus über die Entwicklung des Nutzens bei zunehmendem Konsum eines Gutes. Wörtlich heißt es bei Gossen: „Die Größe eines und desselben Genusses nimmt, wenn wir mit Bereitung des Genusses ununterbrochen fortfahren, fortwährend ab, bis zuletzt Sättigung eintritt". Bezeichnet man den Nutzen, den die jeweils zusätzliche, letzte Einheit eines Gutes noch stiftet, als Grenznutzen, so kann man auch sagen:

[5] H. H. GOSSEN, Entwicklung der Gesetze des menschlichen Verkehrs und der daraus fließenden Regeln für menschliches Handeln, Braunschweig 1854.

Der Grenznutzen eines Gutes – d. h. der Nutzen der letzten zusätzlichen Einheit – nimmt mit zunehmender zur Verfügung stehender und konsumierter Menge des Gutes ab.

Beispiel: Ißt man bei einer Mahlzeit Suppe, so nimmt im Zuge zunehmender Sättigung der Nutzen jedes weiteren Löffels Suppe immer mehr ab, bis man zuletzt keinen weiteren Löffel Suppe mehr mag. Die bis dahin konsumierte Gesamtmenge nennt man deshalb auch Sättigungsmenge.

Das **Zweite Gossen'sche Gesetz** – oder Genußausgleichsgesetz – hat die optimale Aufteilung der Konsumsumme auf die Verwendungsarten zur Befriedigung der einzelnen Bedürfnisse zum Gegenstand:

Ein Haushalt maximiert dann seinen Gesamtnutzen – realisiert also die günstigste Versorgungslage –, wenn der Nutzen der letzten ausgegebenen Geldeinheit für sämtliche Verwendungsarten gleich groß ist.

Beispiel: Solange der Nutzen einer zusätzlichen Geldeinheit, die für Brot ausgegeben wird, größer ist als der Nutzen bei Ausgabe dieser Geldeinheit für Fleisch, ist es sinnvoll, damit Brot zu kaufen. Der Gesamtnutzen ist dann am größten, wenn der Nutzen der letzten Mark, die für Brot ausgegeben wird, genauso groß ist, wie der Nutzen der letzten für Fleisch ausgegebenen Mark.

Neben intuitiver oder logischer Plausibilität haben die Gossen'schen Gesetze ebenso wie Haushaltstheorien, die eine direkte Nutzenmessung voraussetzen,[6] bisher allerdings wenig zur Gewinnung empirisch gehaltvoller Aussagen beigetragen. Realitätsnäher sind Nachfragefunktionen, die mit nur indirekter Nutzenmessung auskommen.

Nachfragefunktionen geben (in Gleichungsform) an, wie die Menge eines bestimmten Gutes, die ein Haushalt nachfragt, von den Hauptbestimmungsgrößen der Nachfrage (Bedürfnisintensität, Güterpreise und Konsumsumme) abhängt.

$$m_1 = b_1\,[p_1;p_2\ldots p_n;c] \qquad \textit{generelle Nachfragefunktion}$$

$$
\begin{aligned}
m_1 &= f(b_1) & \text{cet. par.} \\
m_1 &= f(p_1) & \text{cet. par.} \\
m_1 &= f(p_2) & \text{cet. par.} \\
m_1 &= f(c) & \text{cet. par.}
\end{aligned}
\qquad
\begin{array}{l}
\textit{spezielle} \\
\text{Nachfragefunktionen}
\end{array}
$$

Abb. 20

Es geht also wieder um Ursache-Wirkungsbezüge. Die als Wirkung „erklärte Variable" ist dabei regelmäßig die von einem Haushalt nachgefragte Menge eines bestimmten Gutes (m_1). Versammelt man auf der anderen Gleichungs-

---

[6] Insbesondere unterscheidet man eine *kardinale* von einer *ordinalen* Nutzentheorie. Die kardinale Theorie geht von der vollen Meßbarkeit des Nutzens (und damit auch der Nutzenunterschiede) aus, während die ordinale Theorie sich mit der schwächeren Annahme begnügt, daß die Haushalte die Nutzensituationen als Rangfolge (ohne Aussage über das Ausmaß der Nutzenunterschiede) ordnen können.

seite alle als Ursache maßgeblichen Größen, erhält man als **generelle Nachfragefunktion:**

$$m_1 = b_1[p_1; p_2, \ldots, p_n; c]$$

D. h. die von einem Haushalt nachgefragte Menge nach einem bestimmten Gut hängt ab von

b_1: der Bedürfnisintensität für dieses Gut, die als einzige Größe direkt nicht meßbar ist und deshalb indirekt in der Art der funktionalen Beziehung zwischen den direkt meßbaren Variablen zum Ausdruck kommt;

p_1: dem Preis des Gutes;

$p_2, \ldots, p_n$: den Preisen aller anderen in den Begehrskreis des Haushalts fallenden Güter;

c: der dem Haushalt in der Wirtschaftsperiode zur Verfügung stehenden Konsumsumme.

Ebenso wie für das Gut 1 lassen sich für alle anderen Güter, die der Haushalt nachfragt, generelle Nachfragefunktionen formulieren. Außerdem kann der darüber hinausgehende Tatbestand, daß die gesamte Haushaltsnachfrage regelmäßig durch die Höhe der Konsumsumme begrenzt wird, in Gleichungsform erfaßt werden. Das geschieht durch die sogenannte **Bilanzgleichung,** die besagt, daß die Summe der Ausgaben (Menge mal Preis) für alle Güter in einer Wirtschaftsperiode immer gleich der Konsumsumme ist. Für den gesamten Konsumplan eines Haushalts ergeben sich dann in mathematischer Kompaktschreibweise:

$$\left.\begin{array}{l} m_1 = b_1[p_1; p_2, \ldots, p_n; c] \\ m_2 = b_2[p_1; p_2, \ldots, p_n; c] \\ \quad \cdot \\ \quad \cdot \\ \quad \cdot \\ m_n = b_n[p_1; p_2, \ldots, p_n; c] \end{array}\right\} \text{n generelle Nachfragefunktionen}$$

$$m_1 \cdot p_1 + m_2 \cdot p_2 + \ldots + m_n \cdot p_n = c \qquad \text{Bilanzgleichung}$$

Der Vorteil dieser Darstellungsform ist, daß die für die Güternachfrage wesentlichen Beziehungen konzentriert erfaßt werden. Für eine eingehendere Analyse der einzelnen Ursache-Wirkungs-Verhältnisse enthalten die generellen Nachfragefunktionen allerdings bereits zu viele Ursachengrößen. Deshalb empfiehlt sich analytisch wieder die Isolier- oder ,,Ceteris paribus"-Methode. Mit ihr lassen sich aus den generellen Nachfragefunktionen von Haushalten **spezielle Nachfragefunktionen** ableiten. Sie beschreiben, wie die nachgefragte Menge eines Gutes von einer einzigen ursächlichen Variablen der generellen Nachfragefunktion – bei sonst gleichen Umständen – abhängt.

Dabei ergeben sich vier Gruppen von speziellen Nachfragefunktionen, je nachdem welche Ursachengröße isoliert wird:

(1) Abhängigkeit der Nachfragemenge von der Bedürfnisintensität für dieses Gut (bei sonst gleichen Umständen):
$m_1 = f(b_1)$ ceteris paribus.

(2) Abhängigkeit der Nachfragemenge vom Preis des nachgefragten Gutes:
$m_1 = f(p_1)$ cet. par.
Diese Funktion beschreibt den für uns wichtigsten Zusammenhang, denn die zugrunde liegende Kausalbeziehung ist ein entscheidender Baustein für die Analyse des Zusammenspiels von Angebot und Nachfrage am Markt.

(3) Abhängigkeit der Nachfragemenge von den Preisen anderer Güter:
$m_1 = f(p_2)$ cet. par.; $m_1 = f(p_3)$ cet. par.; ...; $m_1 = f(p_n)$ cet. par.

(4) Abhängigkeit der Nachfragemenge von der Konsumsumme:
$m_1 = f(c)$ cet. par.
Genauso wie für das Gut 1 lassen sich auch für alle anderen Güter diese vier Gruppen von speziellen Nachfragefunktionen unterscheiden. Im folgenden soll jede dieser Gruppen eingehender analysiert werden.

3. Die Nachfragedeterminanten im einzelnen

a) Bedürfnisintensität

Bevor die zentrale Kausalbeziehung Preis-Menge untersucht wird, müssen wir auf die oben als ersten Fall bezeichnete Abhängigkeit der Nachfragemenge von der Intensität der Bedürfnisse des Haushalts für das betrachtete Gut eingehen. Hier wollen wir uns kurz fassen, da die Bedürfnisintensität als Einflußgröße nicht direkt meßbar ist, sondern nur indirekt in der Form der anderen speziellen Nachfragefunktionen mit meßbaren Variablen zum Ausdruck kommt.

Immerhin ist der Einfluß der Bedürfnisintensität und deren Verschiebungen offensichtlich. So kann z. B. eine Modewelle die Nachfrage nach einem Gut spontan ansteigen lassen, während andere Güter dadurch weniger stark nachgefragt werden.

Wenn Motorradfahren modern wird, steigt die Nachfrage nach Motorrädern, ohne daß etwa der Preis für Motorräder gesunken ist oder der Autopreis gestiegen ist, auch wenn die Einkommen der Haushalte nicht zunehmen. Andererseits reduziert sich z. B. die Nachfrage nach kurzen Damenröcken, wenn lange Röcke oder Hosen wieder modern werden.

b) Preis des Gutes

Wichtiger für die weiteren Überlegungen ist der Kausalzusammenhang zwischen dem Preis eines Gutes als Ursache und der vom Haushalt nachgefragten Menge (als Wirkung). Drei Fälle sind zu unterscheiden.

(1) Im **Normalfall** hat entsprechend den schon behandelten Nachfragegesetzen ein steigender Preis zur Folge, daß von dem betreffenden Gut weniger nachgefragt wird. Der Haushalt wird weniger von diesem Gut kaufen und

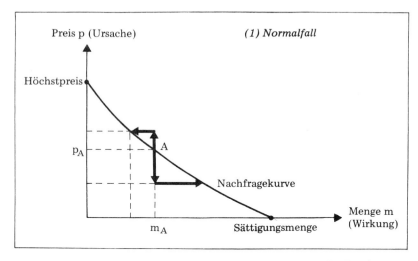

Abb. 21: ,,Normale" Nachfragereaktion (auf Preisänderungen des Gutes)

auf andere Güter ausweichen. Sinkt dagegen der Preis, so wird der Haushalt mehr nachfragen bzw. überhaupt erst anfangen, sich für das Gut zu interessieren.

Folglich verläuft hier die Nachfragekurve, deren konkrete Gestalt im Einzelfall durch Befragung zu ermitteln wäre, im Preis-Mengen-Schaubild von links oben nach rechts unten.

Dabei haben die Schnittpunkte der Nachfragekurve mit den Achsen des Koordinationsystems die Bedeutung von Extremwerten für Preis und Menge. Als *Höchstpreis* (oder Prohibitionspreis) bezeichnet man den Preis, bei dem der Haushalt nicht mehr bereit oder in der Lage ist, auch nur eine Mengeneinheit des betreffenden Gutes zu kaufen. Andererseits gibt es eine *Sättigungsmenge*, die beim Preis von Null erreicht wird; denn selbst wenn einem Haushalt ein Gut geschenkt wird, ist er bei irgendeiner Menge so damit ,,gesättigt", daß er eine größere Menge des Gutes nicht mehr haben möchte.

Wahrscheinlich ist jeder Haushalt am Besitz einer Geschirrspülmaschine interessiert. Wenn der Preis dafür allerdings so hoch ansteigen würde, daß der Haushalt beim Kauf der Geschirrspülmaschine auf andere Dinge, die er für wichtiger erachtet (z. B. Auto, Waschmaschine), verzichten müßte, wird er den Kauf unterlassen. Andererseits würde der Haushalt sicherlich selbst dann nur eine begrenzte Anzahl von Geschirrspülmaschinen annehmen, wenn er sie geschenkt bekommt, weil ihm weitere Maschinen nichts mehr nützen (vorausgesetzt, daß er sie nicht weiterverkaufen kann).

Außer der ,,normal" anzutreffenden Reaktion der Haushaltsnachfrage auf Preisänderungen des Gutes sind die beiden folgenden Sonderfälle zu beachten:

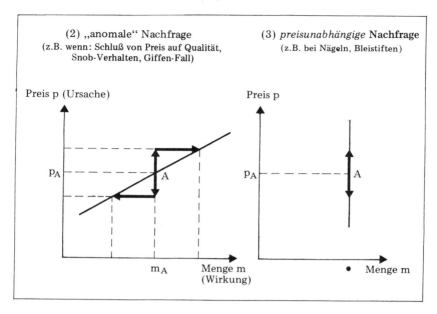

Abb. 22: Zwei Sonderfälle der Nachfragereaktion (auf Preisänderungen)

(2) ,,Anomale'' Nachfrage kommt in der Wirklichkeit durchaus gelegentlich vor. Dabei kehrt sich das ,,Nachfragegesetz'' gerade um, d.h. bei steigendem Preis fragt der Haushalt mehr nach (und umgekehrt). Die folgenden Umstände sind dafür besonders wichtig:

– Soweit die Nachfrager *vom Preis direkt auf die Qualität eines Gutes schließen,* werden sie z.B. bei einem höheren Preis aufgrund der dabei vermuteten höheren Qualität mehr von dem betreffenden Gut nachfragen. Wegen der Schwierigkeiten, bei der heutigen Vielzahl komplexer Konsumgüter deren Qualitätsunterschiede unmittelbar zu beurteilen, ist die bedingte ,,anomale'' Reaktion nicht selten.

– Eine andere Erscheinung ist das *Verhalten mancher Snobs.* Sie kaufen gelegentlich gerade teure Güter (z.B. besonders teure Antiquitäten oder Kosmetika), um sich von der Masse abzuheben (,,auffälliger Konsum'' nach T. Veblen). Steigt nun der Preis eines solchen Prestige-Gutes, steigt häufig auch die Nachfrage nach diesem Gut, weil der Prestige-Effekt für um so größer gehalten wird, je höher der Preis ist.

– Entdeckt wurde das ,,anomale'' Nachfrageverhalten allerdings nicht bei reichen, sondern bei besonders armen Haushalten, und zwar schon im 19. Jahrhundert von dem englischen Nationalökonomen Robert Giffen. Deshalb heißt diese besondere Nachfragereaktion auch *Giffen-Fall.* Giffen hatte in Londoner Armenvierteln festgestellt, daß bei Haushalten mit sehr geringem Einkommen der Brotverbrauch mit steigenden

Brotpreisen anstieg. Das ist so zu erklären: Vor dem Brotpreisanstieg konnten sich die Haushalte eine bestimmte Menge Brot und auch etwas teueres, hochwertiges Fleisch leisten. Durch den Brotpreisanstieg wurde das Einkommen so belastet, daß der aufwendige Fleischkonsum eingeschränkt werden mußte. Um dennoch satt zu werden, kauften die Haushalte ersatzweise und trotz des Brotpreisanstiegs mehr Brot; denn im Brot blieben die sättigenden Kalorien immer noch besonders billig.

(3) **Preisunabhängige Nachfrage** ist ein Grenzfall zwischen ,,normaler'' und ,,anomaler'' Nachfrage, weil die nachgefragte Menge bei Preisänderungen weder zunimmt noch abnimmt, sondern bei jedem denkbaren Preis immer die gleiche Menge nachgefragt wird. Eine solche konstante Nachfrage ist in der Realität selten und findet sich wohl im wesentlichen nur bei einzelnen geringwertigen Gütern des täglichen Bedarfs (z. B. Nägel, Bleistifte).

Bisher haben wir mit den drei unterschiedenen Fällen nur die grundsätzlichen Richtungen erfaßt, in die sich die Nachfragemenge als Folge von Preisänderungen entwickeln kann: (1) Rückgang der Nachfragemenge, (2) Zunahme sowie (3) Konstanz der Nachfragemenge bei Preiserhöhungen (und analoge Nachfragemengenreaktionen bei Preissenkungen). Außer der Richtung interessiert das quantitative Ausmaß der Reaktionen. Dafür gibt es ein exaktes Meßkonzept; es gehört zur umfassenderen Gruppe der Elastizitäten.

Eine **Elastizität** *mißt generell die Stärke eines (durch die ,,Ceteris paribus'' – Methode isolierten) Ursache-Wirkungsbezugs. Sie gibt an, um wieviel Prozent sich die als Wirkung betrachtete Größe ändert, wenn die Ursachenvariable um ein Prozent geändert wird.* D. h. mathematisch gilt allgemein:

$$\text{Elastizität} = \frac{\text{Wirkung (in \%)}}{\text{Ursache (in \%)}}$$

Da es bei uns zunächst um den besonderen Kausalbezug zwischen der sich ändernden Nachfragemenge (als Wirkung) und einer Änderung des Preises bei diesem Gut (als Ursache) geht, handelt es sich hier um die sogenannte ,,Elastizität der nachgefragten Menge in bezug auf den Preis''. In Kurzform trägt sie den Namen ,,Preiselastizität der Nachfrage''.

Die ,,Preiselastizität der Nachfrage'' gibt an, um wieviel Prozent sich die Nachfragemenge eines Gutes ändert, wenn die dafür ursächliche Preisänderung dieses Gutes ein Prozent beträgt. D. h. sie ist rechnerisch durch folgenden Quotienten definiert:

$$\text{Preiselastizität der Nachfrage } (E_{m/p}) = \frac{\text{Mengenänderung (in \%)}}{\text{Preisänderung (in \%)}}$$

Unter ,,elastischer Nachfrage'' (und ,,vollkommen elastischer Nachfrage'') sowie den Gegenstücken ,,unelastische Nachfrage'' (und ,,vollkommen unelastische Nachfrage'') sind dabei bestimmte Größenordnungen dieses Quotienten zu verstehen. Da damit nur das Ausmaß – und nicht auch die Richtung – der Nachfragereaktion charakterisiert werden soll, läßt sich hier das Vorzeichen der Elastizität vernachlässigen,[7] d. h. es kommt nur auf die Absolutwerte des Quotienten an. Im einzelnen ist zu unterscheiden:

– **„elastische Nachfrage"**, wenn bei einer Preisänderung von 1% die dadurch bewirkte Mengenänderung mehr als 1% beträgt. Hier ist also die Preiselastizität der Nachfrage ($E_{m/p}$) größer als 1; symbolisch:

$$E_{m/p} > 1$$

– **„unelastische Nachfrage"**, wenn bei einer Preisänderung von 1% die dadurch bewirkte Mengenänderung kleiner als 1% ist; d. h.

$$E_{m/p} < 1$$

Als Grenzfälle ergeben sich:

– „vollkommen elastische Nachfrage" ($E_{m/p} = \infty$), d. h. eine einprozentige Preisänderung bewirkt eine unendlich große Mengenänderung;

– „vollkommen unelastische Nachfrage" ($E_{m/p} = 0$), d. h. eine Preisänderung bewirkt keine Mengenänderung;

– Übergang zwischen „elastischer" und „unelastischer" Nachfrage ($E_{m/p} = 1$), d. h. bei einer einprozentigen Preisänderung erfolgt eine einprozentige Mengenänderung.

In empirischen Untersuchungen ergab sich z. B. in der BR Deutschland beim jeweils gerade herrschenden Preis ein Wert der Preiselastizität der Nachfrage für[8]
– Möbel und Haushaltstextilien 2,0, d. h. eine elastische Nachfrage;
– Kraftstoffe 0,4, d. h. eine unelastische Nachfrage;
– Milch und Käse 0,0, d. h. eine vollkommen unelastische Nachfrage.

Besonders hervorgehoben sei, daß es für die Höhe der Elastizität nie allein auf die absoluten Veränderungen von Preis und Menge ankommt, sondern immer deren relativer (prozentualer) Bezug zum jeweiligen Ausgangsniveau der Änderungen maßgeblich ist. In der Regel weist die Elastizität bei jedem Preis eine andere Größe auf. Folglich sollte man immer nur von einer bestimmten Elastizität bei einem jeweils ganz bestimmten Preis sprechen.

Wichtige Ausnahmen ergeben sich hier allerdings für die beiden Extremfälle „vollkommen unelastische" und „vollkommen elastische" Nachfrage. So erweisen sich die oben als Sonderfall behandelten „preisunabhängigen Nachfragereaktionen" generell bei jedem Preis als vollkommen unelastisch. Demgegenüber bedeutet eine vollkommen elastische Nachfrage, daß für die Nachfragekurve ein einziger Preis kennzeichnend ist; denn bei kleinsten Preissteigerungen nach oben geht die Nachfragemenge gleich vollkommen auf Null zurück, und bei kleinsten Preissenkungen wächst die Nachfragemenge unersättlich an. Abb. 23 enthält die charakteristischen Nachfragekurven für die beiden Extremfälle der Preiselastizität.

---

[7] Die Preiselastizität der Nachfrage ist normalerweise negativ, da Preis- und Mengenänderung in entgegengesetzter Richtung erfolgen.
[8] Zu diesen und weiteren Angaben (mit Quellennachweisen) vgl. A. WOLL, Allgemeine Volkswirtschaftslehre, 10. Aufl. München 1990, S. 114.

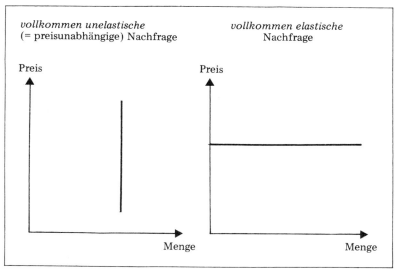

Abb. 23

Auch wenn die Preiselastizität nicht diese Extremwerte aufweist, kann deren jeweilige Ermittlung grafisch veranschaulicht werden. Gehen wir z. B. von der linearen Nachfragekurve HS der Abb. 24 als gegeben aus. Dann ist die Preiselastizität beim Preis p_A (und der Menge m_A) definiert als:

$$E_{m/p} = \frac{\frac{+\triangle m}{m_A} \cdot 100}{\frac{-\triangle p}{p_A} \cdot 100} = -\frac{\frac{\triangle m}{m_A}}{\frac{\triangle p}{p_A}}.$$

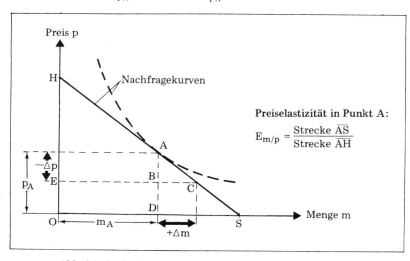

Abb. 24: Grafische Bestimmung der Preiselastizität der Nachfrage

Der Wert der Preiselastizität läßt sich immer auch durch den Quotienten der Strecken $\overline{AS}$ und $\overline{AH}$ bestimmen (Marshall-Regel). Gerade mit Hilfe dieser Beziehung kann gut verdeutlicht werden, daß die Preiselastizität bei jedem denkbaren Ausgangspreis entlang der als Geraden angenommenen Nachfragekurve – z. B. auf dem Weg von der Sättigungsmenge S bis zum Höchstpreis H – einen anderen Wert annimmt:
– Im Punkt S ist $E_{m/p} = 0$, da die Strecke $\overline{AS}$ im Zähler Null ist.
– Bei höheren Preisen wächst $E_{m/p}$ zusammen mit $\overline{AS}$ an und ist, wenn Punkt A die Strecke $\overline{HS}$ gerade in der Mitte teilt, gleich Eins.
– In allen Punkten zwischen A und H ist $E_{m/p}$ größer als Eins.
– Beim Höchstpreis (Punkt H) wird die Strecke $\overline{AH}$ im Nenner Null und $E_{m/p}$ nimmt den Wert Unendlich an.
Für gekrümmte Nachfragekurven (vgl. die gestrichelte Linie in Abb. 24) ist die grafische Bestimmung der Elastizität ähnlich möglich. Hilfsweise zeichnet man im betrachteten Punkt die Tangente an die Kurve. Deren beiden Schnittpunkte mit den Achsen erfüllen dann bei der Bestimmung der Elastizität den gleichen Zweck wie vorher Höchstpreis und Sättigungsmenge.

c) Preise anderer Güter

Wird als Bestimmungsgröße der Nachfragemenge nicht – wie bisher – der Preis des Gutes nach der ,,Ceteris paribus"-Methode isoliert, sondern speziell der Kausalbezug zwischen der nachgefragten Menge nach einem Gut und dem Preis eines zweiten Gutes betrachtet, lassen sich im Prinzip wieder drei Fallgruppen unterscheiden. Sie gleichen formal den Kategorien des vorhergehenden Abschnitts, sind inhaltlich jedoch ganz anders zu interpretieren:

(1) **Komplementäre Güter** sind beim Verbrauch gekoppelt. Deshalb wirkt eine (für den Verbraucher nachteilige) Preiserhöhung bei Gut 2 (z.B. Tabak) immer auch auf die Nachfragemenge bei Gut 1 (z.B. Pfeifen) einschränkend. Steigt der Preis für Tabak, so wird weniger geraucht, und folglich sinkt auch die Nachfrage nach Tabakpfeifen. (Eine entsprechend entgegengesetzte Reaktion ergibt sich bei einer Preissenkung als ursächlichem Anstoß.)

Das Ausmaß der Nachfragereaktion läßt sich wieder mit einer Elastizität messen – hier: ,,Elastizität der Nachfragemenge eines Gutes in bezug auf den Preis eines zweiten Gutes". In Kurzform heißt diese Elastizität **,,Kreuzpreiselastizität"**, weil sie die prozentuale Mengenänderung der Nachfrage nach Gut 1 angibt, wenn sich der Preis bei einem ganz anderen Gut um ein Prozent ändert.

Die Kreuzpreiselastizität ist bei komplementären Gütern charakteristischerweise negativ, da die jeweiligen Preis- und Mengenänderungen hier in entgegengesetzten Richtungen erfolgen.

(2) **Substitutive Güter** lassen sich beim Gebrauch im Haushalt gegenseitig ersetzen. Ein Beispiel dafür sind Margarine (Gut 1) und Butter (Gut 2). Steigt der Butterpreis, so wird der Haushalt bei normaler Nachfragereaktion weniger Butter kaufen und sie durch die relativ billiger gewordene Margarine substituieren. Die Nachfrage nach Margarine nimmt also bei steigendem Butterpreis zu (und umgekehrt bei einer Preissenkung).

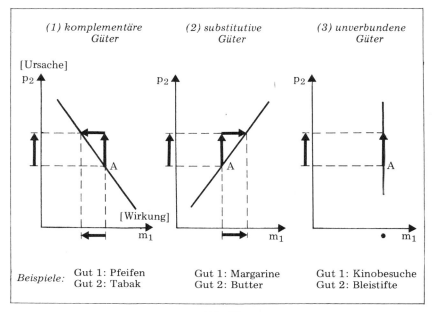

Abb. 25

Weil sich Butterpreis (p_2) und Margarinenachfrage (m_1) in die gleiche Richtung bewegen, ist – wie bei allen Substitutionsgütern – die Kreuzpreiselastizität positiv.

(3) **Unverbundene Güter** stiften völlig unabhängig voneinander dem Haushalt einen Nutzen, und es besteht kein Kausalbezug zwischen der Nachfragemenge des einen und dem Preis eines anderen Gutes. So mag z. B. bei Kinobesuchen und Bleistiften eine Preisänderung von Bleistiften überhaupt keinen Einfluß auf die Nachfrage des Haushalts nach Kinobesuchen haben, d. h. die Zahl der Kinobesuche wird sich nicht ändern, auch wenn sich der Preis für Bleistifte (p_2) stark erhöht.

Der Wert der Kreuzpreiselastizität ist in diesem Fall gleich Null.

d) Konsumsumme

Betrachtet man die Abhängigkeit der von einem Haushalt nachgefragten Menge von dessen Konsumsumme, gibt es im Prinzip auch wieder die – formal schon bekannten – drei Fälle. Inhaltlich drücken sie allerdings ganz neue Sachverhalte aus.

Eine Besonderheit ist hier, daß die dabei ursächliche Konsumsumme (c) selbst wieder sehr stark von der Höhe des Haushaltseinkommens (y) abhängt; d. h. als sogenannte Konsumfunktion läßt sich schreiben:

$$c = f(y) \text{ oder gleichbedeutend damit: } c(y).$$

Im einzelnen gilt für den Kausalbezug, daß mit steigendem Einkommen regelmäßig auch die Konsumsumme steigt (und umgekehrt). Unter der Konsumsumme eines Haushalts versteht man dabei jenen Teil des Einkommens, der für den Kauf von Konsumgütern ausgegeben wird. Der nicht konsumierte Teil des Einkommens ist Ersparnis (s). Die Summe aus Konsumsumme (c) und Ersparnis (s) muß definitionsgemäß immer gleich dem Haushaltseinkommen (y) sein; d. h.

$$y = c + s.$$

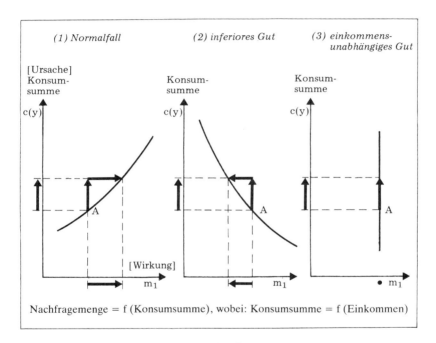

Nachfragemenge = f (Konsumsumme), wobei: Konsumsumme = f (Einkommen)

Abb. 26

Zur Vereinfachung der Argumentation wollen wir allerdings im folgenden annehmen, daß der Haushalt stets sein gesamtes Einkommen für den Kauf von Konsumgütern ausgibt, seine Ersparnis also Null ist. Dann läßt sich um so konzentrierter der Ursache-Wirkungszusammenhang zwischen der Konsumsumme bzw. dem Einkommen (als Ursache) und der Nachfragemenge eines Gutes (als Wirkung) mit seinen drei Unterfällen analysieren:

(1) **Im Normalfall** fragt der Haushalt von einem bestimmten Gut eine größere Gütermenge nach, wenn seine Konsumsumme bzw. sein Einkommen ansteigt (und umgekehrt). Das Ausmaß dieser Nachfrageveränderung läßt sich wieder mit einer Elastizität messen.

Die sog. **Einkommenselastizität der Nachfrage** – oder „Elastizität der nachgefragten Menge in bezug auf das Einkommen" – gibt an, um wieviel Prozent sich die Nachfragemenge eines Gutes ändert, wenn das Einkommen eine Änderung um ein Prozent erfährt. Im „Normalfall" ist das Vorzeichen dieser Elastizität positiv, da Konsumsumme und Nachfragemenge sich in gleicher Richtung ändern, so daß Zähler und Nenner des Elastizitätsquotienten entweder beide positiv oder beide negativ sind.

(2) **Für inferiore (= minderwertige) Güter** geht bei einem Anstieg der Konsumsumme bzw. des Einkommens die nachgefragte Menge zurück (und umgekehrt). Diese Nachfragereaktion findet sich z. B. für kleine Wohnungen oder Kartoffeln und ist im übrigen jedoch selten. Da Einkommens- und Nachfrageänderungen in umgekehrter Richtung verlaufen, ist die Einkommenselastizität hier negativ.

(3) **Einkommensunabhängige Güter** werden schließlich immer in gleichen Mengen nachgefragt, unabhängig davon, ob und wie sich die Konsumsumme bzw. das Einkommen des Haushaltes ändert. Ihre Einkommenselastizität ist gleich Null. Ein klassisches Beispiel für ein solches Gut ist Salz.

4. Gesamtnachfrage am Markt

a) Aggregation

Bisher beschränkten sich die Ausführungen auf einen einzigen Haushalt; tatsächlich fragen ein bestimmtes Gut jeweils viele Haushalte nach. Dabei ist die Gesamtnachfrage am Markt eines Gutes offenbar die Summe aller von den einzelnen Haushalten nachgefragten Mengen.

Um auch diesen Sachverhalt grafisch zu veranschaulichen, wollen wir zunächst vereinfachend von zwei Haushalten A und B ausgehen. Für diese sollen

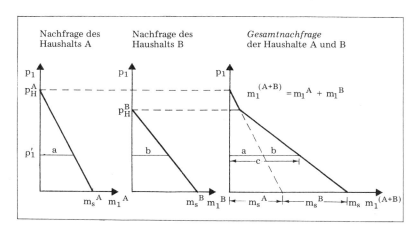

Abb. 27

die in der Abb. 27 angenommenen Nachfragekurven gelten, die sich dadurch unterscheiden, daß beim jeweiligen Preis (p_1) unterschiedliche Mengen (m_1^A und m_1^B) eines bestimmten Gutes nachgefragt werden.

Die Gesamtnachfrage läßt sich dann ermitteln, indem man für jeden Preis die von den Haushalten nachgefragten Mengen addiert.

Im einzelnen ergibt sich für die Gesamtnachfragekurve in unserem Beispiel: Solange der Preis höher ist als der Höchstpreis für Haushalt B, ist die Marktnachfrage identisch mit jener des Haushaltes A. Bei niedrigeren Preisen (z. B. p_1') ist die Gesamtnachfrage (Strecke c) immer gleich der Summe der bei dem jeweiligen Preis von Haushalt A (Strecke a) und Haushalt B (Strecke b) nachgefragten Menge. Das gilt auch für die beim Preis Null erreichte Sättigungsmenge am Markt.

Wie für die zwei Haushalte läßt sich im Prinzip für alle Nachfrager eines Marktes die Gesamtnachfragekurve aggregieren. Die grafische Darstellung ist dafür allerdings in der Regel nicht mehr anschaulich. Zusammenfassend soll statt dessen die Aggregation der individuellen Nachfragekurven für ein Gut zur Marktnachfragekurve M_1 (p_1) in – bei den Ökonomen nicht weniger gebräuchlicher – algebraischer Form ausgedrückt werden:

$$M_1(p_1) = m_1^A(p_1) + m_1^B(p_1) + \ldots + m_1^Z(p_1)$$

wobei: M_1 = Marktnachfragemenge nach einem bestimmten Gut 1;
m_1^A, m_1^B ... m_1^Z = jeweilige individuelle Nachfragemengen der Haushalte A, B ... Z für das Gut 1.

b) Rückbezug auf die Nachfragedeterminanten

Da die Marktnachfragekurve nichts anderes als die Aggregation der individuellen Nachfragekurven ist, sind auch ihre Determinanten gleich. Sie lassen sich für die Marktnachfrage – wie vorher bei der individuellen Nachfrage – in einer **generellen Marktnachfragefunktion** versammeln:

$$M_1 = B_1[p_1; p_2 \ldots p_n; c_A \ldots c_Z]$$

wobei: M_1 = Marktnachfragemenge für ein bestimmtes Gut 1;
B_1 = Bedürfnisintensität für das Gut auf dem Markt;
p_1, p_2 ... p_n = Preise der Güter, die in den Konsumplänen der Haushalte vorkommen;
c_A ... c_Z = Konsumsummen der einzelnen Haushalte A, B ... Z.

Tatsächlich abgeleitet haben wir im vorhergehenden Abschnitt durch Aggregation jedoch nicht diese ,,generelle'', sondern nur die **spezielle Marktnachfragefunktion:**

$$M_1 = f(p_1) \text{ bzw. gleichbedeutend: } M_1(p_1).$$

Sie gibt an, wie die Marktnachfragemenge (als Wirkung) vom Preis des Gutes (als Ursache) abhängt, wenn alle anderen Einflußgrößen unverändert bleiben (,,Ceteris paribus''-Methode).

Grafisch bringt diesen speziellen Ursache-Wirkungs-Bezug die entsprechende Nachfragekurve zum Ausdruck. Mit ihr lassen sich Richtung und Ausmaß der Mengenreaktion aufgrund einer Preisänderung – gewissermaßen durch eine *Bewegung auf der Nachfragekurve* – abbilden.

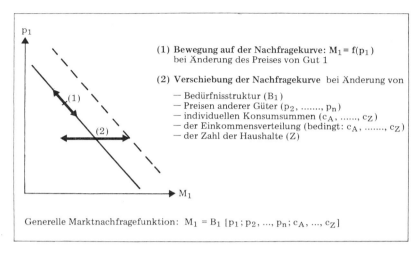

p_1

(1) Bewegung auf der Nachfragekurve: $M_1 = f(p_1)$
bei Änderung des Preises von Gut 1

(2) Verschiebung der Nachfragekurve bei Änderung von
– Bedürfnisstruktur (B_1)
– Preisen anderer Güter ($p_2, \ldots, p_n$)
– individuellen Konsumsummen ($c_A, \ldots, c_Z$)
– der Einkommensverteilung (bedingt: $c_A, \ldots, c_Z$)
– der Zahl der Haushalte (Z)

(1)

(2)

M_1

Generelle Marktnachfragefunktion: $M_1 = B_1 [p_1; p_2, \ldots, p_n; c_A, \ldots, c_Z]$

Abb. 28: Determinanten der Marktnachfrage für Gut 1

Zusätzlich können in einem solchen Diagramm – und das ist ein wesentlicher, neuer Aspekt – auch Änderungen der anderen Bestimmungsgrößen der Marktnachfrage (wie sie die ,,generelle Marktnachfragefunktion" beinhaltet) dargestellt werden. Sie führen statt zu einer Bewegung auf der Kurve zu *Verschiebungen der Nachfragekurve* insgesamt. Je nachdem, um welche Nachfragedeterminante es sich dabei handelt und wie sie sich ändert, wird die Lage der Nachfragekurve in charakteristischer Weise beeinflußt.

So verlagert sich die Marktnachfragekurve normalerweise *nach rechts:*
– wenn sich die Bedürfnisstruktur zugunsten von Gut 1 verschiebt,
– wenn die Preise für Substitutionsgüter steigen oder wenn die Preise für Komplementärgüter sinken,
– wenn die Konsumsumme von Haushalten ansteigt,
– wenn die Einkommensverteilung gleichmäßiger wird und dadurch die Konsumsummen bei einer Reihe von Haushalten ansteigen, ohne daß jene anderer Haushalte sinken,
– wenn die Zahl der Haushalte größer wird.

Sofern sich diese Determinanten der Marktnachfrage in der umgekehrten Richtung ändern, verschiebt sich die Nachfragekurve zur anderen Seite. Letztlich kann so in diesem einen Schaubild der Einfluß sämtlicher Nachfragedeterminanten aufgezeigt werden. Das hat außer für die Analyse der Haushaltsnachfrage wesentliche Bedeutung für ein vertieftes Verständnis der marktwirtschaftlichen Preisbildung; denn die Marktnachfragekurve ist zu deren Erklärung – wie wir schon wissen – eines von zwei zentralen Elementen. Um das zweite Element, die Marktangebotskurve, geht es im nächsten Kapitel.

III. Das Angebot durch Unternehmen

1. Elemente des Produktionsplans

Eine Analyse der Bestimmungsgründe des Angebots an Märkten erfordert eine *Theorie der Unternehmung,* da – wie wir schon wissen – die Unternehmen die Wirtschaftseinheiten sind, die Güter produzieren, um sie an Märkten anzubieten.

Im einzelnen zählt dabei zur Produktion nicht nur die industrielle Sachgüterfertigung, sondern auch die Bereitstellung von Handelsleistungen (z. B. durch Einzelhändler), von Transportdiensten (z. B. durch Verkehrsunternehmen) und von allen sonstigen Dienstleistungen (z. B. durch Banken und Versicherungen oder Reparaturhandwerker).

Die einzelnen Unternehmen stellen für ihre betriebliche Leistungserstellung jeweils einen einheitlichen **Produktionsplan** auf. In ihm legen sie für eine bestimmte Wirtschaftsperiode fest (vgl. Abb. 29),

– welche ,,Faktormengen'' zu bestimmten ,,Faktorpreisen'' eingekauft werden sollen *(Beschaffungsbereich)* und

– wie mit Hilfe eines solchen ,,Input'' bei Anwendung des besten verfügbaren ,,technischen Wissens'' ein hoher ,,Output'' erzielt wird *(Produktionsbereich im engeren Sinn),*

– so daß schließlich jeweils bestimmte ,,Verkaufsgutmengen'' zu den zugehörigen ,,Verkaufsgutpreisen'' vom Mehrproduktunternehmen angeboten werden können *(Absatzbereich),*

– um insgesamt das Unternehmensziel zu verwirklichen, einen Gewinn zu erwirtschaften *(Geschäftsleitung und Finanzbereich).*

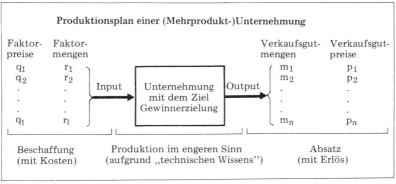

Abb. 29

Für die Vielzahl der dabei auftauchenden Problemkreise hat speziell die Betriebswirtschaftslehre als Teildisziplin der Wirtschaftswissenschaften inzwischen eine Reihe analytischer Konzepte entwickelt. Hier soll es uns nur darauf ankommen, die wesentlichen Angebotsdeterminanten anhand der Grundbezüge zwischen den genannten Elementen aufzuzeigen.

Dafür lassen sich – ohne erheblichen Verlust für das Erkenntnisziel – zunächst einige Modellvereinfachungen einführen. So sei angenommen:

(1) Für den Absatz produziere das Unternehmen nur ein Verkaufsgut (mit der Menge m und dem Preis p), d.h. es handelt sich um ein – in der Wirklichkeit selten anzutreffendes – Einproduktunternehmen.

(2) Bei der Beschaffung gehe es lediglich um zwei Faktoren (mit den Mengen r_1 und r_2 sowie den Preisen q_1 und q_2), wobei der Anschaulichkeit halber z.B. einerseits an ein Gut „Arbeit" und andererseits an ein Gut „Kapital" gedacht werden kann.

(3) Sowohl im Beschaffungsbereich als auch beim Absatz gebe es keine Lagerbestandsschwankungen; d.h. alle beschafften Produktionsfaktoren werden kontinuierlich als Input verbraucht, und der Output läßt sich stets entsprechend dem Produktionsanfall verkaufen.

(4) Sämtliche Preise sehe das Unternehmen als exogen vorgegebene Daten an, weil es weder die Faktorpreise noch den Verkaufsgutpreis durch eigene Aktionen beeinflussen kann.

(5) Auch das technische Wissen werde für den Produktionsplan einer Wirtschaftsperiode jeweils als exogen vorgegeben betrachtet, weil es sich intern so schnell und ohne weiteres nicht ändern lasse.

(6) Als Zielsetzung verfolge das Unternehmen, den Gewinn der jeweiligen Wirtschaftsperiode zu maximieren.

Durch diese vereinfachenden Annahmen kann der Produktionsplan schließlich schematisch wie in Abb. 30 skizziert werden:

Da der entscheidende unternehmerische Aktionsparameter die Verkaufsgutmenge m ist, kommt es letztlich darauf an zu bestimmen, wie groß diese zu wählen ist, damit das Unternehmen seinen Gewinn maximiert.

Dabei ist der **Gewinn** definiert als Differenz von Erlös und Kosten. Den **Erlös** wiederum (als Geldwert des Verkaufsgutes) erhält man, indem für das Verkaufsgut die Absatzmenge mit dem Preis multipliziert wird. Die **Kosten** sind der in Geld bewertete Verzehr an Produktionsfaktoren bei der betrieblichen Leistungserstellung; d.h. rechnerisch ergeben sich die Kosten als Summe aus den für jeden Produktionsfaktor zu ermittelnden Produkten von Faktorpreis und -menge.

Eine grundlegende Rolle für die Möglichkeit der Gewinnerzielung spielt dabei die rein güterwirtschaftliche Verknüpfung von Faktoreinsatzmengen und – daraus unter Einsatz technischen Wissens maximal herstellbaren – Produktionsmengen. Diesen Wirkungszusammenhang zwischen den realen Input- und den realen Outputgrößen beinhaltet die sogenannte **Produktionsfunktion.**

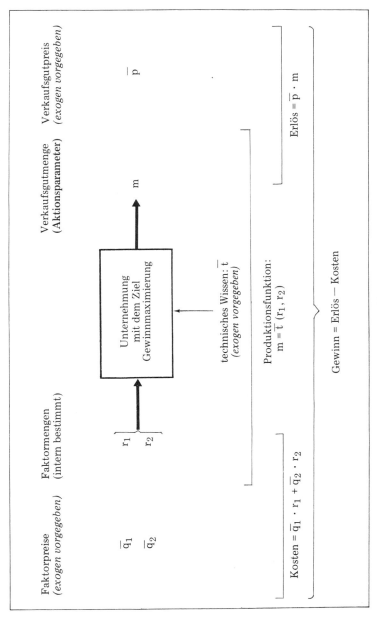

Abb. 30

Im einzelnen sollen solche für die Erklärung des unternehmerischen Angebotsverhaltens wesentlichen Beziehungen zwischen den genannten Elementen des (vereinfachten) Produktionsplans im folgenden näher dargestellt werden.

2. Ermittlung der gewinnmaximalen Menge

a) Produktionsfunktion

Die (generelle) **Produktionsfunktion** *gibt an, wie die von einer Unternehmung hergestellte Produktmenge (m) – bei Anwendung der günstigsten Technik (t) – von der Menge der in den Produktionsprozeß eingehenden Faktoren (hier: r_1 und r_2) bestimmt wird.*

Zu einer *speziellen Produktionsfunktion* kommt man, wenn die angewandte Technik und der Einsatz des zweiten Produktionsfaktors r_2 konstant gehalten werden, so daß die Ausbringungsmenge m (als Wirkung) nur noch von der Faktoreinsatzmenge des ersten Faktors r_1 (als Ursache) abhängt:

$$m = f(r_1) \text{ ceteris paribus}$$

(Analog gibt es eine ,,spezielle Produktionsfunktion'' für den zweiten Produktionsfaktor). – Grafisch ist der mögliche Verlauf einer solchen Funktion in Abb. 31 dargestellt. Deren Gestalt hängt im einzelnen von den konkreten Produktionsbedingungen ab, die in der Wirklichkeit sehr unterschiedlich sind.

Dabei hat ein Tatbestand den Namen ,,**Gesetz vom abnehmenden Ertragszuwachs**'' erhalten. Es zeigt sich nämlich, daß bei fortlaufend von Null ansteigender Faktoreinsatzmenge (Ursache) die produzierte Gütermenge (Wirkung)

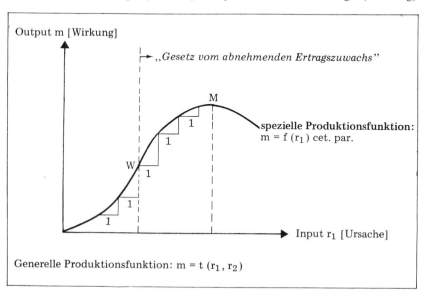

Abb. 31

zwar vielleicht anfangs überproportional zunimmt (vgl. Abb. 31) oder auch proportional ansteigt. Immer wird jedoch irgendwann ein Punkt (W) erreicht, von dem ab der von einer zusätzlichen Faktoreinheit bewirkte *Ertragszuwachs* (!) nicht mehr zunimmt oder konstant bleibt, sondern ständig kleiner wird.

Da der jeweils von einer zusätzlichen Faktoreinsatzmenge (bei Konstanz der Menge der anderen Faktoren und der angewandten Technik) bewirkte Zuwachs des Gesamtertrags der ,,Grenzertrag des Produktionsfaktors" ist, läßt sich der Sachverhalt auch so ausdrücken:

Das Gesetz vom abnehmenden Ertragszuwachs besagt, daß bei fortgesetzter Erhöhung der Menge eines Produktionsfaktors (und bei Konstanz aller übrigen Bedingungen) schließlich bei irgendeiner Faktoreinsatzmenge der Grenzertrag dieses Faktors zu fallen beginnt.

Diese Erfahrungstatsache läßt sich an einem einfachen Beispiel verdeutlichen. In einer Unternehmung werden nur die beiden Produktionsfaktoren Maschinen und Arbeiter eingesetzt. Die Zahl der Arbeiter bleibt konstant, während die Zahl der im Produktionsprozeß eingesetzten Maschinen ständig erhöht wird. Die Folge ist, daß die Arbeiter im Verhältnis zu den zu bedienenden Maschinen immer knapper werden. Die zunehmenden Disproportionalitäten im Faktoreinsatz führen dann irgendwann dazu, daß sich Teile des Maschinenparks nicht mehr voll produktiv einsetzen lassen; d. h. der Grenzertrag des Maschineneinsatzes nimmt ab. Zusätzlich zur Verringerung des Grenzertrags kann es schließlich sogar zu einem schrumpfenden Gesamtertrag kommen, wenn die wachsende Maschinenzahl die Produktion – z. B. letztlich räumlich – zu behindern beginnt.

Das Gesetz vom abnehmenden Ertragszuwachs ist von dem deutschen Nationalökonomen und Gutsbesitzer Johann Heinrich von Thünen in der ersten Hälfte des vorigen Jahrhunderts zunächst für die landwirtschaftliche Produktion entwickelt und empirisch überprüft worden. Inzwischen haben empirische Untersuchungen im Bereich der industriellen Produktion gezeigt, daß es im Rahmen der von den Industrieunternehmen als normal angesehenen Kapazität in der Regel noch keine Rolle spielt; denn der kritische Punkt, von dem ab das Gesetz vom abnehmenden Ertragszuwachs wirksam ist, wird hier meist erst bei Ausweitungen der Produktion über die ,,normale" Kapazität hinaus erreicht.

Wenn – wie in der Praxis üblich – die Einsatzmengen mehrerer Produktionsfaktoren innerhalb ,,normaler" Betriebskapazitäten verändert werden, zeigen sich bei industrieller Produktion eher lineare Produktionsfunktionen. Dadurch werden die Kostenkurven, bei denen die Ausbringungsmenge nicht mehr als Wirkung eines bestimmten Input, sondern nunmehr umgekehrt als ursächliche Variable für Kostenänderungen erfaßt wird, zu Geraden. Auf solche Kostenkurven soll im nächsten Abschnitt näher eingegangen werden.

b) Kostenfunktion

Eine **Kostenfunktion** *beschreibt den – bei den technischen Möglichkeiten jeweils günstigsten – Ursache-Wirkungs-Bezug zwischen der Ausbringungsmenge*

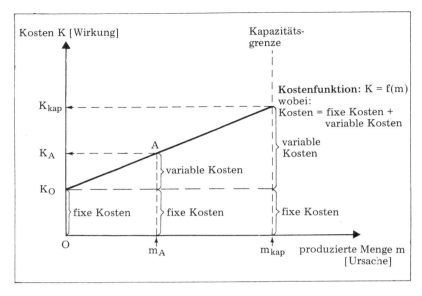

Abb. 32

m (als Ursache) und den aufzuwendenden Kosten K im Sinne des mit geltenden Preisen bewerteten Produktionsfaktorverbrauchs (als Wirkung).
Symbolisch läßt sich dafür schreiben:

$$K = f(m)$$

Die grafische Darstellung als Kostenkurve – wie z. B. die für die Industrie typische Gerade in Abb. 32 – läßt dann unmittelbar erkennen, wie sich die Gesamtkosten entwickeln, wenn die Ausbringungsmenge eine bestimmte Änderung erfährt. Dabei ist grundsätzlich vorausgesetzt, daß die jeweils produzierte Menge mit den geringsten Kosten hergestellt wird, d. h. die sogenannte Minimalkostenkombination immer erfüllt bleibt.

Charakteristisch ist im einzelnen, daß zu einem unveränderten Sockelbetrag an ,,fixen Kosten (K_f)" ein mit der produzierten Menge variierender Betrag an ,,variablen Kosten (K_v)" hinzutritt: Die Gesamtkosten (K) sind immer die Summe dieser beiden Kostenkomponenten, d. h.

$$K(m) = K_f + K_v(m)$$

Die **fixen Kosten** hängen in ihrer Höhe also grundsätzlich nicht von der produzierten Menge ab (daher ihr Name). Sie entstehen vielmehr auch, wenn noch gar nichts produziert wird, einfach dadurch, daß das Unternehmen existiert und Betriebsteile in Bereitschaft gehalten werden. Typische Beispiele dafür sind Grundsteuerabgaben, Versicherungsbeiträge oder alterungsbedingte Wertminderungen an Gebäuden, Maschinen und Rechten u. a.

Demgegenüber ändert sich die Höhe der **variablen Kosten** mit der produzierten Menge, indem der Betrag bei zunehmender Ausbringungsmenge größer wird (und umgekehrt). Charakteristischerweise gehören zu den variablen Kosten z. B. der Verbrauch an Antriebsenergie für die Maschinen oder die Kosten für unmittelbar in der Produktion verarbeitete Rohmaterialien. Bei industrieller Produktion entwickeln sich diese Kosten bis zur Kapazitätsgrenze in der Regel proportional zur hergestellten Menge, was die Gerade in Abb. 32 zum Ausdruck bringt.

Eine Aufteilung in fixe und variable Kosten ist auch vielen Autofahrern geläufig. Fixe Kosten des Autobetriebs sind z. B. die Kfz-Steuer und die Haftpflichtversicherung, da sie unabhängig von der Zahl der gefahrenen Kilometer anfallen. Benzin- und Reparaturkosten ändern sich dagegen mit den Fahrkilometern und sind so variable Kosten der Autohaltung.

Mit der Kostenfunktion haben wir ein Element, das zur Ermittlung der gewinnmaximalen Menge als maßgeblicher unternehmerischer Aktionsparameter dienen soll, kennengelernt. Das zweite Element ist die Erlösfunktion, der wir uns als nächstes zuwenden.

c) Erlösfunktion

Die **Erlösfunktion** *gibt an, wie groß bei alternativen Verkaufsmengen m (als Ursache) der dabei erzielte Umsatz oder Erlös E (als Wirkung) ist;* symbolisch:

$$E = f(m)$$

Da der Erlös definitionsgemäß immer das Produkt aus Verkaufspreis und Absatzmenge ist und der Verkaufspreis ($\bar{p}$) vom betrachteten Unternehmen –

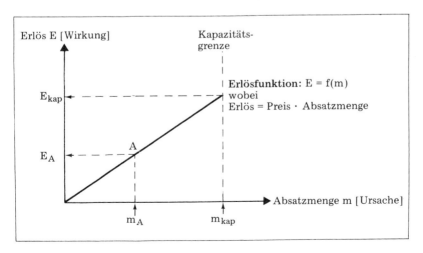

Abb. 33

nach unseren Annahmen – nicht beeinflußt werden kann, ergibt sich präziser noch:

$$E = \bar{p} \cdot m$$

Grafisch ist das eine lineare Erlöskurve, wie z. B. in Abb. 33. Wenn die verkaufte Menge Null ist, ist auch der Erlös Null (d. h. die Gerade geht durch den Ursprung des Koordinatensystems). Mit steigender Verkaufsmenge nimmt der Erlös direkt proportional zu (wobei die Steigung der Erlöskurve gleich dem konstanten Verkaufspreis $\bar{p}$ ist). An der Kapazitätsgrenze erreichen dann Verkaufsmenge und Erlös ihren größten Wert.

d) Die gewinnmaximale Menge

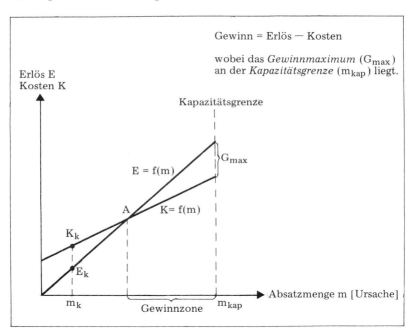

Gewinn = Erlös — Kosten

wobei das *Gewinnmaximum* (G_{max}) an der *Kapazitätsgrenze* (m_{kap}) liegt.

Abb. 34

Wenn wir, wie in Abb. 34, die Erlöskurve und die Kostenkurve in einem einzigen Schaubild darstellen, ergibt sich für jede mögliche Absatzmenge der Gewinn (bzw. Verlust) jeweils als Differenz von Erlös und Kosten. Bei kleinen Absatzmengen (z. B. m_k) ist der Erlös kleiner als die Kosten, so daß die Unternehmung hier mit Verlust arbeiten würde. Erst bei größeren Absatzmengen gelangt sie in die ,,Gewinnzone". Dann ist bei den (angenommenen) linearen Erlös- und Kostenkurven der Gewinn desto höher, je größer die Absatzmenge ist. Das vom Unternehmen angestrebte Gewinnmaximum (G_{max}) liegt bei der

Absatzmenge an der Kapazitätsgrenze; denn hier ist der Abstand zwischen der Erlös- und der Kostenkurve in der Gewinnzone am größten.

Unter den angenommenen Voraussetzungen wird das Unternehmen also stets die im Rahmen seiner Kapazität größtmögliche Absatzmenge (m_{Kap}) zu verwirklichen trachten, d. h. immer unter voller Kapazitätsauslastung zu produzieren versuchen.

3. Das individuelle Güterangebot bei alternativen Preisen

Bisher ist die für ein Unternehmen günstigste Angebotsmenge bei einem einzelnen, konstant vorgegebenen Produktpreis bestimmt worden. Die Angebotskurve, deren Bestimmungsgründe letztlich erfaßt werden sollen, beschreibt jedoch regelmäßig das Güterangebot bei alternativen Preisen. Folglich soll uns als nächstes die Frage beschäftigen: Wie hoch ist die angebotene Menge, wenn der Verkaufspreis sich ändert? Um darauf eine Antwort zu finden, ist es zweckmäßig, zuvor einige besondere Kostenbegriffe, die auch in der Wirtschaftspraxis verbreitet sind, aus den uns schon bekannten Gesamtkosten abzuleiten.

a) Spezielle Kostenfunktionen (Stückkosten, Grenzkosten)

Die **Stückkosten (StK) oder durchschnittlichen totalen Kosten** geben an, wie hoch die Kosten pro Stück sind. Rechnerisch erhält man sie durch Division der Gesamtkosten K durch die produzierte Menge m (StK = K/m). Bei jeder Ausbringungsmenge können sich andere Stückkosten ergeben.

Auch dieser Zusammenhang kann wieder als Ursache-Wirkungs-Bezug dargestellt werden. Berechnet man die sich bei jeder Ausbringungsmenge von Null bis zur maximal herstellbaren Menge (als Ursache) ergebenden Stückkosten (als Wirkung), ergibt sich grafisch eine ,,Stückkostenkurve`` wie z. B. in Abb. 35. Bei der für die industrielle Produktion typischen linearen Gesamtkostenkurve ist die zugehörige Stückkostenkurve eine (zum Ursprung konvex gekrümmte) abfallende Linie. Das bedeutet, daß die durchschnittlichen totalen Kosten mit steigender Produktion immer kleiner werden und schließlich an der Kapazitätsgrenze ihr Minimum erreichen.

Dieser charakteristische Zusammenhang hat einen besonderen Namen erhalten und wird als **Gesetz der Massenproduktion** (oder ,,Bücher'sches Gesetz`` nach Karl Bücher, um 1900) bezeichnet.

Das Gesetz der Massenproduktion besagt, daß bei industrieller Massenfertigung die Stückkosten mit wachsender Ausbringungsmenge kleiner werden.

Einen Zugang für eine vertiefte Erklärung dieses Phänomens eröffnen wir uns, wenn wir – wie bei den Gesamtkosten – auch bei den Stückkosten die zwei Komponenten ,,fixe Stückkosten (K_f/m)`` und ,,variable Stückkosten ($K_v/m$)`` unterscheiden, d. h.

$$StK = \frac{K_f}{m} + \frac{K_v}{m}$$

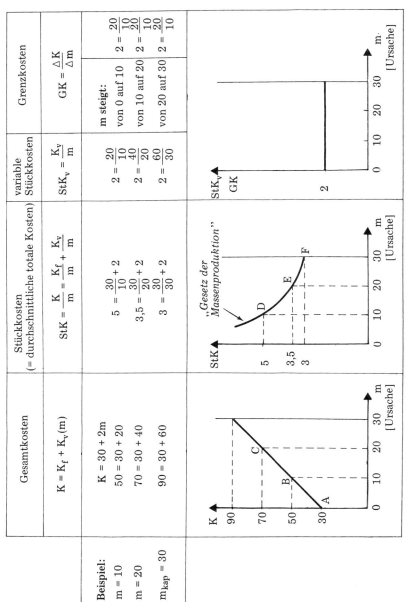

Abb. 35

Die ,,*variablen Stückkosten* (K$_v$/m)'' bleiben bei linearen Gesamtkostenkurven bei jeder Ausbringungsmenge gleich groß; denn die ,,variablen Kosten (K$_V$)'' wachsen in dem Fall proportional mit der ,,produzierten Menge (m)''. (Grafisch ergibt sich z. B. der in Abb. 35 dargestellte Verlauf einer Parallelen zur m-Achse beim Wert für die ,,variablen Stückkosten (StK$_V$)'' von 2).

Die ,,*fixen Stückkosten* (K$_f$/m)'' nehmen demgegenüber mit ansteigender Menge (m) beständig ab, weil der konstant bleibende Sockelbetrag an Fixkosten (K$_f$) sich auf eine immer größere Menge verteilt, so daß das einzelne Stück im Durchschnitt immer weniger belastet wird. – Da bei der industriellen Massenfertigung also die ,,variablen Stückkosten'' konstant bleiben, jedoch die ,,fixen Stückkosten'' mit wachsender Ausbringungsmenge immer kleiner werden, ist letztlich also dieses Vorhandensein eines Fixkostensockels für das ,,Gesetz der Massenproduktion'' verantwortlich.

Neben den Stück- oder Durchschnittskosten kommt im Bereich der Kosten auch der Betrachtung von schrittweisen Veränderungen – im Sinne des überall in den Wirtschaftswissenschaften anzutreffenden Marginalprinzips – eine besondere Bedeutung zu.

Im einzelnen geben die **Grenzkosten (GK)** jeweils an, wie sich die Gesamtkosten (als Wirkung) ändern, wenn die Ausbringungsmenge um eine Einheit (als Ursache) geändert wird. Bei einer bestimmten Ausbringungsmenge als Ausgangspunkt lassen sich die Grenzkosten also durch den Quotienten der jeweiligen Gesamtkostenänderung ($\triangle$K) und der ursächlichen Mengenänderung ($\triangle$m) berechnen:

$$GK = \frac{\triangle K}{\triangle m}$$

Für den Fall der industrietypischen linearen Gesamtkostenkurve ergibt sich dabei – wie im Beispiel der Abb. 35 –, ganz gleich von welcher Ausbringungsmenge man ausgeht, immer ein konstanter Wert, der gleich ist dem Wert der ,,variablen Stückkosten''. Entsprechend ist hier auch die Grenzkostenkurve, die jeder Ausbringungsmenge (als Ursache) die jeweilige Höhe der Grenzkosten (als Wirkung) zuordnet, eine Parallele zur m-Achse und mit der ,,Kurve der variablen Stückkosten'' identisch.

Die in diesem Abschnitt von den Gesamtkosten abgeleiteten Stück- und Grenzkosten sollen im folgenden die Grundlage sein, um den Verlauf der individuellen Angebotskurve eines Unternehmens zu ermitteln und zu erklären. Dabei wird zunächst die Kapazität als starr vorgegeben betrachtet und erst danach die Analyse auf den wirklichkeitsnäheren Fall einer im Rahmen unternehmerischer Entscheidungen flexiblen Kapazität ausgedehnt.

b) Individuelle Angebotskurve bei starrer Kapazitätsgrenze

Da das unternehmerische Ziel annahmegemäß darin besteht, den maximalen Gewinn zu erwirtschaften, stehen die beiden gewinnbestimmenden Größen ,,Erlös'' und ,,Kosten'' wieder im Zentrum der Betrachtung. Allerdings wollen

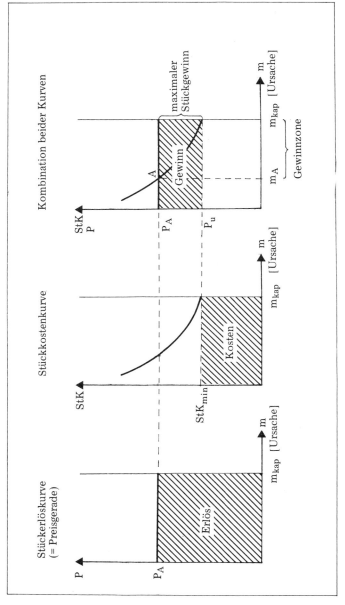

Abb. 36

wir gleich von den jeweiligen Durchschnittsgrößen pro Stück, also dem ,,Stück-erlös" und den ,,Stückkosten", ausgehen.

Der Stückerlös ist nichts anderes als der Preis des Gutes. Dabei ist der Preis aufgrund unserer Annahme für das einzelne Unternehmen ein Datum. Das heißt, daß das Unternehmen den Preis durch eigene Aktionen allein nicht beeinflussen kann, vielmehr paßt es sich als ,,Mengenanpasser", wie man sagt, dem herrschenden Marktpreis jeweils mit der produzierten Menge an.

Als Beispiel läßt sich an einen Landwirt denken, der den Weizenpreis als einzelner nicht zu beeinflussen vermag. Er kann sich nur fragen, wieviel Weizen er beim beste-henden Weizenpreis anbauen soll – oder ob er auf der dafür vorgesehenen Fläche nicht doch besser Zuckerrüben anbaut.

Ein solcher ,,Mengenanpasser" erhält für jede Mengeneinheit seines Ver-kaufsgutes, egal wieviel er anbietet, also einheitlich einen bestimmten Markt-preis als Stückerlös. Entsprechend ist die **Stückerlöskurve,** die jeder möglichen Ausbringungsmenge (als Ursache) den Stückerlös (als Wirkung) zuordnet, eine Gerade im Abstand des Preises von der Mengenachse. Als Beispiel ist links in Abb. 36 eine solche Stückerlöskurve oder Preisgerade beim Marktpreis p_A eingezeichnet. Die Grafik läßt als *schraffierte Fläche* eines Rechtecks außer-dem *den Gesamterlös* für den Fall einer Produktion an der Kapazitätsgrenze erkennen; denn dieser ergibt sich durch Multiplikation der Ausbringungsmen-ge (m_{Kap}) mit dem Stückerlös (p_A).

Die mittlere Grafik von Abb. 36 zeigt die für das Unternehmen geltende **Stückkostenkurve,** die – wie wir aufgrund des Gesetzes der Massenproduktion bei industrieller Fertigung wissen – bei einer Produktion an der Kapazitäts-grenze ihren kleinsten Wert (StK_{min}) erreicht. Diese minimalen Stückkosten multipliziert mit der Ausbringungsmenge ergeben die *Gesamtkosten,* die wie-derum *als schraffierte Fläche* hervorgehoben sind.

Ganz rechts in Abb. 36 sind dann Stückerlös- und Stückkostenkurve ge-meinsam in einem Schaubild dargestellt. Da der **Stückgewinn** als Differenz von Stückerlös und Stückkosten definiert ist, ergibt er sich für eine bestimmte Absatzmenge jeweils als Abstand des immer gleich hohen Preises von der Stückkostenkurve. Bei kleinen Mengen (im Bereich von Null bis m_A) würde das Unternehmen mit Verlust arbeiten, da die Stückkosten größer sind als der Stückerlös. In der ,,Gewinnzone" (von m_A bis m_{Kap}) nimmt der Stückgewinn mit wachsender Menge zu und ist an der Kapazitätsgrenze am größten. Dort erreicht zugleich der – als jeweiliges Produkt von Menge und Stückgewinn definierte – Gesamtgewinn seinen größten Wert, weil bei einer Produktion an der Kapazitätsgrenze die größtmögliche Menge mit dem maximalen Stückge-winn zu multiplizieren ist. Grafisch ist dieser *maximale Gesamtgewinn* wieder *als schraffierter Flächeninhalt* gekennzeichnet.

Als Zwischenergebnis können wir also festhalten, daß ein nach maximalem Gewinn strebendes Unternehmen bei der bestehenden Marktpreis- und Kostensi-tuation die Ausbringungsmenge an der Kapazitätsgrenze verwirklichen wird.

Um zur individuellen Angebotskurve zu kommen, die ja nicht nur einem Preis, sondern alternativen Preisen (als Ursache) jeweils die vom Unternehmen gewählten Ausbringungsmengen (als Wirkung) zuordnet, müssen wir allerdings als nächstes untersuchen, wie sich das Unternehmen verhält, wenn sich der Marktpreis (unter sonst gleichen Umständen) ändert.

Wenn der Preis niedriger wird – d. h. sich die Preisgerade in der Grafik nach unten verschiebt –, sinkt der Stückgewinn und damit auch der Gesamtgewinn. Die günstigste Ausbringungsmenge bleibt weiterhin die Kapazitätsmenge. Schließlich wird der Gewinn allerdings Null, wenn der Preis so sehr gefallen ist, daß er gerade noch die minimalen Stückkosten ($StK_{min} = p_u$) deckt (Preisgerade und Stückkostenkurve schneiden sich dann an der Kapazitätsgrenze). Sinkt der Preis noch weiter, so arbeitet das Unternehmen mit Verlust und muß langfristig die Produktion aufgeben. Deshalb bezeichnet man den kritischen Preis p_u auch als *langfristige Preisuntergrenze*. Bei jedem Preis unterhalb dieser langfristigen Preisuntergrenze bietet das Unternehmen auf Dauer nichts an.

So ist bei einem Unternehmen die Kapazitätsgrenze oberhalb der minimalen Stückkosten die gesuchte **individuelle Angebotskurve bei starrer Kapazität** (vgl. Abb. 37).

Angemerkt sei, daß der Preis kurzfristig auch unter die Preisuntergrenze p_u sinken kann, ohne daß das Unternehmen die Produktion sofort einstellt. Solange der Preis wenigstens noch die variablen Stückkosten deckt, wird das Unternehmen in der Regel zunächst weiterproduzieren. Deshalb hat das Minimum der variablen Stückkosten auch die Bezeichnung ,,*kurzfristige Preisuntergrenze*" erhalten. Langfristig kann ein Unternehmen allerdings ohne volle Kostendeckung nicht existieren.

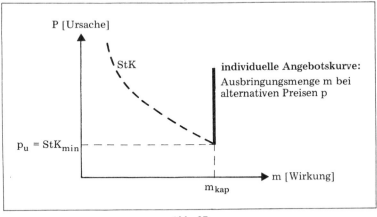

Abb. 37

c) Individuelle Angebotskurve bei (kurzfristig) flexibler Kapazität

Bisher wurde die Kapazitätsgrenze als völlig starr angesehen. Das ist jedoch selbst bei kurzfristiger Betrachtung nur selten realistisch. In der Regel können nämlich die Unternehmen die produzierte Menge auch über die ,,normale" Kapazitätsgrenze hinaus ausdehnen durch:

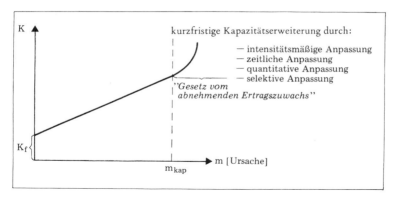

Abb. 38

– *intensitätsmäßige Anpassung,* indem man die Fertigungsprozesse beschleunigt ablaufen läßt. Als Nachteil ist mit einem erhöhten Anteil an fehlerhafter Ausschußproduktion, verstärktem Verschleiß an Maschinen und unter Umständen höheren Löhnen pro Stück zu rechnen.

– *zeitliche Anpassung,* bei der die tägliche Arbeitszeit verlängert wird. Die Überstunden führen beim Lohn in der Regel zu einem Sonderzuschlag (die in der BR Deutschland mindestens zu zahlende gesetzliche Überstundenvergütung beträgt z. Z. 25 v. H.) und bedingen einen überproportionalen Maschinenverschleiß, wenn die für die übliche Wartung und Inspektion erforderlichen Zeiten nicht mehr eingehalten werden können.

– *quantitative Anpassung,* bei der die Menge an eingesetzten Produktionsfaktoren (unter sonst gleichen Umständen) erhöht wird. Wenn alle Faktoreinsatzmengen gleichmäßig ansteigen, muß das zu keiner Verschlechterung der Faktorkombination führen. Kurzfristig ist jedoch regelmäßig nur eine partielle Variation einiger Produktionsfaktoren möglich, und die eintretenden Disproportionalitäten im Faktoreinsatz lassen die Kosten überproportional ansteigen.

– *selektive Anpassung,* bei der sich die Qualität der eingesetzten Produktionsfaktoren (unter sonst gleichen Umständen) verbessert, indem z. B. leistungsfähigere Maschinen eingesetzt werden. Hier scheint der Einfluß auf die Kosten unsicher. Gehen wir allerdings gemäß unseren Annahmen davon aus, daß im Rahmen der Normalkapazität immer bereits die günstigste Kostenkombination verwirklicht ist, führen mittels selektiver Faktoranpassung kurzfristig angestrebte Kapazitätsausweitungen – wie bei den zuvor genannten Möglichkeiten – zu überproportional ansteigenden Kosten.

Allgemein zeigt sich also für kurzfristige Anpassungen, daß die **Gesamtkostenkurve** bei Ausbringungsmengen, die über die „normale" Kapazität hinausgehen, einen progressiv ansteigenden Verlauf hat (vgl. Abb. 38). Dafür verantwortlich ist letztlich das Gesetz vom abnehmenden Ertragszuwachs.

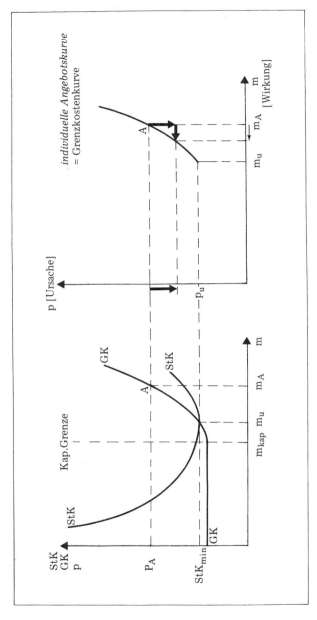

Abb. 39

Da sich die Stückkosten und die Grenzkosten – wie oben erläutert – von den Gesamtkosten ableiten lassen, zeigen sich bei ihnen ebenfalls charakteristische Änderungen (vgl. Abb. 39). Die **Grenzkosten** als Mehrkosten für die Produktionsausweitung um jeweils die nächste Einheit steigen an, je weiter man sich von der „normalen" Kapazitätsgrenze entfernt. Gewissermaßen erhöht sich aufgrund des Gesetzes vom abnehmenden Ertragszuwachs der Widerstand für solche Kapazitätsverschiebungen.

Steigende Grenzkosten lassen schließlich die **Stückkosten** ebenfalls ansteigen, und zwar von der Ausbringungsmenge an, von der die Grenzkosten größer werden als die Stückkosten. Sobald nämlich bei einer Produktionsausweitung um ein Stück die „Mehrkosten für das jeweils nächste Stück" größer sind als die „bisherigen Durchschnittskosten (pro Stück)", erhöht sich die Durchschnittsbelastung pro Stück, so daß die „neuen Durchschnittskosten" nach der Produktionsausweitung größer sind als die „bisherigen Durchschnittskosten". – Entsprechend ergibt sich umgekehrt, daß für die Fälle, bei denen Grenzkosten noch niedriger sind als die Stückkosten, diese durch die Produktionsausweitung vorerst weiter sinken. Der *kleinste Wert für die Stückkosten* (StK_{min}) wird deshalb erst etwas jenseits der von uns als „normal" bezeichneten Kapazitätsgrenze erreicht, nämlich dort, wo die Grenzkosten gerade gleich den Stückkosten sind (grafisch: beim Schnittpunkt der entsprechenden Kurven).

Bisher haben wir uns nur mit den Kosten beschäftigt. Um die gewinnmaximale Ausbringungsmenge zu bestimmen, die das Unternehmen zu verwirklichen trachtet, kommt es außerdem wieder auf den **Erlös** an. Bei einem vorgegebenen Marktpreis (p_A) kann das Unternehmen für jedes zusätzlich produzierte Stück jeweils diesen Preis erzielen, d. h. der Marktpreis ist gleich dem Grenzerlös (der hier wegen der konstanten Preishöhe zusätzlich gleich hoch ist wie der Stückerlös). Grafisch – in Abb. 39 – ergibt sich als Grenzerlöskurve, die jeder Ausbringungsmenge (als Ursache) die jeweilige Höhe des Grenzerlöses (als Wirkung) zuordnet, wieder die bekannte Preisgerade in Höhe des vorgegebenen Marktpreises.

Die für das Unternehmen bei diesem Marktpreis (p_A) **gewinnmaximale Ausbringungsmenge** (m_A) liegt dann gerade dort, wo der Grenzerlös gleich den Grenzkosten ist (d. h. beim Schnittpunkt von Preisgerade und Grenzkostenkurve). Denn bei jeder Ausbringungsmenge, die kleiner ist als m_A, wäre eine Produktionsausweitung für das Unternehmen lohnend, weil der dabei erzielbare „Grenzerlös in Höhe des Preises" größer ist als die dafür aufzuwendenden „Grenzkosten gemäß der Grenzkostenkurve". Übersteigen demgegenüber die „Grenzkosten gemäß der Grenzkostenkurve" den „Grenzerlös in Höhe des Preises" – was bei jeder Ausbringungsmenge der Fall ist, die größer ist als m_A –, so lohnt sich diese weitere Produktionssteigerung nicht mehr.

Ein Unternehmen, das als „Mengenanpasser" für einen vorgegebenen Marktpreis seine gewinnmaximale Ausbringungsmenge (bei kurzfristig flexibler Kapazität) verwirklichen will, muß also jeweils die Menge wählen, bei der seine Grenzkosten gleich dem herrschenden Preis sind.

Um zur individuellen Angebotskurve zu kommen, brauchen wir im nächsten Schritt nur noch zu klären, welche Ausbringungsmenge (als Wirkung) die Unternehmen bei alternativen Marktpreisen (als Ursache) anbieten. Wenn der Preis z. B. niedriger ist als p_A – die Preisgerade sich also nach unten verschiebt –, gilt die Regel für die Mengenanpassung „Grenzkosten gleich Preis" noch genauso, so daß sich – jeweils ausgehend vom Preis (als Ursache) – über den Schnittpunkt mit der Grenzkostenkurve die günstigste Ausbringungsmenge (als Wirkung) ergibt.

Bei sehr niedrigen Marktpreisen ist allerdings auch wieder zu berücksichtigen, daß das Unternehmen unter Umständen bei Verlustproduktion gezwungen wird, die Produktion einzustellen. Langfristig ist das der Fall, wenn der Preis die Stückkosten nicht mehr deckt. Das heißt, die sogenannte *langfristige Preisuntergrenze* (p_u) für das Angebot liegt beim Minimum der Stückkosten (StK_{min}).

Insgesamt ist also für ein Unternehmen der aufsteigende Ast seiner Grenzkostenkurve von den minimalen Stückkosten aufwärts die **individuelle Angebotskurve bei kurzfristig flexibler Kapazitätsanpassung** (vgl. Abb. 39).

4. Gesamtangebot am Markt

a) Aggregation

Das Gesamtangebot am Markt eines Gutes läßt sich ähnlich durch Aggregation ermitteln, wie wir es von der Gesamtnachfrage bereits kennen. Die insgesamt am Markt angebotene Menge (M_1) ist schließlich nichts anderes als die Summe der bei den jeweiligen Preisen individuell von den Unternehmen angebotenen Mengen.

Grafisch ist das Prinzip einer solchen Aggregation in Abb. 40 veranschaulicht. Den Ausgangspunkt bilden drei Unternehmen, die sich in ihrer Kapazität und ihren Kosten unterscheiden. „Unternehmen I" hat von allen Unternehmen die größte Kapazität (m_{Kap}^I) und die niedrigste Preisuntergrenze (p_u^I). „Unternehmen II" besitzt im Vergleich zu „Unternehmen III" eine kleinere Kapazität ($m_{Kap}^{II} < m_{Kap}^{III}$), allerdings die günstigere Preisuntergrenze ($p_u^{II} < p_u^{III}$). Die Kapazitätsgrenzen sollen – da sich die Aggregation dadurch im Kern nicht ändert – vereinfachend als starr angenommen werden. Deshalb ergibt sich für die individuellen Angebotskurven ein völlig unelastischer Verlauf an den Kapazitätsgrenzen (während – wie zuvor erläutert – die Angebotselastizitäten bei flexiblen Kapazitätsanpassungen in der Regel etwas größer wären).

Die **Gesamtangebotskurve am Markt** *leitet sich dann von den individuellen Angebotskurven ab, indem für jeden Preis (als Ursache) die von den Unternehmen angebotenen Mengen addiert werden (Gesamtwirkung).*

Wie die rechte Grafik in Abb. 40 zeigt, bedeutet das im Ergebnis, daß bei Marktpreisen, die niedriger sind als die minimalen Stückkosten des kostengünstigsten Unternehmens I ($p_u^I = p_u^G$), langfristig gar kein Angebot erfolgen

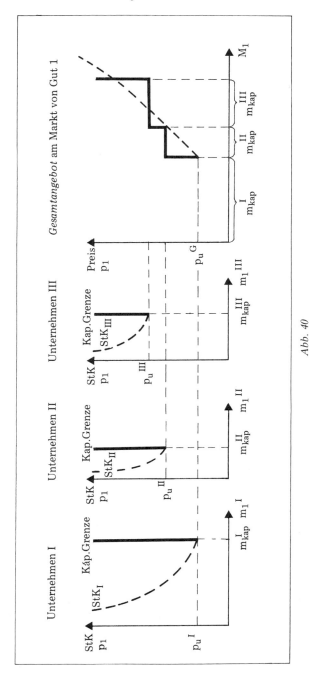

Abb. 40

würde. Sobald der Preis zumindest diese langfristige Preisuntergrenze des kostengünstigsten Unternehmens erreicht, bietet zunächst dieses Unternehmen I an, und zwar in Höhe seiner gesamten Kapazität (m_{Kap}^I). Bei weiter steigendem Marktpreis würde das zweite Unternehmen mit seiner Kapazität (m_{Kap}^{II}) hinzukommen, sobald der Preis zumindest dessen minimale Stückkosten (p_u^{II}) deckt. Schließlich bietet zusätzlich das dritte Unternehmen mit seiner Kapazität (m_{Kap}^{III}) an, wenn der Marktpreis sogar gleich oder höher wird als die hier vorliegende langfristige Preisuntergrenze (p_u^{III}). Insgesamt zeigt sich so für die aggregierte Marktangebotskurve ein treppenförmiger Verlauf. Dabei charakterisiert jede Stufe das Angebot eines Unternehmens.

Betrachten wir nicht nur drei Unternehmen, sondern – für die meisten Märkte wirklichkeitsnäher – eine Vielzahl von Anbietern auf einem Markt, ergibt sich für die aggregierte Marktangebotskurve eine so dichte Stufenfolge, daß sich dafür – nur leicht vereinfachend – auch eine kontinuierlich ansteigende Linie zeichnen läßt. Selbst bei dem obigen Beispiel mit nur drei Unternehmen ist mit der gestrichelten Linie in der Grafik des Marktangebots eine solche Vereinfachung angedeutet worden. Das bringt die Gesamtangebotskurve auch hier in die üblicherweise angenommene Form einer stetig (von links unten nach rechts oben) ansteigenden Kurve, die bei der Preisuntergrenze des kostengünstigsten Unternehmens beginnt.

b) Berücksichtigung der verschiedenen Angebotsdeterminanten

Die bisher (durch Aggregation) abgeleitete Marktangebotskurve gibt unmittelbar nur an, wie die Gesamtangebotsmenge M_1 (als Wirkung) vom Preis p_1 des Gutes (als Ursache) abhängt, wenn alle anderen Einflußgrößen unverän-

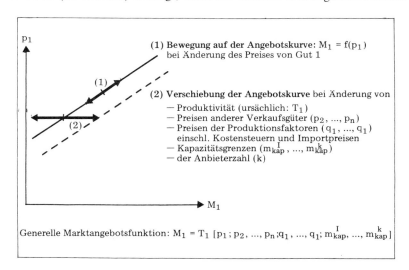

Abb. 41: Determinanten des Marktangebots für Gut 1

dert bleiben (,,Ceteris paribus"-Methode). Insofern handelt es sich hier um eine **spezielle Marktangebotsfunktion**, für die wir symbolisch schreiben können:

$$M_1 = f(p_1) \text{ ceteris paribus}$$

Wenn wir alle wesentlichen Angebotsdeterminanten bei nach maximalem Gewinn strebenden Anbietern unverdeckt versammeln wollen, erhalten wir als **generelle Angebotsfunktion:**

$$M_1 = T_1[p_1; p_2 \ldots p_n; q_1 \ldots q_l; m_{Kap}^I \ldots m_{Kap}^k]$$

wobei: M_1 = Marktangebot für ein bestimmtes Gut 1;

T_1 = Stand der Technologie für die Produktion dieses Gutes;

$p_1, p_2 \ldots p_n$ = Preise der von den Unternehmen produzierten und produzierbaren Güter;

$q_1 \ldots q_l$ = Preise der Produktionsfaktoren;

$m_{Kap}^I \ldots m_{Kap}^k$ = vorhandene ,,Normalkapazitäten" der Unternehmen I, II ... k, die allerdings nur bei kurzfristigen Angebotsanpassungen selbständige Bedeutung haben und langfristig von den zuvor genannten Einflußgrößen mitdeterminiert werden.

Von besonderem Interesse ist nun wieder – wie bei der Analyse der Nachfrage –, daß im Preis-Mengen-Diagramm (vgl. Abb. 41) zwar durch *Bewegungen auf der Marktangebotskurve* nur der Einfluß von Preisänderungen des Gutes selbst dargestellt werden kann. Da Veränderungen der anderen Angebotsdeterminanten indessen jeweils charakteristische *Verschiebungen der Marktangebotskurve* insgesamt herbeiführen, läßt sich so letztlich die Bedeutung aller Angebotsdeterminanten veranschaulichen.

Im einzelnen verlagert sich die Marktangebotskurve normalerweise *nach rechts* (und in umgekehrter Richtung gilt Analoges):
– wenn durch eine verbesserte Technologie (T) die ,,Produktivität der Gütererzeugung" ansteigt.

,,*Produktivität*" ist dabei definiert als das Verhältnis von jeweils erzieltem Output und dafür benötigtem Input, d.h. sie läßt sich errechnen als Quotient Output/Input. Mit der ,,Produktivität" darf die ,,*Rentabilität*" nicht verwechselt werden, bei der der Gewinn – also die Differenz von in Geld bewertetem Output und Input – auf das Kapital oder z.B. auch den Umsatz bezogen wird, d.h. Kapitalrentabilität = Gewinn/Kapital und Umsatzrentabilität = Gewinn/Umsatz.

– wenn die Preise anderer, von den Unternehmen alternativ zu Gut 1 produzierter Güter ($p_2 \ldots p_n$) sinken.

Dieser Preisrückgang anderer Güter läßt nämlich (unter sonst gleichen Umständen) deren Produktion weniger profitabel erscheinen. Statt sie zu produzieren, werden die Unternehmen das Angebot des betrachteten Gutes 1 auszudehnen versuchen, sofern die produktionstechnischen Bedingungen das zulassen. Je nachdem, wie leicht die Produktion dann von den anderen Gütern auf das Gut 1 umgestellt werden kann, wird dieser Substitutionsvorgang besonders ausgeprägt und schnell erfolgen. – Handelt es sich bei den anderen Gütern nicht um *alternativ produzierbare Güter*, sondern um *Kuppelprodukte,* die im Extremfall immer in einem starren Mengenverhältnis mit Gut 1 produziert werden, ist eine solche Substitution nicht möglich. Praktisch geht es in der Wirklichkeit fast nie um diese Extremfälle reiner Kuppelprodukte oder rein alternativ (im Rahmen einer vorhandenen Fertigungskapazität) produzierbarer Güter, sondern um eine Vielfalt produktionstechnischer Zwischenformen.

– wenn die Preise von Produktionsfaktoren ($q_1 \ldots q_l$) sinken.

Geringere Faktorpreise führen unter sonst gleichen Umständen zu sinkenden Kosten (und damit niedrigeren Preisuntergrenzen), was die individuellen Angebotskurven der Unternehmen – und damit auch die Gesamtangebotskurve – nach unten bzw. rechts verschiebt. Zu den Faktorpreisen, die z.B. als Löhne, Zinsen, Pachten oder beim Betriebsmitteleinkauf an inländische Unternehmen oder private Haushalte gezahlt werden müssen, können im weiteren Sinn auch die an den Staat zu entrichtenden *Kostensteuern* und die durch den Wirtschaftsverkehr mit dem Ausland auftretenden *Importpreise* gerechnet werden.

– wenn die Produktionskapazitäten ($m_{Kap}^l \ldots m_{Kap}^k$) bei den bereits anbietenden Unternehmen durch Verschiebung der ,,normalen'' Kapazitätsgrenzen ausgeweitet werden oder

– wenn die Anbieterzahl (k) ansteigt, so daß dadurch bei sonst gleichen Umständen die insgesamt für das Gut zur Verfügung stehenden Kapazitäten zunehmen.

Gerade diese beiden letzten Aspekte spielen für das Verständnis der wettbewerblichen Selbststeuerung in der Marktwirtschaft eine besondere Rolle, sobald nicht nur kurzfristige, sondern auch langfristige Anpassungsprozesse berücksichtigt werden. Darauf wird im nächsten Abschnitt genauer eingegangen.

IV. Zur Lenkung durch Preise

1. Wettbewerbliche Preisbildung in langfristiger Sicht

Nachdem wir die Einflußgrößen der Marktnachfrage durch Haushalte und des Marktangebots durch Unternehmen getrennt behandelt haben, geht es im nächsten Schritt um eine vertiefte Analyse der Preisbildung. In Abb. 42 ist als Ausgangssituation eine ,,normale'' Nachfragekurve und eine treppenförmig ansteigende Angebotskurve, wie sie sich bei kurzfristig als starr angesehenen Kapazitätsgrenzen der Unternehmen ergibt, gewählt. Wenn sich Angebot und Nachfrage nicht ändern, spielt sich aufgrund der Marktkräfte – wie erläutert – das Marktgleichgewicht im Schnittpunkt beider Kurven (G_k) mit dem Gleichgewichtspreis (p_k) und der Gleichgewichtsmenge (m_k) ein.

Bei diesem Gleichgewichtspreis kämen als *aktuelle Anbieter* mit ihrem Angebot tatsächlich zum Zuge nur die fünf kostengünstigsten Unternehmen (U_1 bis U_5), wobei U_5 der sogenannte *Grenzanbieter* ist. Weitere Unternehmen (wie U_6, U_7), deren Preisuntergrenzen höher liegen als der Gleichgewichtspreis, könnten lediglich mit Verlust produzieren. Sie sind deshalb nur soge-

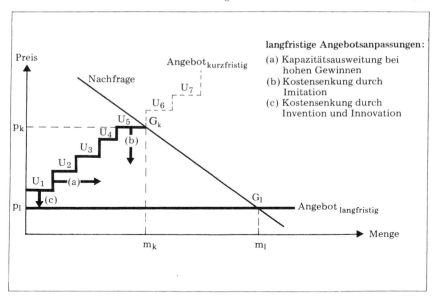

Abb. 42

nannte *potentielle Anbieter,* die erst dann auf dem Markt anbieten, wenn der Preis sich erhöht und mindestens ihre Preisuntergrenze erreicht.

Zur Idee von der wettbewerblichen Selbststeuerung gehört allerdings, daß es langfristig bei diesem als Ausgangssituation angenommenen *kurzfristigen Marktgleichgewicht* (G_k) nicht bleibt. Vielmehr sind beim Angebot der Unternehmen Kräfte wirksam, die bei alternativen Preisen die angebotene Menge ansteigen lassen. Die „langfristige Angebotskurve" (vgl. Abb. 42) ist schließlich vollkommen elastisch, und zwar bei einem Preis (p_l), der noch unter der Preisuntergrenze des ursprünglich kostengünstigsten Unternehmens (U_1) liegt. Als Folge ergibt sich (unter sonst gleichen Umständen) das *langfristige Marktgleichgewicht* (G_l) mit dem langfristigen Gleichgewichtspreis (p_l) und der zugehörigen Gleichgewichtsmenge (m_l).

Der Grund dafür, daß sich das Angebot tendenziell so entwickelt, liegt letztlich in dem Streben der Unternehmen, die Gewinnchancen auszunutzen. Im Prinzip lassen sich dabei drei Effekte unterscheiden, die praktisch zu einem einzigen Prozeß langfristiger Angebotsanpassung zusammenwachsen. Es sind (a) der „Kapazitätseffekt", (b) der „Imitationseffekt" und (c) der „Innovationseffekt". Sie sollen kurz erläutert werden:

a) Der **Kapazitätseffekt** ist zu erwarten, solange die Unternehmen mit Gewinnen produzieren. In unserem Beispiel (vgl. Abb. 42) sind in der Ausgangssituation des kurzfristigen Marktgleichgewichts die vier kostengünstigsten Unternehmen (U_1 bis U_4) im Gewinnbereich; sie erzielen jeweils Stückgewinne in

Höhe der Differenz zwischen dem Produktpreis (p_k) und den für das einzelne Unternehmen typischen Stückkosten (jeweilige Treppenstufe). Angesichts dieser Stückgewinne können sie bei ansteigenden Stückzahlen mit höheren Gesamtgewinnen rechnen. Deshalb werden sie bestrebt sein, ihre kurzfristig starren Kapazitäten langfristig auszuweiten. Im Prinzip erscheint eine solche Kapazitätsausweitung desto lohnender, je höher der in der Ausgangssituation erzielte Stückgewinn ist.

Die Folge solcher Kapazitätsausweitungen ist allerdings, daß sich die Gesamtangebotskurve auf dem Markt nach rechts verschiebt. Bei unveränderter Marktnachfragekurve bedeutet das ein neues Gleichgewicht bei einem niedrigeren Preis und einer größeren umgesetzten Menge am Markt. Dabei werden die Unternehmen, bei denen der gesunkene Marktpreis die Stückkosten nicht mehr deckt, langfristig aus dem Markt gedrängt.

b) Aufgrund des **Imitationseffekts** können indessen in der Regel gerade diese mit keinen oder nur niedrigen Gewinnen produzierenden Unternehmen ihre Marktposition verbessern. Die kostengünstiger erzeugenden Anbieter machen ja jeweils vor, wie sich die Ausbringungsmenge billiger herstellen läßt. Bereits durch ein im weitesten Sinn imitierendes Nacheifern – indem gleichfalls rationelle Maschinen und Produktionsverfahren, ebenso gute Rohstoffe sowie Arbeitskräfte und dergleichen eingesetzt werden – können deshalb die weniger profitabel arbeitenden Unternehmen ihre Kosten- und speziell die individuellen Preisuntergrenzen (= minimale Stückkosten) senken. Im Prinzip ist eine solche Kostensenkung desto leichter möglich, je größer der in der Ausgangssituation vorhandene Abstand zu den besten Unternehmen ist. In unserem Beispiel der Abb. 42 sind es also vor allem der Grenzanbieter (U_5) und die in bezug auf die Kostensituation benachbarten ,,aktuellen Anbieter" (U_3, U_4) und ,,potentiellen Anbieter" (U_6, U_7), bei denen langfristig mit Kostensenkungen durch Imitation zu rechnen ist.

Insgesamt bewirkt der Imitationseffekt, daß die Marktangebotskurve flacher verläuft. Bei unveränderter Nachfrage führt das tendenziell zu einem neuen Gleichgewicht, das durch einen weiter gesunkenen Preis und eine noch größere umgesetzte Menge gekennzeichnet ist.

Als Zwischenergebnis können wir festhalten:

Sowohl die besonders bei hohen Stückgewinnen auftretenden Kapazitätsausweitungen der kostengünstig produzierenden Unternehmen (Kapazitätseffekt) als auch die durch Imitation möglichen Stückkostensenkungen bei den weniger günstig produzierenden Unternehmen (Imitationseffekt) lassen die Angebotskurve langfristig vollkommen abflachen, so daß der Marktpreis tendenziell auf die Höhe der niedrigsten Stückkosten sinkt.

Anschaulich spricht man insofern auch vom *Gravitationsgesetz der Preise*; und Adam Smith nannte den Preis, der den niedrigsten Stückkosten entspricht, den *natürlichen Preis*.

c) Der **Innovationseffekt** bewirkt schließlich darüber hinaus, daß sich langfristig sogar noch die niedrigste Preisuntergrenze – und damit auch die langfristige Angebotskurve – weiter nach unten verschiebt. Selbst für das am kostengünstigsten produzierende Unternehmen besteht nämlich ein dauernder Anreiz, durch neue Ideen (Invention) und durch die unternehmerische Verwertung solcher Erfindungen (Innovation) die Stückkosten zusätzlich zu senken. Läßt sich doch so bei gleichem Marktpreis und gleicher Absatzmenge der Gewinn des Unternehmens noch steigern.

Kurzfristig führen solche Pionierleistungen tatsächlich zu entsprechenden ,,Vorsprungsgewinnen`` einzelner Anbieter gegenüber ihren Konkurrenten. Langfristig bedingen der Imitationseffekt und der Kapazitätseffekt allerdings auch hier Gesamtangebotsanpassungen, und zwar jetzt an die neuen niedrigsten Stückkosten, wie sie sich durch den Innovationseffekt ergeben. Dadurch werden die Vorsprungsgewinne fortlaufend abgebaut, und das langfristige Marktgleichgewicht aufgrund des Zusammenwirkens aller drei Effekte ist charakterisiert durch einen noch niedrigeren Gleichgewichtspreis und eine noch größere umgesetzte Menge, als es sich allein aufgrund der beiden ersten Effekte ergibt.

Insgesamt werden also die Gewinne durch die – im Wettbewerb der Unternehmen erfolgenden – langfristigen Angebotsanpassungen gerade dann, wenn jedes einzelne Unternehmen danach strebt, möglichst große Gewinne zu machen, auf die Dauer abgebaut. Zugleich verbessert sich für die Verbraucher die Güterversorgung hinsichtlich Preis und Menge ständig.

Damit ist der **Kern der marktwirtschaftlichen Lenkungsvorstellung** offenbar. Zu ihrer Grundidee gehört, daß die einzelnen Wirtschaftseinheiten – private Haushalte wie Unternehmen – ihrem Eigeninteresse nachgehen. Die Haushalte sollen ihren Nutzen und die Unternehmen ihren Gewinn zu maximieren trachten. Über die wettbewerbliche Koordination auf den Märkten wird dann zugleich das öffentliche Wohl im Sinne bestmöglicher Güterversorgung der Verbraucher verwirklicht. Im Prinzip wird dieses Allgemeininteresse sogar – so paradox das auf den ersten Blick scheinen mag – desto besser erreicht, je konsequenter die einzelnen Wirtschaftseinheiten ihr Eigeninteresse wahrnehmen.

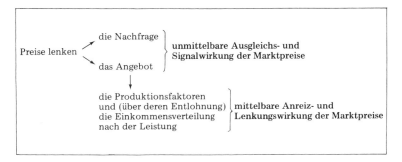

Abb. 43

Wie zuvor im einzelnen aufgezeigt, geschieht das im Rahmen der Preisbildung auf den Gütermärkten zunächst dadurch, daß die Preise jeweils unmittelbar Angebot und Nachfrage zum Ausgleich bringen und dabei zugleich den Knappheitsgrad des Gutes anzeigen *(unmittelbare Ausgleichs- und Signalwirkung der Marktpreise).* Mittelbar lenken sie zudem die Produktionsfaktoren in die relativ günstigste Verwendung bei der Güterherstellung und schaffen ständige Anreize, die Produktionsbedingungen zu verbessern. Dabei erfolgt zugleich durch die Entlohnung der Produktionsfaktoren nach ihrem Produktionsbeitrag eine leistungsstimulierende Einkommensverteilung. Insgesamt spielt so auch die *mittelbare Anreiz- und Lenkungswirkung der Marktpreise* eine zentrale Rolle beim Selbststeuerungsmechanismus.

Anschaulich läßt sich auch von ,,Stimmzetteln der Verbraucher'' in Form von Geldscheinen sprechen, die die Preise der nachgefragten Güter beeinflussen. Diese Preise sind dann Richtlinien dafür, wieviel von den einzelnen Gütern zu produzieren ist. Neben den Preisen übernehmen dabei die Gewinne die maßgebliche Steuerungsfunktion. Hohe Gewinne üben auf potentielle Anbieter des Gutes einen Anreiz aus, neu in den Markt einzutreten; für die alten Anbieter lohnt es sich, die Produktion auszudehnen und neue, verbesserte Verfahren anzuwenden. Verlustproduktionen werden langfristig aufgegeben, wobei die frei werdenden Produktionsfaktoren profitableren Verwendungen zugeführt werden – angezeigt wiederum durch relativ hohe Gewinne, die Ausdruck einer besonderen Nachfrage durch die Verbraucher sind, der sich das Angebot noch nicht so schnell anpassen konnte.

Abschließend bleibt anzumerken, daß die Grundidee der wettbewerblichen Selbststeuerung zunächst nur (modellhaft vereinfacht) in bezug auf die Preisbildung dargestellt ist. Bei der Güterversorgung geht es jedoch nicht nur um möglichst niedrige Marktpreise für die Verbraucher; denn diese erwarten von der wirtschaftlichen Entwicklung mehr, als daß sie z. B. lediglich die Artikel zur Zeit der Jahrhundertwende inzwischen billiger kaufen können.

Im Wettbewerb der Anbieter um den Geschäftsabschluß mit Nachfragern kommt es **neben dem Preis** auch auf die **Qualität der Güter,** auf deren **Absatz- und Vertriebsorganisation** sowie auf die **Werbung** für sie an. Letztlich bestimmen immer erst diese vier Marktaspekte zusammen den Ablauf der komplexen Marktprozesse.

Die dabei maßgeblichen Ursache-Wirkungs-Bezüge sind zwar im einzelnen nur schwer in geeigneten Modellen zu erfassen. Allgemein bleibt die Grundidee der wettbewerblichen Selbststeuerung allerdings auch hier gleich: Danach zwingt der Wettbewerb die Anbieter, ihre Marktleistung im Verbraucherinteresse jeweils so zu steigern, daß sie beim Geschäftsabschluß möglichst günstig zum Zuge kommen.

Außer daß die Wirtschaftspläne der verschiedenen Wirtschaftseinheiten also kurzfristig durch den marktwirtschaftlichen Selbststeuerungsmechanismus aufeinander abgestimmt werden, kennzeichnet ihn langfristig ein dauernder Anreiz zur Leistungssteigerung in bezug auf alle von den Verbrauchern beachteten Kategorien der Marktversorgung (Preise, Produktqualitäten, Absatz- und Vertriebsorganisation sowie Werbung).

Die so prinzipiell mögliche Steuerung der Volkswirtschaft durch den Wettbewerb hatten schon die klassischen Nationalökonomen des 18. Jahrhunderts erkannt. Adam Smith sprach plastisch von einer „invisible hand", die jedes Individuum, das an sich nichts als seine egoistischen Ziele verfolgt, letztlich dazu beitragen läßt, das Allgemeinwohl zu fördern.

Allerdings waren selbst die Klassiker keinem blinden Harmonieglauben erlegen. Vielmehr wußten bereits sie – und erst recht wissen wir heute –, daß die Grundidee einer marktwirtschaftlichen Selbststeuerung durch den Wettbewerb in der Wirklichkeit eine Reihe von Problemen aufwirft. Darauf soll im übernächsten Abschnitt näher eingegangen werden, nachdem zuvor die grundsätzliche Bedeutung der behandelten Marktpreisbildung auch für Fälle, in denen die Preise von außen vorgeschrieben werden, aufgezeigt wird.

2. Staatliche Preisfixierung

Nicht selten versucht die Wirtschaftspolitik, entweder die Anbieter oder die Nachfrager besserzustellen als bei einem frei beweglichen Marktpreis, indem sie (1) Mindest- oder (2) Höchstpreise verordnet.
(1) Ein **Mindestpreis** begünstigt die Anbieter und wird deshalb vorgeschrieben, wenn diesen ein bestimmtes Einkommen gesichert werden soll. Agrar-, Verkehrs- und Arbeitsmärkte liefern dafür bekannte Beispiele.

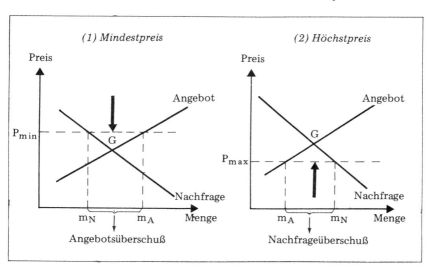

Abb. 44

Der Mindestpreis liegt über dem Gleichgewichtspreis (vgl. Abb. 44). Ihn darunter festzulegen, bliebe ohne praktische Auswirkung, da dann das höher liegende, von den Marktkräften angesteuerte Marktgleichgewicht (G) verwirklicht würde. Wird der Mindestpreis oberhalb des Gleichgewichtspreises fixiert, kann der sich wettbewerblich bildende Marktpreis höchstens bis auf seine Höhe sinken.

Beim Mindestpreis (p_{min}) wird eine Menge (m_A) angeboten, die größer ist als die nachgefragte Menge (m_N). Den *Angebotsüberschuß* ($m_A - m_N$) können die Anbieter nicht absetzen. Er äußert sich in ,,Butterbergen'', ,,Schweinebergen'', ,,Kohlebergen'' und sonstigen ,,Bergen'' bei lagerfähigen Gütern. Außerdem bilden sich ,,illegale Märkte'', auf denen zu verbotenen niedrigen Preisen – z. B. bei Schwarzarbeit – Geschäfte abgeschlossen werden; denn viele Anbieter sind bereit, einen geringeren Preis hinzunehmen, sofern sie dadurch ihr Gut verwerten können, von dessen Verkauf sie sonst ausgeschlossen wären.

Da der Staat mit den – im Interesse der Anbieter erlassenen – Mindestpreisvorschriften jeweils ungewollt eine anbieterbelastende Überproduktion herbeiführt, muß er in der Regel *ergänzende Maßnahmen* ergreifen, um mit der zu starken Produktion fertigzuwerden. Bei lagerfähigen Gütern (z. B. der Landwirtschaft) wählt er oft den Ausweg, die Überschußmengen einfach zum Mindestpreis (,,Interventionspreis'') aufzukaufen und als Vorrat einzulagern. Die Nachteile einer solchen Wirtschaftspolitik sind erhebliche zusätzliche Kosten.

Alternativ können Maßnahmen ergriffen werden, die es gar nicht erst zur Produktion der Überschüsse kommen lassen. Dafür eignen sich Subventionen für Kapazitätseinschränkungen, wie sie z. B. als ,,Stillegungsprämien'' im Kohlebergbau oder als ,,Abschlachtprämien'' bei Milchkühen zur Senkung der Milchproduktion bekannt geworden sind. Auch können den einzelnen Unternehmen Produktionskontingente – im Sinne maximal von einem Gut zu produzierender Mengen – vorgeschrieben werden. Damit ist z. B. in der Europäischen Gemeinschaft im Rahmen der Zucker-Marktordnung operiert worden. – Schließlich bleibt als weiterer Ansatzpunkt, mit den Angebotsüberschüssen fertigzuwerden, die Subventionierung von zusätzlicher privater Nachfrage (z. B. durch verbilligte Schulmilchabgabe oder herabgesetzte Butterpreise für Rentenempfänger). In Sonderfällen ist sogar ein Kaufzwang denkbar.

So hatte die Europäische Kommission vorgeschlagen, den Anfang 1976 auf 1,2 Millionen Tonnen angewachsenen Berg an staatlich gelagertem Magermilchpulver dadurch abzubauen, daß jeder Käufer eiweißhaltiger Konkurrenzerzeugnisse (Ölsaaten) gezwungen wird, zugleich auch eine bestimmte Menge des überflüssigen Magermilchpulvers zu erwerben. – Einen Kaufzwang enthalten praktisch auch die deutschen, zur Sicherung des Steinkohleabsatzes bei der Stromerzeugung erlassenen Verstromungsgesetze (seit 1965), deren drittes (von 1974) den vom Stromkonsumenten zu bezahlenden Kohlepfennig eingeführt hat.

(2) Ein **Höchstpreis** soll die Nachfrager besser stellen als bei frei beweglichem Marktpreis. Man verordnet ihn häufig für lebenswichtige Güter (z. B. Mieten) – besonders in Kriegs-, Nachkriegs- und sonstigen Krisenzeiten. Auch ein allgemeiner Preisstopp, wie er in jüngster Zeit in einer Reihe von Ländern als Gegenmaßnahme gegen inflationäre Preissteigerungen einge-

führt ist, gehört hierher; denn dadurch werden praktisch alle an einem bestimmten Stichtag geltenden Preise zu Höchstpreisen der Märkte.

Ein Höchstpreis ist nur wirksam, wenn er unter dem Gleichgewichtspreis des Marktes liegt, so daß die zum Gleichgewicht drängenden Marktkräfte aufgehalten werden (vgl. Abb. 44). Beim jeweiligen Höchstpreis (p_{max}) wird eine Menge (m_A) angeboten, die kleiner ist als die nachgefragte Menge (m_N). Die Höchstpreispolitik führt so regelmäßig zu einem *Nachfrageüberschuß* (m_N – m_A), d. h. eine Reihe von Käufern will das Gut gern haben – und braucht es vielleicht dringend –, kann es unter Umständen trotz langen Schlangestehens jedoch nicht bekommen.

Das zwingt den Staat *wirtschaftspolitisch zu weiteren Schritten*, bei denen er normalerweise auf die Verteilung der Güter Einfluß nimmt. Durch ein administratives Zuteilungssystem in Form von Bezugsscheinen, Wartelisten u. a. muß er eine Rationierung durchzusetzen versuchen. Da indessen viele Nachfrager durchaus bereit bleiben, auch einen höheren als den staatlich gestoppten Höchstpreis zu zahlen, sofern sie dadurch das Gut erhalten, von dessen Kauf sie sonst ausgeschlossen wären, kommt es typischerweise illegal zu ,,schwarzen Märkten'' oder ,,Verkäufen unter dem Ladentisch''. Sowohl die Rationierung – mit ihren Sonderproblemen der hinreichend gerechten Differenzierung und der Korruptionsüberwachung bei der Verteilung – als auch die Eindämmung der ,,illegalen Märkte'' beanspruchen dabei Produktionsfaktoren, die zu Lasten der eigentlichen Gütererzeugung gehen.

Statt der Nachfrage scheint deshalb an sich eine Angebotsausweitung als wirtschaftspolitischer Ansatzpunkt besonders geeignet, um mit dem Nachfrageüberschuß fertigzuwerden. Im Prinzip kann der Staat die Angebotsmenge entweder zwangsweise durch Produktionsauflagen zu erhöhen versuchen, oder er lockt durch Subventionen an die Unternehmen verstärkte freiwillige Angebote hervor. Praktisch ergeben sich dabei die Schwierigkeiten, daß ein Zwang zu unrentabler Güterproduktion die Unternehmer letztlich zur Produktionseinstellung veranlassen kann und eine Subventionierung ihr Streben nach Kostensenkungen beeinträchtigt. Deshalb liegt das Schwergewicht der die Höchstpreisvorschriften ergänzenden Mengenpolitik in der Regel auf der administrativen Nachfrageregulierung. Bei starker Ausweitung der Höchstpreisvorschriften kann das dazu führen, daß schließlich – wegen der Bindung der Produktionsfaktoren im Kontrollapparat – immer mehr Leute immer weniger verteilen.

Da allgemeine Preisstoppverordnungen, wie sie in jüngster Zeit gelegentlich zur Inflationsbekämpfung erlassen worden sind, gleich für sämtliche Märkte Höchstpreise einführen, gilt die aufgezeigte Problematik bei ihnen in verstärktem Maß. Dabei ist besonders bedenklich, daß ein Preisstopp vom Ansatz her grundsätzlich keinerlei korrigierenden Einfluß auf die ursächlichen Marktkräfte nimmt, die die Inflation treiben. Er kann diese deshalb allenfalls eine Weile verdecken, so daß es zu einer zurückgestauten Inflation kommt. Nach der Aufhebung des Preisstopps werden dann – wie die Erfahrungen gezeigt ha-

ben – regelmäßig erhebliche Preiserhöhungen nachgeholt, weil die wettbe-
werblichen Gleichgewichtspreise inzwischen noch weiter über die verordneten
Höchstpreise angestiegen sind. Eine die Ursachen der Inflation bekämpfende
Wirtschaftspolitik muß deshalb tiefer ansetzen, als nur an den Symptomen
mittels Preisstopps zu kurieren. Wie das erfolgen kann, ist Inhalt des fünften
Kapitels.

Als ein Beispiel für typische Erfahrungen mit Preisstoppverordnungen der jüngsten
Vergangenheit kann Schweden gelten: „Nachdem der Preisauftrieb in Schweden sich
1970 stark beschleunigte und im Jahresdurchschnitt 7 v.H. erreichte, wurde im
Herbst ein Preisstopp verhängt. Preiserhöhungen bedurften von nun an der staatlichen Genehmigung. Diese wurde gewährt, falls in einem Betrieb die Beschäftigung
ernsthaft gefährdet war. In den Preisen durften weitergegeben werden: die Erhöhung
der Mehrwertsteuer, gestiegene Weltmarktpreise, später auch bis zu einem gewissen
Ausmaß die Erhöhung der Löhne und der Arbeitgeberbeiträge. Der Versuch der
Regierung, die Lohnsteigerungsraten nach dem Preisstopp zu mäßigen, scheiterte.
Nach umfangreichen Streikbewegungen, zum Teil auch wilden Streiks, kam es 1971
zu einer Anhebung des durchschnittlichen Lohnniveaus um 9 v.H. Die Preiskontrollen mußten im Laufe des Jahres 1971 schrittweise abgebaut werden. Zum Teil mitver-
ursacht durch die Anhebung der Mehrwertsteuer von 10 v.H. auf 15 v.H., zum Teil
im Zusammenhang mit den gestiegenen Lohnkosten, hielt der Preisauftrieb 1971
an."[9]

V. Mängel des Selbststeuerungsmechanismus

1. Überblick

Die marktwirtschaftliche Selbststeuerung erfolgt – wie erläutert – durch
Wettbewerbsprozesse. Theoretisch können die Voraussetzungen, unter denen
sie ablaufen, so ausgedacht werden (und in theoretische Modelle als Annahmen eingehen), daß kein wirtschaftspolitisches Ziel unerreicht bleibt. Die
Wirklichkeit kennzeichnet jeweils eine Vielzahl von Abweichungen zwischen
wirtschaftspolitisch angestrebten Zielen und aktuellen Verhältnissen; und das,
obwohl die laufende Politik die Diskrepanzen ständig zu verringern sucht.

Die Ziele der Wirtschaftspolitik werden dabei von den Trägern der Wirtschaftspolitik im verfassungsmäßig vorgeschriebenen Prozeß politischer Willensbildung festgelegt, da sie letztlich immer Werturteile enthalten. Der Beitrag der wissenschaftlichen Wirtschaftspolitik besteht hier vor allem darin,
möglichst werturteilsfrei mit Hilfe der Logik und/oder empirischer Beobachtungen zu klären, in welcher Beziehung die Ziele zueinander stehen – insbesondere inwieweit Zielkonflikte auftreten – und wie sich durch Einsatz geeigneter wirtschaftspolitischer Maßnahmen Zielkonflikte reduzieren und insgesamt die Ziele möglichst weitgehend erreichen lassen. Ein Beispiel, daß die
wirtschaftspolitischen Ziele nicht beliebig festgelegt und verfolgt werden kön-

---

[9] Sachverständigenrat zur Begutachtung der gesamtwirtschaftlichen Entwicklung, Jahresgutachten 1972 (Bundestagsdrucksache 7/2) S. 156.

nen, ist der – später vertieft behandelte – Sachverhalt, daß eine durch hohe Steuern herbeigeführte Angleichung der Einkommen die Leistungsanreize im Wettbewerb so lähmen kann, daß die marktwirtschaftliche Selbststeuerung als solche gefährdet wird.

Formal ist im Rahmen der „Welfare Economics" versucht worden, von einem **obersten Ziel Wohlfahrt** alle anderen Ziele als Unterziele, die wieder verschiedenen Ebenen in einer **Zielhierarchie** angehören können, abzuleiten. Ein solcher gedanklich naheliegender Ansatz läßt sich jedoch nicht mit konkretem Inhalt füllen, weil dazu unser Kenntnisstand von den komplexen Wirkungszusammenhängen, die je nach wirtschaftlicher Ausgangslage und zum Einsatz kommenden Instrumenten anders sind, bisher nicht ausreicht und wohl nie ausreichen wird.
Ähnlich wenig brauchbar für die Bewältigung praktischer wirtschaftspolitischer Probleme ist eine ausschließliche Orientierung an **Zielen mit Idealcharakter** wie Freiheit, Frieden, Gerechtigkeit, Sicherheit und Wohlstand. In der Politik werden diese Begriffe zwar häufig benutzt, weil sie generell mit positiver Wertung verbunden und inhaltlich so vage sind, daß konkrete Interessengegensätze damit verdeckt bleiben, so daß der politische Konsens auf dieser Abstraktionsebene verhältnismäßig leicht erreicht wird. Für die Wirtschaftspolitik unmittelbar gehaltvoll werden die Oberbegriffe erst, wenn statt der vielfältigen Interpretationen, die sie erfahren haben, daraus operationale Ziele entwickelt werden, deren jeweiliger Zielerreichungsgrad (durch Zielindikatoren) möglichst konkret festgestellt werden kann.

Einen Überblick über direkt verfolgte Ziele der Wirtschaftspolitik, die für entwickelte Marktwirtschaften wie die BR Deutschland typisch sind, gibt Abb. 45. Wenn auch zu den Zielen in der Übersicht jeweils bestehende Gesetze angegeben werden können, existiert doch kein vollständiger und politisch nach Rangfolgen geordneter Katalog aller angestrebten Ziele. Politisch treten in der Regel die Ziele in den Brennpunkt des aktuellen Interesses, bei denen die Diskrepanzen zwischen den jeweiligen wirtschaftlichen Lagen und den erwünschten Zielvorstellungen als besonders drückend empfunden werden.
Da auf Probleme von *Verteilungskorrekturen der Selbststeuerung* bei Einkommen und Vermögen sowie auf die Ziele *gesamtwirtschaftliche Stabilität und Wirtschaftswachstum* in den folgenden Hauptkapiteln des Buches noch im einzelnen eingegangen wird, behandeln die nächsten Abschnitte die Wettbewerbspolitik mit ihrer Ausrichtung auf Wettbewerbsschutz und -förderung sowie die ergänzend notwendige staatliche Versorgung mit öffentlichen Gütern und den neuerdings hinzugekommenen Umweltschutz als Basisziele für Marktwirtschaften.

2. Wettbewerbspolitik

a) Wettbewerb als Ursache von Wettbewerbsbeschränkungen

Wettbewerb beinhaltet, daß sich Personen etwas streitig machen. Beim wirtschaftlichen Wettbewerb auf Märkten geht es speziell um das Rivalisieren um Geschäftsabschlüsse (d.h. Marktanteile), indem die sich gegenseitig im Wirt-

7*

schaftserfolg beeinflussenden Anbieter oder Nachfrager ihren Tauschpartnern günstige Geschäftsbedingungen einräumen. Nichts liegt für die Wettbewerber näher, als diese gegenseitige Entmachtung im Wettbewerb zu verhindern und Macht entweder durch Zusammenarbeit oder durch das Bemühen um individuelle Beherrschung des Marktes zu gewinnen. Ohne wettbewerbspolitische Gegenmaßnahmen würde ein sich selbst überlassener Wettbewerb deshalb bald an Beschränkungen ersticken.

Ziele der Wirtschaftspolitik in entwickelten Marktwirtschaften	Beispiele für zugehörige Gesetze in der BR Deutschland
I. Basisziele (Selbststeuerungseffizienz)	
1. Wettbewerbsschutz und -förderung	Gesetz gegen Wettbewerbsbeschränkungen
2. Staatliche Versorgung mit öffentlichen Gütern	Jahres-Haushaltsgesetze
3. Umweltschutz	Bundesimmissionsschutzgesetz; Wasserhaushaltsgesetz
II. Verteilungskorrekturen der Selbststeuerung	
1. Einkommens- und Vermögensumverteilung	Steuergesetze; Bundessozialhilfegesetz; Vermögensbildungsgesetz
2. Förderung bestimmter Wirtschaftszweige oder Gebiete im Inland	Agrarmarktordnungen; Bundesraumordnungsgesetz
3. Wohlstandsangleichung für Entwicklungsländer	ERP-Entwicklungshilfegesetze; Präferenzzollgesetze
III. Gesamtwirtschaftliche Stabilität und Wirtschaftswachstum	
1. Vollbeschäftigung	Stabilitäts-
2. Preisniveaustabilität	und
3. Wirtschaftswachstum	Wachstumsgesetz
4. Außenwirtschaftliches Gleichgewicht	
Nachrangig gelegentlich verfolgte Ziele wie	
– Veränderung der privaten Konsumstruktur	Verbot der Fernseh- und Rundfunkwerbung für Tabakerzeugnisse
– Veränderung der Bevölkerungsgröße oder -struktur	Anwerbestopp für Gastarbeiter

Abb. 45: Überblick über konkret angestrebte Ziele in Marktwirtschaften wie in der BR Deutschland

Schon Adam Smith stellt 1776 fest:[10] „Geschäftsleute des gleichen Gewerbes kommen selten, selbst zu Festen und zur Zerstreuung, zusammen, ohne daß das Gespräch in einer Verschwörung gegen die Öffentlichkeit endet oder irgendein Plan ausgeheckt wird, wie man die Preise erhöhen kann."

Um grob zu charakterisieren, ob zwischen den Anbietern eines Marktes Wettbewerb vorliegt oder nicht und wenn ja, welcher Art er ist, werden als übliche Kategorien unterschieden: (a) Monopol, (b) Polypol, (c) Oligopol. (Analog spricht man in bezug auf die Nachfrager von Monopson, Polypson und Oligopson).

(a) Beim **Monopol** (monos = allein; polein = verkaufen) gibt es nur einen einzigen Anbieter. Damit scheint Wettbewerb für ihn ex definitione ausgeschlossen. Er kann sein Marktangebot so gestalten, daß er einen (maximalen) Monopolgewinn macht. Die Nachfrager haben nur die Möglichkeit, die gesetzten Bedingungen zu akzeptieren oder auf derartige Geschäfte zu verzichten.

Praktisch ist ein wirklich „wettbewerbsfreier" Raum des Monopolisten allerdings aus zwei Gründen fraglich: *Erstens* stellt sich die **Abgrenzung des relevanten Marktes** als Problem dar, weil letztlich jeder Anbieter mit jedem anderen um den Geldbeutel des Endverbrauchers konkurriert. Angesichts dieser totalen Konkurrenz aller Konsumgüter um die Kaufkraft der Konsumenten handelt es sich bei den Konsumgütern im Grunde um eine Kette von Substituten, wobei die Substitutionsmöglichkeiten zwischen den Gütern unterschiedlich hoch sind. Sie werden z. B. zwischen zwei Biersorten in der Regel größer sein als zwischen Bier und Limonade oder gar Bier und Schuhen. Bei der Abgrenzung eines relevanten Marktes ergibt sich dann jeweils die Schwierigkeit, diese Kette von Substituten gedanklich möglichst so zu durchschneiden, daß die Substitutionsmöglichkeiten und damit die Konkurrenzbeziehungen innerhalb des Marktes wesentlich größer sind als die abgeschnittenen Beziehungen nach außen. Ist man in bezug auf vernachlässigte Konkurrenzbeziehungen nicht zimperlich und grenzt den Markt sehr eng ab, wird man im Vergleich zu weit gezogenen Marktgrenzen mehr Monopole registrieren können. Die tatsächliche Wettbewerbssituation der betreffenden Anbieter in der Wirklichkeit bleibt davon indessen gänzlich unberührt.

Zweitens kann selbst ein Monopolist bei für neue Anbieter leichtem Marktzugang einer erheblichen **potentiellen Konkurrenz** ausgesetzt sein. Auch potentielle Konkurrenz ist Wettbewerb und kann einen „Alleinanbieter" im Prinzip genauso entmachten wie ein Wettbewerbsdruck, der von bereits auf dem Markt anbietenden Unternehmen ausgeübt wird. Entscheidend für die Stärke der potentiellen Konkurrenz ist dabei die jeweilige Höhe der Marktzugangsschranken, und das ist immer eine Sache des

---

[10] A. SMITH, An Inquiry into the Nature and Causes of the Wealth of Nations, London 1776; deutsche Übersetzung: Der Wohlstand der Nationen, München 1974, S. 112.

Grades, so daß auch das Monopol letztlich nur graduell verstanden werden kann.

Das Monopol ist also nur im theoretischen Extremfall die Negation von Wettbewerb, während sein wettbewerbsfreier Raum praktisch stets begrenzt ist.

(b) Beim **Polypol** (polloi = viele) beliefern so viele Anbieter mit jeweils relativ kleinem Marktanteil den Markt, daß die Auswirkungen der Entscheidungen einzelner Wirtschafter für die anderen so wenig merkbar sind, daß sie nicht darauf reagieren.

Dieser Tatbestand ist eine der oben den Modellen der Preisbildung *zur Erläuterung der marktwirtschaftlichen Selbststeuerung* zugrunde gelegten Voraussetzungen. Wie gezeigt, passen sich die einzelnen Anbieter dabei den jeweiligen Marktdaten an, wie sie sich typischerweise durch das anonyme Zusammenspiel von Gesamtangebot und Gesamtnachfrage ergeben. Der einzelne Wettbewerber ist dann so sehr einer unter vielen (man spricht hier auch von ,,*atomistischem Wettbewerb*''), daß ihm die Wettbewerbsbeziehungen meist gar nicht bewußt sind. Vielmehr arbeiten die Anbieter eher nebeneinander als Kollegen, als daß sie sich gegenseitig als Rivalen empfinden.

(c) Beim **Oligopol** (oligoi = wenige) ist das anders. Diesen in der Wirklichkeit häufigsten Fall kennzeichnet das, was man gemeinhin mit einer Wettbewerbssituation auf einem Markt assoziiert: Hier verteilen sich die Auswirkungen der wirtschaftlichen Handlungen jedes Anbieters auf nur wenige Konkurrenten und beeinflussen deshalb deren Marktsituation so merklich, daß ein Anbieter bei jeder eigenen Aktion mit Reaktionen seiner Wettbewerber rechnet.

Solange diese für das Oligopol typische Aktions-Reaktionsverbundenheit auf Rivalität beruht, liegt Wettbewerb – und zwar ein sehr ausgeprägter – vor *(kompetitives Oligopol).* – In ,,reifen Oligopolen'' entwickelt sich zwischen den wenigen, relativ großen Anbietern allerdings oft eine Gruppensolidarität, die an die Stelle von rivalisierenden Entscheidungen ein weitgehend konzertiertes Verhalten treten läßt. Dazu bedarf es nicht einmal unbedingt besonderer Kontakte oder gar formaler Absprachen. In der Regel genügt vielmehr bereits die durch die laufende Markterfahrung gesicherte Kenntnis der bestehenden Aktions-Reaktions-Verbundenheit, um sich spontan zur Verfolgung gemeinsamer Interessen zu solidarisieren. Damit ist aus dem kompetitiven – auch ,,weites'' Oligopol genannt – ein *nichtkompetitives Oligopol* geworden.

Das nichtkompetitive Oligopol ist aufgrund der spontanen Gruppendisziplin eine besondere Form des Kollektivmonopols, da alle Anbieter des Marktes ,,nach außen'' als Einheit auftreten.

Beim Oligopol, das systematisch zwischen dem Polypol (viele Anbieter) und dem Monopol (ein Anbieter) einzuordnen ist, finden sich also sowohl sehr ausgeprägte Wettbewerbsbeziehungen als auch massive Tendenzen zu

Beschränkungen des Wettbewerbs. Das ist nicht zufällig so, sondern dahinter steht der generelle Ursache-Wirkungs-Bezug, daß der Wunsch der Marktteilnehmer, die Konkurrenz zu beschränken, in der Regel desto größer ist, je stärker der Wettbewerb empfunden wird.

b) Politik gegen Wettbewerbsbeschränkungen

Wettbewerbspolitisch stellt sich die Aufgabe, solche von den Marktteilnehmern ausgehenden Beschränkungen des Wettbewerbs zu verhindern. Gehen wir von einer ursprünglichen Wettbewerbssituation aus, so lassen sich zwei Richtungen bei den Wettbewerbsbeschränkungen unterscheiden:

– *Tendenzen zum Kollektivmonopol*, wenn eine Gruppe von Anbietern (oder analog von Nachfragern) im Außenverhältnis zunehmend als solidarische Einheit am Markt agieren, um gemeinsame Interessen durchzusetzen, jedoch die einzelnen Wirtschaftseinheiten im Innenverhältnis prinzipiell unabhängig bleiben und eigene Interessen verfolgen.
– *Tendenzen zum Individualmonopol*, wenn einzelne Marktteilnehmer das Angebot (oder analog die Nachfrage) zu beherrschen versuchen.

In beiden Fällen sind es dabei wiederum drei Arten von Mitteln, die zu Wettbewerbsbeschränkungen führen. Da sie die Ansatzpunkte für wettbewerbspolitische Gegenmaßnahmen liefern, sind sie besonders wichtig. Abb. 46 gibt eine Übersicht über diese Gruppen von Mitteln, deren sich die Marktteilnehmer wettbewerbsbeschränkend bedienen können, sowie die in der Bundesrepublik Deutschland aufgrund des ,,Gesetzes gegen Wettbewerbsbeschränkungen'' (GWB) dagegen vorgesehenen Maßnahmen. Darauf soll jetzt in der Reihenfolge der Übersicht eingegangen werden.

(a) Vertragliche Absprachen

Durch sie können die Marktteilnehmer den Spielraum für Wettbewerbsaktionen auch bei heterogenen und vielen Beteiligten wirkungsvoll einschränken. Zugleich eröffnen sich dann besondere Chancen für wettbewerbspolitische Gegenmaßnahmen. Ist nämlich ein Vertrag notwendig, um die wettbewerbsbeschränkende Kooperation herbeizuführen, besteht Aussicht, durch einen Zugriff auf die vertragliche Absprache auch die Wettbewerbsbeschränkung abzustellen.

Im einzelnen kann man zwischen *horizontalen* und *vertikalen Absprachen* unterscheiden, je nachdem, ob die Partner derselben Produktionsstufe oder verschiedenen aufeinanderfolgenden Produktionsstufen angehören. Bei den horizontalen Vertragsabmachungen geht es in erster Linie um Kartelle, während bei den vertikalen Absprachen besonders die ,,Preisbindung der zweiten Hand'' sowie Kopplungverträge, Ausschließlichkeits- und Vertriebsbindungen eine Rolle spielen.

Richtung der Wettbewerbsbeschränkung	Mittel der Wettbewerbsbeschränkung	Gegenmaßnahmen nach dem „Gesetz gegen Wettbewerbsbeschränkungen"
Tendenz zum Kollektivmonopol	(a) Vertragliche Absprachen	horizontal: bes. Kartellverbot (§ 1) vertikal: bes. Verbot von Preisbindungen, Ausschließlichkeitsverträgen u.a. (§§ 15, 18, 20 f.)
	(b) „Abgestimmte Verhaltensweisen"	Verbot seit 1973 (§ 25 I)
	(c) Spontan-solidarisches Parallelverhalten	marktergebniskontrollierende „Mißbrauchsaufsicht über marktbeherrschende Unternehmen" (§ 22 II-V) – nicht ursachenadäquat –
Tendenz zum Individualmonopol	(d) Fusionen	Kontrolle seit 1973 (§ 24)
	(e) Behinderungs- und Verdrängungspraktiken	Diskriminierungs- und Boykottverbot (§§ 26, 37a); „Mißbrauchsaufsicht über marktbeherrschende Unternehmen" (§ 22)
	(f) „Monopolisierung" durch überlegene Marktleistung	marktergebniskontrollierende „Mißbrauchsaufsicht über marktbeherrschende Unternehmen" (§ 22) – nicht ursachenadäquat –

Abb. 46: Arten von Wettbewerbsbeschränkungen und zugehörige wettbewerbspolitische Gegenmaßnahmen

Kartelle sind die älteste und schon im Altertum bekämpfte Form der Wettbewerbsbeschränkungen. Typische Beispiele sind Absprachen der Unternehmen über den Preis, den sie in Zukunft nehmen wollen *(Preiskartell)*, über die Menge, die jedes Unternehmen fortan nur noch anbieten darf *(Quotenkartell)* sowie über das Absatzgebiet, das jedem von ihnen reserviert werden soll *(Gebietskartell)*. Letztlich kommt jeder Aktionsparameter als Gegenstand einer Absprache in Frage.

Allgemein sind Kartelle Verträge zwischen selbständigen Konkurrenzunternehmen, die mit dem Zweck geschlossen werden, den Wettbewerb auf dem Markt durch Bindung eines oder mehrerer Aktionsparameter zu beschränken.

In der BR Deutschland sind Kartelle **im Prinzip verboten** (§ 1 GWB), wobei Unternehmen, die einen Kartellvertrag befolgen, mit Geldbußen bis zur dreifachen Höhe des durch die Zuwiderhandlung erzielten Mehrerlöses belangt werden können.

So verurteilte z. B. im Jahr 1972 das Berliner Kammergericht zwei deutsche Linoleumhersteller wegen illegaler Preis- und Quotenabsprachen zu 1,09 Millionen Mark Bußgeld; das Bundeskartellamt hatte 5,28 Millionen Mark verlangt. 1974 legte das Bundeskartellamt sieben Dortmunder Brauereien wegen Preisabsprachen insgesamt 7,02 Millionen Mark Bußgeld auf. 1974 zahlten neun deutsche Hersteller von Chemiefasern ein Ablaßgeld von 12 Millionen Mark an die Bundeskasse, damit der Staatsanwalt beim Kammergericht Berlin eine Klage wegen verschiedener Absprachen zurücknahm; das Kartellamt hatte ein Bußgeld von 48,4 Millionen Mark gefordert. 1975 wurden acht Brauereien im Raum Essen/Bochum wegen Preisabsprachen zu 1,07 Millionen Mark Bußgeld rechtskräftig verurteilt.

Tatsächlich wird die Bedeutung des deutschen Kartellverbots allerdings durch einen ganzen Katalog von **Ausnahmemöglichkeiten** relativiert (§§ 2–8 GWB).

Danach können Kartelle

– teils nach bloßer *Anmeldung wirksam* werden: Normen- und Typisierungskartelle (§ 5 I GWB), Angebots- und Kalkulationsschematakartelle (§ 5 IV GWB), reine Exportkartelle (§ 6 I GWB);
– teils *wirksam werden, wenn kein Widerspruch* der Kartellbehörde innerhalb einer Dreimonatsfrist erfolgt: Konditionenkartelle (§ 2 GWB), Rabattkartelle (§ 3 GWB), Spezialisierungskartelle (§ 5a GWB), mittelständische Kooperationskartelle (§ 5b GWB);
– teils zur Wirksamkeit einer *ausdrücklichen Erlaubnis der Kartellbehörde* bedürfen: Strukturkrisenkartelle (§ 4 GWB), höherstufige Rationalisierungskartelle einschließlich Syndikaten (§ 5 II, III GWB), Exportkartelle mit Inlandsregelungen (§ 6 II GWB), Importkartelle (§ 7 GWB);
– schließlich ist dem *Bundesminister für Wirtschaft eine umfassende Erlaubnismöglichkeit* eingeräumt, ,,wenn ausnahmsweise die Beschränkung des Wettbewerbs aus überwiegenden Gründen der Gesamtwirtschaft und des Gemeinwohls notwendig ist'': Generalklausel (§ 8 I GWB), Konjunkturkrisenkartelle (§ 8 II GWB).

Die **Preisbindung der zweiten Hand** mag als wichtigstes Beispiel für vertikale Vertragsabschlüsse stehen, die den Tauschpartnern Bindungen hinsichtlich der im weiteren Verlauf abzuschließenden Zweit- oder Folgeverträge auferlegen:
Bei der Preisbindung der zweiten Hand verpflichten in der Regel die Hersteller von Gütern die Händler durch Vertrag, beim Weiterverkauf der Güter bestimmte Wiederverkaufspreise einzuhalten.

Ohne differenziert die möglichen Vor- und Nachteile der vertikalen Preisbindung zu diskutieren, sei darauf hingewiesen, daß sie auf dem Wiederverkaufsmarkt für die gebundenen Händler genau dieselbe Wirkung wie ein Preiskartell der Händler hat. Darüber hinaus kann sie auch den Preiswettbewerb der bindenden Hersteller beschränken.

Seit 1973 (Inkrafttreten der zweiten Novelle zum GWB) ist in der BR Deutschland die vertikale Preisbindung – außer für Verlagserzeugnisse (§ 16 GWB) – **nicht mehr zulässig.** Vielmehr fällt sie unter das allgemeine Verbot, daß in vertikalen Austauschverträgen keine Vorschriften vereinbart werden dürfen, die Bindungen hinsichtlich der Preise oder der sonstigen Geschäftsbedingungen für sog. Zweitverträge beinhalten (§ 15 GWB).

Demgegenüber erlaubt bleiben **vertikale ,,unverbindliche Preisempfehlungen'',** mit denen der Hersteller von Markenartikeln meist ihre Artikel durch Aufdruck versehen. Allerdings üben die Kartellbehörden darüber eine *Mißbrauchsaufsicht* aus, wobei besonders *gegen sog. Mondpreisempfehlungen* eingeschritten wird, wenn der vertikal empfohlene Preis kaum noch von Einzelhändlern berechnet wird, er vielmehr ,,in einer Mehrzahl von Fällen die tatsächlich geforderten Preise erheblich übersteigt'' oder derartige Mondpreisempfehlungen geeignet sind, ,,den Verbraucher über den von der Mehrheit der Empfehlungsempfänger geforderten Preis zu täuschen''.

Daß auch vertikal vereinbarte **Ausschließlichkeitsbindungen,** die zum exklusiven Geschäftsverkehr verpflichten – wie es sie z. B. beim Bierbezug durch Gaststätten oder bei Tankstellen sowie bei Kraftfahrzeugersatzteilen und -pflegemitteln gibt –, als Wettbewerbsbeschränkung wirken können, liegt auf der Hand. Unter den gleichen Voraussetzungen wie bei *Vertriebsbindungen* (die Abnehmern bestimmte Kunden oder Absatzgebiete vorschreiben) sowie bei *Koppelungsverträgen* (die den Abschluß eines Geschäfts an den Abschluß eines anderen binden) und bei sog. *Verwendungsbeschränkungen* (die dem Abnehmer nur einzelne Benutzungsarten des erworbenen Produkts gestatten) können sie von den Kartellbehörden **im Einzelfall untersagt** werden (§ 18 – und speziell für Lizenzverträge: § 20f. GWB).

(b) ,,Abgestimmte Verhaltensweisen''

Bei **abgestimmten Verhaltensweisen** erfolgt die Wettbewerbsbeschränkung nicht aufgrund eines Vertrages, sondern lediglich durch formlose Informationskontakte, wie z. B. brancheninterne Telefonate oder Tagungen. Man spricht deshalb auch von *gentlemen-agreements* oder *Frühstückskartellen.*

Zu ,,Berühmtheit'' ist der Teerfarben-Fall gekommen, der die deutschen und europäischen Verfolgungsbehörden über Jahre beschäftigt hat: Die bedeutenden europäischen Farbstoffhersteller treffen sich seit Jahren in unregelmäßigen Abständen und mit wechselnder Beteiligung zu einem allgemeinen Erfahrungsaustausch. Eine solche Besprechung fand am 18. 8. 1967 bei der Firma Sandoz in Basel statt. Nachdem zunächst verschiedene Punkte allgemeinen Interesses erörtert worden waren, erklärte der Vertreter von Geigy, seine Gesellschaft werde die Preise für Teerfarben zum 16. Okt. 1967 um 8 v. H. erhöhen. Anschließend erklärte ein Mitarbeiter von Bayer, daß seinem Unternehmen die Erlös- und Kostenentwicklung im Farbstoffgeschäft schon seit langem Sorge bereite und daß ständig Überlegungen wegen einer Preiserhöhung angestellt würden. Eine ähnliche Stellungnahme gab der Vertreter der Francolor ab. In den folgenden Wochen erhöhten die betroffenen Unternehmen durch zeitlich nacheinander liegende Beschlüsse und Ankündigungen ihre Preise für Teerfarbstoffe gleichförmig zum 16. Oktober um 8 v. H. – Auf welche Beweisschwierigkeiten die Verfolgung aufeinander abgestimmter Verhaltensweisen stößt, hat das Verfahren gegen drei deutsche Großbanken im Jahr 1979 gezeigt. Obwohl die Deutsche Bank, Dresdner Bank und Commerzbank zunächst ihre Sollzinsen am gleichen Tag um denselben Prozentsatz erhöhten und dann wiederum einheitlich die Habenzinsen 14 Tage später heraufsetzten, mußte das Bundeskartellamt das Verfahren einstellen.

„Aufeinander abgestimmtes Verhalten" ist nach dem GWB **seit 1973 verboten** (§ 25 I GWB). Allerdings betrifft das Verbot nicht unmittelbar das Marktverhalten selbst, sondern nur die außerhalb der Marktaktivität stattfindenden, formlosen Kontakte. Lediglich, wenn diese die maßgebliche Ursache kollektivmonopolistischer Wettbewerbsbeschränkung sind, läßt sich damit wettbewerbspolitisch etwas erreichen.

Das dürfte allerdings selten der Fall sein; denn solche lockeren Kooperationsformen wählen die Marktteilnehmer erst, wenn sie festere Formen zur wettbewerbsbeschränkenden Verhaltensabstimmung gar nicht mehr gebrauchen. In der Regel handelt es sich deshalb um Märkte, deren sonstige marktstrukturelle Bedingungen bereits ein nichtkompetitives Oligopol herbeigeführt haben. Dann gehören sie wettbewerbspolitisch allerdings schon in die als nächste zu besprechende Kategorie von Wettbewerbsbeschränkungen.

(c) Spontan-solidarisches Parallelverhalten

Dazu kommt es *auf „reifen" Oligopolmärkten* (vgl. oben) allein aus der Einsicht in die wechselseitige Abhängigkeit, wobei es sich gelegentlich auch um eine vom mächtigsten Unternehmen „erzwungene" Einsicht handeln kann (*„dominante" Führerschaft, bes. Preisführerschaft*). Auf jeden Fall bedarf es zum Ausschluß des Wettbewerbs zwischen den Unternehmen keines Vertrages und auch keines formlosen Kontakts.

Damit entfällt allerdings die Möglichkeit des Zugriffs auf eine besondere Verhaltensweise, die Mittel und Ursache der Wettbewerbsbeschränkung ist. Das Parallelverhalten der Unternehmen direkt zu untersagen, wäre töricht; denn Oligopolisten kann man nicht gut zwingen, sich selbst zu schaden und weniger Intelligenz zu zeigen, als sie besitzen.

Typisch für das nichtkompetitive Parallelverhalten ist, daß es sich meist zunächst auf den Preis der Güter bezieht, während sich bei den anderen Aktionsparametern wie Produktverbesserungen, Werbung, Service und dergleichen dann gelegentlich vorübergehend ein besonders lebhafter Wettbewerb zeigt. Es entwickelt sich ein Prozeß:

Sobald den Oligopolisten bewußt wird, daß sie durch Preiskonkurrenz eine Verschiebung der Marktanteile nicht mehr erreichen können, sondern nur eine Verschlechterung der Gewinnposition aller Akteure herbeiführen, werden sie auf Preiskonkurrenz verzichten und auf die zunächst weniger transparenten Aktionsparameter ausweichen. Der die Konkurrenz am stärksten prägende Aktionsparameter wird dann jeweils als nächstes in seiner wettbewerblichen Wirkungsweise durchschaut und fortschreitend in das spontan-solidarische Parallelverhalten einbezogen – eventuell bis alle Aktionsparameter davon erfaßt sind.

Wettbewerbspolitische **Gegenmaßnahmen werden ursachenadäquat** bei solchen kollektivmonopolistischen Tendenzen **bisher nicht ergriffen.** Vielmehr kommt für nichtkompetitive Oligopole in der BR Deutschland nur die ,,nachträgliche" **Mißbrauchsaufsicht über marktbeherrschende Unternehmen in Einzelfällen** in Betracht (§ 22 II GWB). An den Wettbewerbsbeschränkungen selbst ändert sie grundsätzlich nichts, sondern sie zielt schon vom Ansatz her lediglich auf die Neutralisierung von negativen Folgen einzelner Marktergebnisse, besonders bei Preisen.

Es wird vermutet, daß innerhalb einer Gruppe von Unternehmen ,,aus tatsächlichen Gründen ein wesentlicher Wettbewerb nicht besteht", wenn die drei größten Unternehmen auf einem Markt einen Marktanteil von zusammen mindestens 50 v. H. haben oder die fünf größten Unternehmen zusammen einen Marktanteil von zwei Drittel haben – es sei denn, einzelne Unternehmen haben Umsätze von weniger als 100 Mio DM (§ 22 III GWB).

Praktisch stellt die Durchführung der Mißbrauchsaufsicht die Verfolgungsbehörden vor so schwierige Aufgaben, daß damit bis heute nur in ganz wenigen Ausnahmefällen operiert wird. Dazu gehören die bekannten Verfahren gegen die internationalen Mineralölkonzerne wegen ihrer Preiserhöhungen während der verschiedenen Nahostkrisen. Nicht nur, daß der Nachweis einer ,,Marktbeherrschung" wegen der oben beim Monopol erläuterten prinzipiellen Unschärfe der Marktgrenzen erhebliche Probleme aufwirft und die scheinbar so exakten Marktanteilskriterien ad absurdum führt, sondern mehr noch entzieht sich das Erfordernis eines ,,Mißbrauchs" der Konkretisierung. Außer den Beweisschwierigkeiten in der Praxis handelt es sich dabei um grundsätzliche Fragen. Da sie in gleicher Weise bei der noch zu behandelnden Kontrolle individualmonopolistischer Positionen auftauchen, sollen sie dort mitbesprochen werden.

(d) Fusionen

Durch Fusionen schließen sich die beteiligten Unternehmen unter Aufgabe wirtschaftlicher Selbständigkeit zu einer einzigen Wirtschaftseinheit zusammen. Wichtigstes Beispiel ist der Zusammenschluß mehrerer Unternehmen zu einem neuen Konzern.

Wie der Wettbewerb davon betroffen werden kann, wird besonders deutlich im Extremfall des horizontalen Zusammenschlusses aller Konkurrenten eines Marktes zu einem Monopol, das dann ein Individualmonopol ist. Tendenziell können derartige Wettbewerbsbeschränkungen auch von weniger umfassenden Zusammenschlüssen zwischen Unternehmen der gleichen Produktionsstufe *(horizontale Fusionen)* oder zwischen Unternehmen vor- und nachgelagerter Produktionsstufen *(vertikale Fusionen)* sowie in anderen Fällen *(diagonale oder konglomerate Fusionen)* auftreten. Unstreitig verlagert sich in letzter Zeit das Schwergewicht der Wettbewerbsbeschränkungen im In- und Ausland – sicherlich auch als Folge der Kartellverbote – immer mehr von den Kartellen zu den Unternehmenszusammenschlüssen.

Als Reaktion darauf ist in der BR Deutschland im Jahr 1973 eine **Fusionskontrolle** eingeführt worden (§ 24 GWB).[11] Im Grundsatz kann danach die Kartellbehörde Fusionen nach dem Kriterium verbieten, ob zu erwarten ist, daß sie eine ,,marktbeherrschende Stellung'' herbeiführen oder verstärken. Vermutungstatbestände für Marktbeherrschung sind eigens für Fusionen durch die GWB-Novelle von 1980 eingeführt worden. Bis zur Grenze der Marktbeherrschung sind Fusionen also uneingeschränkt erlaubt – was die Fusionskontrolle in ihrer Bedeutung für die Verhinderung von Wettbewerbsbeschränkungen bereits herabsetzt. Außerdem gibt es weitere Einengungen des Geltungsbereiches, so daß – ungeachtet der bisher geringen Erfahrungen mit der neuen Regelung – zu bezweifeln ist, ob sie das Ziel, möglichst alle wettbewerbsbeschränkenden Fusionen zu verhindern, wirklich erreicht.

Abgesehen von ,,*Toleranzklauseln*'', die gesamtwirtschaftlich unbedeutende Fusionsfälle vom Fusionsverbot ausnehmen, hat die Kartellbehörde als allgemeinen Ausnahmetatbestand zu beachten, ob die Unternehmen nachweisen können, daß durch den Zusammenschluß auch Verbesserungen der Wettbewerbsbedingungen eintreten, die die Nachteile der Marktbeherrschung überwiegen *(Abwägungsklausel)*. Selbst wenn ein solcher Nachweis nicht gelingt, kann immer noch – analog der Generalklausel für Ausnahmen vom Kartellverbot – der Bundesminister für Wirtschaft auf Antrag die Erlaubnis zu dem Zusammenschluß erteilen, ,,wenn im Einzelfall die Wettbewerbsbeschränkung von gesamtwirtschaftlichen Vorteilen des Zusammenschlusses durch ein überwiegendes Interesse der Allgemeinheit gerechtfertigt ist'' *(Ministerklausel)*. Bei den wenigen vom Bundeskartellamt bisher verbotenen Fusionen hat der Minister von diesem Erlaubnisrecht bei dem Zusammenschluß ,,Veba/Gelsenberg'' aus energiepolitischen Gründen auch Gebrauch gemacht. Demgegenüber rechtskräftig abgelehnt ist z.B. ein Zusammenschlußvorhaben im Aluminiumbereich (KAPAL). Besondere Publizität besitzt der vom Bundeskartellamt untersagte Verkauf von 75 v.H. der Fichtel & Sachs AG an den britischen Konzern GKN.

(e) Behinderungs- und Verdrängungspraktiken

Daß derartige Verhaltensweisen von Marktteilnehmern, die aktuelle oder potentielle Konkurrenten an innovatorischen oder imitatorischen Wettbe-

---

[11] Für Pressefusionen gilt eine Spezialregel seit der dritten Novelle zum GWB von 1976. Praktisch unterliegen danach alle deutschen Zeitungsverlage der Fusionskontrolle durch das Bundeskartellamt, da nur Verlage mit einem Jahresumsatz von unter 25 Mio DM davon ausgenommen sind.

werbsaktionen hindern, einen Markt tendenziell individualmonopolistisch verändern, ist offensichtlich. Wettbewerbspolitisch sind sie deshalb zu verbieten.

Das Problem liegt allerdings darin, daß es in der Praxis außerordentlich schwierig ist, diese verwerflichen Praktiken von dem erwünschten Wettbewerbsverhalten dynamischer Unternehmer zu unterscheiden. Selbst bei dem klassischen Beispiel von Kampfpreisunterbietungen zur Verdrängung von Wettbewerbern (,,cut-throat competition"), die durch Gewinne aus anderen schon monopolisierten Märkten finanziert werden, wird es im Einzelfall für die Aufsichtsbehörden schwer sein, zu beurteilen, wann der erwünschte, harte Wettbewerb endet und der zu unterbindende ,,ruinöse Wettbewerb" beginnt. Normalerweise wenden die Unternehmen dabei ihre Behinderungs- und Verdrängungspraktiken möglichst wenig offensichtlich an, und nicht selten offenbart sich die Wettbewerbsbeschränkung erst in der Summierung von im einzelnen harmlos erscheinenden Aktionen.

Letztlich gibt es hier keine Liste mit Verhaltensweisen, die in jedem Fall schädlich sind. Charakteristisch ist vielmehr, daß eine Behinderungs- oder Verdrängungsstrategie immer nur von einem Unternehmen verfolgt werden kann, das bereits einen erheblichen Grad an Marktmacht hat. Insofern erscheint es folgerichtig, wenn die Verbotstatbestände des GWB – außer beim **Boykottaufruf** (d. h. dem Aufruf, Geschäftsbeziehungen zu Dritten abzubrechen) – zumindest marktstarke Unternehmen voraussetzen. Das spezielle **Diskriminierungsverbot** (§ 26 II GWB) ist seit 1973 auch auf solche Unternehmen ausgedehnt, von denen andere derart abhängen, daß sie keine (objektiv) ausreichenden und (subjektiv) zumutbaren Möglichkeiten haben, auszuweichen. Seit dem Jahr 1980 können auch diskriminierende Verhaltensweisen von auf dem Markt führenden Unternehmen untersagt werden, wenn sie geeignet sind, den Wettbewerb nachhaltig zu beeinträchtigen (§ 37 a Abs. 3 GWB).

> Praktisch geht es z. B. darum, daß viele Groß- und Einzelhändler in ihrem Sortiment auf bestimmte berühmte Markenartikel angewiesen sind sowie – gewissermaßen umgekehrt – daß zahlreiche kleine Lieferanten von den großen Handelsunternehmen und ferner kleine Zulieferer von großen Industrieunternehmen, z. B. den Automobilherstellern, als Abnehmer abhängen. Vielbeachtet worden ist auch das Ausgeliefertsein der sog. freien Tankstellen gegenüber den Mineralölkonzernen während der verschiedenen Ölkrisen. Außerdem ist für den Einzelhandel die Gefahr zunehmender Konzentration durch Verdrängung kleiner Wettbewerber, wenn z. B. große Konkurrenten Artikel unter dem Einkaufspreis verkaufen, als Problem erkannt worden.

Die Diskriminierung selbst besteht dann – sofern eine differenzierende Behandlung nicht sachlich gerechtfertigt ist – entweder in einem völligen Ausschluß mancher Unternehmen von den Geschäftsbeziehungen (d. h. in *Liefer- oder Bezugssperren*) oder in Vertragsabschlüssen zu ungünstigeren Bedingungen, als sie Konkurrenten gewährt werden (d. h. in *Preisdiskriminierungen im weitesten Sinn*). Als Folge – und eventuelles Ziel der Diskriminierung – können Wettbewerber verdrängt werden (horizontale Wirkung), z. B. bei kampf-(preis-)strategisch eingesetzten Treuerabatten oder bei Nichtbelieferung von

„freien" Tankstellen mit Benzin bei gleichzeitiger Weiterbelieferung der konzerneigenen Tankstellen. Außerdem werden regelmäßig die Abnehmer oder die Lieferanten des diskriminierenden Unternehmens in ihren Marktchancen auf einem nach- oder vorgelagerten Markt durch ungleiche Behandlung im Verhältnis zu ihren Konkurrenten benachteiligt (vertikale Wirkung). Seit der GWB-Novelle von 1980 dürfen marktbeherrschende Unternehmen ihre Marktstellung auch nicht dazu ausnutzen, von anderen Unternehmen Vorzugsbedingungen zu verlangen.

Für nicht durch das Diskriminierungsverbot erfaßte Behinderungs- und Verdrängungspraktiken verbleibt in der BR Deutschland die allgemeine **Mißbrauchsaufsicht über marktbeherrschende Unternehmen** (§ 22 GWB). Dabei ist ihre Krux, daß sie – weil sie Marktbeherrschung voraussetzt – zu spät einsetzt, um individualmonopolistischen Wettbewerbsbeschränkungen bereits im Keim begegnen zu können.

Ein Unternehmen ist marktbeherrschend, wenn es „ohne Wettbewerber ist" oder „keinem wesentlichen Wettbewerb ausgesetzt ist" oder „eine im Verhältnis zu seinen Wettbewerbern überragende Marktstellung hat; hierbei sind außer seinem Marktanteil insbesondere seine Finanzkraft, sein Zugang zu den Beschaffungs- oder Absatzmärkten, Verflechtungen mit anderen Unternehmen sowie rechtliche oder tatsächliche Schranken für den Marktzutritt anderer Unternehmen zu berücksichtigen" (§ 22 I GWB). Die Marktbeherrschung eines Unternehmens wird vermutet, wenn es einen Marktanteil von mindestens einem Drittel hat, es sei denn der Jahresumsatz liegt unter 250 Mio DM.

(f) „Monopolisierung" durch überlegene Marktleistung

Selbst wenn alle anderen wettbewerbsgefährdenden Wege verstopft werden, bleibt eine Monopolisierung durch überlegene Marktleistung immer noch möglich. Wettbewerbspolitisch ergibt sich daraus das Dilemma, daß sich die Unternehmen im Wettbewerb um die Konsumenten zwar einerseits möglichst überbieten sollen, andererseits jedoch das Unternehmen, das die Aufgabe im Interesse der Konsumenten regelmäßig am besten löst, es riskiert, zu einem „verruchten" Monopolisten zu werden. Unterwirft man individualmonopolistische Tendenzen, die Folge einer im Interesse der Konsumenten gelegenen andauernden Erhöhung der Leistungsfähigkeit sind, einer scharfen Kontrolle, besteht die Gefahr, daß gerade besonders potente Unternehmen erwünschte, aggressive Wettbewerbshandlungen unterlassen, um nicht in die Fänge der Verfolgungsbehörden zu geraten.

Zu bedenken ist dabei auch, daß nicht schon im Monopol an sich das wettbewerbspolitische Problem liegt, sondern dieses erst bei dessen Verstetigung und einer mangelnden wirtschaftlichen Herausforderung des Monopolisten durch potentielle Wettbewerber aufgrund hoher **Marktzutrittsschranken** auftritt. Sie kommen in der Preishöhe – und entsprechenden Gewinnen – zum Ausdruck, die der Monopolist gerade noch verwirklichen kann, ohne neue Anbieter anzulocken („limit-pricing"). In der Praxis spielen Marktzugangsschranken immer eine Rolle. Im einzelnen können sie dabei einer der folgenden vier Hauptkategorien zugeordnet werden:

- *institutionelle (rechtliche oder gesellschaftliche) Marktzugangshemmnisse* (z. B. der Numerus clausus für viele akademische Berufe oder das Erfordernis der Meisterprüfung für die Führung von Handwerksbetrieben),
- *Massenproduktionsvorteile* (weil z. b. eine Walzstahlstraße oder die Fließbandfertigung eine ,,optimale" Mindestbetriebsgröße voraussetzen),
- *absolute Kostenvorteile* (z. B. aufgrund von Beschaffungsvorteilen auf den Rohstoff-, Kapital- oder Arbeitsmärkten und bei patentrechtlich geschütztem Wissen) sowie
- *Kundenpräferenzvorteile* (wenn sich für ,,eingeführte Marken" durch Produktdifferenzierung, Werbung und die sonstigen Absatz- und Vertriebsmethoden schwer zu erschütternde ,,Meinungsmonopole" herausgebildet haben).

Die Herabsetzung solcher Marktzugangsschranken könnte ein zentraler Ansatzpunkt der Politik gegen Wettbewerbsbeschränkungen sein.[12]

In der BR Deutschland korrigiert man indessen grundsätzlich keine Wettbewerbsbeschränkungen, deren Eintreten nicht unmittelbar durch Verhaltensverbote verhindert werden kann. Vielmehr unterstehen nach § 22 GWB alle ,,marktbeherrschenden Unternehmen" – gleichgültig, wie sie zu ihrer Position gekommen sind – der **Mißbrauchsaufsicht als Marktergebniskontrolle der erbrachten Marktleistungen** (besonders der Preise, aber an sich auch der Qualitäten, des technischen Fortschritts usw.). Als Maßstab sollen dabei hypothetische Marktergebnisse, wie sie bei wesentlichem Wettbewerb eingetreten wären, dienen *(Als-ob-Wettbewerb-Kriterium)*. Letztlich können jedoch die Ergebnisse von Wettbewerbsprozessen nie richtig vorausgesagt werden, weil der Wettbewerb als Entdeckungsverfahren ein in seinem Ausgang typischerweise sehr offener Prozeß ist und deshalb die mit der Überwachung befaßten Beamten grundsätzlich nicht wissen können, was sich im und durch Wettbewerb erst herausbilden würde. Da die Mißbrauchsaufsicht noch eine Fülle weiterer Probleme aufwirft, ist es kaum verwunderlich, daß sie – trotz wiederholter, die Anwendung erleichternder Gesetzesanpassungen und ständiger behördlicher Aktivierungsbemühungen – bisher nur in ganz wenigen Fällen zum Zuge gekommen ist.

Praktisch ist die Überwachungsbehörde darauf angewiesen, daß sie dem vermachteten Markt einen konkreten Vergleichsmarkt, auf dem wesentlicher Wettbewerb herrscht,

---

[12] Angemerkt sei, daß auch **Marktaustrittsschranken** ein wettbewerbspolitisches Problem insofern aufwerfen, als sie im Falle von Überkapazitäten auf einem Markt zu ,,langfristig ruinösem Wettbewerb" mit übermäßig lange anhaltendem Preisverfall und schließlich oft unverhältnismäßig hoher Unternehmensterblichkeit führen können. Wirtschaftspolitisch ursachenadäquat sind dann Maßnahmen, die die Faktormobilität erhöhen und die Überkapazitäten beschleunigt abbauen helfen (z. B. Abwrack- und Stillegungsprämien, Umschulungs- und Umzugsbeihilfen sowie ein ganzes Sortiment von Mitteln der regionalen Strukturpolitik).

gegenüberstellen kann. So hat sich das Bundeskartellamt in den Benzinpreisfällen „Bundesautobahntankstellen, 1969/1972" auf einen Vergleich mit dem arithmetischen Mittel der Preise der jeweils benachbarten Straßentankstellen gestützt, und bei den spektakulären Verfahren wegen überhöhter Arzneimittelpreise ist im Fall „Hoffmann-La Roche" ein Vergleich mit Preisen in den Niederlanden und in Großbritannien sowie im Fall „Merck" ein Vergleich mit den niedrigeren Preisen auf dem Schweizer Arzneimittelmarkt, auf dem inländischen Krankenhausmarkt und bei deutschen Konkurrenzprodukten durchgeführt worden. Sehr problematisch ist es, den fiktiven Wettbewerbspreis von den Kosten der überwachten Unternehmen abzuleiten – sei es, daß man einem früheren Preis (Sockel) die als unvermeidlich anerkannten Kosten zuschlägt oder eine Gesamtkostenkalkulation vornimmt. Lassen sich doch die Kosten weder exakt erfassen noch den einzelnen Erzeugnissen (wegen immer vorhandener Gemeinkosten) auch nur logisch eindeutig zuordnen; außerdem kommt es auf das Zusammenspiel mit der Nachfrage an.

Der fatalste Aspekt der Mißbrauchsaufsicht ist indessen, daß sie, je wirksamer sie als generelle Marktergebniskontrolle über marktbeherrschende Unternehmen würde, desto stärker die potentielle Konkurrenz lähmen würde, indem sie den niedrig gehaltenen Preisen und Gewinnen die Attraktionswirkung nimmt. Damit entschwände noch mehr die Hoffnung, daß sich ein vermachteter Markt aus sich selbst heraus in einen wettbewerblichen zu verwandeln vermag, der besonderer wirtschaftspolitischer Beachtung nicht länger bedarf.

Wettbewerbspolitisch können also insgesamt weder die sporadischen, zufälligen und unpräzisen Marktergebniskontrollen im Rahmen der Mißbrauchsaufsicht befriedigen, noch ist die zuvor skizzierte, in der BR Deutschland – wie im Ausland – im Vordergrund stehende Politik der Bekämpfung einzelner wettbewerbsgefährdender Verträge und Praktiken (*präventive* oder *Ex-ante-Politik gegen Wettbewerbsbeschränkungen*) ausreichend, wenn die Vermachtung eines Marktes zu weit fortgeschritten ist. Als Ergänzung bedarf es hier einer konsequenten **Ex-post-Politik gegen Wettbewerbsbeschränkungen,** die vor der prinzipiellen Alternative steht:

– den wettbewerblichen Selbststeuerungsmechanismus durch *kurierende Struktureingriffe* wieder hinreichend in Kraft zu setzen (was entweder durch die Aktivierung potentieller Konkurrenz über die systematische Herabsetzung von Marktzutrittsschranken erfolgen kann oder eine Entflechtung der etablierten Unternehmen erfordert – wozu bisher offenkundig der Mut fehlt, nicht zuletzt auch, weil umstritten ist, inwieweit Großunternehmen eine größere Leistungsfähigkeit auf internationalen Märkten und hinsichtlich technologischen Fortschritts besitzen)
– oder einen besonderen *Nichtwettbewerbsbereich mit spezifisch angepaßter Überwachungsordnung* einzurichten. Teils erheblich verbesserungsbedürftig sind insoweit in der BR Deutschland die (Wirtschaftlichkeits-)Kontrollen in den als Ausnahmebereiche von Bestimmungen des GWB freigestellten Branchen: Verkehrswirtschaft, Land- und Forstwirtschaft, Kreditgewerbe und Bausparkassen, Versicherungswirtschaft, Versorgungsunternehmen der Elektrizitäts-, Gas- und Wasserwirtschaft.

Eine solche, die herkömmliche Wettbewerbspolitik erweiternde Mikroordnungspolitik wird bisher nicht systematisch betrieben; vielmehr beschränkt man sich bei Problemmärkten darauf, auf Krisen zu reagieren.

(g) Bezug zu europäischen Wettbewerbsregelungen und das Verbot unlauteren Wettbewerbs

Zur Politik gegen Wettbewerbsbeschränkungen sei abschließend angemerkt, daß heute für die deutsche Wettbewerbsordnung auch das europäische Wettbewerbsrecht maßgeblich ist. Der **EWG-Vertrag** enthält ein strenges Kartellverbot (Art. 85) und verbietet den Mißbrauch marktbeherrschender Stellungen (Art. 86). Dadurch sollen alle Beeinträchtigungen des Handels zwischen den Mitgliedstaaten der EWG unterbunden werden; GWB und EWG-Vertrag kommen nebeneinander zur Anwendung *(,,Zweischrankentheorie")* mit neuerdings erkennbarer Tendenz, dem EG-Recht Vorrang zu verschaffen. Für die **Montanindustrie** bestehen besondere Wettbewerbsbestimmungen (Art. 65 und Art. 66 EGKS-Vertrag).

Als Wettbewerbsgesetz gibt es in der BR Deutschland neben dem oben jeweils bezogenen GWB (von 1958) das **Gesetz gegen den unlauteren Wettbewerb** (UWG von 1909), das in seiner Generalklausel (§ 1) – und ergänzt durch eine Reihe von Sondertatbeständen – im geschäftlichen Verkehr alle Wettbewerbshandlungen verbietet, die gegen die guten Sitten verstoßen. Beim UWG geht es also um Regeln der elementaren Moral, die bei Wettbewerbshandlungen im Prinzip nicht anders zu ahnden sind als in den anderen Bereichen menschlichen Zusammenlebens (Verbot zu lügen, zu fälschen, arglistig zu täuschen usw.). Demgegenüber hat das GWB die Aufgabe, den Wettbewerb als zentralen Selbststeuerungsmechanismus des marktwirtschaftlichen Wirtschaftssystems vor Beschränkungen zu schützen.

3. Öffentliche Güterversorgung

a) Öffentliche Haushalte

Um die Bevölkerung mit öffentlichen Gütern zu versorgen, muß der Staat i. d. R. Ausgaben tätigen und sich dafür ausreichende Einnahmen verschaffen. Die Gegenüberstellung der Staatseinnahmen und -ausgaben erfolgt in **öffentlichen Haushalten** (Budgets, Etats). Jährlich werden die Haushaltspläne des Bundes sowie der meisten Länder (in einigen Bundesländern gibt es zweijährige Haushaltsperioden) als Gesetze und in den Gemeinden als Satzung festgestellt. Die verschiedenen Verwaltungseinheiten sind dann verpflichtet, nach den festgelegten Haushaltsansätzen zu wirtschaften.

Der sog. **Budgetkreislauf,** den jeder Haushaltsplan typischerweise durchläuft, umfaßt folgende Phasen:
(1) *Entwurf* durch die Exekutive,
(2) parlamentarische *Beratung und Feststellung,*

(3) verwaltungsmäßiger *Budgetvollzug,*

(4) *Budgetkontrolle.*

Dabei lassen sich administrative und politisch-parlamentarische Kontrolle unterscheiden. Die administrative Kontrolle umfaßt die sog. Rechnungsrevision durch die ausführenden Behörden selbst, ihr nachgelagert ist eine Kontrolle durch eigenständige – von der Legislative und Exekutive unabhängige – Rechnungsprüfungsbehörden (wie Bundesrechnungshof und Rechnungshöfe der Bundesländer). Erst wenn der Exekutive im Anschluß daran im Rahmen

Gesamthaushalt des Staates (Gebietskörperschaften u. Sozialversicherungen) in der BR Deutschland	Mrd. DM	Anteile in Prozent	
		der Gesamteinnahmen bzw. -ausgaben	des Bruttosozialprodukts
I. Einnahmen (ohne Kredite)	945,6	95,4	44,6
1. Steuern	512,4	51,7	24,2
davon am wichtigsten (bei über 50 Arten):			
– Einkommensteuer und Körperschaftsteuer	230,7	23,3	
– Umsatzsteuer	123,3	12,4	
– Gewerbesteuer	34,5	3,5	
– Mineralölsteuer	27,0	2,7	
2. Sozialbeiträge	366,3	37,0	17,3
3. Sonstige	66,8	6,7	3,1
II. Kreditaufnahme (Budgetdefizit als Finanzierungssaldo)	45,2	4,6	2,1
Gesamteinnahmen	990,8	100,0	46,7
III. Ausgaben			
1. Einkommens- und Vermögensübertragungen ohne Gegenleistung (Transferzahlungen)	469,9	47,4	22,2
davon Einkommenstransfers:	438,9	44,3	20,7
– an private Haushalte	349,4	35,3	16,5
– an Unternehmen und übrige Welt	89,5	9,0	4,2
2. Staatsverbrauch (Konsum)	411,5	41,6	19,4
3. Investitionen	49,6	5,0	2,3
4. Zinsen	59,8	6,0	2,8
Gesamtausgaben	990,8	100,0	46,7

Quelle: SACHVERSTÄNDIGENRAT ZUR BEGUTACHTUNG DER GESAMTWIRTSCHAFTLICHEN ENTWICKLUNG, Jahresgutachten 1989/90, Bundestagsdrucksache 11/5786, Bonn 1989, bes. S. 274f., 286.

Tab. 1: Gesamthaushalt des Staates in der BR Deutschland im Jahr 1988

der politisch-parlamentarischen Kontrolle von der Legislative Entlastung erteilt ist, gilt ein Haushaltsplan als abgeschlossen.

Zum Staat rechnen in der Abgrenzung der Volkswirtschaftlichen Gesamtrechnungen die öffentlichen Haushalte der *Gebietskörperschaften* (Bund, Länder, Gemeinden und Gemeindeverbände) sowie ergänzend die der *Sozialversicherungen* (Renten-, Unfall-, Kranken- und Arbeitslosenversicherung). Einen Überblick über das Volumen und die Struktur des Gesamthaushalts des Staates in der BR Deutschland gibt Tabelle 1.

b) Staatseinnahmen

Die öffentlichen Einnahmen ergeben sich zum größten Teil (über 80 v. H.) aus Steuern der Gebietskörperschaften und Sozialversicherungsbeiträgen. Wenn noch einige kleinere Posten wie die Einkünfte aus öffentlichen Erwerbsvermögen sowie Gebühren und Beiträge hinzugerechnet werden, erhält man

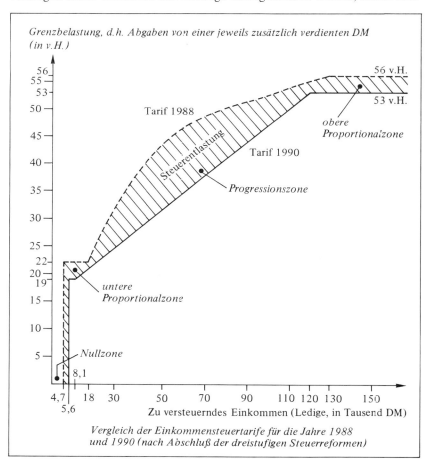

Grenzbelastung, d. h. Abgaben von einer jeweils zusätzlich verdienten DM (in v. H.)

Vergleich der Einkommensteuertarife für die Jahre 1988 und 1990 (nach Abschluß der dreistufigen Steuerreformen)

als Summe die laufenden Einnahmen. Sie lassen sich den einmaligen Einnahmen – insbesondere den öffentlichen Krediten zur Deckung des Budgetdefizits (Finanzierungssaldo des Haushaltsplanes) – gegenüberstellen.

Unser Steuersystem besteht zwar aus über 50 verschiedenen Steuerarten, jedoch erbringen die fünf – in Tab. 1 genannten – wichtigsten Steuern bereits mehr als vier Fünftel des gesamten Steueraufkommens. Mehr als zwei Fünftel entfällt allein auf die *Einkommensteuer*. Die *Lohnsteuer* ist dabei keine eigenständige Steuer, sondern nur eine besondere Erhebungsform der Einkommensteuer für ,,Einkünfte aus unselbständiger Arbeit'' (Abführung der Steuer durch den Arbeitgeber im sog. Quellenabzugsverfahren). Die *Körperschaftsteuer* ist gewissermaßen die Einkommensteuer der juristischen Personen wie Aktiengesellschaften, Gesellschaften mit beschränkter Haftung und Genossenschaften. Seit dem Jahr 1977 werden die ausgeschütteten Gewinne von Körperschaften nur in Höhe der individuellen Einkommensteuersätze bei den Anteilseignern besteuert, während die von Körperschaften einbehaltenen Gewinne bis Ende 1989 dem Spitzensatz der Einkommensteuer von 56 v. H. unterlagen. Ab dem Jahr 1990 sind der Körperschaftsteuersatz für einbehaltene Gewinne im Rahmen einer Reform der Einkommensbesteuerung auf 50 v. H. und der Spitzensteuersatz der Einkommensteuer auf 53 v. H. reduziert.

Nach dem seit 1990 geltenden Einkommensteuertarif steigt die zu zahlende Steuer für jede zusätzliche DM zu versteuernden Einkommens wie folgt stufenförmig an:

– Die ersten 5616 DM sind grundsätzlich steuerfrei *(Null-Zone)*.
– Von 5617 DM bis 8150 DM sind für jede DM zu versteuernden Einkommens 19 v. H. zu zahlen *(untere Proportionalzone)*.
– Von 8151 DM bis 119999 DM steigt der Steuersatz von 19 bis 53 v. H. *(Progressionszone)*.
– Ab 120000 DM beträgt der Steuersatz gleichbleibend 53 v. H. *(obere Proportionalzone)*.

Bei der Ermittlung des zu versteuernden Einkommens werden ggf. verschiedene Freibeträge bereits abgezogen (z. B. Kinderfreibetrag von 3024 DM je Kind, Haushalts- und Altersfreibetrag). Für zusammen zur Einkommensteuer veranlagte Ehegatten werden deren Einkommen vor der Berechnung der Steuerschuld addiert und jedem Ehegatten zur Hälfte zugerechnet *(Splitting-Verfahren)*, wodurch der Progressionseffekt verringert wird. Bis zum Jahr 1989 reichte die gegenüber 1987 schon erweiterte ,,Null-Zone'' nur bis 4752 DM (vgl. die obige Grafik) und der Kinderfreibetrag blieb noch bei 2484 DM. Der Anstieg des Steuersatzes vor allem im ersten Teil der Progressionszone ist seit 1990 im Zuge einer – auf die Jahre 1986, 1988 und 1990 verteilten – Steuerreform (u. a. Einführen eines linear-progressiven Tarifs, Anheben von Freibeträgen sowie Senken des Eingangs- und des Spitzensteuersatzes) gemildert. Im Prinzip sind solche Steuersatzsenkungen von Zeit zu Zeit allein deshalb notwendig, damit nicht schon Einkommensteigerungen, die bei allgemein steigenden Preisen real mit keiner besseren Güterversorgung verbunden sind, wegen der Progression im Steuertarif laufend zu höheren Steuerbelastungen (,,kalte" Steuererhöhung) führen. (Über Unterschiede in der Belastung der Steuerzahler in ausgewählten Ländern informiert Tabelle 2.)

Kennzahlen der Einkommensteuer	BR Deutschland (1986)	BR Deutschland (1990)	USA (1990)	Schweden (1990)
Steuerfrei bleiben (DM/Jahr)	4536	5616	3368	2766
Anschl. Eingangssteuersatz (in v. H.)	22	19	15	34
Spitzensteuersatz (in v. H.)	56	53	28	66
Gültig ab (DM/Jahr)	130071	120041	169208	52545
Beispiel: Steuer von einer zusätzlichen DM bei einem Einkommen von 60000 DM/Jahr	0,50	0,35	0,15	0,66

Quelle: A. MENNEL, Steuern in Europa, USA, Kanada und Japan, Loseblattausgabe, Berlin 1990.

Tab. 2: Einkommensteuerbelastung im internationalen Vergleich

Die als *Mehrwertsteuer* erhobene Umsatzsteuer hat die Bruttoumsätze der Unternehmen als Bemessungsgrundlage. Praktisch müssen die Unternehmen ihre Kunden durch offenen Ausweis auf allen Rechnungen (außer auf der Einzelhandelsstufe) jeweils mit der vollen Umsatzsteuer von 14 v. H. auf den Kaufpreis belasten. Sie können dann allerdings die an die Lieferanten gezahlte Steuer als ,,Vorsteuer" abziehen. So verbleibt letztlich für die Unternehmen nur ein Differenzbetrag als Steuerschuld, der sich aus dem Anteil an den Verkaufspreisen, der in der vorangegangenen Produktionsstufe noch nicht erfaßt worden ist (d. h. der erst im Unternehmen des Steuerpflichtigen hinzugekommen ist), ergibt. Das die Mehrwertsteuer abführende Unternehmen (der ,,Steuerpflichtige") trägt die Steuer nach der Absicht des Gesetzgebers wirtschaftlich nicht selbst, sondern versucht sie als Preisaufschlag an die Kunden (als ,,Steuerträger") weiterzuwälzen. Ähnliches gilt bei der Gruppe der sog. Verbrauchsteuern, zu denen u. a. die Mineralöl-, Tabak-, Bier-, Kaffee- und Salzsteuer gehören.

Nach dem Grad der Überwälzbarkeit wird oft zwischen direkten und indirekten Steuern unterschieden. *Direkte Steuern* sind nicht bzw. in geringerem Maße überwälzbar als *indirekte Steuern*, die sich in den Kostenkalkulationen der Unternehmen niederschlagen und letztlich zu Marktpreiserhöhungen führen. Deshalb werden die indirekten Steuern auch oft als Kosten- oder Marktsteuern bezeichnet. Zu ihnen rechnen vor allem die Verbrauchsteuern und Zölle. Als direkte Steuern werden besonders die Einkommen-, Vermögen- und Erbschaftsteuer angesehen. Wieweit eine Steuerlast im Rahmen der Preisbildungsprozesse tatsächlich auf andere Wirtschaftssubjekte überwälzt werden kann, hängt entscheidend von den jeweiligen Marktverhältnissen ab (besonders von den Elastizitäten von Angebot und Nachfrage sowie den speziellen Wettbewerbsbedingungen).

Vereinfacht lassen sich die Steuern zwei Gruppen zuordnen. Es handelt sich um (1) Steuern auf die Einkommenentstehung (z. B. Einkommensteuer, Erbschaftsteuer), (2) Steuern auf die Einkommensverwendung (z. B. Umsatzsteuer, Verbrauchsteuern). Bei Steuerreformdiskussionen geht es teils um die Verringerung der mehr als 50 Steuerarten auf eine überschaubare Zahl der wichtigen, oben genannten Steuern, so daß z. B. die Börsenumsatzsteuer abzuschaffen wäre. Außerdem wird erwogen, die Belastung durch direkte Steuern zu senken – z. B. indem der Spitzensteuersatz bei der Einkommensteuer in der BR Deutschland von 53 auf unter 50 v. H. herabgesetzt wird –, um das Streben nach höherem Einkommen zu fördern. Einnahmeausfälle des Staates könnten notfalls durch eine Erhöhung indirekter Steuern ausgeglichen werden.

Angesichts des föderativen Staatsaufbaus in der BR Deutschland kommt der **Verteilung der Steuereinnahmen** auf Bund, Länder und Gemeinden besondere Bedeutung zu. Derzeit fließen dem Bund etwas mehr als die Hälfte, den Ländern gut ein Drittel und den Gemeinden weniger als ein Sechstel des Steueraufkommens zu. ,,Gemeinschaftssteuern'' sind (nach Art. 106 Grundgesetz) die Einkommen-, Körperschaft- und Umsatzsteuer. Bei der veranlagten Einkommensteuer und der Lohnsteuer (Bund: 42,5 v. H.; Länder: 42,5 v. H.; Gemeinden: 15 v. H.) ist der bundesgesetzlich festgelegte Aufteilungsschlüssel anders als bei der Körperschaftsteuer (Bundes- und Landesanteil je 50 v. H.) und bei der Umsatzsteuer (Verteilung auf Bund und Länder z. B. für vier Jahre ab 1986 im Verhältnis 65 zu 35 v. H.). Reine Bundessteuern sind z. B. die Mineralölsteuer und mit Ausnahme der Biersteuer alle bundeseinheitlich geregelten Verbrauchsteuern. Ausschließlich den Ländern fließt insbesondere das Aufkommen aus der Kraftfahrzeug-, Vermögen- und Erbschaftsteuer zu. Den Gemeinden sind vor allem die Grundsteuer, die Gewerbesteuer (von deren Aufkommen allerdings rd. 16 v. H. je zur Hälfte an das jeweilige Land und an den Bund abzuführen sind) sowie örtliche Verbrauch- und Aufwandsteuern (z. B. Hunde-, Vergnügungs- und Getränkesteuer) zugewiesen.

Neben dieser Regelung der Steuerertragshoheit bewirkt ein besonderer **Finanzausgleich,** daß die Unterschiede zwischen finanzstarken und -schwachen Gebietskörperschaften verringert werden. Er findet als *vertikaler Finanzausgleich* zwischen Bund und Ländern einschließlich Gemeinden (Bundesfinanzausgleich) sowie zwischen Ländern und Gemeinden (kommunaler Finanzausgleich) statt. Außerdem gibt es den *horizontalen Finanzausgleich* zwischen den Bundesländern (Länderfinanzausgleich).

Als Sonderregelung für die Dauer von zehn Jahren ab 1989 gewährt der Bund neun Ländern einschließlich Berlin zum Ausgleich unterschiedlicher Wirtschaftskraft (ge-

messen am Bruttoinlandsprodukt je Einwohner und der Arbeitslosenquote) Finanzhilfen. Sie betragen jährlich insgesamt 2,45 Mrd. DM und werden für besonders
bedeutsame Investitionen der Länder und Gemeinden, die mindestens 10 v. H. der
Kosten tragen müssen, gezahlt. Diese Finanzhilfen sind im Zusammenhang mit den
zunehmenden Diskussionen um ein Süd-Nord-Wohlstandsgefälle in der BR Deutschland zu sehen. Bisher weicht das Bruttoinlandsprodukt je Einwohner in den einzelnen
Bundesländern nicht erheblich voneinander ab. In den letzten Jahren waren jedoch
die Zuwachsraten in den „Südländern" tendenziell höher als in den „Nordländern", so
daß bei Anhalten dieser Entwicklung das befürchtete Süd-Nord-Gefälle auftreten
würde.

c) Staatsausgaben

Eine besondere Schwierigkeit ergibt sich daraus, daß die Verteilung der
öffentlichen Einnahmen auf die einzelnen Haushalte nicht isoliert von den
jeweils zu bewältigenden Aufgaben gesehen werden darf.

Bei den öffentlichen Ausgaben fällt auf, daß der Staat fast die Hälfte des
Budgetvolumens ohne unmittelbar zurechenbare Gegenleistung an die Haushalte, Unternehmen und das Ausland abgibt. Bei diesen sogenannten **Transferzahlungen** handelt es sich zum weitaus größten Teil um *Einkommensübertragungen* an die privaten Haushalte. Sie werden von den Sozialversicherungsträ-
gern (als Leistungen der Renten-, Kranken, Unfall- und Arbeitslosenversicherung) und auch von den Gebietskörperschaften (z. B. für Kinder- und Wohngeld, Sozial- und Arbeitslosenhilfe oder als Geldleistungen nach dem Ausbil-
dungsförderungsgesetz) getätigt. Die Subventionen an Unternehmen (z. B. im
Bereich der Landwirtschaft) und die Einkommenstransfers an das Ausland
(besonders als Beiträge an internationale Organisationen) sowie die – statistisch von den Einkommensübertragungen unterschiedenen – *Vermögensüber-
tragungen* des Staates (z. B. als Wohnungsbauprämien) fallen quantitativ weniger ins Gewicht. Grundsätzlich können durch Transferzahlungen zwar Ein-
kommens- und Vermögensumverteilungen in der Privatwirtschaft bewirkt werden, aber sie führen nicht unmittelbar zu einer Inanspruchnahme von Sachgütern und Diensten durch den Staat.

Das ist anders bei den sogenannten **Realausgaben** des Staates, die mehr als
die Hälfte des Budgetvolumens ausmachen. Beim Kauf von Gütern und Diensten dominiert der *Staatsverbrauch* („öffentlicher Konsum") bei weitem gegenüber den Investitionsausgaben des Staates. Die *staatlichen Investitionen* sind
überwiegend Bauinvestitionen. Von den Konsumausgaben des Staates entfällt
etwa je die Hälfte auf Personal- und auf Sachbedarf. Mit Hilfe dieser Realausgaben versorgt der Staat die Volkswirtschaft mit öffentlichen Gütern, die der
marktwirtschaftlichen Selbststeuerung aufgrund besonderer Umstände entzogen sind.

Solche besonderen Umstände für ein staatliches Güterangebot können ökonomisch
auf der Angebots- und auf der Nachfrageseite von Märkten liegen oder auch nur
politisch bedingt sein. So scheidet insbesondere die Möglichkeit zu marktwirtschaftli-
chem Angebot aus, wenn z. B. wegen überragender *Massenproduktionsvorteile* die
Monopolisierung eines Marktes unvermeidlich ist oder wenn das sog. *Ausschlußprin-*

zip nicht anwendbar ist, d. h. wenn ein Anbieter nicht allen, die an dem Gut interessiert sind, den Nutzen des Gutes bis zum Kauf vorenthalten kann (z. b. lassen sich vom Nutzen der Landesverteidigung oder der internationalen Beziehungen nicht einfach einzelne Wirtschaftseinheiten ausschließen). Außerdem liegt auf der Nachfrageseite oft eine *Nicht-Rivalität* vor, d. h. der Konsum des Gutes durch ein Individuum beinträchtigt nicht den Konsum des gleichen Gutes durch andere Individuen, so daß der Sinn des Ausschlusses einzelner von der Nutzung eines einmal produzierten Gutes in Frage gestellt ist (z. B. bei öffentlichen Schwimmbädern bis zur Kapazitätsgrenze). Davon abgesehen können ausnahmsweise politisch bestimmte Ziele wie z. B. eine *,,gerechte" Güterverteilung* gelegentlich besser erreicht werden, wenn der Staat die Leistungen selbst anbietet (z. B. bei der Ausbildung). Dabei kann es letztlich auch um die bewußte Korrektur individueller Entscheide bei sog. *meritorischen Gütern* gehen (z. B. wenn Gegenwarts- über Zukunftsbedürfnisse gestellt werden wie bei unterlassener Krankheits- oder Altersvorsorge).

Um beim Budget den Überblick darüber zu erleichtern, auf welchen Sachgebieten der Staat seine Aktivität entfaltet, wird die an sich vorherrschende Gliederung der öffentlichen Ausgaben nach der administrativen Zuständigkeit (Ministerial- oder Ressortprinzip) ergänzt durch eine Gliederung nach dem Zweck der Ausgaben (Funktionalprinzip). So enthält die Funktionenübersicht des Bundeshaushaltsplans z. B. Aufgabenbereiche wie Bildung und Wissenschaft, Auswärtige Angelegenheiten, Verteidigung (fast ein Fünftel des Bundeshaushalts)[13] sowie – als größten Posten – Soziale Sicherung (knapp ein Viertel des Bundeshaushalts).

d) Ausweitung oder Einschränkung öffentlicher Haushalte?

Insgesamt hat die Finanzpolitik als der Bereich der Wirtschaftspolitik, der über öffentliche Haushalte vollzogen wird, seit der klassischen Nationalökonomie des 18./19. Jahrhunderts eine erhebliche Ausweitung der Aufgabenstellung erfahren. Nach Auffassung des klassischen Liberalismus sollte der Staat nur für einige wenige – privatwirtschaftlich nicht rentabel produzierbare, aber gesellschaftlich vorteilhafte – öffentliche Güter zuständig sein. Im Prinzip galt: ,,Der beste Haushaltsplan ist der kleinste" (J. B. Say), und hinsichtlich der Erhebung von Staatseinnahmen wurde postuliert: ,,Leave them as you find them" (Edinburger Regel). Seit Ausgang des 19. Jahrhunderts wurde allerdings die staatswirtschaftliche Grundaufgabe, die Versorgung der Wirtschaft mit öffentlichen Gütern zu sichern, zunehmend ergänzt durch bewußte staatliche Redistributionspolitik zum Abbau von als ,,ungerecht" empfundenen Ungleichmäßigkeiten der Einkommensverteilung. Außerdem kam unter dem Eindruck der Weltwirtschaftskrise in den dreißiger Jahren dieses Jahrhunderts eine gesamtwirtschaftliche Stabilitäts- und Wachstumspolitik hinzu.

---

[13] Der Rüstungsaufwand war im Jahr 1979 in den USA (115 Mrd. Dollar) niedriger als in der Sowjetunion (165 Mrd. Dollar), während die NATO-Länder insgesamt mehr Geld für Rüstung ausgaben (202 Mrd. Dollar) als die Länder des Warschauer Paktes (178 Mrd. Dollar). Vgl. International Institute for Strategic Studies, The Military Balance 1979/80, London 1979.

Darin könnte ein „*Gesetz der wachsenden Ausdehnung der öffentlichen, insbesondere der Staatstätigkeiten*" liegen, das der deutsche Nationalökonom Adolph Wagner schon gegen Ende des vorigen Jahrhunderts erkennen zu können glaubte. Tatsächlich haben die Staatsausgaben bis in die jüngste Zeit absolut und relativ zum Volkseinkommen zugenommen. Sie erhöhten sich insbesondere sprunghaft in Kriegszeiten und kehrten nach den Kriegen nicht mehr auf das alte Niveau zurück. Maßgeblich dafür sind außer den Kriegsfolgelasten vor allem die angestiegenen Verkehrs- und Bildungsausgaben sowie die in den Kriegs- und Nachkriegszeiten stoßartig verwirklichten Reformen zum Ausbau der staatlichen sozialen Sicherung. In Deutschland stieg der Anteil der öffentlichen Ausgaben von Gebietskörperschaften und Sozialversicherungen am Sozialprodukt (Staatsausgabenquote) von 14 v. H. im Jahre 1913 über knapp 28 v. H. in 1928 bis auf 34 v. H. in 1958 und betrug 1988 rd. 47 v. H.

Trotz dieses erheblichen Anstiegs der Staatsausgabenquote wird heute die in den siebziger Jahren zum politischen Schlagwort gewordene *These vom „privaten Reichtum" bei „öffentlicher Armut"* gelegentlich immer noch diskutiert. Allerdings erfolgt hier eine wirtschaftspolitische Steuerung bereits insofern, als in marktwirtschaftlichen Ländern jeder einzelne das Recht hat, hinsichtlich der Versorgung mit privaten Gütern seine Interessen auf den Märkten und hinsichtlich des öffentlichen Güterangebots seine Interessen bei politischen Wahlen zu verfolgen.

Generell ist indessen fraglich, inwieweit der Leistungswille der privaten Wirtschaftssubjekte bei einer mit der Ausweitung öffentlicher Haushalte verbundenen ansteigenden Abgabenbelastung beeinträchtigt wird. Eine hohe Grenzbelastung von zusätzlich erzielten Einkommen lähmt möglicherweise Leistungsanreize für privatwirtschaftliche Aktivitäten und reduziert damit die marktwirtschaftliche Selbststeuerungskraft einer Volkswirtschaft.

Der amerikanische Wirtschaftswissenschaftler Arthur B. Laffer hat die in der US-Wirtschaft bis 1980 geltenden Steuersätze für zu hoch gehalten und befürwortete deren Senkung, um die Wirtschaft zu beleben und zugleich die Steuereinnahmen zu erhöhen. Diese zunächst verblüffende Erwartung, daß mit sinkenden Steuersätzen steigende Steuereinnahmen einhergehen können, läßt sich mit Hilfe einer nach Laffer benannten Kurve gut veranschaulichen. Die *Laffer-Kurve* stellt die grundsätzliche Abhängigkeit zwischen unterschiedlich hohen Steuersätzen (als Ursache) und dem staatlichen Steueraufkommen (als Wirkung) in Form einer glockenförmigen Kurve dar (vgl. z. B. die fett gedruckte Kurve in Abb. 47). Beginnend bei einem Steuersatz von Null, bei dem auch das Steueraufkommen Null ist, erhöht sich das Steueraufkommen zunächst mit steigendem Steuersatz und erreicht einen Gipfelpunkt, von dem ab es wegen der Beeinträchtigung der Leistungsmotivation abfällt, bis es bei einem Steuersatz von 100 Prozent wieder Null ist. Wenn die Steuersätze so hoch sind, daß sich das Steueraufkommen nach dem abfallenden Teil der Kurve errechnet, läßt sich das Steueraufkommen offenbar erhöhen, wenn die Steuersätze in geeigneter Form gesenkt werden. Insgesamt ist die Laffer-Kurve allerdings keine verläßliche Grundlage für die praktische Wirtschaftspolitik, denn ihr Verlauf ist für jede Steuer sowie jeden Steuerzahler anders (vgl. z. B. die unterschiedlichen Kurven in Abb. 47) und für ein komplexes Steuersystem und die Gesamtheit aller Bürger letztlich unbekannt.

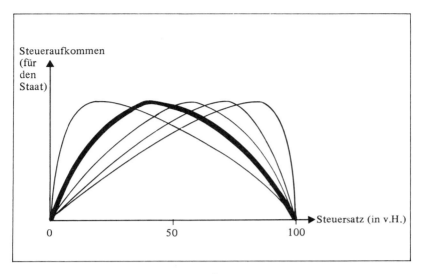

Abb. 47: Laffer-Kurve(n)

Allgemein bestehen in verschiedenen Ländern heute Tendenzen, die Privatwirtschaft dadurch zu fördern, daß die Steuersätze verringert werden und das Wachstum der öffentlichen Ausgaben gebremst wird. Inwieweit diese staatliche Zurückhaltung dann ein privates Güterangebot sowie eine private Investitions- und Konsumnachfrage anregt, ist allerdings unsicher. Wie die Erfahrungen westlicher Industrieländer (z. B. der Vereinigten Staaten) Anfang der achtziger Jahre zeigen, besteht allerdings bei nur schwacher Belebung der Wirtschaft die Gefahr, daß es zu rasch wachsenden Defiziten öffentlicher Haushalte kommt, die dann durch eine immer höhere Neuverschuldung ausgeglichen werden müssen.

Die grundsätzliche Frage, ob die öffentlichen Haushalte ausgeweitet oder eingeschränkt werden sollten, ist so mit dem gravierenden Problem der **Grenzen der Staatsverschuldung** verbunden. In der BR Deutschland hat der Schuldenstand der öffentlichen Haushalte z. B. seit 1970 von 126 Mrd. auf über 870 Mrd. DM im Jahr 1988 zugenommen.

Die *juristischen* Schranken für eine zusätzliche Staatsverschuldung tragen besonders den stabilitäts- und wachstumspolitischen Erfordernissen Rechnung, indem die Nettokreditaufnahme des Bundes nach Art. 115 Grundgesetz auf das Volumen seiner Investitionsausgaben begrenzt wird. Ausnahmen sind allerdings zulässig, wenn damit Störungen des gesamtwirtschaftlichen Gleichgewichts abgewehrt werden. Auf einige Probleme der Staatsverschuldung wird im Hauptkapitel E noch näher eingegangen (vgl. E.II.2.c).

Ökonomisch läßt sich allerdings keine exakte Grenze für die Staatsverschuldung angeben. Da ein wachsender Staatsanteil am Sozialprodukt mit einer entsprechenden Verringerung des privatwirtschaftlichen Anteils verbunden ist, besteht die Gefahr, daß über Staatsschulden wirtschaftliche Aktivitäten der öffentlichen Hand finanziert werden, die bei wettbewerblicher Steuerung zu einer besseren Güterversorgung beitragen würden. Außerdem kann eine ansteigende Staatsverschuldung die Einkommensverteilung in unerwünschter Weise beeinflussen, weil die Steuerzahler, die für die Zinsverpflichtungen des Staates aufkommen müssen, nicht völlig identisch sind mit den Gläubigern des Staates, denen die Zinszahlungen zufließen. Wenn z. b. die Gläubiger relativ wohlhabend und die zusätzlich belasteten Steuerzahler weniger wohlhabend sind, werden die Wohlstandsunterschiede verstärkt. Zudem wird durch eine zunehmende Staatsverschuldung bei konstanten Staatseinnahmen zukünftig ein immer größerer Anteil der Staatseinnahmen für Zins- und Tilgungsverpflichtungen gebunden, so daß eine staatliche Aufgaben- und Leistungseinschränkung unvermeidlich ist. Versucht der Staat, das zu verhindern, indem er die Steuer- und Sozialabgabenquote erhöht, ergeben sich die in Zusammenhang mit der Laffer-Kurve geschilderten Finanzierungswiderstände. Darin liegen besonders wichtige Grenzen der Staatsverschuldung, die allerdings schwer zu quantifizieren sind. Einen Überblick über die Höhe der Steuer- und Sozialabgabenquoten im internationalen Vergleich gibt die folgende Tabelle.

ausgewählte Länder	Anteile in v. H. des BSP im Jahr 1987	
	Steuern	Steuern und Sozialversicherungsbeiträge
USA	20,8	29,2
Schweiz	20,8	30,6
Großbritannien	30,5	37,3
BR Deutschland	23,2	39,3
Frankreich	24,2	45,2
Dänemark	52,9	54,8
Schweden	43,2	56,8

Quelle: BUNDESMINISTERIUM DER FINANZEN, Finanzbericht 1990, Bonn 1989, S. 251.

4. Umweltschutzpolitik

a) Zielkonflikt zwischen Ökonomie und Ökologie?

Der Umweltschutz hat heute einen eigenständigen Rang als Basisziel in Marktwirtschaften, da die Umwelt nicht länger ein für jedermann kostenloses und in beliebiger Menge zugängliches oder belastbares „freies Gut" sein kann. In der BR Deutschland wird seit Anfang der siebziger Jahre verstärkt eine umweltorientierte Politik in Teilbereichen betrieben. Inzwischen sind mehr als 30 Gesetze des Bundes und der Länder sowie über 100 Verordnungen und

Verwaltungsvorschriften zu diesem Zweck erlassen. Auch sind Institutionen für den Umweltschutz geschaffen worden.

So ist ein *Rat von Sachverständigen für Umweltfragen* im Jahr 1971 eingerichtet worden, der die Umweltsituation und Umweltbedingungen in der BR Deutschland periodisch begutachten und die Urteilsbildung bei allen umweltpolitischen Instanzen sowie in der Öffentlichkeit erleichtern soll. Seine zwölf Mitglieder sind Fachleute aus den besonders gefährdeten Umweltbereichen. Der Rat hat in den Jahren 1974 und 1978 Umweltgutachten erstattet sowie Sondergutachten zu Einzelthemen wie ,,Auto und Umwelt" (1973), ,,Die Abwasserabgabe" (1974), ,,Waldschäden und Luftverunreinigungen" (1983), ,,Umweltprobleme der Landwirtschaft" (1985) und Stellungnahmen z. B. zum Regierungsentwurf eines Chemikaliengesetzes (1979) und zum verstärkten Einsatz von Flüssiggas als Kraftstoff (1982) vorgelegt.

Das *Umweltbundesamt* in Berlin unterstützt seit dem Jahr 1974 vor allem den Bundesminister des Innern in allen Angelegenheiten des Immissionsschutzes sowie der Abfall- und Wasserwirtschaft. Es hat weiterhin den Auftrag, ein Informations- und Dokumentationssystem zur Umweltplanung (UMPLIS) aufzubauen und zu führen sowie Hilfen bei der Koordinierung der Umweltforschung und bei der Prüfung der Umweltverträglichkeit von Maßnahmen des Bundes zu leisten.

Schwerpunkte und Prioritäten der Umweltforschung wurden erstmals im *Programm ,,Umweltforschung und Umwelttechnologie 1984–1987"* der Bundesregierung aufgezeigt, nach dem nicht mehr einzelne Gefährdungssubstanzen isoliert untersucht werden, sondern eine umfassende Ökosystemforschung betrieben werden soll. Die wachsende Bedeutung des Umweltschutzes zeigt sich auch in der Einrichtung von Umweltministerien, zunächst auf Länderebene und im Jahr 1986 ergänzt durch ein Bundes-Umweltministerium. Das Jahr 1987 wurde vom Rat der Europäischen Gemeinschaften zum ,,Europäischen Jahr des Umweltschutzes" erklärt.

Das Verhältnis von Ökonomie und Ökologie ist dabei nicht notwendigerweise konfliktbeladen. Vielmehr resultieren aus der Ökologie besondere Zielvorgaben, und Erkenntnisse der Ökonomie lassen sich nutzen, um diese ökologisch begründeten wirtschaftspolitischen Ziele dann kostengünstig im Rahmen der Volkswirtschaft zu realisieren.

Das schließt nicht aus, daß es gelegentlich zwischen einzelnen Zielen zu Konflikten kommen kann. So wird z. B. angesichts der anhaltend hohen Arbeitslosigkeit die Frage diskutiert, ob der Umweltschutz wegen möglicher negativer Beschäftigungseffekte mit dem wirtschaftspolitischen Ziel eines hohen Beschäftigungsstandes konkurriert. Umweltschutzauflagen verursachen teils erhebliche Kostensteigerungen bei der Produktion, die in Extremfällen zu Betriebsschließungen führen können. Zumindest könnten Investitionen verzögert oder gar verhindert werden. Vor allem wird befürchtet, daß die Wettbewerbsposition der heimischen Wirtschaft auf den internationalen Märkten geschwächt wird, wodurch weitere Arbeitsplätze verlorengingen. Solche Gefahren ergeben sich auch im Fall von Produktionsverlagerungen in Länder mit weniger Umweltschutzauflagen.

Demgegenüber kann sich ein verstärkter Umweltschutz auch vorteilhaft auf die Beschäftigung auswirken. So schaffen private und staatliche Investitionen zur Verringerung von Umweltschädigungen neue Arbeitsplätze im Bereich der Produktion. Außerdem sind für den Betrieb und die Überwachung der Umweltschutzanlagen zusätzliche Mitarbeiter in Wirtschaft und Verwaltung notwendig. Insgesamt ist schwer zu schätzen, ob Umweltschutz per Saldo die Beschäftigung verringert oder erhöht. Vor allem hängt der Umfang der genannten Effekte wesentlich von den eingesetzten Instrumenten ab, die im folgenden näher behandelt werden (als Überblick vgl. das nächste Schaubild).

b) Staatliche Verbote und Gebote

Staatliche *Zwangsinstrumente* werden heute bevorzugt zum Umweltschutz eingesetzt, wobei vor allem Vorschriften für die Produktion festgelegt sind. So gibt es z. B. Emissionsnormen (Höchstwerte des Schadstoffausstoßes von Anlagen), Reduzierungsverpflichtungen der Emissionen um ein bestimmtes Maß sowie Produktnormen (Grenzwerte für den Schadstoffanteil oder die Emission von Produkten). Der Produktionsprozeß kann durch Gebote hinsichtlich der Verwendung bestimmter Materialien und die anzuwendende Technologie (z. B. Rauchgasentschwefelung bei Kraftwerken) sowie durch Produktionsauflagen (z. B. Mengenlimitierung, Ansiedlungsverbote) beeinflußt werden.

Ein Vorteil von Verboten und Geboten liegt in ihrer schnellen und sicheren ökologischen Wirksamkeit. Sie eignen sich deshalb für akute und gravierende Umweltgefährdungen, vor allem wenn Schäden nicht mehr beseitigt werden könnten. Darüber hinaus ist vorteilhaft, daß nicht nur den an ihrer Ausarbeitung beteiligten Juristen und Ingenieuren, sondern auch den Bürgern aus ihrem täglichen Leben der Umgang mit Verboten und Geboten vertraut ist. Ihre Wirkungen sind auch ohne vertiefte ökonomische Analysen einsichtig, so daß sie in der politischen Diskussion leicht begründet werden können.

Ökonomisch sind diese Zwangsinstrumente allerdings mit dem gewichtigen Nachteil verbunden, daß sie die ökologischen Ziele meist nur mit unnötig hohen volkswirtschaftlichen Kosten erreichen. Ein gleich niedriger Grad an Umweltverschmutzung wäre statt durch Verbote und Gebote auch zu niedrigeren Kosten erzielbar, wenn bei einzelnen Betrieben unterdurchschnittliche Erfolge der Schadstoffverringerung zugelassen und mit überdurchschnittlicher Reinhaltung der Umwelt durch andere Betriebe, bei denen dies besonders kostengünstig ist, verrechnet würden. Die Unternehmen hätten dann Entscheidungsfreiheiten, wie sie die insgesamt vorgeschriebenen Anstrengungen zum Umweltschutz am kostengünstigsten verteilen. Dagegen zwingen Verbote und

Gebote allen Wirtschaftseinheiten ohne Beachtung ihrer individuellen Kosten eine gleiche Schadstoffreduzierung auf. Bei generell gültigen Auflagen und unterschiedlich hohen Zusatzkosten einzelner Unternehmen zur Vermeidung von Umweltschäden entstehen zudem Wettbewerbsverzerrungen zwischen den Umweltverschmutzern. Die zur Wettbewerbsneutralität und zur volkswirtschaftlichen Kostenminimierung erforderliche vollständige Differenzierung der Auflagen nach den jeweiligen betrieblichen Zusatzkosten für Umweltschutzmaßnahmen ist bei der Vielfalt von Produkten, Produktionsanlagen und -verfahren praktisch nicht möglich. Auch wäre die Durchführung und Kontrolle stark differenzierter Auflagen ohne einen riesigen Bürokratieapparat nicht zu bewältigen.

Außerdem nehmen Verbote und Gebote keine Rücksicht auf die ökonomischen Ursachen der Umweltprobleme, die daraus resultieren, daß die volkswirtschaftlichen Kosten (z. B. für die Abfallbeseitigung) bei Produktion und Konsum mancher Güter nicht vollständig in die privaten Kosten- und Ertragsrechnungen eingehen. Sind aber solche Einwirkungen einer Wirtschaftseinheit auf eine andere Wirtschaftseinheit, die – wie bei der Umweltverschmutzung – technologisch direkt und nicht über Marktprozesse erfolgen (sog. ,,externe Effekte''), nicht in den privaten Rechnungen erfaßt, werden die Problemgüter zu niedrigeren Preisen kalkuliert und angeboten, als dies bei Belastung mit allen durch sie verursachten Kosten der Fall wäre. Als Folge der durch externe Effekte verzerrten Preisbildung tritt bei zu hoher Produktion von Umweltproblemgütern eine Fehlsteuerung von Produktion und Verbrauch auf. Ökonomisch kommt es insofern letztlich darauf an, durch effiziente Umweltschutzinstrumente dafür zu sorgen, daß bei solchen Gütern die Abweichungen zwischen einzelwirtschaftlich berücksichtigten und tatsächlich für die Gesamtgesellschaft anfallenden Kosten und Erträgen beseitigt werden (Internalisierung externer Effekte).

Das Abwägen von Vor- und Nachteilen staatlicher Zwangsinstrumente im Bereich des Umweltschutzes führt zu dem Schluß, daß sie an sich nur zur Eindämmung von nicht wieder gutzumachenden Schäden durch hochgiftige Stoffe geeignet sind. In der Regel ist aber wegen der sogenannten Selbstreinigungskräfte eine gewisse Belastung von Wasser, Luft, Boden, Pflanzen- und Tierwelt unproblematisch, weil es erst ab bestimmten Grenzwerten zu Schädigungen kommt. In diesen Fällen sind Verbote und Gebote zwar ökologisch wirksam, aber ökonomisch ineffizient.

Als eine Notmaßnahme gegen das Waldsterben in der BR Deutschland wurde 1983 im Bundestag eine ,,Geschwindigkeitsbegrenzung von 80 km/h außerhalb geschlossener Ortschaften für Personenkraftwagen sowie andere Kraftfahrzeuge mit einem zulässigen Gesamtgewicht bis 2,8 t und 100 km/h auf Autobahnen sowie auf anderen Straßen mit Fahrbahnen für eine Richtung, die durch Mittelstreifen und sonstige bauliche Einrichtungen getrennt sind'', beantragt. Da die Anhörungen von Experten zur Frage der Schadstoffverringerungen durch Geschwindigkeitsbegrenzungen äußerst unterschiedliche Aussagen erbrachten, ist allerdings trotz inzwischen erfolgter Erhebung weiterer repräsentativer Daten über die tatsächlichen Fahrabläufe und die damit verbundenen Emissionen auf Autobahnen und Landstraßen das Ausmaß der ökologischen Wirkung von Geschwindigkeitsbegrenzungen schwer abschätzbar. Zu dieser Ungewißheit kommen Bedenken wegen der unnötigen Einschränkung der Mobilität der Bürger und einer möglichen Entwertung des gesamten Fernstraßennetzes, insbesondere der Autobahnen, wenn die erzielbaren Durchschnittsgeschwindigkeiten sinken. Befürchtet wird außerdem ein zusätzlicher Verwaltungsaufwand zur Kontrolle der Einhaltung von Höchstgeschwindigkeiten, die den Autofahrer um so mehr zur Mißachtung verleiten, je krasser das Mißverhältnis zwischen erlaubter und angesichts der jeweiligen Straßenverkehrslage möglicher Geschwindigkeit ist. Statt dessen wird auch gefordert, vorrangig an der Quelle der Abgasemissionen anzusetzen und zum Beispiel durch finanzielle Anreize dafür zu sorgen, daß die technischen Möglichkeiten ausgeschöpft werden, Emissionen durch Vorkehrungen am Fahrzeug und am Motor zu verringern.

c) Indirekte Umweltschutzinterventionen

Die als Umweltschutzmaßnahme naheliegende *Entsorgung durch den Staat* (z. B. kommunale Kläranlagen, Endlagerung von Kernkraftbrennstoffen) und die Wiederaufbereitung verbrauchter Güter (Recycling) setzen prinzipiell erst nach erfolgter Umweltverschmutzung ein, ohne sie ursachenadäquat zu bekämpfen. Im Gegenteil unterbleibt durch die nachträgliche Beseitigung von Umweltschäden durch den Staat jeglicher Anreiz, von vornherein auf Schadstoffemissionen zu verzichten, insbesondere wenn die Finanzierung der Abfallbeseitigung über den Staatshaushalt für die Umweltverschmutzer unmerklich erfolgt. Ebensowenig sind Umweltprobleme durch eine *Verstaatlichung der Produktion aller Problemgüter* lösbar. Sie scheidet ökonomisch schon aus grundsätzlichen Erwägungen aus, weil darunter die Effizienz des Wirtschaftsprozesses insgesamt leiden würde.

Öffentliche Appelle („moral suasion") an das Verantwortungsbewußtsein der Wirtschaftseinheiten, die Umweltbelastung bei Produktion und Konsum freiwillig zu reduzieren (z. B. durch weniger Verpackung) und die sozialen Folgekosten bei einzelwirtschaftlichen Entscheidungen zu berücksichtigen, bringen in der Regel keinen ausreichenden Erfolg. Das gilt auch für die Vorschläge, in Unternehmen ergänzend zur eigenen Erfolgsrechnung sogenannte Sozialbilanzen mit den betrieblichen Umweltschutzleistungen zu erstellen und Umweltbeauftragte zu ernennen, die für die Berücksichtigung gesellschaftlicher Belange bei den Unternehmenszielen sorgen. Letztlich setzt die Marktwirtschaft allerdings gerade auf den Eigennutz als Leitlinie für wirtschaftliches Verhalten, das dann zu den erwünschten Ergebnissen führt, wenn der Staat die Rahmenbedingungen richtig festlegt. Allenfalls können Appelle dazu beitragen, das Umweltbewußtsein in der Bevölkerung zu stärken und die geeigneten Änderungen der Rahmenbedingungen politisch durchzusetzen.

Im einzelnen kann der Staat die Wirtschaftseinheiten durch *Umweltabgaben und Umweltsubventionen* finanziell dazu veranlassen, neben den privaten auch die gesellschaftlichen Kosten von Produktion und Konsum zu berücksichtigen. Um die ökologische Effizienz zu erreichen, müßte die Höhe der Steuer oder Subvention so bemessen sein, daß die Wirtschaftseinheiten durch ihr Eigennutzstreben automatisch zu umweltschonendem Verhalten angeregt werden. Statt die Abgabe zu zahlen und die Umwelt weiterhin zu verschmutzen, müßte sich für jeden die politisch angestrebte Vermeidung von Schadstoffemissionen lohnen. Entsprechend beruht die Wirksamkeit von Umweltsubventionen darauf, daß es für die Wirtschaftseinheiten kostengünstiger sein kann, Emissionen zu vermeiden und dafür Subventionen (z. B. in Form von Steuererleichterungen) zu erhalten, statt die Umweltbelastung fortzusetzen. Die ökologische Effizienz ist im Fall von Umweltabgaben und -subventionen gleich. Nur die Verteilungswirkungen sind verschieden, weil unterschiedliche Wirtschaftseinheiten belastet bzw. begünstigt werden.

Der im Vergleich zu allen bisher behandelten Instrumenten entscheidende Vorteil von solchen finanziellen Anreizen liegt allerdings in ihrer ökonomischen Effizienz. Da jede einzelne Wirtschaftseinheit im Rahmen der ökologischen Zielvorgabe sich bei der Entscheidung ,,Verschmutzung oder Abgabe'' bzw. ,,Verschmutzung oder Subvention'' danach richten kann, was für sie kostengünstiger ist, werden die volkswirtschaftlichen Kosten des Umweltschutzes insgesamt minimiert.

Es bleiben allerdings Nachteile. Werden Abgaben und Subventionen zu niedrig angesetzt, wird das Umweltschutzziel verfehlt. Sind sie zu hoch, wird der Umweltschutz unnötig teuer. Einheitliche Beträge für alle Arten von Umweltverschmutzung würden zudem die unterschiedlichen Vermeidungskosten der Unternehmen bei verschiedenen Schadensursachen mißachten. Um die finanziellen Anreize im Zeitablauf zu erhalten, müßte die Höhe der verschiedenen Abgaben und Subventionen rasch an die technische Entwicklung angepaßt werden. In DM festgesetzte Beträge müßten außerdem laufend um die Inflationsrate angehoben werden. Schließlich ist bis heute nicht hinreichend geklärt, welche Bemessungsgrundlagen und -sätze bei der Ermittlung der einzelnen Abgaben und Subventionen am geeignetsten zugrunde zu legen sind. Tendenziell werden in der praktischen Politik die Beträge in der Regel zu niedrig festgesetzt, um die angestrebte Umweltqualität tatsächlich zu erreichen. Insgesamt bestehen trotz der im Prinzip vorhandenen ökologischen und ökonomischen Eignung von Umweltabgaben und -subventionen also Nachteile, die durch die Einrichtung von Umweltmärkten verringert werden können.

Ab dem Jahr 1981 ist in der BR Deutschland eine *Abwasserabgabe* nach dem schon im Jahr 1978 in Kraft getretenen Abwasserabgabegesetz für die Einleitung von Abwasser in die Gewässer zu zahlen. Der Abgabesatz betrug zunächst 12 DM je Schadeinheit (die etwa dem ungereinigten Abwasser eines Einwohners pro Jahr entspricht) und erhöhte sich bis 1986 auf 40 DM. Er ermäßigt sich noch um die Hälfte, wenn die Einleiter die im Wasserhaushaltsgesetz festgelegten Mindestanforderungen, die unabhängig von der Abwasserabgabe gelten, erfüllen. Die Abgabepflicht soll die Gewässerbenutzer dazu anreizen, mehr als bisher Kläranlagen zu bauen, die Abwasserreinigungstechnik zu verbessern, abwasserarme Produktionsverfahren zu entwickeln und nur abwasserintensiv herstellbare Güter sparsamer zu verwenden. Selbst der inzwischen erhöhte Abgabesatz ist indessen zu niedrig, um die erhofften Wirkungen zu gewährleisten. Die Kombination von Abgabe und Auflage (mit bei kommunalen Einleitern geforderten Reinigungsgraden von über 90%) beläßt zudem den einzelnen Einleitern keinen ausreichenden Spielraum für die Entscheidung ,,Reinigungsmaßnahmen oder Zahlung der Abgabe'', so daß die ökonomische Effizienz ungenügend bleibt.
Eine Umweltabgabe, die ökologische und ökonomische Ziele zwar erfüllt, die Verteilungswirkungen aber geradezu auf den Kopf stellt, wird in Baden-Württemberg ab

dem Jahr 1988 erhoben. Zahlen muß den sog. *Wasserpfennig* nicht, wer Wasser verschmutzt (Verursacherprinzip), sondern wer sauberes Wasser braucht (Nutznie-ßerprinzip). Privatpersonen zahlen pro Kubikmeter Trinkwasser zehn Pfennig mehr, Firmen für Oberflächenwasser vier Pfennig und für Kühlwasser einen Pfennig mehr pro Kubikmeter. Erhalten sollen das Geld (310 DM pro Hektar) jene Landwirte, deren Acker in einem Wasserschutzgebiet liegt, wo die Verwendung von Kunstdünger stark eingeschränkt werden muß und eine Entschädigung für Ernteeinbußen erfolgen soll. Noch ungeklärt ist u. a. die Kontrolle der verringerten Düngung mit Stickstoff (das baden-württembergische Landwirtschaftsministerium plant mindestens 150000 Bodenproben) und die Bestrafung der Landwirte, die zu viel Kunstdünger einsetzen.

Das am 1. 7. 1985 in Kraft getretene *Gesetz über steuerliche Maßnahmen zur Förde-rung des schadstoffarmen Personenkraftwagens* zeigt, wie kompliziert Subventions-regelungen in der bürokratischen Praxis werden können. So wurden durch eine Ände-rung der Straßenverkehrszulassungsordnung die Begriffe ,,schadstoffarm`` und ,,be-dingt schadstoffarm der Stufe A, B oder C`` festgelegt, in die die Zulassungsbehörden die Autos einzuordnen haben. Zur Ermittlung einer unterschiedlich zeitlich befriste-ten oder dauerhaften (Teil-) Befreiung von der Kfz-Steuer bzw. von (ab 1. 1. 1986) erhöhten Steuersätzen für Autos ohne Schadstoffminderung werden außer diesen Kategorien folgende Kriterien herangezogen: Hubraum, Gewicht, Tag der Erstzulas-sung und Tag der Anerkennung der Autos als ,,schadstoffarm`` oder ,,bedingt schad-stoffarm der Stufe A, B oder C``. Im Ergebnis führte die höchst komplizierte Rege-lung zu solchen Feinheiten, daß die Automobilclubs Mühe hatten, sie ihren Mitglie-dern wenigstens einigermaßen verständlich darzustellen. Die bei umweltfreundlichen Autos einzusparenden und bei nicht schadstoffarmen Autos zusätzlich zu zahlenden, relativ niedrigen Geldbeträge lassen letztlich kaum die erhofften ökonomischen An-reizwirkungen erwarten.

d) Einrichtung von Umweltmärkten

Auf konsequenter Nutzung marktwirtschaftlicher Selbststeuerungskräfte ba-sieren Ansätze, die eigene *Märkte für die Umwelt* vorsehen. Voraussetzung für den Handel mit den einzelnen Umweltgütern ist, daß eindeutige Eigentums-rechte bestehen. Die einfachste Vorstellung solcher ,,Property Rights`` wäre das *private Direkteigentum an allen Teilen der Umwelt* wie Pflanzen, Tieren, Wasser, Luft und Klima. Dazu müßte es technisch möglich sein, Umweltrechte an einzelne zu vergeben und deren Rechte eindeutig gegeneinander abzugren-zen. Darüber hinaus müßte die Frage gelöst werden, wie die Umweltgüter bei der erstmaligen Zuordnung zu einzelnen Wirtschaftseinheiten in Form einer Grundausstattung verteilt werden sollen. Direkte private Eigentumsrechte sind so allenfalls in den seltenen Fällen einrichtbar, in denen nur wenige Wirt-schaftseinheiten als Schädiger (evtl. nur einer) und als Geschädigte vorhanden sind. Dann ist ein ökonomisch effizienter Tausch möglich, bei dem die durch Umweltbelastungen Geschädigten gerade eine Ausgleichszahlung im Ausmaß ihres Schadens erhalten. So haben z. B. japanische Fischer im Jahr 1985 ihre Fischereirechte im Bezirk Niigata für umgerechnet etwa 40 Millionen DM an ein japanisches Elektrizitätswerk verkauft und sich dabei auch verpflichtet, ihren Widerstand gegen ein geplantes Atomkraftwerk aufzugeben.

Im Regelfall ist privates Direkteigentum an der Umwelt nicht zur Sicherung der Umweltqualität geeignet, da es meist viele Schädiger und viele Geschädigte gibt. Dann empfiehlt es sich, daß der Staat als Eigentümer von Umwelt *Umweltverschmutzungsrechte in Form von Zertifikaten (Umweltlizenzen)* an Private vergibt. Für den Handel mit den Zertifikaten müßte ein eigener Markt eingerichtet werden. Wie Wertpapiere an der Börse werden dann Zertifikate für Verschmutzungsrechte verkauft und gekauft, wobei sich für die vorhandenen Zertifikatsmengen Marktpreise einspielen. Die Einhaltung der vom Staat vorgegebenen Verschmutzungsobergrenze wird dadurch gewährleistet, daß die Besitzer der Zertifikate Schadstoffe nur bis zur Höhe der von ihnen erworbenen Rechte abgeben dürfen. Als Variante können die ausgegebenen Zertifikate im Zeitablauf an Wert verlieren, oder die Zertifikate können zeitlich begrenzt und in der folgenden Periode vom Staat nur in geringerem Umfang verkauft werden. Auf diese Weise läßt sich die ursprünglich erlaubte Emission von Schadstoffen kontinuierlich zurückführen und die ökologische Effizienz sichern.

Zusätzlich wird die ökonomische Effizienz gefördert, da jedes Unternehmen für sich entscheiden kann, wieweit es die Verschmutzung der Umwelt durch besondere Anstrengungen vermeidet oder kostengünstiger Verschmutzungsrechte erwirbt. Umweltschädiger wären dann nur bereit, Verschmutzungsrechte in solchen Mengen und zu solchen Preisen zu kaufen, wie dies billiger als eine innerbetriebliche Schadensreduzierung ist. Der dynamische Unternehmergeist würde darüber hinaus beflügelt, neue Reinigungsmethoden sowie umweltfreundliche Produkte und Verfahren zu entwickeln, um bei eigener kostengünstiger Schadensreduzierung nicht mehr benötigte Verschmutzungsrechte an Unternehmen zu verkaufen, die nur mit überdurchschnittlichen Kosten ihre Schadstoffemissionen senken könnten. Die beabsichtigte Umweltqualität wäre dann zu minimalen volkswirtschaftlichen Kosten garantiert.

Bei der praktischen Einrichtung von Umweltmärkten sind mehrere Schwierigkeiten zu überwinden. Es muß entschieden werden, ob bisherige Umweltschädiger bei der Erstausgabe von Zertifikaten bevorzugt werden sollen. Außerdem ist festzulegen, wie lange die Laufzeit der Zertifikate sein soll (z. B. als Dauerrecht oder nur für ein Jahr oder für die durchschnittliche Nutzungsdauer umweltverschmutzender Produktionsanlagen). Dabei ist auch Sorge dafür zu tragen, daß nicht einzelne Unternehmen durch das Aufkaufen und Horten von Zertifikaten Konkurrenten behindern oder vom Markt verdrängen können. Auch sollten die Marktzutrittsschranken für neue Konkurrenten durch die Pflicht, für jede Emission vorher ein Zertifikat zu erwerben, möglichst wenig erhöht werden. Generell sind die räumlichen Grenzen der Verschmutzungsrechte entsprechend den betroffenen Gebieten und möglichst unter Vermeidung von Überschneidungen zu bestimmen. Der bürokratische Aufwand für die Kontrolle, ob ein Umweltverschmutzer für seine tatsächlichen Emissionen genügend Zertifikate vorweisen kann, und für die bei zu hohem Schadstoffausstoß notfalls zu ergreifenden Sanktionen muß möglichst klein gehalten werden.

Gleiches gilt für die staatlichen und privaten Kosten für die Verwaltung der Zertifikate.

Eine besondere Schwierigkeit besteht darin, die Einrichtung eines sowohl ökologisch wirksamen als auch ökonomisch kostengünstigen Umweltschutzes politisch durchzusetzen. Viele – und oft auch Umweltschutzorganisationen – lehnen den ,,Verkauf von Umwelt" emotional ab und nehmen lieber eine bürokratische Verwaltung der Nutzung von Umwelt in Kauf. Staatliche Behörden, die mit Umweltschutzaufgaben betraut werden, sehen hier einen möglichen Machtzuwachs und beargwöhnen eine Zertifikatslösung, bei der der Staat nach erfolgter Erstausgabe kaum noch tätig werden muß. Die Unternehmen wenden sich gegen die Kostensteigerungen, die im Falle der Einführung von Zertifikaten für Verschmutzungsrechte eintreten. Sogar die Haushalte sind nur schwer für die Übernahme von Kosten für einen verstärkten Umweltschutz zu interessieren, wenn sie als Gegenleistung nur ein diffuses Gut wie etwas bessere Luft oder den Abbau einer von vielen Lärmquellen erhalten. So ist es insgesamt verständlich, daß sich auch Politiker kaum für die Zertifikatslösung einsetzen, da sie davon wenig zusätzliche Wählerstimmen erwarten können.

Realistisch erscheint daher allenfalls eine von den bisherigen Auflagen- und Abgabensystemen ausgehende, stufenweise Annäherung an voll flexible Lösungen mit Zertifikaten, wie sie ähnlich in den USA in Teilbereichen praktiziert wird. Einige Möglichkeiten dafür werden nachfolgend skizziert.

– Die *Ausgleichspolitik* (,,offset-policy") schreibt für eine bestimmte Region vor, daß neue Unternehmen sich nur dann ansiedeln dürfen, wenn die Umweltqualität sich nicht verschlechtert oder – bei verschärfter Handhabung – wenn sie sich verbessert. Soweit nicht eigene Anstrengungen eine Umweltschädigung ausschließen, müssen neue Unternehmen Emissionsrechte von vorhandenen Betrieben erwerben, die entsprechend weniger Schadstoffe abgeben dürfen.

– Allgemeiner wird mit der *Glockenpolitik* (,,bubble-policy") das Ziel verfolgt, die Emissionen der in einer Region bereits ansässigen und neu hinzukommenden Unternehmen insgesamt nicht ansteigen zu lassen oder kontinuierlich zu verringern. Dabei wird nicht mehr für jede einzelne Emissionsquelle (eine Anlage oder ein Unternehmen), sondern nur noch für mehrere Anlagen oder die Gesamtheit aller Unternehmen der Region eine Emissionshöchstgrenze festgelegt. Bildlich wird über die Region eine Glocke gestülpt, und es bleibt der einzelwirtschaftlichen Entscheidung überlassen, wieweit z. B. bei Kapazitätserweiterungen die Emission eigener Altanlagen gedrosselt wird oder die neuen Anlagen umweltschonend betrieben werden bzw. versucht wird, benachbarten Unternehmen stärkere Reinigungsanstrengungen zu finanzieren. Da jeder Betrieb die für ihn billigste Lösung anstrebt, werden auch insgesamt ,,unter der Glocke" die Emissionsgrenzen am kostengünstigsten eingehalten.

– Läßt man einen *Handel mit Emissionsminderungsguthaben,* die Unternehmen erwerben, wenn sie ihre Emissionen über das vorgeschriebene Maß hinaus drosseln, zu („emission-reduction-banking-and-trading-policy"), so werden Unternehmen mit kostengünstigen Reduktionsmöglichkeiten zu besonders großen Umweltschutzmaßnahmen veranlaßt. Ihre Guthaben können sie z. B. bei Banken deponieren und später mit eigenen Zusatzemissionen verrechnen oder an Unternehmen verkaufen, für die entsprechende eigene Umweltschutzinvestitionen relativ teuer wären.

Nach einer fast zwanzigjährigen Anlaufzeit der Umweltschutzpolitik in der BR Deutschland, die sich überwiegend auf Gesetze und Verordnungen stützt, könnte künftig mit Hilfe marktwirtschaftlicher Instrumente über einzelne Ansätze hinaus eine Politik betrieben werden, die gleichermaßen ökologisch wie ökonomisch rational ist. Eine klare ökologische Zielvorgabe und der Einsatz von auch ökonomisch effizienten Instrumenten würde einen wirksamen Umweltschutz für so wenig Geld wie möglich verwirklichen. Umweltpolitische Erfolge kämen dann weniger durch die Zahl politischer Aktivitäten als durch verbesserte Umweltqualitätsstandards zum Ausdruck, die kostengünstig mit Hilfe der für Marktwirtschaften typischen Anreize zur Entfaltung von Erfindungsgeist und Eigeninitiative erzielt würden.

Verständnisfragen zu Kapitel C

1. a) Inwiefern lassen sich Geldscheine als „Stimmzettel der Verbraucher" bezeichnen, und welche Wirkungen gehen davon auf die Güterpreise und die Güterproduktion aus?
   b) Was halten Sie von der Behauptung: „Das Gewinnstreben untergräbt die Marktwirtschaft"?
2. a) Ein ökonomischer Laie kann seine Beobachtung, daß – gleichgültig wie hoch ein Marktpreis ist – die gekaufte immer gleich der verkauften Menge ist, nicht mit dem Lehrbuchsatz in Einklang bringen, daß der Gleichgewichtspreis auf einem Markt durch die Übereinstimmung von angebotener und nachgefragter Menge charakterisiert ist. Können Sie ihm helfen?
   b) Zeigen Sie, daß die mengenmäßige Güterversorgung der Verbraucher durch wettbewerbliche Selbststeuerung (bei normalen Angebots- und Nachfragekurven) am größten ist, und erläutern Sie, wodurch bei Abweichungen vom Marktgleichgewicht die Güterversorgung kleiner ist.
   c) „Obwohl die Preise für Autos seit Jahren steigen, werden jedes Jahr mehr Autos gekauft. Das Gesetz der Nachfrage ist offensichtlich falsch." Welcher Irrtum liegt dieser Aussage zugrunde?
3. a) Welche nützlichen Funktionen erfüllen Preissteigerungen, die durch Mangelsituationen verursacht sind?
   b) Benzinpreiserhöhungen ärgern jeden Autofahrer. Welche Folgen können sich daraus ergeben
   – für die Nachfrage nach Autos,
   – für die Nachfrage nach anderen Treibstoffen (z. B. Elektrizität),
   – für die Nachfrage nach Büchern?
4. a) Der Besitzer eines Tresors mit einem Inhalt von DM 1000,– verliert seinen einzigen Schlüssel. Er kann den Schlüssel vom Tresorhersteller nachbeziehen. Wie elastisch wird seine Nachfrage nach dem Schlüssel bei unterschiedlichen Preisen sein (direkte Preiselastizität)?
   b) Ein Staranwalt stellt fest, daß er einen geringeren prozentualen Anteil seines

Einkommens für Lebensmittel ausgibt als zu seiner Studentenzeit. Welche Einkommenselastizität seiner Nachfrage nach Lebensmitteln ergibt sich daraus?

5. a) Begründen Sie, warum das Erste Gossen'sche Gesetz auch ,,Sättigungsgesetz" und das Zweite Gossen'sche Gesetz auch ,,Genußausgleichsgesetz" heißt.

   b) Erklären Sie das Gesetz der Massenproduktion und das Gesetz vom abnehmenden Ertragszuwachs und erläutern Sie, welche Rolle die ,,normale" Kapazitätsgrenze dabei spielt.

6. a) Wodurch unterscheiden sich die Grenzkosten von den Stückkosten, und welche Bedeutung haben sie für den Verlauf der individuellen Angebotskurve bei starrer Kapazität und bei kurzfristig flexibler Kapazität?

   b) Wie ändern sich die Gesamtkosten durch eine Steigerung der Produktivität in einem Unternehmen? (Wie wird dadurch die Gesamtkostenkurve beeinflußt?)

7. a) In einer Zeitungsmeldung wird berichtet, alle Herstellerfirmen von elektronischen Taschenrechnern strebten in den letzten Jahren nach möglichst hohen Gewinnen und dennoch habe sich der Preis für Taschenrechner den minimalen Stückkosten des kostengünstigsten Anbieters angenähert. Welche ökonomischen Wirkungszusammenhänge liegen diesem Sachverhalt zugrunde?

   b) ,,Ohne Innovationen kommt kein Wettbewerb in Gang, ohne Imitationen breitet er sich nicht aus." Was ist mit diesem Satz (von J. M. Clark) gemeint?

8. Welche Probleme entstehen bei der Preisfestsetzung durch den Staat
   a) wenn der festgesetzte Höchstpreis (Beispiel: Mietenstopp)
   – höher ist als der Gleichsgewichtspreis,
   – niedriger ist als der Gleichgewichtspreis;
   b) wenn der festgesetzte Mindestpreis (Beispiel: Preise für einzelne Agrargüter)
   – höher ist als der Gleichgewichtspreis,
   – niedriger ist als der Gleichgewichtspreis?

9. a) Erläutern Sie die wichtigsten Einnahmen staatlicher Haushalte und begründen Sie, warum die Einkommensteuerbelastung der Erwerbstätigen bei Wirtschaftswachstum und Preisniveausteigerung zunimmt.

   b) Welche Güter werden vornehmlich vom Staat angeboten und warum?

10. a) Erörtern Sie mögliche Zielbeziehungen zwischen Ökonomie und Ökologie.

    b) Erläutern Sie die unterschiedliche Wirkungsweise von marktwirtschaftlichen Instrumenten des Umweltschutzes im Gegensatz zu Zwangsinstrumenten.

    c) Begründen Sie, welche Maßnahmen Ihnen geeignet erscheinen, um Ziele des Umweltschutzes zu erreichen.

Literaturhinweise

Als **Einführung** in die wettbewerbliche Selbststeuerung der Marktwirtschaft:
– *K. Herdzina*, Einführung in die Mikroökonomik, München 1989, 185 S.
– *J. Schumann*, Grundzüge der mikroökonomischen Theorie, 1971, 5. Aufl. Berlin 1987, 444 S. Das Buch ist für die heutige Grundausbildung der Volkswirte bis zur Zwischenprüfung charakteristisch (mit einfacher Mathematik). Dazu gibt es ein Arbeitsbuch von *K. Meyer* und *J. Diekmann*, 1982, 3. Aufl. Berlin 1988, 250 S.
– *A. E. Ott*, Grundzüge der Preistheorie, 1968, 3. Aufl. Göttingen 1989, 329 S. In den Anfangskapiteln und am Schluß ist dieses Buch etwas weiterführender als das zuvor genannte Buch von Schumann.
– *E. von Böventer, u. a.*, Einführung in die Mikroökonomie, 1980, 6. Aufl. München und Wien 1989, 356 S. Das Lehrbuch zeichnet sich durch eine didaktisch ansprechende Gestaltung aus.

Das **Angebot durch Unternehmen** ist zentraler Gegenstand der Betriebswirtschaftslehre; Standardwerke dazu sind:
- *H. Schierenbeck,* Grundzüge der Betriebswirtschaftslehre, 1980, 10. Aufl. München 1989, 704 S.
- *G. Wöhe,* Einführung in die allgemeine Betriebswirtschaftslehre, 1960, 17. Aufl. München 1990, 1375 S.
- *H. Diederich,* Allgemeine Betriebswirtschaftslehre, 1969/70, 6. Aufl. Stuttgart 1989, 559 S.
- *E. Gutenberg,* Grundlagen der Betriebswirtschaftslehre, 3 Bde., Berlin u. a. 1951 ff., inzwischen mehrfach verbesserte Auflagen.

Zur Nachfrage durch Haushalte:
- *H. Luckenbach,* Theorie des Haushalts, Göttingen 1975, 275 S.
- *W. Kroeber-Riel,* Konsumentenverhalten, 1975, 4. Aufl. München 1990, 782 S. Das Buch ist stärker empirisch ausgerichtet und enthält auch verbraucherpolitische Ansätze.

Speziell zur Verbraucherpolitik:
- *J. Kruse,* Informationspolitik für Konsumenten, Göttingen 1979, 200 S.
- *B. Meier,* Verbraucherpolitik in der Bundesrepublik Deutschland, Theoretischer Bezugsrahmen, Bestandsaufnahme und Lückenanalyse, Frankfurt/M. u. a. 1985, 270 S.

Zur Wettbewerbstheorie und -politik:
- *M. Borchert, H. Grossekettler,* Preis- und Wettbewerbstheorie, Stuttgart u. a. 1985, 371 S.
- *K. Herdzina,* Wettbewerbspolitik, 1984, 2. Aufl. Stuttgart 1987, 237 S. Eine auch von Anfängern gut lesbare Darstellung aus jüngster Zeit.
- *I. Schmidt,* Wettbewerbstheorie und Kartellrecht, 1981, 3. Aufl. Stuttgart, New York 1990, 300 S. Eine praxisorientierte Einführung, die Fälle und Rechtsfragen mitbehandelt.
- *G. Aberle,* Wettbewerbstheorie und Wettbewerbspolitik, Stuttgart u. a. 1980, 184 S. Ein kompakt geschriebener Grundriß, der auch über ausländische Regelungen kurz informiert.
- *F.-U. Willeke,* Wettbewerbspolitik, Tübingen 1980, 450 S. Als Monographie zur Vertiefung von Grundfragen geeignet.

Speziell zu wettbewerbspolitischen Konzepten (mit Empfehlungen zu wettbewerblichen Struktureingriffen):
- *H. Bartling,* Leitbilder der Wettbewerbspolitik, München 1980, 166 S.

Als Monographie auf der Basis vor allem englisch-amerikanischer Literatur:
- *E. Kaufer,* Industrieökonomik, München 1980, 630 S.

Über aktuelle Vorgänge der Politik gegen Wettbewerbsbeschränkungen informieren
- *Bundeskartellamt,* Berichte über seine Tätigkeit im abgelaufenen Geschäftsjahr sowie über Lage und Entwicklung auf seinem Aufgabengebiet, erscheint jährlich bzw. zweijährlich (seit 1958);
- *Monopolkommission,* Hauptgutachten, erscheinen alle zwei Jahre (seit 1975) und werden zu speziellen Fragen ergänzt durch Sondergutachten;
- *EG-Kommission,* Berichte über die Wettbewerbspolitik in den Europäischen Gemeinschaften, erscheinen jährlich (seit 1972).

Die **öffentliche Güterversorgung** wird in allen Lehrbüchern der Finanzwissenschaft behandelt, z. B. bei:
- *R. Peffekoven,* Einführung in die Grundbegriffe der Finanzwissenschaft, 1976, 2. Aufl. Darmstadt 1986, 156 S.
- *R. A. Musgrave u. a.,* Die öffentlichen Finanzen in Theorie und Praxis, 4 Bde., Tübingen 1975 bis 1978, Bd. 1, 5. Aufl. 1990, 279 S.; Bd. 2, 4. Aufl. 1988, 390 S.; Bd. 3, 4. Aufl. 1987, 367 S.; Bd. 4, 1. Aufl. 1978, 330 S.

Zum **Umweltschutz:**
- *L. Wicke,* Umweltökonomie, Eine praxisorientierte Einführung, 1982, 2. Aufl. München 1989, 422 S.
- *H. Gutzler* (Hrsg.), Umweltpolitik und Wettbewerb, Baden-Baden 1981, 303 S. Auf die in diesem Sammelband enthaltenen Aufsätze von *W. Zohlnhöfer* sowie *H. Bonus* sei besonderes hingewiesen.
- *Umweltbundesamt,* Jahresberichte (seit 1975).
- *Rat von Sachverständigen für Umweltfragen,* Umweltgutachten (seit 1978).

D. Einkommensverteilung in der Marktwirtschaft

I. Das zu verteilende Volkseinkommen

1. Geschlossene Wirtschaft ohne Staat

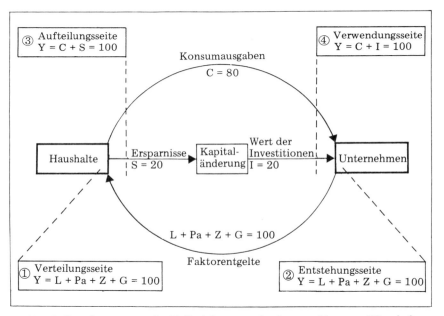

Abb. 48: Berechnungsarten des Volkseinkommens in einer geschlossenen Wirtschaft ohne Staat (Geldkreislauf)

Um zu veranschaulichen, wie der Gesamtumfang des in einer Volkswirtschaft entstehenden – und entsprechend verteilbaren – Einkommens (das Volkseinkommen) ermittelt werden kann, greifen wir auf die Kreislaufdarstellung des Wirtschaftsprozesses zurück.

In einem – im Prinzip von früher bekannten – stark vereinfachenden Modell soll es als Wirtschaftssubjekte zunächst wieder lediglich Haushalte und Unternehmen geben, d. h. Staatstätigkeiten und wirtschaftliche Beziehungen zum Ausland bleiben unberücksichtigt *(geschlossene Wirtschaft ohne Staat)*. Auch betrachten wir nur den sogenannten *Geldkreislauf*, wobei allerdings gegenwärtig sein sollte, daß neben den monetären Strömen die immer in umgekehrter Richtung fließenden realen Ströme existieren.[1]

Als Neuerung führen wir in das Modell einen rechnerischen Sektor **Kapitaländerung** ein. Sein Name erklärt sich daraus, daß bei ihm alle Veränderungen des volkswirtschaftlichen Produktionsfaktors Kapital – mithin Investitionen – erfaßt werden sollen. Bei diesen ,,Investitionen in Realkapital`` müssen wir jedoch genauer sein und zwischen Brutto- und Nettoinvestition unterscheiden. Die *Bruttoinvestition* umfaßt für eine Periode alle produzierten Güter, die nicht in die Verfügungsmacht von Haushalten übergehen (also alle betrieblichen Anlagezugänge und alle Bestandserhöhungen an Roh-, Hilfs- und Betriebsstoffen sowie an unverkauften Halb- und Fertigerzeugnissen). Zum Teil sind diese Investitionen allerdings nur Re-investitionen derart, daß sie den in der betreffenden Produktionsperiode eingetretenen Verschleiß an Realkapital, die sogenannten *Abschreibungen*, decken. Der Kapitalstock einer Volkswirtschaft ändert sich deshalb netto jeweils lediglich um den Unterschiedsbetrag zwischen der Bruttoinvestition und den Abschreibungen. Diese Differenz zwischen Bruttoinvestition und Abschreibungen heißt *Nettoinvestition*, und nur auf sie kommt es letztlich in unserem Modell beim Sektor Kapitaländerung an.

In diesem Zusammenhang sollen gleich noch zwei weitere zentrale Begriffe genannt und zum Volkseinkommen in Beziehung gesetzt werden:

Das **Bruttosozialprodukt** *(BSP) umfaßt alle in einem Jahr hergestellten Güter einer Volkswirtschaft. Durch Subtraktion derjenigen Güter, die zum Ersatz des im Produktionsprozeß ,,verschlissenen`` Realkapitals benötigt werden (Abschreibungen), erhält man aus dem Bruttosozialprodukt das* **Nettosozialprodukt** *(NSP) – dessen Synonym das* **Volkseinkommen** *(Y) ist.*

Dieses Volkseinkommen (oder Nettosozialprodukt) läßt sich – je nach der Schnittstelle im Geld- bzw. Güterkreislauf – berechnen nach: (1) der Verteilungsseite und (2) der Entstehungsseite, bei der an die Buchführung der Unternehmen angeknüpft werden kann, so daß sie praktisch besonders wichtig ist, sowie (3) der – nur theoretisch bedeutsamen – Aufteilungsseite und schließlich (4) der Verwendungsseite.

(1) Über die **Verteilungsseite** kann man das Volkseinkommen ermitteln, indem man bei den Haushalten die Produktionsfaktoreinkommen Lohn, Pacht und Zins addiert und auch den Gewinn der Unternehmerhaushalte – auch soweit er unverteilt in den Unternehmen verbleibt – hinzurechnet:

Volkseinkommen = Summe aller (direkten und indirekten)
Markteinkommen der Haushalte.

(2) Die **Entstehungsseite** gleicht inhaltlich der vorhergehenden Berechnung, wobei jedoch institutionell von den Unternehmen ausgegangen wird. Da

---

[1] Den monetären Ersparnissen der Haushalte entspricht ein Anspruch auf reale Güter (Vermögen), dem monetären Wert der Investitionen entsprechen die realen Investitionsgüter, den Konsumausgaben die Konsumgüter und den Faktorentgelten die Faktorleistungen.

hier die bei den Unternehmen ohnehin vorhandenen Daten des Rechnungswesens genutzt werden können, spielt sie in der Praxis eine große Rolle. Darauf wird im nächsten Abschnitt, in dem die vereinfachenden Modellannahmen aufgegeben werden, noch genauer eingegangen. Zunächst geht es nur prinzipiell darum, festzuhalten, daß sich das Volkseinkommen nach dieser Variante als Summe der von allen Unternehmen gezahlten Einkommen, d. h. deren ,,Wertschöpfungen'', ergibt:

Volkseinkommen = Summe der Wertschöpfungen aller Unternehmen.

(3) Bei der **Aufteilungsseite** liegt – wie der Name schon andeutet – die maßgebliche Schnittstelle des Wirtschaftskreislaufs bei der Aufteilung des Einkommens durch die Haushalte:

Volkseinkommen = gesamtwirtschaftlicher Konsum
+ gesamtwirtschaftliche Ersparnis.

Dabei wird zur Ersparnis alles Geld gerechnet, das die Haushalte nicht zum Kauf von Konsumgütern ausgeben. Praktisch kommt dieser Berechnung des Volkseinkommens nur geringe Bedeutung zu, weil der statistische Zugang zu den Daten der Haushalte schwierig ist; theoretisch ist sie mit den anderen Ansätzen gleichwertig.

(4) Die **Verwendungsseite** schließlich geht wieder von den Unternehmen (und deren Rechnungslegung) aus, wobei maßgeblich ist, für welche Güterart das Volkseinkommen verwendet wird:

Volkseinkommen = gesamtwirtschaftlicher Konsum
+ gesamtwirtschaftliche Investition.

In Realgrößen betrachtet, handelt es sich hier also darum, den in einem Jahr produzierten Güterberg durch Zusammenfassung aller Konsumgüter und (Netto-) Investitionsgüter zu ermitteln.

Angemerkt sei, daß aus den beiden zuletzt genannten Gleichungen – wie auch aus der Kreislaufdarstellung – noch ein besonderer grundlegender Zusammenhang erkennbar ist. Gesamtwirtschaftlich ist am Ende jeder Wirtschaftsperiode wertmäßig immer:

(Netto-) Investition der Unternehmen = Ersparnis der Haushalte.

Genau in Höhe des Wertes der Nettoinvestitionen haben die Haushalte also auf Konsum verzichtet und durch Ersparnis einen Anspruch auf reale Güter erworben (Vermögen gebildet). Entsprechend werden bei den Unternehmen alle Güter, die von den Haushalten nicht konsumiert werden, zu Investitionen. Das können freiwillige Investitionen sein (z. B. gewollte Kapazitätserweiterungen) oder unfreiwillig auftretende, wie z. B. ungeplante Lagerbestände an Absatzgütern. Derartige Überraschungen führen dann in der Regel zu Planrevisionen der Wirtschaftseinheiten, was Einfluß auf die Höhe zukünftiger Volkseinkommen hat.

Hier bei der Einkommensverteilung sollen diese Volkseinkommensänderungen allerdings noch nicht näher analysiert werden. Vielmehr geht es im nächsten Abschnitt zunächst nur um die Frage, wie sich der – so oft zitierte –

„Kuchen", der in einer Volkswirtschaft verteilt werden kann, realitätsnah ermitteln läßt.

2. Offene Wirtschaft mit ökonomischer Aktivität des Staates

Um zu erläutern, wie das Volkseinkommen einer realen Volkswirtschaft berechnet werden kann, in der – außer den Haushalten und Unternehmen – auch der Staat am Wirtschaftskreislauf beteiligt ist und wirtschaftliche Beziehungen zum Ausland bestehen, soll an die Rechnungslegung der Unternehmen angeknüpft werden. Als Ausgangspunkt (vgl. Abb. 49) betrachten wir das Produktionskonto für ein Jahr bei zunächst nur einer einzigen Unternehmung.

Auf der rechten Seite des einzelwirtschaftlichen Produktionskontos – dessen rechte und linke Seite insgesamt, wie bei jedem Konto, jeweils gleich groß sind – macht den größten Posten der Umsatz der Unternehmung aus. Er teilt sich auf in *Inlandsumsätze* (das sind Verkäufe an andere Unternehmen, an private Haushalte und an den Staat) sowie in *Verkäufe an das Ausland* (Export von Gütern und Diensten). Der gesamte Zuwachs an betrieblichen Anlagen und Vorräten im Bereich der Unternehmung (Sachgüter) wird als *Bruttoinvestition* erfaßt.

Die linke Seite des Produktionskontos der Unternehmung enthält alle Einkäufe von anderen Unternehmen des Inlands und des Auslands (Importe), die insgesamt als sogenannte *Vorleistungen* (in Form von Roh-, Hilfs- und Betriebsstoffen) in den Produktionsprozeß eingehen. Als weiterer Posten erfassen die *Abschreibungen* die Abnutzung der dauerhaften Produktionsmittel in der Rechnungsperiode. Außerdem schlagen sich auf der linken Seite des Produktionskontos die von der Unternehmung an den Staat zu zahlenden *indirekten Steuern* (z. B. Umsatzsteuer, Zölle, Mineralölsteuer) nieder. Sie werden vor der Ermittlung der Wertschöpfung der Unternehmung von den Verkaufserlösen abgesetzt. Da staatliche *Subventionen,* in umgekehrter Richtung, Zahlungen des Staates an Unternehmen ohne gleichzeitige marktmäßige Gegenleistung sind (und im Vergleich zu den indirekten Steuern in der Regel niedrig bleiben), werden sie mit diesen saldiert, und nur der – netto von der Unternehmung an den Staat zu zahlende – Überschuß der indirekten Steuern über die Subventionen wird auf der linken Seite des Produktionskontos verbucht. Schließlich erscheint auf der linken Seite – als für die Volkseinkommensberechnung wichtigster Posten – die **Wertschöpfung** der Unternehmung, d.h. die Summe der gezahlten Faktorentgelte (Löhne, Pachten und Zinsen) zuzüglich des Unternehmensgewinns, der als Restgröße die beiden Seiten des Produktionskontos immer ausgleicht.

Betrachten wir nicht nur eine Unternehmung, sondern fassen wir alle Produktionskonten der Volkswirtschaft zusammen, so erhalten wir das **nationale Produktionskonto** (vgl. Abb. 49). Insgesamt gibt die rechte Seite die Verwendung des Sozialprodukts an, während wir durch die linke Seite etwas über die Entstehung (bzw. auch die Verteilung) des Sozialprodukts erfahren.

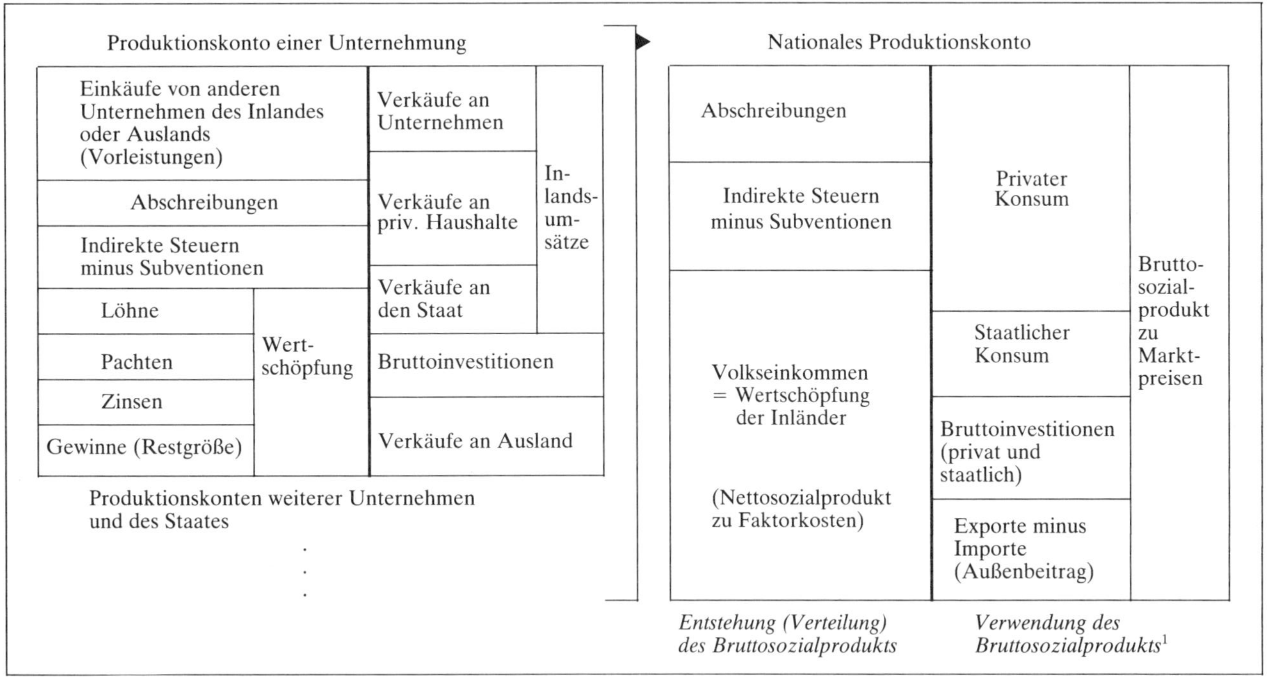

Produktionskonto einer Unternehmung

- Einkäufe von anderen Unternehmen des Inlandes oder Auslands (Vorleistungen)
- Abschreibungen
- Indirekte Steuern minus Subventionen
- Wertschöpfung
  - Löhne
  - Pachten
  - Zinsen
  - Gewinne (Restgröße)

Inlandsumsätze:
- Verkäufe an Unternehmen
- Verkäufe an priv. Haushalte
- Verkäufe an den Staat
- Bruttoinvestitionen
- Verkäufe an Ausland

Produktionskonten weiterer Unternehmen und des Staates

Nationales Produktionskonto

- Abschreibungen
- Indirekte Steuern minus Subventionen
- Volkseinkommen = Wertschöpfung der Inländer
- (Nettosozialprodukt zu Faktorkosten)
- Privater Konsum
- Staatlicher Konsum
- Bruttoinvestitionen (privat und staatlich)
- Exporte minus Importe (Außenbeitrag)

Bruttosozialprodukt zu Marktpreisen

Entstehung (Verteilung) des Bruttosozialprodukts   *Verwendung des Bruttosozialprodukts*[1]

Abb. 49

[1] Die „Verwendung des BSP" von 1989[a] in Zahlen (Mrd. DM): 2260; davon priv. Konsum: 1230 (= 54 v.H.); staatl. Konsum: 418 (= 18 v.H.); Bruttoinvestitionen: 488 (= 22 v.H.); Außenbeitrag 141 (= 6 v.H.).

[a] vorläufig

Wichtig ist, daß beim nationalen Produktionskonto auch die **staatlichen Haushalte** miterfaßt werden, da der Staat sowohl produktiv als auch konsumtiv am Wirtschaftskreislauf beteiligt ist. Im einzelnen kaufen die öffentlichen Körperschaften – analog zu den Unternehmen – Vorleistungen ein, schreiben die Abnutzung ihrer Produktionsanlagen ab und zahlen Entgelte für die im staatlichen Produktionsprozeß eingesetzten Produktionsfaktoren. Diesen Größen auf der linken Seite der staatlichen Produktionskonten stehen auf der rechten Seite die staatlichen Bruttoinvestitionen gegenüber sowie ein als Saldo gerechneter Rest, der als *staatlicher Konsum* bezeichnet wird. Er ist die Quelle für das Angebot an *öffentlichen Gütern* (z.B. öffentliche Verwaltung, Innere Sicherheit, Gesundheitsfürsorge), für die es aufgrund der oben genannten besonderen Umstände meist keinen Markt und damit auch keinen freien Marktpreis gibt. Ihr Wert wird deshalb hilfsweise durch die Aufwendungen bestimmt, die ihre Herstellung erfordert hat. Im Unterschied zu den Produktionskonten privater Unternehmen, bei denen der Gewinn bzw. Verlust als Restgröße ermittelt wird, ist also die Restgröße bei staatlichen Produktionskonten, bei denen weder ein Gewinn noch ein Verlust ausgewiesen wird, der als staatlicher Konsum definierte (und durch die öffentlichen Produktionskosten bestimmte) Wert des öffentlichen Güterangebots.

Der *staatliche Konsum* gehört heute neben dem *privaten Konsum* zu den größten Posten auf der rechten Seite (Verwendungsseite) des nationalen Produktionskontos (vgl. Abb. 49). Außerdem werden dort die – privaten und staatlichen – *Bruttoinvestitionen* erfaßt. Schließlich schlägt sich hier das Ergebnis der internationalen Wirtschaftsbeziehungen in einem Saldo von Export und Import nieder, der als *Außenbeitrag* bezeichnet wird. Ist er positiv, spricht man von einem Exportüberschuß (wie ihn die BR Deutschland bis Ende der siebziger Jahre stets vorweisen konnte), bei negativem Saldo liegt ein Defizit oder Importüberschuß vor.

Die Summe dieser vier Posten: privater Konsum, staatlicher Konsum, Bruttoinvestitionen und Außenbeitrag, wird als **Bruttosozialprodukt (BSP) zu Marktpreisen** bezeichnet. Zieht man davon die – auf der linken Seite des nationalen Produktionskontos erscheinenden – Abschreibungen ab, so ergibt sich das **Nettosozialprodukt (NSP) zu Marktpreisen.** Von ihm kommt man zum Nettosozialprodukt zu Faktorkosten, indem vom NSP zu Marktpreisen die indirekten Steuern abgezogen und die staatlichen Subventionszahlungen an die Unternehmen hinzugerechnet werden. Beide gehen in die Marktpreise ein, sind aber nicht Teil der Produktionsfaktorkosten.

Das so ermittelte Nettosozialprodukt zu Faktorkosten ist identisch mit dem **Volkseinkommen:** *Es ist die Summe aller den Inländern in einem Jahr zufließenden Einkommen.*

3. Das Sozialprodukt als Wohlstandsindikator

Kritisch soll abschließend erörtert werden, inwieweit sich durch Sozialproduktsberechnungen der **Wohlstand** einer Volkswirtschaft tatsächlich messen läßt. Internationale Vergleiche des Pro-Kopf-Volkseinkommens sind üblich (vgl. dazu als Beispiel Tab. 3) und geben scheinbar eine exakte Vorstellung davon, welches Versorgungsniveau in einer Volkswirtschaft für jedes Individuum im Durchschnitt verwirklicht ist.

Land	1980	1987
USA	11 360	18 530
BR Deutschland	13 590	14 400
Japan	9 890	15 760
UdSSR	4 550	[1]
Brasilien	2 050	2 020
Indien	240	300

[1] Nach 1980 nicht mehr berichtet

Quelle: WELTBANK, Weltentwicklungsbericht 1982, Washington 1982, S. 118 f. sowie dieselbe, Weltentwicklungsbericht 1989, Washington 1989, S. 194 f.

Tab. 3: Bruttosozialprodukt pro Kopf der Bevölkerung, in US-Dollar

Im Grunde ist der Aussagewert der heutigen Sozialproduktsberechnungen jedoch aus einer Reihe von Gründen begrenzt. Daß es dabei letztlich nur auf das reale Sozialprodukt, d.h. lediglich auf die Gütermengenentwicklung ankommt, läßt sich noch relativ leicht dadurch berücksichtigen, daß das nominale Sozialprodukt jeweils um die Inflationsrate korrigiert wird. Als hartnäckigere **Einwände gegen die Verwendung des Sozialprodukts als alleinigen Wohlstandsindikator** sind indessen zu nennen:

– Nicht nur das Sozialprodukt pro Kopf im rechnerischen Durchschnitt ist für den Wohlstand in einer Volkswirtschaft entscheidend, sondern dessen tatsächliche – gleichmäßige oder ungleichmäßige – *Verteilung* auf die einzelnen Individuen.

– Die *öffentlichen Güter* werden mit ihren Herstellungskosten einmal vollständig beim Endverbrauch erfaßt, obwohl ein großer Teil von ihnen auch als Vorleistung in den Unternehmenssektor eingeht und so den Wert des damit hergestellten privaten Güterangebots erhöht – und mit diesem nochmals in das Sozialprodukt aufgenommen wird (Doppelzählung der in der Produktion eingesetzten öffentlichen Güter). Außerdem führt die Bewertung der öffentlichen Güter – mangels Marktpreisen – mit ihren Herstellungskosten dazu, daß das Sozialprodukt mit jeder Kostenerhöhung (z.B. jeder Gehaltserhöhung der öffentlich Bediensteten) größer wird, ohne daß dabei ein ursächlicher Bezug zu einer besseren Güterversorgung besteht.

– Indem nur alle über den Markt erbrachten Leistungen in das Sozialprodukt eingehen, berücksichtigt es keinerlei „*Produktion*" *im Haushalt* (z.B. Hausfrauenarbeit, Do-it-yourself-Tätigkeiten).

– Auch wird die – zweifellos für den Wohlstand besonders wichtige – *Freizeit* (bzw. werden Länge und Schwere der Arbeit) in keiner Weise beachtet.

- Außerdem erfassen die Berechnungen des Sozialprodukts nicht die immer größer werdenden Wohlstandsverluste (z. B. durch Umweltverschmutzung und Lärm), die in die Kostenrechnung der Unternehmen nicht eingehen, weshalb hier allgemein von *sozialen Zusatzkosten* gesprochen wird. Sofern die Schäden durch private oder staatliche Wirtschaftsaktivitäten beseitigt werden, kann das Sozialprodukt kurioserweise sogar ansteigen.
- Ferner gehen in das Sozialprodukt grundsätzlich keine *Verringerungen des Wohlstandspotentials künftiger Generationen* ein, z. B. durch Abbau von Rohstoffvorräten.
- Schließlich enthält das Sozialprodukt *nur ökonomische Größen,* nicht aber Faktoren wie soziale Sicherheit und politische Freiheit.

Indikator \ Land	Bundesrepublik Deutschland	Chile	Kamerun	Indien
Bruttosozialprodukt pro Kopf (in US $ im Jahr 1987)	14 400	1 310	970	300
Tägliches Kalorienangebot pro Kopf (1986)	3 528	2 579	2 028	2 238
Lebenserwartung bei der Geburt (in Jahren, 1987)	75	71	56	58
Einwohner je Arzt (1984)	380	1 230	*	2 520
Anzahl der Besucher höherer Schulen und Universitäten in v. H. der Bevölkerung im Alter von 20–24 Jahren (1985)	30	16	2	9

* keine Angaben

Quelle: WELTBANK, Weltentwicklungsbericht 1989, Washington 1989, S. 260 ff.

Tab. 4: Einige Sozialindikatoren im internationalen Vergleich

Inzwischen hat die Kritik am Sozialprodukt als Wohlstandsindikator zu mannigfachen Verbesserungsvorschlägen geführt. Sie können zwei Hauptrichtungen zugeordnet werden. Bei der ersten wird versucht, die volkswirtschaftliche Gesamtrechnung *intern auszubauen* zu einer **sozialen Gesamtrechnung,** wobei – neben der Beseitigung von Doppelzählungen und von statistischen Erhebungsfehlern – insbesondere in der Sozialproduktrechnung bisher nicht erfaßte Größen berücksichtigt werden sollen (z. B. die sozialen Zusatzkosten bei Umweltschäden). Die zweite Lösung besteht in der *externen Ergänzung* der volkswirtschaftlichen Gesamtrechnung durch ein **System sozialer Indikatoren,** die einzelne für den Wohlstand wichtige Lebensbedingungen erfassen. Solche gesellschaftlichen Kennziffern kämen zum Beispiel (nach einem Vorschlag der OECD) für folgende Bereiche in Frage: Gesundheit, Bildung, Erwerbstätigkeit, Freizeit, wirtschaftliche Lage, Wohnung und Umwelt, innere Sicherheit sowie soziale Unterschiede und Chancen. Grundsätzlich sollten soziale Indikatoren alle Bereiche beschreiben, die nicht durch Marktprozesse mit bewertbarem Output gekennzeichnet sind; der Wohlstandsbeitrag des Privatwirtschaftsbereichs könnte weiterhin durch die Sozialproduktrechnung ermittelt werden. In Tabelle 4 sind beispielhaft einige Indikatoren im internationalen Vergleich aufgeführt.

II. Funktionale und personale, primäre und sekundäre Einkommensverteilung

Die *primäre Einkommensverteilung* erfaßt das in einer Wirtschaftsperiode neu geschaffene Volkseinkommen, wie es sich als unmittelbares Ergebnis von Marktprozessen verteilt.

Im einzelnen fällt jedem der Produktionsfaktoren je nach seinem Beitrag zum volkswirtschaftlichen Produktionsprozeß ein Einkommen zu. Der Faktor Arbeit erhält *Lohn-*, der Boden *Pacht-* und das Kapital *Zinseinkommen*. Ist das neu geschaffene Volkseinkommen größer als die gesamte Entlohnung aller Produktionsfaktoren, so verbleibt den Unternehmen als Rest ein *Unternehmergewinn*. Da sich diese Verteilung des Volkseinkommens nach der ökonomischen Funktion der Produktionsfaktoren im volkswirtschaftlichen Produktionsprozeß richtet, nennt man sie **funktionale Einkommensverteilung.**

In erster Linie interessiert aber nicht, wieviel Einkommen auf die verschiedenen Produktionsfaktoren verteilt wird. Wichtiger ist die Frage, wie sich das Volkseinkommen auf die einzelnen Haushalte, d. h. auf Personen verteilt. Diese **personale Einkommensverteilung** steht deshalb heute im Vordergrund der Betrachtung. Primär – d. h. ohne staatliche Umverteilungspolitik – erhält dabei jeder Haushalt Einkommen nach Maßgabe von Art, Umfang und Preis der Produktionsfaktoren, die er auf den Faktormärkten ,,verkaufen" kann. Ein Arbeitnehmerhaushalt, der nur Arbeitskraft für den Einsatz im Produktionsprozeß zur Verfügung stellen kann, erhält nur Lohneinkommen. Besitzt ein Haushalt außerdem noch Boden und Kapital, so erzielt er zusätzliche Pacht- und Zinseinkommen. Ferner beziehen Unternehmerhaushalte – außer dem Entgelt für die von ihnen angebotenen Produktionsfaktoren – ein Gewinneinkommen, wenn das in der betreffenden Periode geschaffene Volkseinkommen nicht vollständig für die Faktorentlohnung verwendet werden muß.

Da sich die primäre Verteilung des Volkseinkommens also danach richtet, in welchen Mengen und zu welchen Preisen der einzelne Haushalt Produktionsfaktoren bei den jeweils besonderen Bedingungen von Angebot und Nachfrage auf den Faktormärkten ,,verkauft", hängt das primäre Einkommen eines Haushaltes weder unmittelbar von seinen Bedürfnissen ab (keine Bedürfnisgerechtigkeit) noch von den individuellen Mühen und Anstrengungen, die der Haushalt aufwendet, um das Einkommen zu erzielen (keine Aufwandsgerechtigkeit), sondern maßgeblich ist letztlich nur, welchen Beitrag der Haushalt leistet, um die auf den Märkten sich zeigenden Knappheitsgrade zu verringern (Marktleistungsgerechtigkeit). Die Folge können ,,Unbarmherzigkeiten des Marktes" sein, d. h. die personale Einkommensverteilung, wie sie unmittelbar

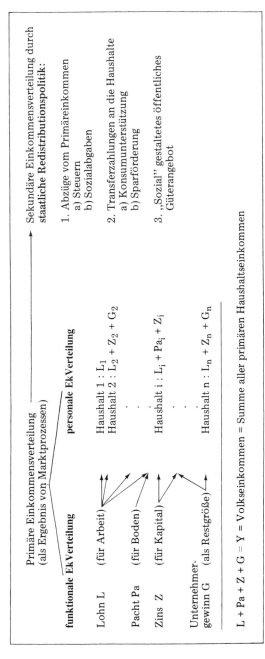

Abb. 50

über die Faktormärkte entsteht, wird häufig als ,,nicht gerecht" empfunden. Eine später noch genauer zu erörternde Rolle spielt dabei, daß zwar der Produktionsfaktor Arbeit relativ gleichmäßig von allen Haushalten angeboten werden kann, der größte Teil des Bodeneigentums und des Kapitals aber in den Händen weniger Haushalte konzentriert ist. Auch an den Gewinneinkommen sind heute noch relativ wenig Haushalte beteiligt.

Die **staatliche Redistributionspolitik** versucht deshalb, diese Ungleichheiten der primären Haushaltseinkommen durch geeignete Maßnahmen zu verringern und so die ,,Unbarmherzigkeit des Marktes" etwas auszugleichen.

Weil die Einkommensverteilung nach Abschluß dieser staatlichen Eingriffe nicht mehr direkt aus den Marktprozessen abgeleitet ist, sondern erst nach Umverteilung des primären Einkommens entsteht, wird sie als *sekundäre Einkommensverteilung* bezeichnet.

Im einzelnen nimmt der Staat einerseits Abzüge von Primäreinkommen durch *direkte Steuern* (z. B. Einkommensteuern) sowie *Sozialabgaben* (z. B. für Kranken- und Rentenversicherung) vor. Andererseits erhalten bedürftige Haushalte *staatliche Transferzahlungen* zur Konsumunterstützung oder auch Sparförderung (z. B. Sozialhilfe, Sparprämien, Ausbildungsförderung, Arbeitslosengeld, Alters- oder Invaliditätsrenten). Außerdem dienen nicht nur solche Geldzahlungen, sondern auch ,,*sozial*" *gestaltete öffentliche Güterangebote* (z. B. im Bildungs- und Gesundheitsbereich) der staatlichen Redistributionspolitik. Daß solche Maßnahmen zur Korrektur der primären Einkommensverteilung grundsätzlich bejaht werden, kommt in der Forderung nach einer Sozialen Marktwirtschaft zum Ausdruck. Eingehender wird auf die Möglichkeiten der Umverteilungspolitik im übernächsten Kapitel eingegangen, während im folgenden zuvor die für die Primärverteilung maßgebliche Preisbildung auf den verschiedenen Produktionsfaktormärkten analysiert werden soll.

III. Zur primären Einkommensverteilung

1. Der Lohn

a) Gleichgewichtslohnsatz

Einkommen, das dem Produktionsfaktor Arbeit zufällt, nennen wir Lohn. Das **Lohneinkommen** *ergibt sich als Produkt aus (Gleichgewichts-)Lohnsatz pro Stunde und Zahl der geleisteten Arbeitsstunden.*

Zur Bestimmung des Gleichgewichtslohnsatzes fragen wir zunächst, wieviel Arbeitszeit – im folgenden kurz als Arbeit bezeichnet – eine Person bzw. ein Haushalt anbieten wird, wenn der Lohnsatz pro Stunde variiert. Die maximale Arbeitszeit pro Tag wird durch die Mindestfreizeit festgelegt, welche für Schlafen, Essen und sonstige Grundbedürfnisse erforderlich ist und deshalb von den 24 Stunden, die jeder Tag hat, subtrahiert werden muß. Um überhaupt existie-

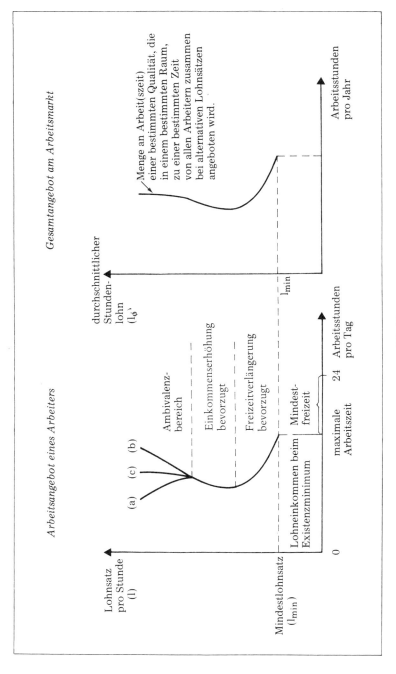

Abb. 51

ren zu können, benötigt der Arbeiter ein bestimmtes Mindesteinkommen. Dadurch ergibt sich – in Verbindung mit der maximalen täglichen Arbeitszeit – der Mindestlohnsatz, der ermöglicht, daß der Arbeiter leben kann. Ist der Stundenlohn geringer, so ist auf Dauer mit dem maximal erzielbaren Haushaltseinkommen ein Überleben nicht möglich, es kann keine Arbeit mehr angeboten werden.

Steigt der Lohnsatz über den Mindestlohn hinaus, wird der Arbeiter in der Regel weniger Wert auf eine starke Erhöhung seines Einkommens legen als auf eine verlängerte Erholungs- und Freizeit. Er ersetzt Arbeitszeit durch Freizeit, bietet also weniger Arbeit an als vorher. Bei weiter steigendem Lohnsatz und fortdauernder Reduktion der Arbeitszeit wird irgendwann ein Lohnsatz erreicht, bei dem es dem Arbeiter sinnvoll erscheinen mag, mehr statt weniger zu arbeiten, um sich auch Güter des gehobenen Bedarfs und Luxusgüter leisten zu können. Der Nutzen solcher Güter, die mit zusätzlichem Einkommen gekauft werden können, wird dann höher eingeschätzt als zusätzliche Freizeit. Die Einkommenserhöhung durch längere Arbeitszeit wird in diesem Fall gegenüber dem Nutzen längerer Freizeit bevorzugt.

Schließlich wird bei weiter steigendem Lohnsatz eine Lohnhöhe erreicht, für die keine allgemeingültigen Aussagen über das Verhalten des Arbeiters mehr möglich sind. Je nach den objektiven und subjektiven Bedingungen des einzelnen ist es denkbar, daß bei weiter steigendem Lohn weniger gearbeitet wird (Fall a: Freizeit-Genießer), mehr gearbeitet wird (Fall b: Geltungseinkommens-Streber) oder aber das Arbeitsangebot gleichbleibt (Fall c).

Das gesamtwirtschaftliche **Angebot an Arbeit** *(Arbeitsstunden pro Jahr) ergibt sich durch Addition aller bei alternativen Lohnsätzen individuell angebotenen Arbeitsstunden.*

Geht man davon aus, daß bei zunehmendem Lohnsatz das verringerte Arbeitsangebot der Freizeit-Genießer durch ein verstärktes Arbeitsangebot derjenigen, die ein höheres Einkommen längerer Freizeit vorziehen, in etwa kompensiert wird, so ist der Verlauf der gesamtwirtschaftlichen Arbeitsangebotskurve mit Fall c vergleichbar. Ab einer bestimmten Lohnsatzhöhe bleibt das Arbeitsangebot bei steigenden Lohnsätzen annähernd konstant oder geht leicht zurück.

Um den Gleichgewichtslohnsatz, der sich am Arbeitsmarkt einstellt, ableiten zu können, muß dem vorhandenen Arbeitsangebot der Haushalte die **Arbeitsnachfrage** der Unternehmen gegenübergestellt werden. Für diese Nachfrage nach Arbeit ist charakteristisch, daß die Unternehmen nur so lange Produktionsfaktoren nachfragen und einsetzen werden, wie sie die damit hergestellten Produkte am Absatzmarkt auch verkaufen können. Aus diesem Grund ist die Faktornachfrage eine – aus dem Absatzmarkt – *abgeleitete Nachfrage.*

Letztlich lohnt es sich für die Unternehmen, so lange zusätzliche Arbeiter nachzufragen, wie der dadurch erzielbare Mehrerlös die zusätzlichen Lohnkosten übertrifft (oder zumindest noch deckt). Das heißt, der Verkaufswert des Grenzprodukts an Erzeugnissen, der dadurch erzielt werden kann, daß ein

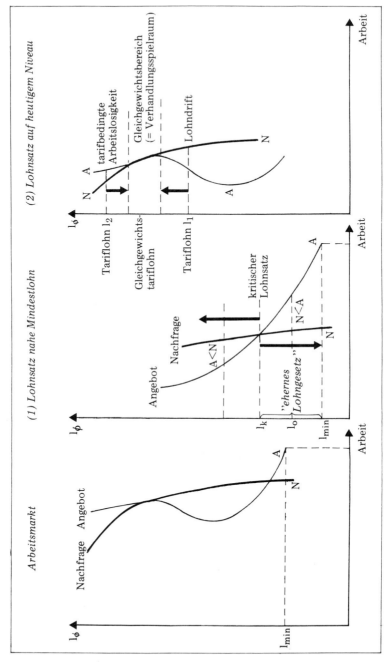

Abb. 52

weiterer Arbeiter beschäftigt wird, muß jeweils noch größer sein als – und kann im Grenzfall gerade gleich werden wie – der Lohn (= Grenzkosten), den der zusätzlich beschäftigte Arbeiter erhält. Sinkt der Lohn, ohne daß sich der Verkaufswert des Grenzprodukts eines Arbeiters ändert, so lohnt es sich für die Unternehmen in der Regel, mehr Arbeiter zu beschäftigen. Das Umgekehrte gilt für höhere Löhne. Insgesamt kennzeichnet die Arbeitsnachfragekurve so eine *„normale" Reaktion auf Lohnsatzänderungen.*

In Abb. 52 sind für einen Arbeitsmarkt die Arbeitsangebotskurve der Haushalte und die Arbeitsnachfragekurve der Unternehmen dargestellt. Dabei zeigt sich nicht nur ein einziger Schnitt- oder Berührungspunkt, sondern es gibt Marktgleichgewichte:

(1) für einen Lohnsatz nahe dem Mindestlohn und

(2) für Lohnsätze auf heutigem Niveau.

Beide Bereiche sind in den rechten Diagrammen noch einmal herausgehoben veranschaulicht.

Aufgrund der bei Lohnsatzänderungen in unterschiedlicher Richtung reagierenden Haushalte bei hohen und niedrigen Löhnen ergeben sich sowohl ein instabiler Gleichgewichtslohnsatz in der Nähe des Mindestlohns als auch ein Bereich stabiler Gleichgewichtslohnsätze bei Löhnen auf heutigem Niveau.

(1) Bei relativ niedrigem Lohnniveau existiert ein Gleichgewicht nur bei einem bestimmten kritischen Lohnsatz. Bei Abweichungen von diesem kritischen Gleichgewichtslohn führen die im Verlauf der Kurven zum Ausdruck kommenden Marktkräfte nicht mehr zum alten Gleichgewicht von Angebot und Nachfrage zurück. Ist der *Lohnsatz größer als der kritische Lohnsatz,* liegt vielmehr ein Nachfrageüberschuß vor, und der Lohnsatz steigt aufgrund der um die Arbeitskräfte rivalisierenden Nachfrage nach Arbeit tendenziell noch an. Bei einem *Lohnsatz, der unter dem kritischen Lohnsatz liegt,* übersteigt das Angebot an Arbeit die vorhandene Nachfrage, was den Lohnsatz weiter nach unten drückt. Durch diese Wirkung nimmt zwar die Nachfrage nach Arbeit zu, aber nicht annähernd so stark wie das Arbeitsangebot, das bei immer weiter sinkenden Lohnsätzen anormal reagiert und ständig größer wird. Dieser Prozeß ist erst beendet, wenn der Lohnsatz so weit gesunken ist, daß er den Mindestlohnsatz erreicht hat. Würde er noch niedriger, so könnte kein Haushalt mehr existieren, und es würde gar keine Arbeit mehr angeboten.

Die geschilderten Zusammenhänge spielten in der Realität vor mehr als hundert Jahren zu Beginn der industriellen Revolution eine bedeutende Rolle; der Lohnsatz war damals jahrzehntelang kaum höher als der Mindestlohn. Karl Marx nannte das dauernd vorhandene Heer an Arbeitslosen die **„industrielle Reservearmee"**, die das Lohnniveau beständig auf das Existenzminimum drücke, und Ferdinand Lassalle gab dem unübersehbaren Tatbestand den Namen **„ehernes Lohngesetz"**.

(2) Die Lohnbildung auf dem heutigen, relativ hohen Niveau ist dagegen von völlig anderen Problemen gekennzeichnet. Gewerkschaften und Arbeitge-

berverbände schließen **Tarifverträge** ab, wobei der Lohnsatz innerhalb gewisser Grenzen variieren kann, ohne daß Angebot und Nachfrage aus dem Gleichgewicht geraten. Der Tariflohnsatz gilt als Mindestlohnsatz, der bei der Einzellohnvereinbarung tarifgebundener Arbeitgeber und Arbeitnehmer nicht unterschritten werden darf.

Liegt der Tariflohnsatz unter dem Gleichgewichtslohnbereich, bleibt das Arbeitsangebot hinter der Nachfrage zurück. Die Unternehmer sind bei Konkurrenz um die relativ knappen Arbeitskräfte zu übertariflicher Bezahlung bereit. Es kommt zur sogenannten **Lohndrift** oder übertariflichen Bezahlung, d. h. der effektiv gezahlte Lohnsatz übersteigt den ausgehandelten Tariflohnsatz.

Erreicht der Tariflohnsatz eine Höhe, die nicht mehr einem Gleichgewichtslohnsatz entspricht, geht die Nachfrage nach Arbeitskräften stärker zurück als das Angebot. Da der Tariflohn aber nicht unterschritten werden darf, reagieren die Arbeitgeber mit Entlassungen. Es kommt zu ,,**tarifbedingter Arbeitslosigkeit''**. Im Gegensatz zum Lohn nahe dem Existenzminimum ist die Ursache für Arbeitslosigkeit jetzt nicht ein im Vergleich zum Gleichgewicht zu niedriger, sondern ein zu hoher Lohnsatz.

Zwischen beiden Bereichen des Tariflohnsatzes, in denen es zu notwendigen Anpassungen kommt, existiert ein **tariflohnpolitischer Verhandlungsspielraum**. Welcher Lohnsatz innerhalb dieses Spielraums letztlich realisiert wird, hängt ab von der Verhandlungsmacht und dem Verhandlungsgeschick der *Tarifpartner,* wobei externe Einflußfaktoren wie z. B. die konjunkturelle Lage eine besondere Rolle spielen.

b) Lohnsatzunterschiede

Bisher wurde modellhaft vereinfacht angenommen, daß es nur einen einzigen Arbeitsmarkt gibt, auf dem sich der universell geltende (Gleichgewichts-)-Lohnsatz bildet. Die Wirklichkeit sieht jedoch wieder einmal ganz anders aus, als das vereinfachende Modell ausdrückt. Tatsächlich gibt es vielfältige Arten von Arbeit (Berufe) und entsprechend viele Märkte, auf denen jeweils ein anderer Produktionsfaktor Arbeit angeboten und nachgefragt wird. (Zur Prognose der Berufschancen von Wirtschafts- und Sozialwissenschaftlern sowie von Juristen vergleiche Tabelle 5.) Für jede Art von Arbeit bildet sich im Prinzip ein eigener Lohnsatz.

Die **Ursachen für Lohnsatzunterschiede** sollen im folgenden kurz genannt werden (vgl. dazu den systematischen Überblick in Abb. 53). Selbst wenn alle Berufe gleich attraktiv wären (Nachfragehomogenität) und alle Arbeiter eine identische berufsspezifische Begabung hätten (Angebotshomogenität) sowie auf allen Arbeitsmärkten wettbewerbliche Selbststeuerung herrschen würde, existierten immer noch Lohnsatzunterschiede, weil die **regionale und berufliche Mobilität der Arbeiter** – von einem Arbeitsort zum anderen und von einem Beruf in den anderen – begrenzt ist. Soziologische und psychologische Bindun-

Extreme Annahmen	Ursachen für Lohnsatzunterschiede
I. Gleiche Attraktivität alle Berufe II. Gleiche berufsspezifische Begabung aller Arbeiter III. Wettbewerbliche Selbststeuerung auf allen Arbeitsmärkten	1. Begrenzte räumliche und berufliche Mobilität durch – natürliche Hemmnisse – institutionelle Hemmnisse – monetäre Hemmnisse
Realistischere Annahmen	Bei Aufhebung der extremen Annahmen kommen als zusätzliche Ursachen für Lohnsatzunterschiede hinzu:
Statt Annahme I: Unterschiedliche Attraktivität der Berufe	2. Berufliche Attraktivitätsunterschiede durch – soziale Berufsgeltung – physische und psychische Arbeitsbelastung – Ausbildungszeit – Berufsausübungszeit
Statt Annahme II: Unterschiedliche berufsspezifische Begabung der Arbeiter	3. Berufsspezifische Begabungsunterschiede – erb- und milieubedingt – aufgrund schablonisierter sozialer Vorurteile
Statt Annahme III: Wegen Verbandsbildungen teils keine wettbewerblichen Arbeitsmärkte	4. Besondere Arbeitsmarkteinflüsse von Tarifvertragsverbänden (z. B. Mindestlöhne)

Abb. 53

gen an Orte und Personen und vielleicht auch die Scheu vor Umgewöhnungsbelastungen gehören zu den *natürlichen Hemmnissen der regionalen und beruflichen Mobilität*. Hinzu kommen *institutionelle Hemmnisse* wie Zugangsbeschränkungen (Numerus clausus, Vorschriften der Handwerksordnungen etc.) und gesetzlicher oder vertraglicher Entlassungsschutz.

Schließlich sind auch *monetäre Aspekte* für den fehlenden Ausgleich von regionalen und beruflichen Lohnsatzunterschieden verantwortlich, wofür Informations- und Umzugskosten Beispiele sind.

Wenn die wirklichkeitsferne Annahme einer gleichen Attraktivität aller Berufe aufgegeben und statt dessen die realistische **Heterogenität der Berufe** beachtet wird, ergeben sich weitere Ursachen für Lohnsatzunterschiede. So läßt

Wirtschafts- und Sozialwissenschaftler		Juristen	
minimaler Bedarf u. maximales Angebot	maximaler Bedarf u. minimales Angebot	minimaler Bedarf u. maximales Angebot	maximaler Bedarf u. minimales Angebot
1976 + 4 400	− 27 800	+ 10 800	− 6 200
1984 + 40 000	− 45 300	+ 16 900	− 35 500
1990 + 106 800	− 32 600	+ 50 200	− 34 300

Anm.:   + ist Angebotsüberschuß   − ist Angebotsdefizit

Quelle: Hochschulabsolventen im Beruf – Band 3, bearb. von Hochschul-Informations-System GmbH, Bonn 1975.

Tab. 5: Prognose der Berufschancen von Hochschulabsolventen bei günstigsten und bei ungünstigsten Bedingungen

ein hohes *soziales Ansehen* mancher Tätigkeiten das Arbeitsangebot in diesen Bereichen relativ stark zunehmen, so daß der Lohn ceteris paribus niedriger sein müßte. Die umgekehrte Tendenz tritt ein, wenn der Beruf mit einer großen *physischen und/oder psychischen Belastung* verbunden ist, z.B. bei besonders gefährlicher, schmutziger oder risikoreicher Arbeit. Zu tendenziell höheren Löhnen kommt es außerdem bei Arbeiten zu unüblichen Zeiten (z.B. bei Nacht- und Sonntagsarbeit) sowie bei Berufen, die lange *Ausbildungszeiten* haben (z.B. Akademiker oder spezialisierte Facharbeiter im Vergleich zu ungelernten Hilfsarbeitern) und analog für Fälle nur begrenzter *Berufsausübungszeit* (z.B. bei einem Fotomodell im Vergleich zu einem Postbeamten).

Allerdings sind in der Wirklichkeit nicht nur die Berufe verschieden, sondern die Arbeiter sind auch unterschiedlich für die einzelnen Berufe begabt (**Heterogenität der Arbeiter**). Inwieweit diese Fähigkeitsunterschiede durch die *Vererbung oder das Milieu* bedingt sind, ist in jüngster Zeit in interessanter Weise empirisch untersucht worden, ohne indessen berufsspezifisch differenzierte Tests vorzunehmen.[2] Tatsächlich bereitet schon die objektive Bewertung von Arbeitsleistungen – trotz intensiver Bemühungen z.B. des Verbandes für Arbeitsstudien in der BR Deutschland (Refa) – erhebliche Schwierigkeiten. So

---

[2] Mehrere Studien in den Vereinigten Staaten ergaben, daß sich Unterschiede im Intelligenzquotienten der US-Bevölkerung – bei den derzeitigen Lebensumständen – im Durchschnitt zu etwa 80 v.H. aus Erbanlagen und nur zu 20 v.H. aus unterschiedlichen Milieueinflüssen erklären. Vgl. dazu C. JENCKS, Inequality: a Reassessment of the Effect of Family and Schooling in America, New York 1972; A. R. JENSEN, Genetics and Education, London 1972.

erfolgt die für die Lohneinstufung wichtige Bewertung der Leistungsfähigkeit bis heute oft nach *schablonisierten sozialen Vorurteilen,* die an Kriterien wie Geschlecht, Alter, Rasse und dergleichen anknüpfen. Dabei zeigt die aktuelle Debatte um die Berechtigung der Lohnunterschiede zwischen Männern und Frauen, wie schwer es ist, echte von nur vermeintlichen Leistungsunterschieden zu trennen.

Außerdem erklären sich Lohnsatzunterschiede durch den Einfluß von Verbandsbildungen auf Nachfrage- und Angebotsseite, so daß der Wettbewerb auf Absatzmärkten durch Gewerkschaften und Arbeitgeberverbände eingeschränkt wird. Die in Tarifverträgen vereinbarten Lohnsätze sind für die in Verbänden zusammengeschlossenen Arbeitnehmer und Arbeitgeber rechtlich bindende Mindestlöhne. Sie wirken darüber hinaus faktisch als Mindestlöhne für alle Arbeitnehmer, weil Arbeitgeber, die an nicht tarifgebundene Arbeitnehmer niedrigere Löhne zu zahlen versuchen, die Arbeitnehmer veranlassen würden, einer Gewerkschaft beizutreten.

Die unterschiedlichen Lohnsätze in der Realität bilden sich aufgrund regional und beruflich getrennter Arbeitsmärkte mit unterschiedlicher Nachfrage nach Arbeit und qualitativ verschiedenem Arbeitsangebot. Dabei führt die Mobilität der Arbeitskräfte in räumlicher und beruflicher Hinsicht – selbst langfristig – nur zu einem unvollkommenen Ausgleich der Entgelte.

2. Die Pacht

Das Einkommen des Produktionsfaktors Boden ist das Produkt aus Pachtsatz und Bodenmenge. Wir wollen es als **Pachteinkommen** *bezeichnen.*[3]

Eine spezielle Eigenheit des Faktors Boden besteht darin, daß er insgesamt fast unvermehrbar ist und sich allenfalls unter sehr hohem Aufwand (z. B. durch Trockenlegung von Sümpfen, Bewässerung von Trockengebieten usw.) geringfügig ausweiten läßt. Diesen Sachverhalt kann man grafisch in Form einer Kurve darstellen, bei der unabhängig vom Pachtsatz stets eine gleich große – die maximale – Bodenmenge angeboten wird. Welcher Pachtsatz sich am Bodenmarkt einstellt und welches Pachteinkommen sich ergibt, wird in diesem Fall – bei gegebenem Angebot – nur von der Bodennachfrage bestimmt.

Zur Kolonisationszeit war die gesamte Bodennachfrage noch kleiner als das vorhandene Bodenangebot (Bsp. Amerika). Wer Boden brauchte, konnte ihn in Besitz nehmen, ohne daß er dafür einen Preis zahlen mußte; d. h. der Boden war in manchen Gegenden ein freies Gut (vgl. Abb. 54).

In der Folgezeit wuchs die Nachfrage nach Boden – vor allem aufgrund der starken Bevölkerungszunahme – so an, daß der Boden überall zu einem knappen Gut wurde (vgl. Abb. 54) und der Durchschnittspachtsatz ständig anstieg.

---

[3] Statt von „Pachteinkommen" ist häufig von „Bodenrente" oder „Grundrente" (in inhaltlich gleicher Bedeutung) die Rede.

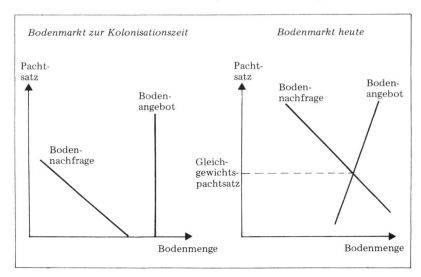

Abb. 54

Da das Bodeneigentum nicht gleichmäßig über alle Haushalte gestreut ist, wird diese Erhöhung der Pachten von vielen als ungerecht empfunden. So wurde verschiedentlich eine Sondersteuer auf den Wertzuwachs des Bodens gefordert (z. B. als ,,*Planungswertausgleich*'', bei dem die durch staatliche Bauleitplanungen bedingten Wertänderungen bei Privatboden zu etwa der Hälfte an den Staat gehen sollen).

Daß es in unserer heutigen Wirtschaft sehr **unterschiedliche Pachtsätze** für den Produktionsfaktor Boden gibt, ist – analog den Überlegungen für Lohnsatzunterschiede – plausibel. Setzt sich doch das volkswirtschaftliche Bodenangebot mosaikartig aus den verschiedenen Bodenflächen mit vorgegebener Lage und Menge (Quantität) sowie kaum veränderbarer Eignung für die einzelnen Nutzungszwecke (Qualität) zusammen. Hinzu kommt die Vielfalt der Nachfrage nach Boden, weil er – wie schon oben angeführt – sowohl als Anbauboden (z. B. für Weinbau, Getreideanbau oder als Weideland) wie auch als Abbauboden (Gewinnung von Kohle, Mineralien, Erdöl etc.) und nicht zuletzt als Standort (z. B. für Güterproduktion, als Wohn- oder Erholungsgebiet) genutzt wird.

Unterschiedliche Pachtsätze für einzelne Grundstücke erklären sich also aus ihrer Verschiedenheit in Lage und Qualität sowie aus der Verschiedenheit in der Struktur der Nachfrage.

3. Der Zins

a) Gleichgewichtszinssatz

Zinseinkommen *ist das Entgelt für die – zeitweilige – Überlassung von Geldkapital. Es wird bestimmt durch die Höhe des zur Verfügung gestellten und nachgefragten Kapitals und dessen Preis, den Zinssatz.*

Für die Erklärung des jeweils gerade realisierten Zinssatzes und die Bildung eines Gleichgewichtszinssatzes gibt es mehrere Theorien, die immer nur einen Teil der für den Zinssatz bedeutsamen Faktoren einschließen, ohne daß bisher ein allumfassender Ansatz entwickelt werden konnte. Wir wollen im folgenden nur auf die *Kredittheorie des Zinses* eingehen, die anhand von Kreditangeboten und Kreditnachfrage zeigt, welcher Gleichgewichtszins sich einspielt.

Ausgangspunkt ist die Annahme, daß das volkswirtschaftliche Geldkapital auf einem einheitlichen Kreditmarkt angeboten und nachgefragt wird. Damit vernachlässigen wir also die übliche Unterscheidung, daß kurzfristige Kredite auf dem ,,Geldmarkt'' und langfristige Kredite auf dem ,,Kapitalmarkt'' gehandelt werden.

Die **Kreditnachfrage** setzt sich dann aus Kreditwünschen für drei Verwendungszwecke zusammen (vgl. Abb. 55):

(a) *Kredite für Investitionen,* die von privaten Unternehmen und vom Staat nachgesucht werden. Hier leitet sich die Nachfrage aus dem geplanten Absatzgutangebot ab (abgeleitete Nachfrage) und wird maßgeblich davon bestimmt, welcher zusätzliche Wert (Grenzprodukt) mit den neuen Investitionen ermöglicht wird. Bei hohem Grenzprodukt ist eine Investition auch bei hohem Zinssatz noch gewinnbringend, während je niedriger das Grenzprodukt der Investitionen wird, die Rentabilität ceteris paribus in Frage gestellt werden kann. Dabei wird in der Regel die Menge der Investitionen, die bei einem gegebenen Zinssatz für die Unternehmen gewinnbringend sind, bei einem niedrigeren Zinssatz größer sein als bei einem höheren Zinssatz. Das bedeutet grafisch eine sogenannte normal verlaufende Nachfragekurve, d.h. bei ansteigendem Zinssatz (als Ursache) geht die Kreditnachfrage für Investitionszwecke (als Wirkung) ceteris paribus zurück – und analog umgekehrt.

(b) *Kredite für Konsumzwecke,* für die als Nachfrager private und staatliche Haushalte in Frage kommen. Konkret ist bei Privaten z.B. an Teilzahlungskredite und Kredite für Wohnungs- oder Hauskauf zu denken. Auch hier verringert sich bei steigendem Zinssatz in der Regel die Nachfrage ceteris paribus (und umgekehrt).

(c) *Kredite für Kassenbestandserhöhungen,* die von allen am Wirtschaftsprozeß beteiligten Wirtschaftseinheiten nachgefragt werden können. Schließlich benötigen alle zumindest so viel Bargeld in ihrer Kasse, daß sie ihre täglichen Käufe tätigen können (Transaktionskasse). Außerdem ist etwas Geld für unvorhergesehene Dringlichkeitsfälle zweckmäßig (Vorsichtskasse).

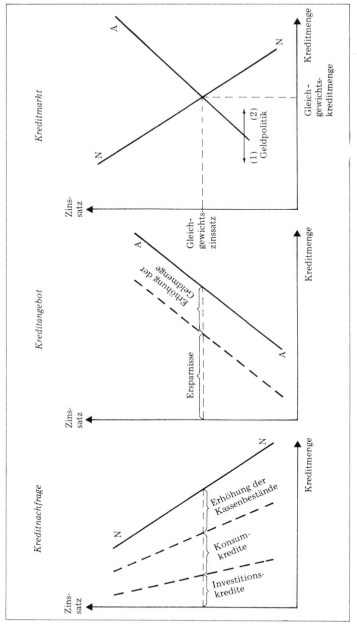

Abb. 55

Darüber hinaus kann weiteres Geldkapital gehalten werden, um Wertpapiere oder andere lohnende Objekte jeweils in günstigen Augenblicken kaufen zu können (Spekulationskasse). Generell sind die (Opportunitäts-)-Kosten der Kassenhaltung immer desto niedriger, je niedriger der Zins ist; denn bei niedrigem Zinsniveau kann das Geldkapital nicht sehr ertragreich angelegt werden, und man verliert nicht viel, wenn man es untätig in der Kasse behält. Deshalb nimmt auch diese Komponente der Kreditnachfrage ab, wenn der Zinssatz ceteris paribus ansteigt (und umgekehrt).

Ähnlich wie die Kreditnachfrage läßt sich auch das **Kreditangebot** differenziert betrachten. Es kann aus zwei Quellen stammen (vgl. Abb. 55):

(a) *Ersparnisse* der privaten Wirtschaftseinheiten (und auch des Staates, soweit bei diesem ein Überschuß der Einnahmen über den staatlichen Konsum verbleiben sollte). Die privaten Ersparnisse werden als von der Zinshöhe abhängig angenommen, d. h. mit steigendem Zinssatz steigt ceteris paribus die Ersparnis (und umgekehrt). Der starke Einfluß von Änderungen des privat verfügbaren Einkommens auf die Höhe der Ersparnisse – der empirisch zu beobachten ist – läßt sich dabei als Verschiebung der gesamten Kreditangebotskurve aus Ersparnissen berücksichtigen (mit steigendem Einkommen verschiebt sich die Kurve ceteris paribus nach rechts).

(b) *Erhöhung der Geldmenge* durch das Bankensystem, wobei der Schaffung von Zentralbankgeld – in der Bundesrepublik durch die Deutsche Bundesbank – maßgebliche Bedeutung zukommt. Im einzelnen ist die volkswirtschaftliche Geldschöpfung ein so komplizierter Vorgang, daß darauf später gesondert in Verbindung mit der Geldpolitik eingegangen werden soll. Hier reicht es festzuhalten, daß die Bundesbank durch bewußte Änderungen der Geldmenge das Kreditangebot manipulieren kann.

Gehen wir jetzt gleich dazu über, das **Zusammenspiel von Angebot und Nachfrage am Kreditmarkt** zu betrachten (vgl. Abb. 55), so zeigt sich ein Normalfall, d. h. die Marktkräfte drängen zum Gleichgewichtszinssatz, bei dem Kreditangebot und Kreditnachfrage gleich groß werden (stabiles Gleichgewicht). Für die späteren Überlegungen zur *Geldpolitik* ist dabei wichtig, daß die Zentralnotenbank durch ihren Einfluß auf das Kreditangebot auch den Zinssatz (und die Gleichgewichtskreditmenge) gezielt steuern kann. Führt doch bei gegebener Kreditnachfrage

(1) eine Senkung des Kreditangebots zu einer Erhöhung des Gleichgewichtszinssatzes (bei gleichzeitiger Abnahme der Gleichgewichtskreditmenge), während

(2) eine Steigerung des Kreditangebots eine Verringerung des Gleichgewichtszinssatzes (und eine Zunahme der Gleichgewichtskreditmenge) zur Folge hat.

Wieweit dadurch die Geldpolitik der Bundesbank einen Beitrag leisten kann, daß die gesamtwirtschaftlichen Ziele Preisniveaustabilität, Vollbeschäftigung, Wirtschaftswachstum und außenwirtschaftliches Gleichgewicht verwirklicht werden, wird im letzten Kapitel E genauer erörtert.

b) Zinssatzunterschiede

Bisher ist für den volkswirtschaftlichen Kreditmarkt gewissermaßen das Zinsniveau als einheitlicher (Durchschnitts-)Zinssatz abgeleitet worden. Tatsächlich findet sich hier in der Wirklichkeit – ähnlich wie bei den Produktionsfaktoren Arbeit und Boden – eine Vielzahl von Teilmärkten, auf denen die jeweils speziellen Angebots- und Nachfragebedingungen zu unterschiedlichen Zinssätzen führen. Schließlich sind konkrete Erscheinungsformen des Zinses nicht nur der Sparzins (für Bankeinlagen mit gesetzlicher Kündigungsfrist) oder Zinsen für festverzinsliche Wertpapiere (eines bestimmten Typs), sondern dazu gehören auch z. B. alle Kapitalertragsausschüttungen bei den verschiedenen Unternehmensformen (Dividenden bei Aktiengesellschaften, Gewinnanteile bei Kommanditgesellschaften oder für stille Unternehmensbeteiligungen u. a.) sowie Kontokorrentkreditzinsen (für Kontoüberziehungen in laufender Rechnung) oder Zinsen bei Abzahlungsgeschäften – womit die Liste noch lange nicht erschöpft ist.

Letztlich unterscheiden sich die Kreditgeschäfte vor allem in bezug auf:
– die *Laufzeit der Kredite*. Dabei reagiert einerseits die Nachfrage bei langfristigen Krediten meist elastischer auf Zinssatzänderungen als bei kurzfristigen Krediten, und andererseits steigen auf der Angebotsseite die Liquiditätsverluste der Verleiher mit zunehmender Laufzeit der Kredite an. Insgesamt ist der Kapitalmarktzins (der aufgrund Definition die ,,langfristigen‘‘ Kredite betrifft) in der Regel höher als der Geldmarktzins (für Kreditlaufzeiten von einem Tag bis zu zwei Jahren) – wobei durch kurzfristige Schwankungen der Marktlage der Geldmarktzins durchaus auch immer mal wieder den Kapitalmarktzins übersteigt.
– das *Rückzahlungsrisiko, das der Gläubiger gegenüber dem Schuldner eingeht*. In der Praxis spielt hier eine Vielzahl von Sicherheitsleistungen eine Rolle, z. B. Bürgschaften, Effektenbeleihungen (bei Lombardkrediten), Haus- und Grundbesitzbeleihungen (als Hypotheken) oder auch nur die Verpflichtung des Schuldners, alle Geldgeschäfte ausschließlich über ein bestimmtes Bankinstitut abzuwickeln. Je höher das Rückzahlungsrisiko ist, desto höher ist in der Regel der Zinssatz.
– das *Inflationsrisiko für den Gläubiger*. Es besteht in der Gefahr, daß der Verleiher für den zur Verfügung gestellten Geldbetrag nach Ablauf der Kreditzeit wegen inflationärer Preisniveausteigerungen nur noch geringere Gütermengen kaufen kann als zuvor. Je höher die erwartete Inflationsrate ist, desto höher ist in der Regel der Zinssatz.
– schließlich die *Bearbeitungskosten der Kredite* und als Sonderaspekt das *Gewinnerzielungsstreben* der die Kreditgeschäfte abwickelnden Unternehmen.

Angesichts dieser vielfältigen Faktoren, die bei jedem Kreditgeschäft eine Rolle spielen, kann die in der Praxis zu beobachtende Fülle unterschiedlicher Zinssätze kaum verwundern. Wichtig ist dabei, daß die Zinsen auf den verschiedenen Teilmärkten voneinander abhängig sind. Steigt z. B. der Zins für langfristige Kredite an, so werden bisherige Anbieter kurzfristiger Kredite teilweise bereit sein, ihr Geldkapital langfristiger auszuleihen, was ceteris paribus der Tendenz zu Zinssteigerungen für langfristige Kredite entgegenwirkt und zugleich den Zinssatz für kurzfristige Kredite anhebt.

Insgesamt bewirken die Marktkräfte so eine Tendenz zu einer Gleichgewichtsstruktur der Zinssatzunterschiede, bei der für jede Kreditart (mit der ihr eigenen Kombination von Kreditlaufzeit, Rückzahlungsrisiko und institutioneller Abwicklung) das Angebot gleich der Nachfrage ist und keine Kräfte zur Vergrößerung oder Verringerung der Zinssatzunterschiede verbleiben.

4. Der Unternehmergewinn

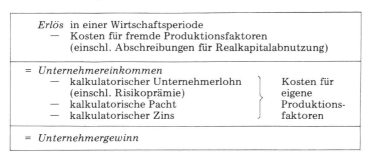

Abb. 56

Der Unternehmergewinn ist kein Preis für einen besonderen Produktionsfaktor. Vielmehr fällt der Unternehmergewinn im volkswirtschaftlichen Produktionsprozeß als **Restgröße** an.

Er muß nicht immer positiv sein. Erhalten die Produktionsfaktoren insgesamt mehr, als überhaupt erwirtschaftet wurde, dann ist der Unternehmergewinn negativ, d. h. die Unternehmer arbeiten mit Verlust.

Vom Unternehmergewinn streng zu unterscheiden ist das *Unternehmereinkommen*. Es ergibt sich aus dem Erlös einer Wirtschaftsperiode (ein Jahr) nach Abzug aller Zahlungen für Produktionsfaktoren, die die Unternehmer von anderen Wirtschaftssubjekten (Haushalten) gekauft oder gemietet haben. Ebenso sind die zur Erhaltung des Realkapitalstocks der Unternehmen erforderlichen Reinvestitionen (in Höhe der Abschreibungen) vom Erlös abzuziehen.

Vom Unternehmereinkommen gelangt man *zum Unternehmergewinn*, indem man bei jedem Unternehmen alle Einkommen subtrahiert, die der jeweilige Unternehmer aufgrund der ihm gehörenden Produktionsfaktoren erzielt. Weil sie praktisch nicht von der Restgröße, dem eigentlichen Unternehmergewinn, zu trennen sind, werden sie als *kalkulatorische Einkommen* bezeichnet. Dazu gehört zunächst der kalkulatorische Unternehmerlohn. Das ist jener

Lohn, den der Unternehmer üblicherweise erzielen könnte, wenn er in einem fremden statt in dem eigenen Unternehmen arbeiten würde. Da er dort seinen Lohn auch bei Verlusten erhielte, in der eigenen Unternehmung das Verlustrisiko aber selbst trägt, gebührt ihm zusätzlich eine Risikoprämie, wenn er in der eigenen Unternehmung tätig ist. Für das in der eigenen Unternehmung eingesetzte Kapital und den eingesetzten Boden sind analog kalkulatorische Posten in Höhe des jeweils höchstmöglichen Entgelts zu berücksichtigen, das der Unternehmer erhalten könnte, wenn er sein Kapital und seinen Boden vermietete, statt selbst zu nutzen (Opportunitätskosten der Eigennutzung). Nach Abzug aller kalkulatorischen Einkommensarten ergibt sich so aus dem Unternehmereinkommen der eigentliche Unternehmergewinn. Er betrug z. B. im Jahr 1980 für alle Unternehmen in der BR Deutschland im Durchschnitt 5,5 v. H. des Erlöses, und davon verblieben nach der Versteuerung noch 2,5 v. H. des Erlöses. Die Unternehmen der Branche ,,Bau, Steine, Erden'' erzielten mit 3,9 v. H. nach Steuern das beste Ergebnis, während die Unternehmen der Eisen- und Stahlerzeugung mit 1,5 v. H. des Erlöses den niedrigsten Gewinn nach Steuern hatten.

Die Unternehmergewinne werden heute in der öffentlichen Diskussion oft generell angeprangert. Allerdings sollte dabei nicht verkannt werden, daß sie teils marktwirtschaftlich zentrale **Steuerungs- und Anreizfunktionen** erfüllen. Die maßgeblichen Kapazitäts-, Imitations- und Innovationseffekte von Gewinnen haben wir im einzelnen bereits in der Modellbetrachtung des obigen Abschnitts C IV 1 analysiert. Hier reicht es deshalb aus, noch einmal zu betonen, daß Gewinne, von denen entsprechende Steuerungs- und Anreizfunktionen ausgehen, im Prinzip nicht von Dauer sind. Vielmehr werden sie durch die im Wettbewerb der Unternehmen erfolgenden Angebotsanpassungen zum Vorteil der Nachfrager gerade dann abgebaut, wenn jedes einzelne Unternehmen danach strebt, möglichst große Gewinne zu machen.

Daß es dennoch nicht zu einem stabilen Endzustand ohne Gewinne kommt, versteht sich. Insbesondere werden *Pionierleistungen,* wie z. B. die Entwicklung und Einführung neuer Produkte und neuer Produktionsverfahren, einzelnen Anbietern immer wieder Vorsprungsgewinne verschaffen, die erst nach und nach von den Wettbewerbern wieder eingeholt werden. Denkbar ist, daß die Nachahmer sogar den ehemaligen Pionier überflügeln und ihrerseits Vorsprungsgewinne erzielen. Auch durch eine *Erhöhung der Nachfrage* können immer wieder Gewinne entstehen oder vorhandene Gewinne vergrößert werden. Ist nämlich das Angebot nicht völlig elastisch, so wird die höhere Nachfrage nur zu einem höheren Preis mit Gütern versorgt. Dadurch können neue Anbieter in den Markt eintreten, deren Stückkosten zuvor über dem geltenden Marktpreis gelegen haben. Der bisherige Grenzanbieter erzielt erstmals Gewinne, und die Unternehmen, die schon vorher mit Gewinn arbeiteten, können diesen weiter ausbauen. Allerdings wird auf lange Sicht der Wettbewerb zwischen den Anbietern auch hier Preis und Gewinne sinken lassen, indem die hohen Gewinne die Produktionsanstrengungen der Unternehmen verstärkt in die von den Nachfragern gewünschte Richtung lenken.

Neben den Gewinnen, von denen marktwirtschaftlich wichtige Steuerungs- und Anreizwirkungen ausgehen, gibt es allerdings auch volkswirtschaftlich un-

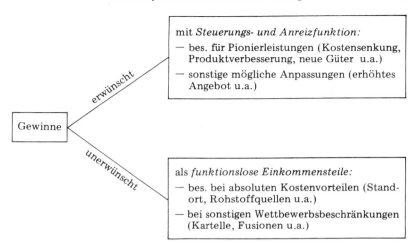

mit *Steuerungs- und Anreizfunktion:*
— bes. für Pionierleistungen (Kostensenkung, Produktverbesserung, neue Güter u.a.)
— sonstige mögliche Anpassungen (erhöhtes Angebot u.a.)

Gewinne

erwünscht

unerwünscht

als *funktionslose Einkommensteile:*
— bes. bei absoluten Kostenvorteilen (Standort, Rohstoffquellen u.a.)
— bei sonstigen Wettbewerbsbeschränkungen (Kartelle, Fusionen u.a.)

erwünschte Gewinne, die nur **funktionslose Einkommen** sind. Sie können von den Marktaktionen anderer prinzipiell nicht bedroht werden und sind entsprechend von Dauer. Zum Beispiel mögen ein oder mehrere Unternehmen über *absolute Kostenvorteile* verfügen, die von anderen Unternehmen nicht aufgeholt werden können. Konkret ist dabei etwa an den Zugang zu besseren Rohstoffquellen (z. B. hochwertiges Eisenerz für die Stahlerzeugung) oder an die Vorteile eines günstigen Standorts (was z. B. die Transportkosten niedrig hält) zu denken. Außerdem können *sonstige Wettbewerbsbeschränkungen* funktionslose Dauergewinne entstehen lassen, beispielsweise wenn auf Märkten mit hohen Marktzugangsschranken enge Oligopole oder gar Monopole durch Kartellbildung oder über Fusionen entstehen und dann das Angebot bewußt knapp gehalten wird, um Preise und Gewinne ansteigen zu lassen. Solange die Anbieter nicht befürchten müssen, daß die hohen Gewinne neue Anbieter auf den Markt locken und der Wettbewerb den Preis nach unten drückt, gibt es keine wirtschaftlichen Prozesse, die zum Abbau der hohen Gewinne führen.

Da es also sowohl erwünschte Gewinne, die im Rahmen einer Marktwirtschaft geradezu notwendig sind, als auch unerwünschte Gewinne gibt, taucht die Frage auf, ob die unerwünschten Gewinne den Unternehmen nicht einfach durch eine Steuer entzogen werden können. Praktisch ist es allerdings kaum möglich, die erwünschten von den unerwünschten Gewinnen zu trennen. Ist doch bei den sich immer erst am Ende einer Wirtschaftsperiode ergebenden Gewinnen zunächst einmal Mark gleich Mark. Außerdem darf nicht übersehen werden, daß die ,,unerwünschten'' Gewinne nicht anders als die ,,erwünschten'' Gewinne für das Wirtschaftswachstum förderlich sind, soweit sie die Investitionen begünstigen. Damit stoßen wir indessen auf Aspekte, die ein generelles Problem der Umverteilungspolitik sind und deshalb systematisch bereits in den nächsten Abschnitt gehören.

11*

IV. Umverteilungspolitik

1. Gewerkschaftliche Politik der Lohnquotenerhöhung

Für die verteilungspolitischen Kämpfe auf den Arbeitsmärkten ist es ein erklärtes Ziel der Gewerkschaften, durch hohe Tariflohnabschlüsse letztlich die Lohnquote zugunsten der Arbeitnehmer zu ändern. Insbesondere gehört zu den gewerkschaftlichen Standardargumenten bei Lohnverhandlungen der Hinweis auf die im Vergleich zu den sogenannten Besitzeinkommen nie hinreichend angestiegenen Löhne. Dabei vermeiden es die Gewerkschaften bisher, die Höhe der angestrebten Lohnquote genauer zu beziffern; sie sind nur entschlossen, die Lohnquote möglichst zu erhöhen.

Die **gesamtwirtschaftliche Lohnquote** *ist definiert als der Anteil am Volkseinkommen, den die Arbeitnehmer für unselbständige Arbeit erhalten.*

Dabei werden zum Einkommen aus unselbständiger Arbeit auch die Arbeitgeberbeiträge zur Sozialversicherung und freiwillige, als Lohnbestandteile geltende Sozialaufwendungen der Arbeitgeber gerechnet. *Alle restlichen Einkommen sind* **Besitzeinkommen** bzw. ,,Einkommen aus Unternehmertätigkeit und Vermögen'', wie es in der amtlichen Statistik heißt. Dazu zählen sowohl der kalkulatorische Unternehmerlohn als auch alle Zins-, Pacht- und Gewinneinkommen – gleichgültig, ob sie Unternehmer- oder Arbeitnehmerhaushalten zufließen. Analog zur gesamtwirtschaftlichen Lohnquote gibt es eine gesamtwirtschaftliche Besitzeinkommensquote; beide ergänzen sich immer zu 1:

$$\frac{\text{Lohneinkommen der Arbeitnehmer (L)}}{\text{Volkseinkommen (Y)}} + \frac{\text{Besitzeinkommen (Y–L)}}{\text{Volkseinkommen (Y)}} = 1$$

So bedeutet eine Erhöhung der Lohnquote, daß die Besitzeinkommensquote kleiner wird (und umgekehrt); denn das Lohneinkommen der Arbeitnehmer ist zusammen mit dem – als übriger Teil des Volkseinkommens definierten – Besitzeinkommen immer gleich dem Volkseinkommen.

Ob die gewerkschaftliche Politik der Lohnquotenerhöhung in den letzten 30 Jahren in der BR Deutschland Erfolg hatte, läßt sich empirisch beantworten. Abb. 57 zeigt, daß die sogenannte **unbereinigte Lohnquote** in der Zeit von 1960 bis 1981 fast kontinuierlich angestiegen ist. Daraus kann allerdings noch nicht der Schluß gezogen werden, die Arbeitnehmer hätten die Einkommensverteilung tatsächlich zu ihren Gunsten verändert, denn gleichzeitig hat die Zahl der Unselbständigen beträchtlich zugenommen. So erhöhte sich der Anteil der unselbständig Beschäftigten an der Gesamtzahl aller Erwerbstätigen (die sog. Arbeitnehmerquote) in den Jahren 1960 bis 1981 von 77,2 v. H. auf 87,5 v. H. und betrug im Jahr 1987 rd. 87,1 v. H. Berücksichtigt man diesen gestiegenen Anteil der Unselbständigen, indem man die Lohnquote bei theoretisch konstant gehaltenem Anteil der Arbeitnehmer berechnet, erhält man – gewissermaßen als Pro-Kopf-Lohnquote – eine sogenannte **bereinigte Lohnquote**. Ihre jeweiligen Werte sind ebenfalls in Abb. 57 eingetragen. Sie haben zwar eine

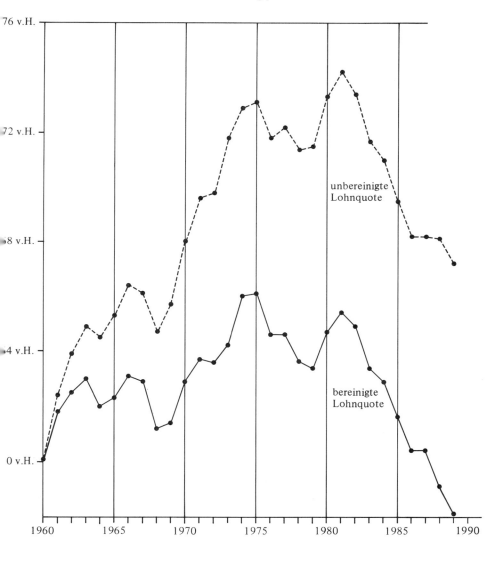

Abb. 57: Entwicklung von Lohnquoten in der BR Deutschland von 1960 bis 1989 (nach Angaben des Statistischen Bundesamtes und Schätzungen des Sachverständigenrates)

leicht schwankende, im Trend der letzten 30 Jahre jedoch nicht eindeutig ansteigende Höhe. Deshalb müssen die verteilungspolitischen Versuche der Gewerkschaften, über eine Erhöhung der Lohnquote die Einkommensverteilung zugunsten der Arbeitnehmer zu ändern, als fehlgeschlagen bezeichnet werden.

Es bleibt zu untersuchen, wie dieser ,,Mißerfolg" erklärt werden kann. Dazu wollen wir von der Definition der Lohnquote ausgehen und Zähler und Nenner des maßgeblichen Quotienten wie folgt zerlegen:

$$\text{Lohnquote} = \frac{L}{Y} = \frac{l \cdot A}{P \cdot Y_r}$$

Das heißt, das *Lohneinkommen der Arbeitnehmer L* läßt sich auch als Produkt aus *durchschnittlichem Stundenlohn l* und der Zahl der von den Arbeitnehmern geleisteten *Arbeitsstunden A* ausdrücken. Außerdem kann das *Volkseinkommen Y* als mit den jeweiligen Güterpreisen (*P = Preisniveau*) gewichteter realer Güterberg (*Y_r = reales Volkseinkommen*) verstanden werden.

Eine von den Gewerkschaften tarifvertraglich durchgesetzte Erhöhung des Stundenlohns l bedeutet ceteris paribus zweifellos eine Zunahme des – die Lohnquote darstellenden – Quotienten. Fraglich ist nur, ob die anderen Größen tatsächlich konstant bleiben. Praktisch zeigte sich, daß starke Lohnsteigerungen meist in Zeiten durchgesetzt werden konnten, in denen eine relativ hohe volkswirtschaftliche Gesamtnachfrage den Unternehmen gleichzeitig **über höhere Preise eine Überwälzung der gestiegenen Lohnkosten** auf die Verbraucher ermöglichte. Für die Lohnquote folgt daraus, daß nicht nur (wegen der Erhöhung von l) das Lohneinkommen aus unselbständiger Arbeit, d. h. der Zähler des Quotienten, sondern ebenfalls (wegen des Anstiegs von P) das nominale Volkseinkommen, d. h. der Nenner des Quotienten, zunimmt. Über den Gesamteffekt auf die Lohnquote läßt sich dann keine theoretisch eindeutige Aussage mehr machen. Dabei zeigte sich empirisch, daß die Lohnquote in Zeiten wirtschaftlichen Aufschwungs gelegentlich abnahm. Meist erlaubten die Märkte Preiserhöhungen, die die Besitzeinkommen der Unternehmer relativ stärker als die Löhne ansteigen ließen. Lediglich in Zeiten rückläufiger Nachfrage, in denen die Unternehmen die gestiegenen Lohnkosten am Absatzmarkt kaum wieder hereinholen konnten, war über eine Lohnsatzerhöhung eine Vergrößerung der Lohnquote realisierbar.

Insgesamt scheint so langfristig durch eine gewerkschaftliche Politik der Lohnsatzsteigerungen – ungeachtet kurzfristiger Schwankungen der Lohnquote aufgrund gesamtwirtschaftlich wechselnder Bedingungen von Angebot und Nachfrage – keine verteilungspolitisch beachtliche Erhöhung der (beschäftigungsstruktur-)bereinigten Lohnquote möglich zu sein.

Außerdem wäre der Spielraum für eine gewerkschaftliche Politik der Lohnquotenerhöhung von vornherein nur klein, wenn die Erreichung der gesamtwirtschaftlichen Ziele Vollbeschäftigung und Wirtschaftswachstum nicht gefährdet werden soll. Das zeigt folgende einfache Rechnung: Zieht man von der gesamtwirtschaftlichen Besitzeinkommensquote in Höhe von 28,4 v. H. im Jahr 1983 als ,,kalkulatorischen Lohn" für die geleistete Arbeit der Selbständigen einen Betrag ab, den diese erhalten hätten, wenn für die Selbständigen das eineinhalbfache Durchschnittseinkommen eines Arbeitnehmers (und für die mithelfenden Familienangehörigen das einfache Arbeitnehmereinkommen) angesetzt worden wäre, so ergibt sich eine Nichtarbeitseinkommensquote von nur 14,0 v. H. des Volkseinkommens oder ein Wert von rd. 180 Milliarden Mark. Außerdem ist noch eine Mindestverzinsung für die eingesetzten Produktionsfaktoren Kapital und Boden vorzusehen, und auch vorübergehend anfallende Gewinne für Pionierleistungen dynamischer Unternehmer sind zu berücksichtigen. Das reproduzierbare Sachvermögen (bes. Gebäude und Maschinen) in der BR Deutschland hatte nach Berechnungen des Statistischen Bundesamtes Anfang 1983 einen Wert von rd. 6,0 Billionen Mark. Wird eine jährliche Verzinsung von nur 2,5 v. H. des produktiv eingesetzten Vermögens kalkulatorisch angesetzt, so stehen 150 von den 180 Milliarden Mark nicht mehr für eine Erhöhung der Lohneinkommen zur Verfügung, und bei angenommenen Leistungsgewinnen in Höhe von nur 5 v. H. des Zins- und Pachteinkommens sind weitere 7,5 Milliarden Mark nicht umverteilbar. So verbleiben 22,5 Milliarden Mark, die bei rd. 22 Millionen Arbeitnehmern für den einzelnen im Durchschnitt eine Lohnsteigerung von rd. 1000 DM pro Jahr bedeuten würden. Das wäre im Jahr 1983 eine Erhöhung der Lohnquote um höchstens 1,8%-Punkte (auf 73,4 v. H. des Volkseinkommens). Dabei ist nicht einmal gesichert, daß trotz der niedrig angenommenen Zins- und Pachteinkommen sowie der nur in geringem Umfang zugelassenen Leistungsgewinne Vollbeschäftigung und Wirtschaftswachstum nicht beeinträchtigt werden.

Unabhängig von diesen Überlegungen ist eine verteilungspolitische Zielformulierung mit Hilfe der Lohnquote prinzipiell fragwürdig. Sie erfaßt weder die Vermögenseinkommen der Arbeitnehmerhaushalte noch die kalkulatorischen Arbeitseinkommen der Unternehmer. Außerdem existiert bei den Löhnen eine Spannweite – vom Hungerlohn mancher Hilfsarbeiter bis zum Spitzenlohn angestellter Manager –, die verteilungspolitisch nicht verdeckt, sondern aufgedeckt werden sollte. Insgesamt ist weniger an die durch die Lohnquote gemessene ,,funktionale Einkommensverteilung'', sondern in erster Linie an die – letztlich allein für soziale Probleme maßgebliche – ,,personale Einkommensverteilung'' anzuknüpfen. Diese steht im Vordergrund der beiden folgenden Abschnitte über die staatliche Einkommensumverteilungspolitik sowie die besondere Politik zur Vermögensbildung bei breiten Bevölkerungsschichten.

2. Staatliche Redistributionspolitik

Wenn auch das wirtschaftspolitische Ziel einer ,,gerechten'' Einkommensverteilung inhaltlich nicht verbindlich festgelegt ist, besteht doch heute weitgehend Einigkeit, daß die personalen Einkommensunterschiede, wie sie sich im marktwirtschaftlichen Prozeß herausbilden, redistributiv verringert werden sollen. Die technisch einfachste Methode, mehr Gleichheit der Einkommen herzustellen, besteht dabei darin, Haushalte mit überdurchschnittlichen Primäreinkommen durch Steuern und andere Abgaben zu belasten und das Aufkommen jenen Haushalten zur Verfügung zu stellen, die nur unterdurchschnittliche Markteinkommen erzielen.

Das jedem Haushalt letztlich **verfügbare Einkommen** errechnet sich dann wie folgt:

primäres Einkommen (= Arbeits- und Besitzeinkommen)
 – direkte Steuern
 – Sozialabgaben
 + Transferzahlungen
 ─────────────────────────
= sekundäres Einkommen = verfügbares Einkommen

Da bei den unabhängig von der Einkommensverwendung erhobenen *direkten Steuern* (z. B. bei der Einkommensteuer) die höher verdienenden Einkommensbezieher prozentual stärker belastet werden als Haushalte mit niedrigerem Einkommen (Steuerprogression), tragen sie wesentlich dazu bei, die Einkommensunterschiede abzubauen.[4] Durch die *Sozialabgaben,* die im Prinzip in immer gleichen Prozentsätzen vom Einkommen abgeführt werden müssen (proportionaler Tarif), wird ein solcher Nivellierungseffekt nicht erreicht; eher wirken hier Abgabehöchstgrenzen einer Einkommensangleichung noch entgegen. Bei den *Transferzahlungen* – die, wie wir schon wissen, Zahlungen des Staates an private Wirtschaftseinheiten sind, denen in der gleichen Periode keine Gegenleistung gegenübersteht (z. B. Renten, Kindergeld, Wohngeld u. a.) – liegt wieder ein besonderer Schwerpunkt der staatlichen Umverteilungspolitik. Stammt doch zur Zeit im Durchschnitt etwa jede vierte Mark, die privaten Haushalten als Einkommen zufließt, aus derartigen öffentlichen Einkommensübertragungen.

Von der in der BR Deutschland ermittelten Schichtung der Monatseinkommen gibt Tabelle 6 eine grobe Vorstellung. Auffällig ist, daß bei den primären Bruttoarbeits- und Vermögenseinkommen des Jahres 1988 weniger als die Hälfte aller Haushalte ein monatliches Bruttoeinkommen von über 1000 bis unter 5000 DM erhielt. Nach Abzug der direkten Steuern und Sozialabgaben erzielte ein solches Nettoeinkommen bereits mehr als die Hälfte aller Haushalte. Werden zu dem Einkommen die vom Staat geleisteten Transferzahlungen hinzugezählt, erhöht sich der Anteil der Haushalte in dieser Einkommensklasse auf fast 80 v. H., während kaum noch Haushalte ein verfügbares Monatseinkommen von weniger als 1000 DM hatten. Außerdem ist zu berücksichtigen, daß die Einkommen je nach Beruf sehr unterschiedlich sind. So betrug im Jahr 1984 das durchschittliche monatliche Bruttoarbeitseinkommen einer weiblichen Angestellten im Einzelhandel (z. B. Verkäuferin) 2031 DM, während im Durchschnitt ein Industriearbeiter 2588 DM sowie Angestellte in der Industrie 3963 DM pro Monat verdienten, Zahnärzte sogar auf ein Durchschnittseinkommen von etwa 22000 DM im Monat und Vorstandsmitglieder einer deutschen Großbank auf über 80000 DM im Monat kamen.

Ergänzend sind in Tabelle 7 für die Jahre 1982 und 1988 die durchschnittlichen verfügbaren Monatseinkommen von Haushaltsgruppen, die nach der sozialen Stellung des Haushaltsvorstandes unterschieden sind, aufgeführt. Danach haben die selbständigen Erwerbstätigen im Durchschnitt ein mehr als dreimal so hohes Einkommen erzielt wie die privaten Haushalte insgesamt. Demgegenüber liegt das Durchschnittseinkommen der Nichterwerbstätigenhaushalte nur bei zwei Dritteln des Vergleichseinkommens aller Haushalte.

─────────────────────────

[4] Da die *indirekten Steuern* (wie bes. die Umsatzsteuer, die Verbrauchsteuern, Zölle u. a.) durch Preisaufschläge auf die Nachfrager überwälzt werden und die unteren Einkommensschichten relativ größere Teile ihres Einkommens zum Güterkauf verwenden als die Reichen, wirken sie nicht unbedingt einkommensnivellierend.

Monatseinkommen (in DM) für das Jahr 1988	Zahl der Haushalte in v. H. beim:		
	primären Bruttoarbeits- und Vermögenseinkommen	wie Vorspalte – direkte Steuern – Sozialabgaben	wie Vorspalte + Transferzahlungen
unter 1 000	27,0	35,2	2,0
1 000 bis unter 5 000	33,8	51,4	78,2
5 000 bis unter 10 000	29,2	8,0	16,1
10 000 bis unter 25 000	9,2	5,4	3,3
25 000 und mehr	0,8	0,0	0,4
	100	100	100

Quelle: DEUTSCHES INSTITUT FÜR WIRTSCHAFTSFORSCHUNG, Wochenbericht 22/1990, S. 311.

Tab. 6: Zur Schichtung der Monatseinkommen in der BR Deutschland

Soziale Stellung des Haushaltsvorstandes	Durchschnittliches verfügbares Monatseinkommen (in DM)		Abweichung vom Durchschnittseinkommen aller privaten Haushalte (in v. H.)	
	1982	1988	1982	1988
Selbständige (ohne Landwirte)	8 886	13 354	+ 171	+ 230
Landwirte	3 959	5 059	+ 21	+ 25
Arbeitnehmer	3 500	4 095	+ 7	+ 1
Nichterwerbstätige	2 191	2 712	– 33	– 33
private Haushalte insgesamt	3 280	4 048	± 0	± 0

Quelle: STATISTISCHES BUNDESAMT, Wirtschaft und Statistik, 7/1984, S. 274 f. und 3/1990, S. 188 und eigene Berechnungen.

Tab. 7: Durchschnittliches verfügbares Monatseinkommen (arithmetisches Mittel) sozialer Haushalte in der BR Deutschland 1982 und 1988 in DM

Angemerkt sei noch, daß es verteilungspolitisch nicht nur auf die unmittelbare Umverteilung von Zahlungsmitteln ankommt, sondern – wie schon oben für den Übergang von der Primär- zur Sekundärverteilung ausgeführt – auch das *nach sozialen Gesichtspunkten erfolgende öffentliche Güterangebot* eine Rolle spielt. Als Beispiel seien die vom Staat heute ohne Preisforderungen zur

Verfügung gestellten Studienplätze an Universitäten genannt. Dadurch ist einerseits die akademische Ausbildung von der Finanzkraft der Studierwilligen weitgehend unabhängig geworden, und andererseits ist für die zukünftigen Einkommenschancen der einzelnen mehr Startgleichheit verwirklicht.

Insgesamt läßt sich feststellen, daß durch die staatliche Redistributionspolitik technisch im Prinzip jede beliebige Sekundärverteilung des Volkseinkommens realisiert werden kann – selbst die totale Gleichheit aller Haushaltseinkommen. Fraglich ist nur, ob mehr Gleichheit auch politisch durchsetzbar und ökonomisch wünschenswert ist.

Uns soll es im folgenden um die **ökonomischen Grenzen der Umverteilung** gehen. Um zunächst eine Vorstellung von dem höchstens vorhandenen Umverteilungsspielraum zu gewinnen, läßt sich rechnerisch mit amtlichem Zahlenmaterial ceteris paribus die von einer völlig egalitären Einkommensverteilung (als Ursache) ausgehende Wirkung auf das Einkommen eines Durchschnittsarbeitnehmers in der BR Deutschland ermitteln. Also fragen wir, was ein durchschnittlicher Arbeitnehmer mehr an verfügbarem Einkommen erhalten hätte, wenn durch Umverteilung die „klassenlose Gesellschaft" hergestellt wäre und das Volkseinkommen insgesamt unverändert hoch bliebe.

A. Tatsächliches Einkommen im Jahr 1988

	604 780 Mio DM	Nettoeinkommen aus unselbständiger Arbeit
:	22,925 Mio	unselbständig Erwerbstätige
=	26 381 DM	durchschnittliches Jahreseinkommen
d. h.	2 198 DM	*durchschnittliches Monatseinkommen*

B. Fiktive Rechnung

	604 780 Mio DM	Nettoeinkommen aus unselbständiger Arbeit
+	451 250 Mio DM	Nettoeinkommen aus Unternehmertätigkeit und Vermögen
=	1 056 030 Mio DM	Nettoeinkommen der privaten Haushalte
:	26,174 Mio	Erwerbstätige
=	40 347 DM	durchschnittliches Jahreseinkommen
d. h.	3 362 DM	*durchschnittliches Monatseinkommen*

C. Differenz

1 164 DM monatliches Mehreinkommen pro Arbeitnehmer im Durchschnitt
d. h. einmalige durchschnittliche Lohnsteigerung von 53,0 v. H.

Abb. 58

Wie die Rechnung der Abb. 58 unter A zeigt, betrug das durchschnittliche Netto-Monatseinkommen aller unselbständig Erwerbstätigen im Jahr 1988 tatsächlich DM 2198,–. Verteilen wir in einer fiktiven Rechnung (siehe unter B) zusätzlich zum Nettoeinkommen aus unselbständiger Arbeit auch sämtliche Besitzeinkommen egalitär auf alle – unselbständigen und selbständigen – Erwerbstätigen, so errechnet sich ein theoretisches Durchschnittsmonatseinkommen von DM 3362,–.

Bei völliger Gleichverteilung der Einkommen hätte also der durchschnittlich verdienende Unselbständige im Jahr 1988 monatlich DM 1164,– mehr bekommen; das entspricht einer einmaligen Steigerung seines Lohnes um etwa 53 v. H.

Eine Umverteilungspolitik, die – quasi über Nacht – alle Ungleichheiten beseitigt, könnte demnach einmalig kaum mehr Einkommen für den durchschnittlich verdienenden abhängig Erwerbstätigen bereitstellen, als er bei kräftigem Wirtschaftswachstum innerhalb weniger Jahre durch Lohnerhöhungen erhalten kann.

Dabei beruht die modelltheoretische Berechnung des – mageren und nicht gerade revolutionsstimulierenden – Umverteilungsspielraums noch auf viel zu optimistischen Annahmen, denn wir haben vorausgesetzt, daß trotz der Einkommensnivellierung das Volkseinkommen nicht sinkt. Warum diese Annahme unrealistisch ist, soll im folgenden unter Anknüpfung an die oben in der gesamtwirtschaftlichen Produktionsfunktion genannten Bestimmungsgründe des Sozialprodukts – (a) Arbeit, (b) Boden, (c) Kapital und (d) technisch-organisatorisches Wissen – erörtert werden:

(a) Daß beim Produktionsfaktor *Arbeit* eine im voraus feststehende Einkommensgleichheit den Leistungswillen der Erwerbstätigen beeinträchtigen würde, kann jeder bei sich selbst feststellen. In der Regel würde dann sowohl weniger als auch nachlässiger gearbeitet. Außerdem ist nicht einzusehen, warum jemand noch eine langwierige Berufsausbildung auf sich nehmen sollte.

Tatsächlich finden sich ungleiche Arbeitseinkommen in kommunistischen wie kapitalistischen Ländern. Fast alle Menschen bejahen sie – vielleicht nicht zuletzt deshalb, weil jeder Anstrengungen belohnt sehen möchte und hofft, zu den bessergestellten Einkommensbeziehern aufschließen zu können.

(b) Beim Produktionsfaktor *Boden* dürfte sich eine Gleichverteilung der Einkommen kaum auf die Quantität, wohl aber erheblich auf die Qualität der Bodennutzung auswirken. Schließlich kann es dann z. B. einem Landwirt egal sein, ob er hohe oder niedrige Erträge erzielt und wieweit der Boden für die Zukunft fruchtbar bleibt.

(c) Für den Produktionsfaktor *Kapital* sind bei einer egalitären Einkommensverteilung zweifellos noch schwerwiegendere Folgen zu erwarten. Fehlt doch der Anreiz für Investitionen, so daß möglicherweise selbst die im Produktionsprozeß verschlissenen Anlagen (d. h. die Abschreibungen) nicht ersetzt werden und der Realkapitalstock entsprechend schrumpft. Außerdem ist bei einer Egalisierung der Einkommen mit einem Rückgang der gesamtwirtschaftlichen Sparquote (d. h. dem Anteil der Ersparnis am Volkseinkommen) zu rechnen, weil es keine reichen Haushalte gibt, die im Durchschnitt mehr von ihrem Einkommen sparen als Haushalte mit mittleren und kleinen Einkommen. Wenn mehr von der gesamtwirtschaftlichen Güterproduktion konsumiert wird, verbleibt jedoch – wie wir uns schon

oben klar gemacht haben – für Investitionen weniger übrig, und die
Wachstumschancen der Volkswirtschaft sinken entsprechend. Schließlich
ist damit zu rechnen, daß der Realkapitalstock auch qualitativ leidet, weil
es nicht mehr lohnt, technische Fortschritte zu realisieren.

(d) Analog gilt das für das *technisch-organisatorische Wissen* bei der Kombination der Produktionsfaktoren ganz allgemein; denn warum sollten die Unternehmer (und Erfinder) dynamisch versuchen, Pionierleistungen zu voll-
bringen und sich zeigende Versorgungslücken möglichst schnell zu schließen, wenn von vornherein feststeht, daß auftretende Vorsprungsgewinne
doch egalisiert werden.

Ökonomisch zeigt sich also insgesamt ein möglicher **Zielkonflikt** *zwischen
einer ,,gerechten'' Einkommensverteilung im Sinne von mehr Gleichheit und
dem Wunsch nach einem hohen Wirtschaftswachstum. Das heißt, die Höhe des
verteilbaren Volkseinkommens wird beeinträchtigt, wenn die Einkommen der
Haushalte durch staatliche Redistributionspolitik egalisiert werden.*

Leider wissen wir bisher empirisch kaum, in welchem Ausmaß ein Mehr an
Einkommensgleichheit ein Weniger an Wirtschaftswachstum zur Folge hat. So
können hier die unterschiedlichsten Spekulationen wuchern. Da außerdem die
Frage, welcher Kompromiß zwischen dem Wirtschaftswachstum und der Einkommensgleichheit angestrebt werden soll, letztlich eine essentiell politische
Entscheidung erfordert – auch wenn die Substitutionsbeziehungen zwischen
den beiden Teilzielen im einzelnen genau bekannt sein würden –, werden die
verteilungspolitischen Auseinandersetzungen wohl noch lange sehr demago-
gisch geführt werden.

In den USA wurde besonders während der Reagan-Ära argumentiert, daß gerade dann,
wenn den armen Bevölkerungsschichten geholfen werden soll, die Leistungsmotivation
von Personen an der Spitze der Einkommenspyramide nicht durch hohe Abgaben beeinträchtigt werden dürfe. Vielmehr stimuliere eine geringe Belastung der Spitzeneinkom-
men die unternehmerischen Aktivitäten im weitesten Sinn und bewirke schließlich auch
bei den Beziehern niedriger Einkommen einen steigenden Wohlstand, der im Ergebnis
größer als bei Fortsetzung der leistungshemmenden Umverteilungspolitik sei (,,trickle-
down''-Effekt).
Auf die Fragen nach den Auswirkungen verringerter Umverteilung auf die Leistungsmotivation und der anschließend möglichen Teilhabe auch der Bezieher niedriger Einkommen am zusätzlich induzierten Wirtschaftswachstum hat die Wirtschaftswissenschaft –
ähnlich wie bei der Laffer-Kurve (vgl. Kapitel C.V.3.d) – noch keine präzisen Antworten. Es läßt sich kaum beurteilen, ob bei dem derzeitigen Niveau an Umverteilung in
entwickelten Marktwirtschaften für die Bezieher niedriger Einkommen der Spatz in der
Hand (durch direkte Unterstützungszahlungen) nicht doch vorteilhafter als die Taube
auf dem Dach (durch steigende Markteinkommen bei höherem Wirtschaftswachstum)
ist.

3. Vermögensbildungspolitik

Seit Jahren werden in der BR Deutschland Möglichkeiten einer breiteren
Vermögensstreuung diskutiert, von denen bisher wirtschaftspolitisch allerdings

nur wenig verwirklicht ist. Immerhin hat die Zahl der in der Literatur zu findenden Vermögensbildungspläne die Marke Fünfzig längst überschritten.

Tatsächlich erscheint die Vermögensbildungspolitik **vom Ansatz her besonders gut geeignet,** die grundlegenden Bedingungen für eine *gleichmäßigere Verteilung des Volkseinkommens auf die Haushalte* zu verbessern, d. h. sie ist in besonderem Maß ursachenadäquate Wirtschaftspolitik. Die heutige Ungleichheit der personalen Einkommensverteilung erklärt sich nämlich in erster Linie dadurch, daß immer noch viele Haushalte praktisch nur Lohneinkommen für ihre Arbeitskraft beziehen, während einem relativ kleinen Kreis von Vermögenden aufgrund von Eigentumsrechten zusätzliche, lukrative Zins-, Pacht- und Gewinneinkommen zufließen. Eine Politik, die eine breitere Streuung des Vermögens in der Volkswirtschaft herbeiführt, glättet die Einkommensunterschiede offenbar bereits im frühestmöglichen Stadium, nämlich schon wenn sich die Haushaltseinkommen als Ergebnis der Marktprozesse auf den Faktormärkten bilden.

Hinzuzufügen ist, daß die breitere Vermögensstreuung nicht nur die laufenden Einkommen angleicht, sondern außerdem die *soziale Sicherheit und Unabhängigkeit* der begünstigten Haushalte erhöht, indem ihnen das Vermögen erlaubt, ohne – oder zusätzlich zum – Arbeitseinkommen auf sogenannte ,,mühelose" Markteinkommen zurückzugreifen. Schließlich sei angemerkt, daß viele die Vermögensbildungspolitik auch befürworten, um die Masse der *Bürger verstärkt an den betrieblichen Herrschafts- und Entscheidungsbefugnissen teilhaben zu lassen.* Praktisch ist dieses Ziel allerdings in der BR Deutschland erst jüngst durch die erweiterte Mitbestimmung der Arbeitnehmer in den Unternehmen direkter angegangen worden.[5]

Wenn man sich ein Bild von der gegenwärtigen Ungleichheit der **Vermögensverteilung in der BR Deutschland** machen will, besteht die erste Schwierigkeit darin zu entscheiden, was zum Vermögen gerechnet werden soll. Wir wollen hier das *beim Staat befindliche Vermögen* und auch das *private Arbeitsvermögen* (im Sinne von Wissen und Können der arbeitenden Menschen) – entgegen der umfassenden Definition in der volkswirtschaftlichen Gesamtrechnung, aber im Einklang mit dem sonst üblichen Sprachgebrauch – aus der Vermögensbetrachtung ausklammern. Meist bleiben außerdem das *Gebrauchsvermögen der privaten Haushalte* (Wohnungseinrichtungen, häusliche Elektrogeräte, Kraftfahrzeuge u. a.) sowie die *Ansprüche gegenüber den Sozialversicherungen* unberücksichtigt. Von der Konzentration anderer Vermögenswerte vermittelt Tabelle 8 eine Vorstellung. Danach ist das Eigentum am Betriebsvermögen weitgehend bei den reichsten Haushalten konzentriert, während das Haus- und Grundvermögen breiter gestreut ist.

Im einzelnen muß bei diesen wie bisher bei allen Angaben zur Vermögenskonzentration allerdings mit erheblichen Fehlermargen gerechnet werden; denn bis-

---

[5] Nach dem Mitbestimmungsgesetz von 1976 ist für Kapitalgesellschaften und Konzerne mit mehr als 2000 Beschäftigten eine (fast) gleichberechtigte Vertretung der Arbeitnehmer in den Aufsichtsräten vorgeschrieben: Bei gleicher Zahl von Vertretern der Anteilseigner und der Arbeitnehmer (unter besonderer Berücksichtigung der leitenden Angestellten) hat der – im Zweifel von den Anteilseignern zu wählende – Aufsichtsratsvorsitzende bei Pattsituationen den Letztentscheid. – Dem Vorstand hat ein ,,Arbeitsdirektor" anzugehören.

Anteile von Bevölkerungsgruppen (Vermögensbestände minus Schulden) in v. H. im Jahr 1983				
Vermögensarten	unteres Be-völkerungs-viertel (ärmste Haushalte)	gehobenes Bevölke-rungsviertel	höheres Be-völkerungs-viertel	oberes Be-völkerungs-viertel (reichste Haushalte)
Betriebsvermögen	− 4,3	8,0	8,5	88,0
Haus- und Grundvermögen	7,5	22,5	23,2	46,8
Geldvermögen	− 12,4	19,7	21,1	71,6
Gesamtvermögen	0,3	20,2	21,0	58,5
Gesamtvermögen (in Geld bewertet)	17,8 Mrd. DM	1060,6 Mrd. DM	1103,7 Mrd. DM	3081,2 Mrd. DM

Quelle: B. KEIL, P. STAHLECKER, Fortschritte in der personellen Vermögensverteilung? in: P. DE GIJSEL u. a. (Hrsg.), Ökonomie und Gesellschaft, Jb. 2, Wohlfahrt und Gerechtigkeit, Frankfurt/New York 1984, S. 212 f.

Tab. 8: Zur Konzentration privaten Vermögens in der BR Deutschland

her mangelt es dafür an einer hinreichend fundierten und detaillierten statistischen Basis. Statistisch wäre es außerdem für die Vermögenspolitik besonders wichtig, wenn bei der gegenwärtigen Verteilungsrechnung des Statistischen Bundesamtes die bisher nur summarisch ausgewiesenen ,,Einkommen aus Unternehmertätigkeit und Vermö-gen" (Besitzeinkommen) näher aufgegliedert werden könnten. Schlagen sich doch alle Resultate der Vermögenspolitik in einer Umstrukturierung der Besitzeinkom-mensquote nieder, und diese ist die maßgebliche Manövriermasse für alle – an den Vermögenszuwachs anknüpfenden – Umverteilungskonzepte.

Über verschiedene **Ansatzpunkte einer Vermögensumverteilungspolitik** gibt Abb. 59 eine Übersicht. Danach kann es sich entweder um eine *Umverteilung vorhandenen Vermögens* oder eine *Umverteilung über den Vermögens-Zu-wachs* handeln.

Bei der **Umverteilung vorhandenen Vermögens** besteht der radikalste Weg der Mittelaufbringung darin, eine *Enteignung* von bisherigen Eigentümern vorzu-nehmen. Allerdings sind in der BR Deutschland (nach Art. 14 Grundgesetz) – und ähnlich nach den Verfassungen in den meisten westlichen Staaten – Ent-eignungen nur ausnahmsweise und lediglich gegen volle Entschädigung zuläs-sig. Bei voller Entschädigung ändert sich allerdings am Gesamtvermögen der ,,Reichen" nichts; vielmehr wird nur Sachvermögen durch Geldvermögen er-setzt, mit dem der Enteignete in Zukunft ohne weiteres erneut Sachvermögen erwerben kann. Kommunistische Regierungen haben deshalb nach ihrer Machtergreifung in der Regel entschädigungslose Enteignungen vorgenom-men. Außerdem haben sie das enteignete Vermögen selten in das Eigentum

Mittelaufbringung und -bemessung	rechtliche Grundlage	Mittelzuteilung und -verwaltung
I. Umverteilung vorhandenen Vermögens		
A. Enteignung	gesetzliche Regelung (soweit verfassungsrechtlich möglich)	1. neu verteiltes Privateigentum 2. Staatseigentum ("Sozialisierung")
B. Privatisierung von Staatsvermögen	gesetzliche Regelung	Überführung in Privateigentum
II. Umverteilung über den Vermögens-Zuwachs		
A. Förderung freiwilligen Sparens	gesetzliche Regelung	(entfällt)
B. Investivlohnsysteme	gesetzliche oder tarifvertragliche Regelung	1. Miteigentum am Beschäftigungsbetrieb
C. Gewinnbeteiligungssysteme	freiwillige, tarifvertragliche oder gesetzliche Regelung	2. Kapitalsammelstellen (bes. "Sozialfonds")
D. Persönliche Umverteilungs-Abgabe bei "Reichtum"	gesetzliche Regelung	Vermögens-Zuwendung an "Vermögensarme"

Weitere Unterscheidungsmerkmale von Vermögensbildungsplänen:

1. Dauer der Bindungsfrist (einschl. Notfallregelung)
2. Risikosicherung (bes. Inflationsschutz und Ausmaß der Haftung bei Unternehmensverlusten)
3. Grad des Gewerkschaftseinflusses
4. Machtbegrenzung der "Sozialfonds"

Abb. 59

bisher Besitzloser überführt, sondern es blieb als Staatseigentum „soziali-siert". Fraglich ist hier allerdings, wieweit sich dadurch die Vermögensverfüg-barkeit der bisher Besitzlosen wirklich verbessert hat und nicht nur eine ab-strakte Teilhabe am Kollektivvermögen besteht.

Gerade um die individuelle Verfügbarkeit über vorhandenes Vermögen zu erhöhen, ist man in der BR Deutschland vor einigen Jahren den umgekehrten Weg der *Privatisierung von Staatsvermögen* gegangen. Durch Ausgabe von – mit Sozialrabatt ausgestatteten – „Volksaktien" sind zunächst vier Unterneh-men ganz oder teilweise in Privateigentum überführt worden (Preussag 1959, VW 1961, Vereinigte Tanklager und Transportmittel GmbH 1961, Veba 1965). Im Jahr 1983 ist die Bundesbeteiligung an der VEBA weiter herabge-setzt und 1987 ganz aufgegeben worden. Letzteres erfolgte ein Jahr später auch für VW. Weitere Voll- oder Teilprivatisierungen gab es bei der Vereinig-ten Industrieunternehmen AG (Viag), der Deutschen Industrieanlagen GmbH (Diag), der Industrieverwaltungsgesellschaft (IVG), der Treuarbeit AG, der Deutschen Verkehrs-Kredit-Bank AG und der Schencker & Co GmbH. Die Beteiligungen werden ohne Sozialrabatt bevorzugt den Belegschaften angebo-ten.

Allerdings ist vom Ansatz her der Erfolg dieses Konzepts durchaus be-grenzt; denn es hängt von der Menge an reprivatisierungsfähigen Vermögen ab, wann diese Politik „mangels Masse" eingestellt werden muß.

Ganz allgemein würde der Vorteil des Durchschnittsbürgers bei einer – theoretisch unterstellten – völligen Gleichverteilung des vorhandenen privaten Volksvermögens auf alle Einwohner der BR Deutschland nur klein sein. Der Wert des gesamten Vermögens aller privaten Haushalte (ohne Sozialversiche-rungsansprüche, privates Arbeitsvermögen und langlebige Gebrauchsgüter), das in Tabelle 8 aufgespalten ist, wurde Anfang 1981 auf rd. 3,4 Billionen Mark geschätzt. Sollen an diesem Vermögensbestand alle rd. 62 Millionen Einwohner der BR Deutschland gleichmäßig beteiligt werden, so errechnen sich rd. 55000 DM pro Kopf der Bevölkerung. Das entspräche bei einer vier-köpfigen Familie 220000 DM. Das ist weit weniger, als ein neues Einfamilien-haus wert ist, und ist wahrscheinlich weniger, als sich Verfechter einer gleich-mäßigeren Vermögensverteilung erhoffen.

Den Verlust von Umverteilungsillusionen schildert treffend eine kleine Anekdote. Bei Baron Rothschild beklagte sich einst ein aufsässiger Bürger, es sei doch unge-recht, daß dieser so reich sei und viele seiner Mitbürger so arm. Deshalb müsse das Rothschild-Vermögen auf alle Bürger des Landes gleichmäßig verteilt werden. Der Baron schmunzelte, griff in die Tasche und gab ihm einen Franc mit den Worten: „Hier haben Sie Ihren Anteil schon mal im voraus."

Wegen der in den nichtkommunistischen Ländern geringen Möglichkeiten einer Umverteilung vorhandenen Vermögens konzentriert sich die vermögens-politische Debatte im wesentlichen auf die Ansatzpunkte einer **Umverteilung über den Vermögens-Zuwachs.** Die konventionelle Politik besteht hier in der *Förderung freiwilligen Sparens.* Dabei handelt es sich teils um institutionelle Verbesserungen für Kleinkapitalanlagen (Zulassung von Investmentgesellschaften, starke Wertpapierstückelung u. a.) und außerdem – vor allem – um finanzielle Sparanreize aus öffentlichen Mitteln.

Im einzelnen werden als finanzielle Vergünstigungen vom Staat gewährt:

- *Arbeitnehmer-Sparzulagen* (nach dem 5. Vermögensbildungsgesetz). Bis zur Höchstsumme von 936 DM pro Jahr und Arbeitnehmer betragen sie 20 v. H. des vermögenswirksam angelegten Lohneinkommens für Vermögensbeteiligungen sowie 10 v. H. für Bausparen und diesem ähnliche Anlageformen (z. B. Grundstückserwerb).
- *Wohnungsbau-Prämien* (nach dem Wohnungsbauprämiengesetz). Begünstigt sind insbesondere Beiträge an Bausparkassen, und zwar mit Höchstbeträgen von 800 DM für Ledige und 1600 DM bei Verheirateten, wobei jeweils weitere 936 DM vermögenswirksam von Arbeitnehmern angelegte Lohneinkommen (siehe oben) hinzukommen können. Der Prämiensatz beträgt seit 1989 einheitlich 10 v. H. der begünstigten Aufwendungen.
- *Steuervergünstigungen* (bes. nach dem Einkommensteuergesetz). Bausparbeiträge und (Lebens-)Versicherungsbeiträge können im Rahmen bestimmter nach Familienstand und Alter gestaffelter Höchstbeträge als Sonderausgaben von dem zu versteuernden Einkommen abgezogen werden, was je nach individuellem Einkommen und entsprechendem Steuersatz einer Steuerersparnis zwischen 0 bzw. 19 v. H. und 53 v. H. der Aufwendungen entspricht.

Für die Praxis ist noch wichtig, daß für Bausparbeiträge nicht gleichzeitig eine Einkommensteuervergünstigung und eine Wohnungsbauprämie in Anspruch genommen werden können *(Kumulierungsverbot);* vielmehr muß der Sparer sich auf eine dieser Vergünstigungen beschränken. Demgegenüber wird die Arbeitnehmer-Sparzulage unabhängig hiervon gewährt. – Außerdem bewirken *Einkommensgrenzen* (27 000 DM zu versteuerndes Einkommen für Nichtverheiratete; 54 000 DM für Verheiratete), daß abgesehen von den Steuervergünstigungen die oberen Einkommensschichten keine Vermögensbildungsprämien erhalten.

Um das Gründungsrisiko von Jungunternehmern in der gewerblichen Wirtschaft zu verringern, ist ab 1. 8. 1985 ein spezielles Programm zur Erleichterung von Existenzgründungen in Kraft. Aus einem Volumen von 200 Millionen DM erhält jeder Bürger, der sich selbständig machen will und einen entsprechenden Sparvertrag bis spätestens Ende 1990 abgeschlossen hat, nach einer Ansparzeit von mindestens drei und höchstens zehn Jahren einen nicht rückzahlbaren staatlichen Zuschuß von 20 Prozent der eigenen Sparleistung, höchstens jedoch 10000 DM pro Firmengründung.

Ob die staatliche Förderung freiwilligen Sparens bisher erfolgreich war, läßt sich nicht einfach aus der Tatsache ableiten, daß von den Prämien- und Steuervergünstigungen ein sehr verbreiteter Gebrauch gemacht wird. Häufig werden ohnehin gesparte Mittel lediglich in staatlich begünstigter Form angelegt, so daß die öffentlichen Sparanreize keine wirkliche Mehrersparnis bei den privaten Haushalten herbeiführen. Da die Sparprämien und Steuerbegünstigungen letztlich den Effektivzins für die Ersparnisse erhöhen, können eher Untersuchungen, die die Reaktion der Haushalte auf solche Zinsverbesserungen ermitteln, etwas über die Erfolgschancen der Sparförderung aussagen. Empirisch zeigt sich hier keine ausgeprägt elastische Reaktion,[6] so daß sich vermutlich durch eine Erhöhung des Effektivzinses (als Ursache) ceteris paribus kaum die Ersparnisse der Haushalte (als Wirkung) steigern lassen.

---

[6] Vgl. z. B. B. WISSMANN, Die Zinsempfindlichkeit der deutschen Sparer, Berlin 1960.

Wenn man also eine quantitativ wirkungsvollere Vermögensbildungspolitik als bisher betreiben will, wird man wohl über die traditionelle Förderung freiwilligen Sparens hinaus besondere Formen der (Zwangs-)Umverteilung des Vermögenszuwachses vorsehen müssen. Dabei kreisen die aktuellen Vermögensbildungspläne im wesentlichen um die Alternative **Investivlohnsystem** oder **Gewinnbeteiligungssystem.** Beiden ist als *Grundidee gemeinsam,* daß den Arbeitnehmern zusätzlich zum Lohn ein Teil der Besitzeinkommen – und zwar insbesondere der gesamtwirtschaftlich funktionslosen Unternehmereinkommen – zufließen soll. Wie die Vermögensbildungsmittel aufzubringen sind, d. h. die *Bemessungsgrundlage,* ist bei beiden unterschiedlich. Beim Investivlohnsystem soll dem einzelnen Arbeitnehmer ein bestimmter Prozentsatz seines Lohnes unabhängig vom entstandenen Unternehmensgewinn vom Beschäftigungsbetrieb zusätzlich vermögenswirksam gutgeschrieben werden. Demgegenüber bemessen sich beim Gewinnbeteiligungssystem die zu überweisenden Vermögensbildungsanteile nach dem Gewinn entweder des Beschäftigungsbetriebs oder der Branchenbetriebe (Branchengewinn-Pool) oder gar des gesamten Unternehmenssektors der Volkswirtschaft. Solche Regelungen können – wie in Einzelfällen zur Zeit praktiziert – freiwillig durch die Unternehmen eingeführt werden; auf breiterer Basis müßten sie tarifvertraglich vereinbart oder gesetzlich allgemeinverbindlich festgelegt werden.

Kritisch ist allerdings zu fragen, ob der Zugriff auf die Unternehmensgewinne entsprechend der Grundidee beider Konzepte ökonomisch überhaupt Erfolg verspricht. Selbst wenn wir zunächst einmal unterstellen, daß die **Gewinne in Höhe der Vermögensbildungsabgabe ,,anzapfbar''** sind, ist der vorhandene *Umverteilungsspielraum äußerst begrenzt.* Die in Zusammenhang mit der Lohnquotenerhöhung bereits durchgeführte Rechnung ergibt bei einer Arbeitseinkommensquote von 86 v. H. des Volkseinkommens im Jahr 1983 einen Umverteilungsspielraum von rd. 1000 DM pro Arbeitnehmer.[7] Das heißt in einem Arbeitsleben von 40 Jahren würde der einzelne so vielleicht 40 000 DM Vermögen (ohne Zinsen) bilden können – so viel wie ein repräsentatives Auto kosten kann.

Hinzu kommt, daß jede Gewinnreduzierung die unternehmerische *Investitionsbereitschaft* und *-fähigkeit* beeinträchtigen kann. Da jede Investition riskant ist, ist bei einer Einschränkung der Gewinne ceteris paribus mit einem Sinken der Investitionen wegen abnehmender Investitionsbereitschaft zu rechnen.[8] Außerdem geben die Gewinne meist eine wesentliche finanzielle Basis für die Investitionen ab, so daß auch die Investitionsfähigkeit bei Gewinnbeschneidungen Schaden nehmen kann. Da die Investitionen ihrerseits ein we-

---

[7] Vgl. auch H. WILLGERODT, K. BARTEL, U. SCHILLERT u. a., Vermögen für alle, Düsseldorf u. Wien 1971, S. 355 ff.

[8] Um diesem Nachteil zu begegnen, sind Gewinnbeteiligungsmodelle mit Risikobeteiligung der Arbeitnehmer konzipiert worden. Vgl. z. B. Sachverständigenrat zur Begutachtung der gesamtwirtschaftlichen Entwicklung, Jahresgutachten 1975, Bundestagsdrucksache 7/4326, Bonn 1975, S. 148 ff.

	Investivlohnsysteme	Gewinnbeteiligungssysteme
gemeinsame Grundidee	Den Arbeitnehmern soll zwecks Vermögensbildung ein Teil des Besitzeinkommens zusätzlich zum Lohn zufließen ("Anzapfen" gesamtwirtschaftlich funktionsloser Unternehmensgewinne)	
Bemessungs-grundlage	Ein bestimmter Prozentsatz des Lohnes wird unabhängig vom Gewinn zusätzlich gutgeschrieben.	Der Arbeitnehmer erhält einen Teil des Gewinns seines Beschäftigungsbetriebs oder der Branchenbetriebe oder des Unternehmenssektors der Volkswirtschaft.
Gesamtwirt-schaftliche Problematik	1. Sofern die Gewinne in Höhe der Vermögensbildungsabgabe "anzapfbar" sind: a) enger Umverteilungsspielraum b) Investitionsfähigkeit und -bereitschaft sinken (= Wachstumseinbußen); Risikobeteiligung der Arbeitnehmer könnte dem entgegenwirken 2. Wenn die Gewinne nicht "anzapfbar" sind ("privat-administrierte Gewinne"): a) Rückwälzung bes. durch niedrige Lohnabschlüsse b) Überwälzung auf die Nachfrager durch Absatzpreiserhöhungen (= Inflationstendenz)	

Abb. 60

sentlicher ,,Motor" des Wirtschaftswachstums sind, besteht so insgesamt die **Gefahr von volkswirtschaftlichen Wachstumseinbußen.**

Allerdings werden die **Unternehmensgewinne von einer Vermögensbildungsabgabe oft gar nicht reduziert werden** – auch dann nicht, wenn diese formal direkt bei ihnen ansetzt. Können doch gerade die dauerhaft hohen Gewinne von manchen Unternehmen immer in ,,angemessener" Höhe geplant und kraft ihrer Marktmacht auch weitgehend realisiert werden (,,*privat administrierte Gewinne"*). Je nach den besonderen Angebots- und Nachfragestrukturen auf den Beschaffungs- und Absatzmärkten der Unternehmen erfolgt dann entweder eine *Rückwälzung der Vermögensbildungsabgabe* bei der Beschaffung von Produktionsfaktoren, indem besonders bei Lohnverhandlungen nur niedrigere Lohnerhöhungen zugestanden werden, oder es wird eine *Überwälzung auf die Nachfrager* durch Preiserhöhungen beim Absatzgut vorgenommen. Praktisch ist wegen der Macht der Gewerkschaften bei den Lohnverhandlungen die erstgenannte Möglichkeit die Ausnahme und die Überwälzung durch höhere Preise die Regel. Das bedeutet volkswirtschaftlich, daß **Inflationstendenzen** geschürt werden, ohne daß die angestrebten verteilungspolitischen Ziele erreicht werden können.

Insgesamt erscheint es so fraglich, sich bei der Mittelaufbringung an die Unternehmen zu halten. Da außerdem die Gruppe der Anteilseigner nicht völlig identisch ist mit der Gruppe der Großvermögensbesitzer und Großeinkommensbezieher, kommt als verbleibende Alternative einer **persönlichen Umverteilungsabgabe bei ,,Reichtum"** besondere Bedeutung zu. Die aufzubringenden Mittel könnten hier z.B. nach einem bestimmten Prozentsatz von der Einkommensteuerschuld bemessen werden und wären dann unmittelbar der Vermögensbildung bisher vermögensarmer Schichten zuzuführen. Die Überwälzung einer solchen Abgabe in höheren Güterpreisen der Unternehmen ist nur schwer möglich. Außerdem ließen sich die Wachstumseinbußen gering halten, wenn man einen engen Umverteilungsspielraum respektiert und bei der Vermögenszuwendung z.B. im Durchschnitt nicht über die obengenannten 1000 DM pro Arbeitnehmer und Jahr hinausgeht. Um dennoch einen möglichst großen Gesamteffekt der Vermögensbildung bei den unteren Vermögensschichten eintreten zu lassen, liegt es nahe, die jeweilige gesetzliche Vermögenszuwendung davon abhängig zu machen, daß zusätzlich in gleicher Höhe eine freiwillige Vermögensbildung nachgewiesen wird.

Ganz gleich welcher Ansatz einer zwangsumverteilenden Vermögensbildungspolitik letztlich bevorzugt wird, die konkrete Ausgestaltung erfordert regelmäßig, daß eine Reihe weiterer kritischer Punkte gelöst wird. So ist festzulegen, wie lange der einzelne das gebildete Vermögen nicht dem Konsum zuführen darf, wobei Notfälle besonders zu behandeln sind (*Bindungsfrist einschl. Notfallregelung*). Außerdem stellt sich die Frage einer eventuellen *Risikoversicherung* der neuen Vermögen vor allem gegen Inflation und unbeschränkte Haftung bei Unternehmensverlusten. Schließlich ist es besonders delikat zu bestimmen, welcher *Einfluß den Gewerkschaften* bei der Durchführung und Ausgestaltung der Vermögensbildungspolitik zugestanden werden soll. Dabei ist vor allem umstritten, ob ein (oder vielleicht auch mehrere) ,,Sozialfonds", an deren Verwaltung die Gewerkschaften maßgeblich beteiligt sein möchten, als spezielle *Verwaltungsträger einer überbetrieblichen Vermögensbildung* einzurichten sind oder die bereits vorhandenen Kapitalsammelstellen – wie Banken, Versicherungen, Bausparkassen oder Investmentgesellschaften – die Betreuung der neuen Vermögenseigentümer mitübernehmen. Der wirksamste Schutz gegen sich herausbildende Machtzentren bei erfolgreicher Vermögensbildungspolitik dürfte hier darin liegen, von vornherein auf ein hohes Maß an Dekonzentration und Wettbewerb der Kapitalsammelstellen zu achten.

Im einzelnen würde die Diskussion der zahlreichen Unterscheidungsmerkmale der vielen Vermögensbildungspläne noch erheblichen Platz fordern. Das soll hier jedoch nicht weiterverfolgt werden. Vielmehr sei abschließend noch einmal hervorgehoben:

Alle wirtschaftspolitischen Versuche, eine breite Vermögensstreuung über eine Zwangsumverteilung (des Vermögenszuwachses) – die die Förderung freiwilligen Sparens ergänzt – zu erreichen, beinhalten Risiken für die Preisniveaustabilität (Inflation) und das gesamtwirtschaftliche Wirtschaftswachstum (Stagnation).

4. Hilfe zur Selbsthilfe

Wie ausgeführt, wird die primäre personale Einkommensverteilung von Art, Umfang und Preis der Produktionsfaktoren, die von den einzelnen Haushalten auf den Faktormärkten ,,verkauft" werden können, bestimmt. Weniger abstrakt ausgedrückt, lassen sich die Gründe für eine ungleiche Einkommensverteilung folgenden vier Kategorien zuordnen:

– *individuell angeborene Eigenschaften* (körperliche, geistige und charakterliche Anlagen) sowie *durch Erziehung und Bildung erworbene Fähigkeiten* (wie Kenntnisse und Fertigkeiten durch Schul- und Berufsausbildung sowie sonstige Lebenserfahrungen),

– *soziale Kontakte und Gruppenzugehörigkeiten,* die von Familienbindungen, Vereins- und Verbandsmitgliedschaften bis zur Staatsangehörigkeit für den Einkommenserwerb in recht unterschiedlichem Ausmaß bedeutsam sein können,

– *Eigentum an ertragsbringendem Vermögen,* wobei Erbschaften neben dem aus eigenem Innovationsgeist und Sparsinn entstandenen Vermögen eine Rolle spielen,

– *Zufallsereignisse,* wenn subjektiv unvorhersehbare und nicht zu beeinflussende Umstände die Einkommenserzielung positiv oder negativ beeinflussen.

Ein besonderer Ansatzpunkt der Verteilungspolitik besteht darin, für benachteiligte Personen die Möglichkeiten, auf den Produktionsfaktormärkten höhere Einkommen zu erzielen, staatlich zu unterstützen. Dabei geht es vor allem darum, durch bildungspolitische Maßnahmen oder durch Rehabilitationsanstrengungen bei körperlich oder geistig Behinderten die Einsatzfähigkeit des Produktionsfaktors Arbeit zu verbessern. Außerdem können durch passende Arbeitsplatznachweise die Chancen erhöht werden, eine geeignete Arbeitsstelle zu finden. All diese Maßnahmen, die den einzelnen für den Wettbewerb auf den Faktormärkten besser rüsten, haben den Vorteil, daß zugleich mit der tendenziellen Verwirklichung des verteilungspolitischen Ziels über den Anstieg der wirtschaftlichen Effizienz Ziele wie Vollbeschäftigung, Preisniveaustabilität und Wirtschaftswachstum besser erfüllt werden (Zielharmonie). Insofern sind solche Förderungen, die den Charakter von Hilfen zur Selbsthilfe haben, anderen verteilungspolitischen Ansatzpunkten überlegen.

Allerdings sind dem Einsatz und dem Erfolg solcher Hilfen zur Selbsthilfe oft enge Grenzen gesetzt. Zum Beispiel kann bei Unbegabten oder bei alten und körperlich schwachen Personen oder dauerhaft Kranken kaum mit nachhaltigen Verbesserungen der Erwerbsfähigkeit gerechnet werden. Daher bleibt der – ebenfalls eine Art Hilfe zur Selbsthilfe darstellende – verteilungspolitische Ansatzpunkt der Vermögensbildungspolitik ergänzend attraktiv. Weil aber dadurch, wie aufgezeigt, den Beziehern niedriger Einkommen in absehbarer Zeit allenfalls in geringem Umfang zusätzliche Vermögenserträge zufließen, wird bis auf weiteres die staatliche Redistributionspolitik, die die primäre Einkommensverteilung zur Sekundärverteilung korrigiert, das bedeutsamste Instrument der Verteilungspolitik bleiben.

Verständnisfragen zu Kapitel D

1. a) Wie lassen sich Äpfel und Birnen – sowie andere produzierte Güter einer Volkswirtschaft – für die Sozialproduktrechnung addieren?
   b) Was halten Sie von der Aussage: ,,Das Einkommen einer Volkswirtschaft ist deren Produktion''?
2. a) Stellen Sie die verschiedenen Möglichkeiten zur Berechnung des Volkseinkommens dar, und erläutern Sie das Verhältnis
   – zum Bruttosozialprodukt zu Marktpreisen,
   – zum Nettosozialprodukt zu Marktpreisen,
   – zum Nettosozialprodukt zu Faktorkosten und
   – zum ,,realen'' (d. h. nur die Gütermengen erfassenden) Volkseinkommen.
   b) Wieweit eignen sich Sozialproduktsberechnungen, um ,,wohlhabende'' von ,,armen'' Ländern zu unterscheiden, und welche Verbesserungsmöglichkeiten bieten sich hier an?
3. a) Wie beeinflußt eine Angleichung der Vermögen bei den Haushalten unter sonst unveränderten Umständen
   – die funktionale Einkommensverteilung,
   – die personale Einkommensverteilung?
   b) Das am Markt erzielbare Einkommen eines Haushalts richtet sich unmittelbar weder nach den persönlichen Bedürfnissen noch nach den besonderen Mühen des Haushalts bei der Einkommenserzielung. Geben Sie einen Überblick über die Einkommensentstehung als Ergebnis von Marktprozessen und die Ansatzpunkte für eine Umverteilung durch den Staat.

4. a) Warum war das ,,eherne Lohngesetz`` – d. h. die Stabilisierung des Lohnes beim Existenzminimum – vor mehr als einhundert Jahren bittere Wirklichkeit, und wieso gilt es heute nicht mehr?

   b) Wieweit besteht bei Wettbewerb auf den Arbeitsmärkten eine Tendenz zum lang-fristigen Abbau von Lohnsatzunterschieden?

   c) Inwiefern kann die Erfüllung der gewerkschaftlichen Forderung nach stärkerer Anhebung der Löhne in den unteren Lohngruppen (im Vergleich zu den übrigen Lohngruppen) zu tarifbedingter Arbeitslosigkeit führen?

5. a) Wie erklären sich unterschiedliche Preise für einen Quadratmeter Boden
   – im Zentrum von Großstädten,
   – am Stadtrand,
   – in dünn besiedelten ländlichen Gebieten?

   b) Kommentieren Sie folgenden Satz: ,,Der Produktionsfaktor Boden ist für eine Volkswirtschaft zwar eine ‚Gratishilfsquelle‘, dennoch sind unterschiedliche Pachtsätze für seine Nutzung von Vorteil, um ihn den produktivsten Verwen-dungszwecken zuzuführen.``

6. a) Wieweit stimmt es, daß das Zinsniveau in einer Volkswirtschaft von der Zentral-notenbank manipuliert wird?

   b) Nehmen Sie Stellung zu der Behauptung: ,,Zinsen sind ökonomisch nichts ande-res als bürgerliche Mittel der Ausbeutung``.

7. a) Der Inhaber eines kleinen Schreibwarenladens auf dem Universitätsgelände habe einen monatlichen Umsatz von DM 20000,–. Wie kann er aus diesen Einnahmen seinen Unternehmergewinn ermitteln?

   b) Erklären Sie, wie trotz funktionierenden Wettbewerbs immer wieder überdurch-schnittlich hohe Gewinne entstehen können.

8. a) Wie ändert sich die Lohnquote, wenn die Besitzeinkommensquote ansteigt?

   b) Den Gewerkschaften ist es trotz ständiger Bemühungen bisher nicht gelungen, die ,,bereinigte`` Lohnquote langfristig zu erhöhen. Welche Gründe lassen sich dafür finden?

   c) Beweisen Sie, daß die Reallöhne in einer Volkswirtschaft (d. h. das Verhältnis der durchschnittlichen Stundenlöhne zum Preisniveau: $1/P$) ansteigen, wenn die Ar-beitsproduktivität (d. h. das Verhältnis des realen Volkseinkommens zu den ein-gesetzten Arbeitsstunden: Y_r/A) zunimmt und die Lohnquote konstant bleibt.

9. In der Vermögensbildungspolitik werden Investivlohn- und Gewinnbeteiligungssy-steme diskutiert.

   a) Worin liegt der Hauptunterschied dieser beiden Ansatzpunkte, und welches ist ihre gemeinsame Grundidee, um das Ziel ,,größere Vermögensgleichheit`` zu realisieren?

   b) Warum können von ihnen negative Wirkungen auf die Erreichung der Ziele Preisniveaustabilität, Vollbeschäftigung und Wirtschaftswachstum ausgehen?

10. a) Die Politik staatlicher Umverteilung von am Markt entstandenen Einkommen – die schon bisher zur Linderung von ,,Unbarmherzigkeiten des Marktes`` einge-setzt wird – könnte bei einem entsprechenden politischen Entschluß so ausgewei-tet werden, daß alle Erwerbstätigen nach der Umverteilung prinzipiell über ein gleich hohes Einkommen verfügen. Welche Probleme ergäben sich daraus für die Aufrechterhaltung der bisherigen Güterproduktion in der Volkswirtschaft?

    b) Die Ungleichheit der Einkommen und der Vermögen scheint sich in den letzten Jahrzehnten in der BR Deutschland nicht wesentlich geändert zu haben. Liegt nach Ihrer Meinung der Grund dafür bei unzulänglich handlungsfähigen Politi-kern oder in besonderen ökonomischen Sachzwängen, die die Umverteilungspoli-tik einengen?

Literaturhinweise

Zur **Berechnung** des zu verteilenden Volkseinkommens empfiehlt sich als Einführung außer dem verbreiteten und schon oben bei der allgemeinen Literatur genannten Buch von *A. Stobbe,* Volkswirtschaftliches Rechnungswesen, a. a. O., zum Beispiel
– *F. Haslinger,* Volkswirtschaftliche Gesamtrechnung, 1978, 5. Aufl. München und Wien 1990, 284 S.

Über statistische Zahlen und die historische Entwicklung informieren:
– *Bundesministerium für Arbeit und Sozialordnung* (Hrsg.), Die Einkommens- und Vermögensverteilung in der Bundesrepublik Deutschland, Bonn 1969 ff. (Jährlich aktualisierte und erweiterte Neuauflagen).
– *Statistisches Bundesamt,* Statistisches Jahrbuch für die Bundesrepublik Deutschland, erscheint jährlich.

Eine Analyse der **Faktorpreisbildung** mit empirischen Bezügen enthält
– *R. Richter, U. Schlieper, W. Friedmann,* Makroökonomik, Eine Einführung, 1973, 4. Aufl. Berlin u. a. 1981, 717 S.

Zur **Verteilungstheorie** vgl. zum Beispiel:
– *H. Bartmann,* Verteilungstheorie, München 1981, 394 S.

Zur **Umverteilungspolitik:**
– *H. Lampert,* Sozialpolitik, Berlin u. a. 1980, 519 S.
– *J. Werner,* Verteilungspolitik, Stuttgart und New York 1979, 174 S.
– *J. Zerche, F. Gründer,* Sozialpolitik, Düsseldorf 1982, 148 S.
– *H. G. Schachtschabel,* Sozialpolitik, Stuttgart u. a. 1983, 284 S.

Speziell zur Vermögensbildungspolitik vgl.:
– *W. Krelle, J. Schunck, J. Siebke,* Überbetriebliche Ertragsbeteiligung der Arbeitnehmer, 2 Bde., Tübingen 1968, 506 S.;
– *H. Willgerodt, K. Bartel, U. Schillert,* Vermögen für alle, Düsseldorf 1972, 452 S.;
– *W. Engels, H. Sablotny, D. Zickler,* Das Volksvermögen, Frankfurt 1974, 211 S.
– *W. J. Mückl,* Vermögenspolitische Konzepte in der Bundesrepublik Deutschland, Göttingen 1975, 112 S.
– *H. Mierheim, L. Wicke,* Die personelle Vermögensverteilung, Tübingen 1978, 303 S.
– *E. Boettcher* u. a., Vermögenspolitik im sozialen Rechtsstaat, Tübingen 1985, 187 S.

Über die ,,Grundprobleme der Einkommensverteilung" in der BR Deutschland mit einem Vorschlag zur Gewinnbeteiligung der Arbeitnehmer informiert außerdem:
– *Sachverständigenrat zur Begutachtung der gesamtwirtschaftlichen Entwicklung,* Jahresgutachten 1972, Bonn 1972, Ziff. 437 ff. sowie Jahresgutachten 1975, a. a. O., Ziffer 360–374 und Jahresgutachten 1982/83, a. a. O., Ziffer 328–332.

E. Gesamtwirtschaftliche Stabilität und Wachstum in der Marktwirtschaft

I. Das Phänomen der Konjunkturschwankungen

Volkswirtschaften sind im Zeitverlauf durch ein fortwährendes Auf und Ab gekennzeichnet. Mal haben wir zu viel Konjunktur mit der Folge von inflationären Preisschüben, mal haben wir zu wenig Konjunktur mit einem Anschnellen der Zahl der Arbeitslosen. Dabei weisen die Schwankungen der volkswirtschaftlichen Größen wie Preisniveau, Beschäftigung oder Höhe des Volkseinkommens im Zeitablauf erstaunliche Regelmäßigkeiten auf; man spricht von **Konjunkturzyklen.**

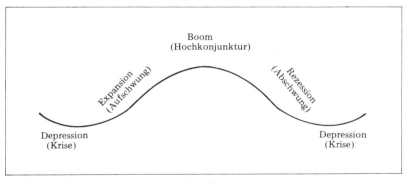

Abb. 61

Wie die einzelnen *Phasen* eines Konjunkturzyklus benannt werden, ist aus Abb. 61 ersichtlich. Vom Beginn einer Phase bis zur Wiederkehr der gleichen Phase sind in den letzten drei Jahrzehnten in der BR Deutschland typischerweise vier bis fünf Jahre vergangen *(Dauer eines Konjunkturzyklus)*.

Die eindeutige Identifikation von Konjunkturphasen ist ein besonderes Problem. Bei einer traditionellen Methode werden die **Abweichungen des tatsächlich erzielten Volkseinkommens von einem mehrjährigen Trend** gemessen (vgl. Abb. 62a). Der Trend der Volkseinkommensentwicklung kann mit Hilfe sogenannter gleitender Durchschnitte ermittelt werden. Der Trendwert eines Jahres wird als arithmetisches Mittel aus mehreren Jahreswerten des Volkseinkommens errechnet. So ergibt sich z. B. der Trendwert des Jahres 1992 als durchschnittlicher Wert der Volkseinkommen in den Jahren 1990 bis 1994 (und der Trendwert des Jahres 1993 als durchschnittlicher Wert der Volkseinkommen in den Jahren 1991 bis 1995 usw.). Dabei ist eine – etwa der Länge

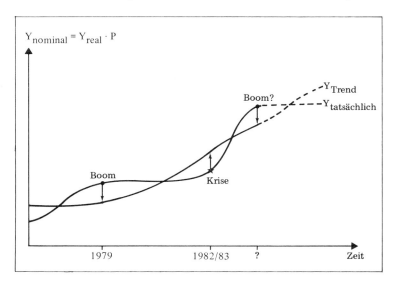

Abb. 62 a: *Konjunkturzyklen als Abweichungen des tatsächlichen Volkseinkommens von einem mehrjährigen Trend*

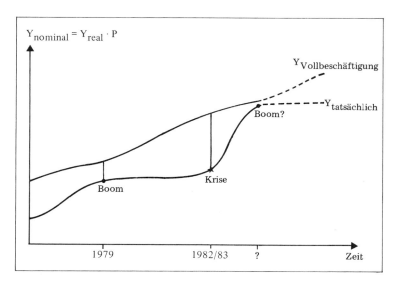

Abb. 62 b: *Konjunkturzyklen als Schwankungen im Auslastungsgrad des gesamtwirtschaftlichen Produktionspotentials*

eines Konjunkturzyklus entsprechende – fünfjährige Stützperiode zugrunde gelegt. Wie lang die Stützperiode sein soll, ist allerdings nicht eindeutig. Einige Studien gehen bei der Trendermittlung von einer Stützperiode bis zu neun Jahren (d. h. der Länge von zwei Konjunkturzyklen) aus. Dadurch ist der Trend mehr geglättet als bei kurzen Stützperioden, bei denen der Trend den Konjunkturschwankungen stärker folgt und das Ausmaß der Konjunkturschwankungen kleiner erscheint.

Eine inzwischen bevorzugte Methode mißt die Konjunkturschwankungen mit Hilfe des **Auslastungsgrades des gesamtwirtschaftlichen Produktionspotentials.** Bei Vollauslastung des gesamtwirtschaftlichen Produktionspotentials sind alle Produktionsfaktoren in geeigneter Weise in den Produktionsprozeß integriert. Im Falle der Unterbeschäftigung von Produktionsfaktoren wird geschätzt, wie hoch das Volkseinkommen bei unterstelltem vollen Einsatz aller Produktionsfaktoren sein könnte. Das so ermittelte Vollbeschäftigungseinkommen ändert sich im Zeitablauf, wenn die Menge der Produktionsfaktoren variiert oder z. B. Produktivitätsfortschritte auftreten. Der Auslastungsgrad des gesamtwirtschaftlichen Produktionspotentials ergibt sich dann, indem das in einem Jahr verwirklichte Volkseinkommen ($Y_{tatsächlich}$) zu dem im gleichen Jahr potentiell möglichen Volkseinkommen bei der gesamten volkswirtschaftlichen Produktionskapazität ($Y_{Vollbeschäftigung}$) in Bezug gesetzt wird. Boomjahre sind dadurch charakterisiert, daß der Abstand von $Y_{tatsächlich}$ und $Y_{Vollbeschäftigung}$ im Vergleich zu den benachbarten Jahren besonders klein ist, während der Abstand in Krisenjahren die größten Werte erreicht (vgl. Abb. 62 b).

Der Auslastungsgrad des gesamtwirtschaftlichen Produktionspotentials läßt sich als Quotient von tatsächlich verwirklichtem Volkseinkommen und Vollbeschäftigungseinkommen errechnen und gibt entsprechend an, inwieweit das tatsächlich verwirklichte Volkseinkommen das Vollbeschäftigungseinkommen prozentual ausschöpft. Abb. 63 informiert anhand dieses Indikators über die Konjunkturzyklen der letzten Jahrzehnte in der BR Deutschland. Die ausgeprägte Wellenbewegung weist Gipfelpunkte (Boomzeiten) in den Jahren 1960, 1965, 1970, 1973, 1979 auf. Dazwischen liegen jeweils Tiefpunkte (Depressions- oder Krisenzeiten) in den Jahren 1963, 1967, 1972, 1975 und 1982.

Diese Methode hat den Vorteil, daß das Ausmaß der Vollbeschäftigung direkt erfaßt wird. Allerdings ist es nicht einfach und nur in Ländern mit hochentwickeltem statistischen Dienst möglich, das Vollbeschäftigungseinkommen hinreichend präzise als Vergleichseinkommen zum tatsächlich verwirklichten Volkseinkommen zu ermitteln.

Wenn die bei Vollbeschäftigung höchstens produzierbare Gütermenge erreicht ist, kann das tatsächliche Volkseinkommen nur noch zunehmen, wenn sich das Preisniveau erhöht; denn das tatsächliche Volkseinkommen ergibt sich jeweils aus dem Produkt der insgesamt produzierten Mengen (Y_{real}) und dem sich herausbildenden Preisniveau (P) als Durchschnittspreis aller Güter. Sobald in *Aufschwungphasen* bis zum Boom die volkswirtschaftlich höchstens produzierbaren Mengen $\overline{Y_{real}}$ erzeugt werden, ist ein weiterer Anstieg des

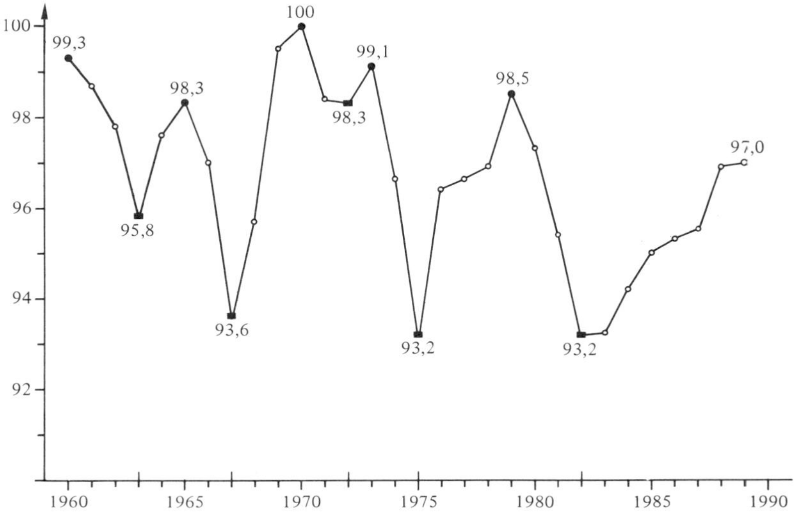

Auslastungsgrad des gesamtwirtschaftlichen
Produktionspotentials (in v.H.)

Quelle: Werte lt. Auskunft des Statistischen Bundesamtes in der Abgrenzung des Sachverständigenrates zur Begutachtung der gesamtwirtschaftlichen Entwicklung
(nur auf Auslastung der Sachkapazitäten bezogen).

Abb. 63: Konjunkturzyklen in der Bundesrepublik Deutschland

tatsächlichen Volkseinkommens notwendigerweise mit einem höheren Preisniveau P verbunden *(inflationäre Tendenz)*:

$$\overset{\uparrow}{Y}_{\text{tatsächlich}} = \overline{Y_{\text{real}}} \cdot \overset{\uparrow}{P}$$

Bleibt es demgegenüber in *Abschwungphasen* bis zur Krise bei nahezu un-
verändertem Preisniveau $\overline{P}$, geht die Beschäftigung und damit die produzierte
Gütermenge Y_{real} zurück *(Unterbeschäftigungstendenz)*:

$$\underset{\downarrow}{Y}_{\text{tatsächlich}} = \underset{\downarrow}{Y_{\text{real}}} \cdot \overline{P}$$

Allgemeine Aufgabe der Konjunkturpolitik ist es, die zyklischen Schwankun-
gen des tatsächlich erzielten Volkseinkommens so weit wie möglich zu dämpfen
und an das erwünschte Volkseinkommen bei Vollbeschäftigung und Preisni-
veaustabilität anzunähern (ohne als Nebenwirkung das Wachstum des gesamt-
wirtschaftlichen Produktionspotentials zu beeinträchtigen).

Da nicht in allen Ländern ein hochentwickelter statistischer Dienst vorhanden ist, wird
insbesondere bei internationalen Vergleichen eine dritte Methode angewandt, die an die
Wachstumsraten des realen Bruttosozialprodukts anknüpft: Nehmen die Wachstumsraten zu, so spricht man von einem Aufschwung. Sinkende Wachstumsraten deuten auf
einen Abschwung hin. Im Jahr mit der größten Wachstumsrate liegt ein Boom und im

Jahr mit der niedrigsten Wachstumsrate liegt eine Krise vor. Allerdings erreichen die Wachstumsraten ihre höchsten Werte bald nach Beginn eines Aufschwungs, weil dann fast alle Produktionsfaktoren ausreichend verfügbar sind. Generell werden bei dieser Methode die Konjunkturphasen verfrüht angezeigt. So werden z. B. Zeiten, in denen die Nachfrageanspannung und damit die inflationäre Tendenz ihrem Höhepunkt zusteuern, als Abschwung bezeichnet, weil die Wachstumsraten aufgrund zunehmender Kapazitäts-engpässe abnehmen. Auch können zunehmende Wachstumsraten, die als Aufschwung interpretiert werden, noch mit steigender Arbeitslosigkeit einhergehen, solange die Wachstumsraten kleiner sind als der Zuwachs der gesamtwirtschaftlichen Produktionska-pazitäten.

Außer den Konjunkturzyklen mit einer Dauer um fünf Jahre lassen sich seit der Industrialisierung auch langfristige Konjunkturschwankungen mit einer Dauer um fünfzig Jahre beobachten (**Kondratieff-Wellen**). Bei ihnen standen am Beginn eines jeden Aufschwungs bahnbrechende wirtschaftliche Neuerungen. So wurde der Aufschwung der Weltwirtschaft *um 1800* durch die Einführung mechanischer Webstühle, der Dampfschiffe sowie neuer Kohle- und Eisen-technologien beflügelt. Der nächste Aufschwung *um 1850* läßt sich auf die Entwicklung von Telegrafie, Fotografie und Eisenbahnen zurückführen, wäh-rend dem folgenden Aufschwung *um 1900* die Erfindung des Autos sowie technische Fortschritte in der Chemie und der Elektrizität vorausgingen. Der bisher letzte Aufschwung *um 1950* könnte als Folge der Nutzung von Elektro-nik, Fernsehen, Kernkraft und Kunststoffen sowie der Raumfahrt gesehen werden. Ob sich die Kondratieff-Wellen auch in Zukunft fortsetzen und welche grundlegend neue Techniken die Weltkonjunktur dann – um die Jahrtau-sendwende – anregen könnten, ist heute noch offen.

II. Konjunkturpolitik

1. Die konjunkturpolitischen Ziele

a) Gesetzliche Verankerung

Institutionell haben Bund und Länder in der BR Deutschland nach Arti-kel 109 Abs. 2 Grundgesetz bei ihrer Haushaltswirtschaft den Erfordernissen des *gesamtwirtschaftlichen Gleichgewichts* Rechnung zu tragen; und § 1 Satz 2 des Gesetzes zur Förderung der Stabilität und des Wachstums der Wirtschaft von 1967 (StabG) schreibt ihnen außerdem vor, daß die wirtschafts- und fi-nanzpolitischen Maßnahmen so zu treffen sind, daß sie im Rahmen der markt-wirtschaftlichen Ordnung gleichzeitig zur *Stabilität des Preisniveaus,* zu einem *hohen Beschäftigungsstand* und *außenwirtschaftlichem Gleichgewicht* bei *steti-gem und angemessenem Wirtschaftswachstum* beitragen.

Da es – wie oben ausgeführt – beim Wirtschaftswachstum um den langfristi-gen Anstieg der volkswirtschaftlichen Produktionsmöglichkeiten geht (und nicht wie bei den Konjunkturschwankungen um die Dämpfung der kurzfristi-gen Schwankungen im Auslastungsgrad des Produktionspotentials), soll die

Beziehung von Konjunktur- und Wachstumspolitik im nächsten Kapitel gesondert erörtert werden. Auch das wirtschaftspolitische Ziel des außenwirtschaftlichen Gleichgewichts wird vorläufig zurückgestellt und später in einem eigenen Abschnitt behandelt. Dieses Ziel ist seit dem Übergang vieler Länder – darunter auch der BR Deutschland im Jahre 1973 – zu sich im Prinzip frei bildenden Preisen beim Umtausch von Währungen auf den Devisenmärkten (man spricht von flexiblen Wechselkursen der Währungen) weitgehend verwirklicht; auf jeden Fall gehört es heute nicht mehr zu den konjunkturpolitischen Zielen im engeren Sinn.

Die gesetzlich festgelegten Ziele der Konjunkturpolitik sind dann, das volkswirtschaftliche Preisniveau und damit den Geldwert möglichst konstant zu halten (Preisniveaustabilität) und die Beschäftigung aller Produktionsfaktoren, besonders des Faktors Arbeit, zu sichern (Vollbeschäftigung).

b) Preisniveaustabilität

Darunter ist zu verstehen, daß im Durchschnitt die Preise in einer Volkswirtschaft und damit die Kaufkraft des Geldes (d. h. der Geldwert) gleichbleiben sollen. Keinesfalls bedeutet das, daß jeder einzelne Preis konstant bleibt; denn eine solche Zielsetzung wäre in einer dynamischen Marktwirtschaft, in der die Preise die Aufgabe haben, Knappheitsgrade zu signalisieren, um die Produktion in die von den Nachfragern gewünschte Richtung zu lenken, widersinnig.

Wann das Ziel der Preisniveaustabilität verwirklicht ist, läßt sich konkret nur an Hand eines geeigneten *Indikators für den Zielerreichungsgrad* festlegen und beurteilen. Im wesentlichen kommen hierfür zwei Arten von Indizes in Betracht:
– Preisindizes für das Bruttosozialprodukt oder andere Größen der volkswirtschaftlichen Gesamtrechnung,
– Preisindizes für die Lebenshaltung.

Beide Arten werden in der Praxis nebeneinander verwendet.

Der **Preisindex des Bruttosozialprodukts** für ein bestimmtes Jahr wird berechnet, indem das Bruttosozialprodukt in Preisen dieses Jahres dividiert wird durch ein Bruttosozialprodukt, bei dem alle in dem betreffenden Jahr hergestellten Güter nunmehr mit den Preisen eines Basisjahres bewertet werden. Der Vorteil dieses Preisindex ist, daß er den Durchschnitt der Preise aller in das Bruttosozialprodukt eingehenden Güter erfaßt. Dem steht als Nachteil gegenüber, daß eine Reihe von Gütern besondere Bewertungsprobleme aufwirft, z. B. weil staatliche Dienstleistungen keine Marktpreise haben. Außerdem gehen in die Berechnung des Index auch die Preise von Produktionsmitteln und Zwischenprodukten ein, obwohl sich die Verbraucher letztlich nur für die Preisniveauänderungen bei Konsumgütern interessieren. Neben dem umfassenden Preisindex des Bruttosozialprodukts nach der volkswirtschaftlichen Gesamtrechnung werden auch der *Preisindex der Inlandsnachfrage* (Verbrauch und Investitionen, ohne Export) sowie z. B. der *Preisindex des privaten Verbrauchs* (mit Import) ausgewiesen.

Den Zusammenhang zwischen Größen der Sozialproduktrechnung zeigt folgende Übersicht:

Privater Verbrauch (einschließlich Import)
+ Staatsverbrauch

= Letzter Verbrauch
+ Bruttoinvestitionen (Anlageinvestitionen und Vorratsänderungen)

= *Inlandsnachfrage* (Letzte inländische Verwendung)
+ Ausfuhr

= Letzte Verwendung
− Einfuhr

= *Bruttosozialprodukt zu Marktpreisen*

Will man allerdings die Belastung der Haushalte durch die eingetretene Preisentwicklung erfassen, sind die **Preisindizes für die Lebenshaltung** besser geeignet. Mit ihnen soll ja für typische private Haushalte und für deren üblicherweise gekauftes Gütersortiment angegeben werden, wie sich die Preisbewegungen auf die Verbraucherausgaben auswirken. Ausgangspunkt ist ein sogenannter *repräsentativer Warenkorb*, der zur Zeit für vier verschiedene Kategorien privater Haushalte ermittelt wird: (1) alle privaten Haushalte, (2) Vier-Personen-Arbeitnehmer-Haushalte mit mittlerem Einkommen, (3) Vier-Personen-Haushalte von Angestellten und Beamten mit höherem Einkommen und (4) Zwei-Personen-Haushalte von Renten- und Sozialhilfeempfängern. Daneben wird noch ein Index für die einfache Lebenshaltung eines Kindes berechnet. Der repräsentative Warenkorb enthält alle von einer Haushaltskategorie gekauften Güter, wie sie sich aufgrund einer Stichprobenerhebung ergeben. Das sind z.B. beim Preisindex der Lebenshaltung für alle privaten Haushalte 751 Güter. Diese werden mit den *Preisen des Basisjahres* (zur Zeit 1985) gewichtet, und die Gesamtausgabensumme für den Warenkorb wird gleich 100 gesetzt. Um die Preisniveauentwicklung bis zu einem späteren Jahr (Referenzjahr) zu erfassen, wird der unverändert gelassene Warenkorb des Basisjahres mit den jeweiligen *Preisen des Referenzjahres* gewichtet, und die neue Ausgabensumme für den Warenkorb wird zur Ausgabensumme des Basisjahres in Beziehung gesetzt. Da z.B. der Preisindex der Lebenshaltung für alle privaten Haushalte vom Statistischen Bundesamt mit dem Wert 129,8 für September 1990 ausgewiesen worden ist, bedeutet das seit dem Basisjahr (1980 = 100) eine Erhöhung des Preisniveaus um 29,8 v.H. In Tabelle 9 sind die repräsentativen Anteile verschiedener Gütergruppen am Warenkorb aller privaten Haushalte des letzten Basisjahres 1985 (Monatsverbrauch 3105 DM) den Anteilen des vorhergehenden Basisjahres 1980 (Monatsverbrauch 2665 DM) gegenübergestellt. In den Warenkorb des Basisjahres 1985 neu aufgenommen wurden z.B. Flugreisen, bleifreies Benzin, Videokamera und Diätmargarine.

Sehr unterschiedlich wird die Frage beantwortet, bei welcher jährlichen Preissteigerungsrate das wirtschaftspolitische Ziel der Preisniveaustabilität

Gütergruppen	Anteile (in v.H.) im Warenkorb 1980	Anteile (in v.H.) im Warenkorb 1985	Ände-rung (−/+)
Nahrungsmittel, Getränke, Tabakwaren	24,9	23,0	−
Güter für die Gesundheits- und Körperpflege	4,1	4,1	±
Bekleidung, Schuhe	8,2	6,9	−
Güter für die Haushaltsführung Möbel, Haushaltsgeräte u. a.	9,4	7,2	−
Wohnungsmieten, Energie (ohne Kraftstoffe)	21,3	25,0	+
Güter für Bildung, Unterhaltung, Freizeit (ohne Dienstleistungen des Gastgewerbes)	8,5	8,4	−
Güter für Verkehr und Nachrichtenübermittlung	14,3	14,4	+
Sonstiges	9,3	11,0	+

Tab. 9: Anteile verschiedener Gütergruppen am repräsentativen Warenkorb aller privaten Haushalte in den Jahren 1980 und 1985

noch als erreicht gelten soll (**quantitative Zielvorgabe**). Eine leichte Zunahme des Preisniveaus bis zu 1 v. H. pro Jahr wird auf jeden Fall toleriert. Dieser Wert ist z. B. von der Bundesregierung noch Anfang 1967 als Jahreszielvorga-be für die BR Deutschland proklamiert worden. Da sich bis heute tatsächlich wesentlich höhere Inflationsraten eingestellt haben, sind auch die Zielvorga-ben inzwischen anspruchsloser geworden. Die folgende Tabelle enthält dazu nähere Angaben („Inflationsrate" ist hier die Zunahme des Preisindex des privaten Verbrauchs jeweils gegenüber dem Vorjahr):

Jahre	1970	1975	1980	1985	1988	1989	1990
Jahreszielvorgabe der Bundesregierung für die Inflationsrate (in v. H.)	3	rd. 6	rd. 4,5	rd. 2	rd. 1	2 bis 2½	2½
tatsächlich eingetretene Inflationsrate (in v. H.)	3,8	6,1	5,5	2,1	1,2	3,1	

Quelle: Jahreswirtschaftsberichte der Bundesregierung 1970 bis 1990.

Wegen der ökonomischen **Wirkungen der Inflation** ist es nicht egal, welche Höhe und welche Schwankungen bei den Inflationsraten eintreten und noch toleriert werden.

Können doch sich inflationär erheblich ändernde Preise nicht mehr als verläßliche Knappheitsmesser fungieren, und die Wirtschaftsrechnungen – insbesondere für Entscheidungen, die weit in die Zukunft greifen – werden unpräzise. So verschlechtert sich ganz allgemein die Lenkung der volkswirtschaftlichen Güterproduktion *(Fehlallokation der Produktionsfaktoren)*. Außerdem kommt es zu *distributiven Einkommens- und Vermögensänderungen,* weil die Einkommen der sozioökonomischen Gruppen (z. B. von Beamten, Arbeitern, Unternehmern und Rentnern) an die Preisänderungen mit unterschiedlichen Verzögerungen angepaßt werden bzw. diese in unterschiedlichem Maße vorwegnehmen und weil der Realwert von Geldvermögen wegen der Preissteigerungen sinkt, während die Sachvermögensbesitzer in der Regel durch die Preissteigerungen, die sich wegen einer ,,Flucht in die Sachwerte'' oft verstärken, begünstigt werden. Im einzelnen bedarf es genauerer Untersuchungen, um festzustellen, wer Nutznießer und wer Benachteiligter der Inflation ist – Umverteilungseffekte hat eine Inflation auf jeden Fall. Schließlich ist als Gefahr, die von inflationären Tendenzen ausgeht, deren mögliche Selbstverstärkung zu sehen. So kann sich aus der *schleichenden Inflation,* wie sie als chronische Geldentwertung geradezu typisch für die westlichen Industrienationen seit dem Ende des Zweiten Weltkriegs ist, leicht eine *trabende Inflation* mit anschließender *galoppierender Inflation (Hyperinflation)* bei jährlichen Preisniveauerhöhungen von mehr als 50 v. H. entwickeln. Eine solche Tempozunahme der Inflation tritt allerdings nicht zwangsläufig ein, und sie kann heute durch geeignete wirtschaftspolitische Maßnahmen unterbunden werden.

c) Vollbeschäftigung

Im Anschluß an die Massenarbeitslosigkeit in der Weltwirtschaftskrise (von 1929–1933) wurde die Verwirklichung des Ziels der Vollbeschäftigung international fast unbestritten zu einer Hauptaufgabe der Wirtschaftspolitik. *Im umfassenden Sinn* geht es dabei um die Vollbeschäftigung aller Produktionsfaktoren, und der geeignete Maßstab für den Zielerreichungsgrad ist hier der Auslastungsgrad des gesamtwirtschaftlichen Produktionspotentials. *Im engeren Sinn* konzentriert man sich beim Vollbeschäftigungsziel auf den Produktionsfaktor Arbeit, und als Indikator dienen vor allem
– die Arbeitslosenquoten und
– das Verhältnis der Zahl der offenen Stellen zur Zahl der Arbeitslosen sowie
– die Zahl der Beschäftigten (seit 1987 berichtet).

Als **Arbeitslosenquoten** werden in der BR Deutschland neuerdings zwei Werte ausgewiesen. Es wird wie bisher der Anteil der ,,registrierten Arbeitslosen'' an der ,,Gesamtzahl der unselbständigen Erwerbspersonen'' bekanntgegeben und inzwischen zusätzlich der Anteil der ,,registrierten Arbeitslosen'' an der ,,Gesamtzahl aller Erwerbspersonen'' berechnet. Der Nachteil beider Quoten ist, daß sie als nur auf die Angebotsseite der Arbeitsmärkte bezogene Indikatoren nichts über die Nachfrage aufgrund offener Stellen aussagen.

Außerdem ergeben sich beim internationalen Vergleich von Arbeitslosenquoten erhebliche Probleme, weil weder im Zähler (irgendwie definierte ,,Arbeitslose'') noch im Nenner (irgendwie definierte ,,Erwerbstätige'') in den verschiedenen Ländern immer Gleiches erfaßt wird. Zudem hängt die Genauigkeit der Daten von der erhebenden Stelle (Statistische Ämter, Arbeitslosenversicherung, Arbeitsverwaltung oder

Gewerkschaften u. a.) sowie der Erhebungsart (z. B. Art der Registrierung der Arbeitslosen und der Erwerbstätigen) ab.

Wählt man das **Verhältnis der „Zahl der offenen Stellen" zur „Zahl der registrierten Arbeitslosen"** als Indikator für das Vollbeschäftigungsziel, scheint das Ziel erreicht, wenn die Zahl der offenen Stellen gleich der Zahl der Arbeitslosen ist, denn dann steht doch jedem Arbeitssuchenden theoretisch ein freier Arbeitsplatz zur Verfügung. Praktisch können indessen so erhebliche Unterschiede zwischen der Art des Arbeitskräfteangebots und der Art der Arbeitskräftenachfrage bestehen, daß es zu einer wirklichen Abnahme der Zahl der Arbeitslosen nicht kommt. Schließlich kann z. B. ein arbeitsloser Schuhmachergeselle aus München nicht ohne weiteres eine offene Stelle als Industriekaufmann in Düsseldorf besetzen, und es gilt für einen akademisch Ausgebildeten (bisher noch) als unzumutbar, eine von seiner Qualifikation weit entfernt liegende Tätigkeit ausüben zu müssen. Insofern ist die quantitative Gleichheit der Zahl der offenen Stellen mit der Zahl der Arbeitslosen nicht hinreichend für das Ziel der Vollbeschäftigung, sondern außerdem kommt es immer auch auf die absolute Höhe der Arbeitslosenquoten an.

Wie beim Ziel der Preisniveaustabilität hängt die **quantitative Zielvorgabe** für die konkrete Vollbeschäftigungspolitik weitgehend von den realisierbar erscheinenden Möglichkeiten ab. Lange Zeit konnte in der BR Deutschland die auf die unselbständigen Erwerbspersonen bezogene Arbeitslosenquote in der Regel unter 2 v. H. (von 1960 bis 1973) und teils sogar unter 1 v. H. (von 1961 bis 1966) gehalten werden, jedoch ab 1974 hat sich eine erhebliche Zunahme der tatsächlich eingetretenen Arbeitslosenquoten gezeigt, die die Zielvorgaben der Bundesregierung ebenfalls haben ansteigen lassen. Im einzelnen vermittelt die folgende tabellarische Übersicht davon ein Bild:

Jahre	1970	1975	1980	1985	1988	1989	1990
Zielvorgabe der Bundesregierung für die Arbeitslosenquote (in v. H.)	unter 1	rd. 3	3,5 bis 4	unter 9	rd. 9	rd. 8½	rd. 8
tatsächlich eingetretene Arbeitslosenquote (in v. H. der unselbständigen Erwerbspersonen)	0,7	4,8	3,8	9,3	8,7	7,9	

Quelle: Jahreswirtschaftsberichte der Bundesregierung 1970 bis 1990.

d) Zum Zielkonflikt zwischen Preisniveaustabilität und Vollbeschäftigung (Phillips-Theorem)

Zu den in den Wirtschaftswissenschaften weltweit meistdiskutierten Aufsätzen nach dem Zweiten Weltkrieg gehört eine Untersuchung des englischen

Nationalökonomen Alban W. Phillips,[1] die zu der Annahme geführt hat, daß für jedes Land eine **feste Beziehung zwischen bestimmten Arbeitslosenquoten und zugehörigen Inflationsraten** besteht. Danach gehen hohe Inflationsraten mit relativ niedrigen Arbeitslosenquoten einher und umgekehrt, so daß es konjunkturpolitisch eine Art „Speisekarte" möglicher Realisierungsgrade von Preisniveaustabilität und Vollbeschäftigung gäbe. Aus ihr könnten wir z. B. ablesen, wieviel mehr an Inflation hingenommen werden müßte, wenn die Unterbeschäftigung um einen bestimmten Betrag gesenkt werden soll. Dieser Ansatz liegt der Erklärung der Bundesregierung Anfang der siebziger Jahre zugrunde: „Eine Inflationsrate von 5 v. H. ist uns lieber als eine Arbeitslosenquote von 5 v. H.".

Die *ursprüngliche Untersuchung von Phillips (1958)* hat im wesentlichen nur die in Großbritannien in den vergangenen hundert Jahren bestehende Beziehung zwischen der Arbeitslosenquote und der Änderungsrate der Nominallöhne zu beschreiben versucht. Dazu sind in einem Koordinatensystem, dessen Abszisse die Arbeitslosenquote und dessen Ordinate die Nominallohnänderung gegenüber dem Vorjahr erfaßt hat, die beobachteten Jahreswerte einander zugeordnet worden (Punkte- oder Streudiagramm). Anschließend ist mit Hilfe statistischer Methoden durch diese „Punktewolke" eine Kurve gelegt, um die die Jahreswerte möglichst wenig streuen. Eine solche *originäre Phillips-Kurve*, wie man heute diesen Kurventyp nennt, gibt also die Relation zwischen alternativen Graden von Arbeitslosigkeit und Lohnsteigerungen an. Indem später zusätzlich angenommen worden ist,[2] daß die Preissteigerungen unmittelbar von den Lohnsteigerungen abhängen, konnte die originäre Phillips-Kurve in ihre modifizierte – heute allgemein übliche – Form transformiert werden. **Modifizierte Phillips-Kurven** beschreiben den Zusammenhang zwischen Arbeitslosenquoten und Inflationsraten.

In Abb. 64 sind in ein Koordinatensystem mit der auf die unselbständigen Erwerbspersonen bezogenen Arbeitslosenquote und der Inflationsrate als Achsen die in der BR Deutschland in den letzten Jahren verwirklichten Jahreswerte als Punkte eingetragen. Wenn man durch dieses Streudiagramm eine Gerade legen will, von der die Punkte im Durchschnitt am wenigsten abweichen (statistisch spricht man von einer Regressionslinie), ist nicht sicher – wie schon optisch erkennbar ist –, ob sich dafür eine Gerade mit negativer Steigung (durchgezogene Linie) oder eine Gerade mit positiver Steigung (unterbrochene Linie) ergibt. Nur wenn die negativ geneigte Regressionslinie maßgeblich ist, besteht der (für Phillips-Kurven) typische Zielkonflikt, daß eine Senkung der Inflationsrate mit einer Zunahme der Arbeitslosenquote einhergeht und umgekehrt. Gilt demgegenüber die positiv ansteigende Regressionslinie, lassen sich die Arbeitslosenquote und die Inflationsrate gleichzeitig senken (Zielharmonie).

---

[1] A. W. PHILLIPS, The Relation between Unemployment and the Rate of Change of Money Wage Rates in the United Kingdom, 1861–1957, in: Economica, Vol. 25 (1958), S. 283–299.
[2] Die Umformulierung erfolgte durch A. SAMUELSON, R. M. SOLOW, Analytical Aspects of Anti-Inflation Policy, in: American Economic Review, Papers and Proceedings, Vol. 50 (1960), S. 177–194.

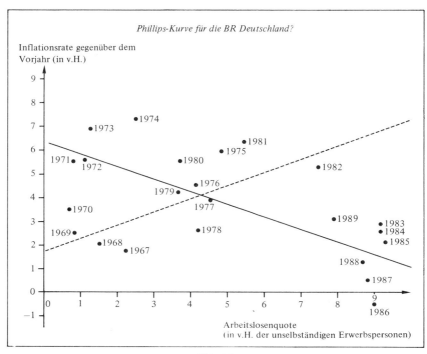

Abb. 64

Bereits dieser einfache Ansatz veranschaulicht ein wesentliches Dilemma der – für die verschiedenen Länder und Zeitperioden inzwischen weit über hundert – empirischen Untersuchungen zum Phillips-Zusammenhang. Letztlich konnte bisher für kein Land ein eindeutiger und langfristig stabiler Verlauf einer Phillips-Kurve ermittelt werden. Außerdem erklären die theoretischen Arbeiten die Inflationsraten zu einseitig vom Arbeitsmarkt, so daß andere Aspekte bei der Güterpreisbildung zu kurz kommen.

Das Phillips-Theorem kann insgesamt nicht als verläßliche Grundlage einer rationalen Konjunkturpolitik dienen.

Als Ergänzung zu den obigen Angaben für die BR Deutschland sind abschließend in Tabelle 10 Inflationsraten und Arbeitslosenquoten der letzten Jahre für ausgewählte andere Länder aufgeführt.

2. Konjunkturpolitische Maßnahmen

a) Überblick über ursachenadäquate Ansatzpunkte

Wenn wir vereinfacht von einem **Gesamtmarkt für alle Güter in einer Volkswirtschaft** ausgehen, erklären sich die Konjunkturausschläge dadurch, daß die gesamtwirtschaftliche Nachfrage im Vergleich zum – sich im Zeitverlauf eventuell ebenfalls ändernden – gesamtwirtschaftlichen Angebot mal zu gering

Jahr	USA		Großbritannien		Frankreich		Italien	
	Infla-tions-rate	Arbeits-losen-quote	Infla-tions-rate	Arbeits-losen-quote	Infla-tions-rate	Arbeits-losen-quote	Infla-tions-rate	Arbeits-losen-quote
1967	2,4	3,8	2,4	2,3	2,4	1,2	4,5	5,0
1973	5,6	4,9	9,4	2,7	7,1	2,2	10,8	4,6
1975	4,9	8,5	24,3	3,8	11,8	3,9	17,0	5,3
1977	6,5	7,0	15,8	5,7	9,4	4,8	18,4	6,4
1979	11,3	5,8	13,4	5,3	10,8	6,0	14,8	7,5
1981	10,2	7,6	11,9	10,5	13,4	7,8	19,5	8,8
1983	3,2	9,6	4,6	11,5	9,6	8,6	14,6	11,9
1985	3,5	7,1	5,2	13,0	5,5	10,1	9,4	10,5
1987	4,7	6,1	3,9	10,2	3,1	10,5	5,1	11,8
1988	3,9	5,4	5,0	8,3	2,7	10,1	4,9	11,8

Quelle: Zahlen für 1967 bis 1988 nach SACHVERSTÄNDIGENRAT ZUR BEGUTACHTUNG DER GESAMTWIRTSCHAFTLICHEN ENTWICKLUNG, Jahresgutachten 1979/80, a.a.O., S. 13, 15; Zahlen für 1977 bis 1979 nach derselbe, Jahresgutachten 1981/82, a.a.O., S. 16f.; Zahlen für 1981 nach derselbe, Jahresgutachten 1982/83, a.a.O., S. 18; Zahlen für 1983 nach derselbe, Jahresgutachten 1984/85, a.a.O., S. 24; Zahlen für 1985 nach derselbe, Jahresgutachten 1986/87, a.a.O., S. 19; Zahlen für 1987 nach derselbe, Jahresgutachten 1988/89, a.a.O., S. 26f. u. 1989/90, S. 26.

Tab. 10: Inflationsraten (in v.H.) und Arbeitslosenquoten (in v.H.) in ausgewählten Ländern (1967–1988)

(Krise) und mal zu hoch ist (Boom). Die konjunkturpolitischen Maßnahmen sollen dem entgegenwirken, indem sie auf die „globalen" Bestimmungsgrößen des gesamtwirtschaftlichen Angebots und der gesamtwirtschaftlichen Nachfrage so einwirken, daß die zyklischen Schwankungen möglichst verschwinden *(antizyklische Globalsteuerung)*. Um deren Ansatzpunkte zu verstehen, werden zunächst das gesamtwirtschaftliche Angebot und die gesamtwirtschaftliche Nachfrage mit ihren Bestimmungsgründen sowie anschließend deren Zusammenspiel auf dem Gesamtmarkt der Volkswirtschaft erörtert.

Das **gesamtwirtschaftliche Angebot** ergibt sich für jede Wirtschaftsperiode durch Aggregation des Angebots aller Güter auf den Märkten einer Volkswirtschaft. In Abb. 65 ist es als Angebotskurve dargestellt, die den Kausalbezug zwischen dem Preisniveau P (als Ursache) und dem volkswirtschaftlich produzierten Güterberg, d.h. dem realen Nettosozialprodukt oder Volkseinkommen Y_r (als Wirkung) ceteris paribus aufzeigt. Eine solche Angebotskurve verläuft im Prinzip von links unten nach rechts oben, wobei schematisch vier Bereiche unterschieden werden können. Im *Bereich I (vollkommen unelastisches Angebot von Null)* erfolgt überhaupt kein Angebot, weil das Preisniveau so niedrig ist, daß keine Produktion lohnt. Erst wenn das Preisniveau

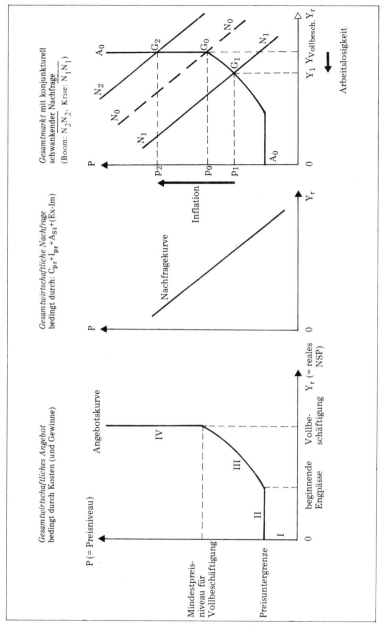

Abb. 65

die – zur einzelwirtschaftlichen Preisuntergrenze analoge – volkswirtschaftliche Preisuntergrenze erreicht, schnellt das Angebot im *Bereich II (vollkommen elastisch)* an – und zwar bis in der Volkswirtschaft erste Engpässe bei der Beschaffung von Produktionsfaktoren auftreten. Dann nämlich rivalisieren die Unternehmen verstärkt um diese besonders knapp werdenden Faktoren, so daß deren Preise steigen und damit für zusätzlich produzierte Gütermengen die Grenz- und Stückkosten zunehmen. Da die Produktion zunächst noch nicht überall an der Kapazitätsgrenze angelangt ist, kann bei ansteigendem Preisniveau das Angebot durchaus noch ausgeweitet werden *(Bereich III: elastisches Angebot)*. Erst im anschließenden *Bereich IV (vollkommen unelastisches Angebot an der volkswirtschaftlichen Kapazitätsgrenze)* bewirkt auch eine noch so starke Steigerung des Preisniveaus keine Zunahme des gesamtwirtschaftlich produzierbaren Güterbergs, weil inzwischen alle Produktionsfaktoren vollbeschäftigt sind. – Letztlich ist das gesamtwirtschaftliche Angebot – analog dem einzelwirtschaftlichen Angebot – also kosten- und gewinnbedingt, wobei die Bestimmungsgrößen der Kosten sind: Löhne, Zinsen, Pachten, Kostensteuern, Importe (Kosten für importierte Güter, die in die Produktion eingehen) sowie als besondere Komponente der Produktivitätsfortschritt. Streng genommen kommt es auf die Stückkosten im volkswirtschaftlichen Durchschnitt an.

Die **gesamtwirtschaftliche Nachfrage** ist in einer Wirtschaftsperiode die Summe der Nachfrage nach den Gütern des Bruttosozialprodukts einer Volkswirtschaft. Sie setzt sich aus folgenden Komponenten zusammen: Konsum der privaten Haushalte (C_{pr}), Investitionen der privaten Unternehmen (I_{pr}), Ausgaben des Staates für Güter und Dienste (A_{St}) sowie dem Überschuß des Güterexportes über den Güterimport (Ex-Im). Der Güterexport ist Ergebnis der Nachfrage ausländischer Wirtschaftseinheiten nach inländischen Waren und Diensten. Von ihm ist jene Nachfrage inländischer Wirtschaftseinheiten abzuziehen, welche sich auf ausländische Waren und Dienste richtet und folglich für die Binnenmärkte verlorengeht. In einem Koordinatensystem mit den gleichen Achsen, wie sie vorher für das gesamtwirtschaftliche Angebot benutzt sind, verläuft die gesamtwirtschaftliche Nachfragekurve von links oben nach rechts unten (vgl. Abb. 65). Auch gesamtwirtschaftlich kann letztlich davon ausgegangen werden, daß bei steigendem Preisniveau weniger Güter nachgefragt werden und umgekehrt. Das gilt vor allem für die Nachfrage der privaten Haushalte nach Konsumgütern und darüber hinaus für den Güteraustausch mit dem Ausland, weil bei sich erhöhendem Preisniveau im Inland die Exportmöglichkeiten ungünstiger werden und die (Import-)Nachfrage nach im Preis gleichbleibenden Auslandsgütern zunimmt.

Auf dem Gesamtmarkt der Volkswirtschaft wird durch das übliche (bereits früher erläuterte) **Zusammenspiel von Angebot und Nachfrage** fortwährend volkswirtschaftliches Gleichgewicht – im Schnittpunkt von Angebots- und Nachfragekurve – angesteuert. Nehmen wir z. B. an, daß beim rechten Schaubild von Abb. 65 die Nachfragekurve $\overline{N_1 N_1}$ maßgeblich ist, ergibt sich in Verbindung

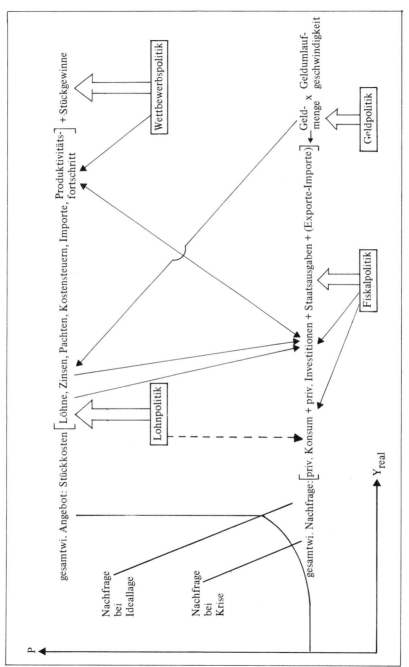

Abb. 66: Überblick über Ansatzpunkte der Konjunkturpolitik

mit der Angebotskurve $\overline{A_0 A_0}$ als Gleichgewichtspunkt G_1. In dem Maß, wie das zugehörige Gleichgewichtsvolkseinkommen Y_1 kleiner ist als das Vollbeschäftigungsvolkseinkommen Y_{voll}, liegt Unterbeschäftigung bzw. Arbeitslosigkeit vor. Ob zugleich Inflation herrscht, läßt sich allein aus dem Gleichgewichtspreisniveau P_1 nicht erkennen. Vielmehr ist dazu der Vergleich der Preisniveaus zu verschiedenen Zeitpunkten notwendig, wobei Preisniveauänderungen entsprechende Verschiebungen der Nachfrage- und/oder Angebotskurve voraussetzen. Allgemein können wir festhalten:

Während **Unterbeschäftigung bzw.** **Arbeitslosigkeit** *(als Bestandsgrößen oder stock-Variable) durch den Vergleich von tatsächlichem (Gleichgewichts-)Einkommen und möglichem (Vollbeschäftigungs-)Einkommen zu einem Zeitpunkt ermittelt werden können, handelt es sich bei* **Preisniveausteigerungen bzw.** **Inflationsraten** *(als Strömungsgrößen oder flow-Variable) immer um Zunahmen des Preisniveaus von einem früheren zu einem späteren Zeitpunkt.*

Wenn wir als nächstes annehmen, daß sich die Nachfrage infolge eines konjunkturellen Aufschwungs belebt, so daß **in Abb. 65 eine Verschiebung der Nachfragekurve von** $\overline{N_1 N_1}$ **nach rechts** eintritt, bewegt sich der Gleichgewichtspunkt – bei unveränderter Angebotssituation – entlang der Angebotskurve nach rechts oben. Die Arbeitslosigkeit wird zwar geringer, dafür sind Preisniveausteigerungen unvermeidlich. Wenn die Nachfragekurve die Lage $\overline{N_0 N_0}$ erreicht hat, liegt Vollbeschäftigung vor und das Preisniveau ist von P_1 bis P_0 gestiegen. *Ließen sich die Nachfrage- und die Angebotskurve bei diesem volkswirtschaftlichen Gleichgewicht G_0 (Ideallage) stabilisieren, träten in der Zukunft keine weiteren Preisniveausteigerungen auf und die Vollbeschäftigung bliebe erhalten.* Tatsächlich entwickelt sich die Nachfrage in Boomzeiten meist allerdings so kräftig, daß weitere Verschiebungen der Nachfragekurve, z. B. bis zur Lage $\overline{N_2 N_2}$, erfolgen. Wie aus Abb. 65 unmittelbar hervorgeht, bedeutet das eine erneute kräftige Preisniveauerhöhung (bis zu P_2), während das konjunkturpolitische Ziel der Vollbeschäftigung dadurch nicht gefährdet wird.

Analoge Überlegungen lassen sich für Verschiebungen der Angebotskurve anstellen, wobei zunächst eine unveränderte gesamtwirtschaftliche Kapazitätsgrenze unterstellt ist und erst im nächsten Abschnitt sich darauf auswirkende Wachstumsaspekte berücksichtigt werden. In der Wirklichkeit ist mit laufenden Veränderungen sowohl der Angebots- als auch der Nachfragekurve zu rechnen.

Über die verschiedenen konjunkturpolitischen Ansatzpunkte, die diese Bewegungen beeinflussen, um möglichst Preisniveaustabilität und Vollbeschäftigung herbeizuführen (und als Ideallage zu erhalten), vermittelt Abb. 66 eine Übersicht. Den vier – im folgenden erläuterten – wesentlichen Ursachengruppen von Inflation und Unterbeschäftigung kann jeweils eine spezielle Politik als Gegenmaßnahme zugeordnet werden. Schon hier läßt sich erkennen, wie komplex die Konjunkturpolitik ist, deren Hauptproblem im Zusammenwirken der einzelnen Maßnahmen liegt.

Nachfrageinduzierte Inflation ist – wie in Verbindung mit Abb. 65 erläutert – ab einem hinreichend hohen Auslastungsgrad des gesamtwirtschaftlichen Produktionspotentials die Folge einer autonom erhöhten Nachfrage der Wirtschaftseinheiten. Aufgrund der Verschiebung der gesamtwirtschaftlichen Nachfragekurve nach rechts ist die Inflation tendenziell mit einer Zunahme der Beschäftigung verbunden, solange die Ideallage noch nicht erreicht ist, während bei Vollbeschäftigung eine weitere Nachfrageerhöhung nur noch zu verstärkter Inflation führt. Umgekehrt ist eine *nachfrageinduzierte Unterbeschäftigung* auf autonome Nachfrageausfälle zurückzuführen.

Monetärinduzierte Inflation oder Unterbeschäftigung entstehen, wenn die Geldmenge zu sehr aufgebläht oder gedrosselt wird. Einerseits kann eine übermäßige Versorgung der Wirtschaft mit Geld die Gesamtnachfrage so anregen, daß die gleichen Effekte wie bei einer autonomen Nachfrageerhöhung eintreten. Haben andererseits die Wirtschaftssubjekte nicht genügend Geld, um die für Vollbeschäftigung erforderliche Nachfrage zu finanzieren, bleibt ein Teil des Produktionspotentials ungenutzt.

Angebotsinduzierte Inflation und Unterbeschäftigung entstehen bei den in Abb. 66 eingezeichneten Angebots- und Nachfragebedingungen, wenn sich die Stückkosten erhöhen. Generell verschiebt sich die gesamtwirtschaftliche Angebotskurve nach oben, sofern die Zunahme einzelner Stückkostenkomponenten, z. B. der Löhne, ceteris paribus größer als der Produktivitätsfortschritt ist.

Gewinninduzierte Inflation und Unterbeschäftigung ergeben sich, wenn Unternehmen ihre Gewinne im voraus in bestimmter Höhe planen und aufgrund ihrer starken Stellung auf einzelnen Märkten durch entsprechende Preisgestaltung auch verwirklichen können („*privat-administrierte Preise*").

Eine Erhöhung auf diese Weise entstandener Unternehmergewinne hat im Prinzip die gleichen Wirkungen wie eine Zunahme der Stückkosten, indem die Verschiebung der Angebotskurve nach oben gleichzeitig zu Inflation und Unterbeschäftigung führt.

Solche gewinninduzierten Störungen können durch Maßnahmen der **Wettbewerbspolitik** bekämpft werden. Wenn Wettbewerbsbeschränkungen hinreichend verhindert werden, sind privat-administrierte Preise nicht mehr möglich, und die Unternehmen sind gezwungen, ihre Preise zu senken. Das heißt, die gesamtwirtschaftliche Angebotskurve verschiebt sich nach unten, was sich sowohl auf die Vermeidung von Preisniveausteigerungen als auch auf die Erreichung der Vollbeschäftigung positiv auswirkt.

Trotz dieser konjunkturpolitisch wünschenswerten Wirkungen wäre es allerdings falsch, die Wettbewerbspolitik als Instrument diskretionärer „Gewinnpolitik" betreiben zu wollen. Schon praktisch ist es kaum möglich, deren Maßnahmen antizyklisch wirkungsvoll zu variieren. Vor allem würde mit einer solchen Politik die Schlüsselrolle, die der Wettbewerb in einem marktwirtschaftlichen Wirtschaftssystem spielt, mißachtet. Die wettbewerbliche Selbststeuerung wird auch bei dem der Konjunkturpolitik zugrunde gelegten Denkschema eines sich je nach Angebots- und Nachfragesituation einstellenden gesamtwirtschaftlichen Marktgleichgewichts grundsätzlich vorausgesetzt. So haben Wettbewerbsbeschränkungen nicht nur allgemeine Einbußen an wirtschaftlicher Effizienz zur Folge, sondern beeinträchtigen speziell auch die Wirksamkeit aller erörterten konjunkturpolitischen Instrumente. Insofern kann die Aufgabe der Wettbewerbspolitik letztlich nur darin bestehen, den Wettbewerb als zentralen Anreiz- und Lenkungsmechanismus in der Volkswirtschaft so weit wie irgend möglich zu sichern und zu begünstigen.

Ähnlich ist die **Geldpolitik** nur zur Bekämpfung eines speziellen Ursachenkomplexes geeignet, nämlich um die durch Änderungen der Geldmenge induzierte Inflation und Unterbeschäftigung zu verhindern. Letztlich geht es bei ihr darum, dauerhaft günstige monetäre Rahmenbedingungen für die wirtschaftlichen Aktivitäten zu gewährleisten und die Wirtschaft kontinuierlich so mit Geld zu versorgen, daß von der Geldseite keine Störungen in die güterwirtschaftlichen Prozesse hineingetragen werden.

Für eine antizyklische Änderung von Maßnahmen zur Dämpfung von Konjunkturschwankungen kommen dann noch die Fiskal- und die Lohnpolitik in Frage. Die **Fiskalpolitik** setzt bei der gesamtwirtschaftlichen Nachfrage an. Sie versucht die Einnahmen und Ausgaben des Staates jeweils so zu gestalten, daß die im Konjunkturverlauf schwankenden Investitions- und Konsumausgaben privater Wirtschaftssubjekte stabilisiert werden und eventuell verbleibende Änderungen der privaten Nachfrage durch gegenläufige staatliche Nachfrageänderungen ausgeglichen werden.

Ergänzend hätte die **Lohnpolitik** in erster Linie auf das gesamtwirtschaftliche Angebot einzuwirken. Sie könnte dazu beitragen, daß die Löhne als wichtigste Stückkosten-Komponente nicht über das gesamtwirtschaftlich verträgliche Niveau ansteigen und generell eine von der Angebotskurve ausgehende Gefährdung der Konjunkturziele verhindert wird. Bevor die Fiskal- und die Lohnpolitik mit ihren spezifischen Ansatzpunkten erörtert werden, geht es im folgenden Abschnitt um die Geldpolitik.

In der **historischen Entwicklung** zeigen sich bei der Konjunkturpolitik erhebliche Akzentverlagerungen. Die *klassische Theorie* (z.B. Adam Smith, 1776) ging davon aus, die Wirtschaft tendiere von sich aus, d.h. ohne Staatseingriffe, zum Gleichgewicht bei Vollbeschäftigung. Der Zins wurde als maßgebliche Determinante der Ersparnis und damit indirekt zugleich des Konsums angesehen. Entsprechend stand die Geldpolitik im Zentrum der konjunkturpolitischen Maßnahmen, soweit solche überhaupt als notwendig erachtet wurden. – Mit der für die makroökonomische Theorie richtungweisenden Arbeit von *John M. Keynes* (1936)[3] rückte die Fiskalpolitik in den Mittelpunkt der Konjunkturpolitik. Unter dem Eindruck der Weltwirtschaftskrise bestand die Furcht vor einer weltweit anhaltenden Unterbeschäftigung (Stagnations- und Unterkonsumtionsthese), die es nach Keynes vor allem durch eine kompensatorische Erhöhung der Staatsausgaben zu beseitigen gilt, weil die Geldpolitik in einer solchen Situation versage. In der Realität hat sich allerdings auch die schleichende Inflation als langfristiges Problem erwiesen, so daß die Fiskalpolitik eher nachfragedrosselnd ein-

---

[3] Vgl. J. M. KEYNES, The General Theory of Employment, Interest and Money, London 1936; deutsche Übersetzung: Allgemeine Theorie der Beschäftigung, des Zinses und des Geldes, München, Leipzig 1936 (Nachdruck Berlin 1955).

gesetzt werden mußte, um nachfrageinduzierten Inflationstendenzen entgegenzuwirken. – Als Mitte der fünziger Jahre dieses Jahrhunderts besonders in den USA Perioden verstärkten Preisauftriebs nicht nur in Boom-, sondern auch in Krisenzeiten beobachtet wurden, erklärte man diese neue Erscheinung als angebotsinduzierte Inflation. Als ursachenadäquates Gegenkonzept entstand die sogenannte Einkommenspolitik, insbesondere die Lohnpolitik. – Die letzten Jahre sind gekennzeichnet durch eine verstärkte Skepsis gegenüber dem konjunkturpolitisch ,,Machbaren". So lehnen die *Monetaristen* einen antizyklischen Einsatz irgendwelcher konjunkturpolitischer Instrumente als unwirksam und eher gefährliche Störung der marktwirtschaftlichen Selbststeuerung ab. Generell ist die reine Nachfragesteuerung zur Bekämpfung der Krise der letzten Jahre, die durch einen Verfall der Investitionen gekennzeichnet ist, als unzureichend erkannt worden. Darauf und auf die Gegenposition der ,,*Supply-side-economics*" wird im einzelnen noch erläuternd eingegangen.

b) Geldpolitik

In entwickelten arbeitsteiligen Volkswirtschaften wird kaum noch Ware gegen Ware natural getauscht, sondern Verkäufe und Käufe von Waren erfolgen regelmäßig gegen Geld. Damit ist Geld zu einem allgemeinen Tauschmittel geworden *(Zahlungsmittelfunktion)*, das zugleich als generell benutzte Recheneinheit *(Wertmaßstab)* dient und von den Wirtschaftseinheiten zur Vermögensanlage gehalten werden kann *(Wertaufbewahrungsmittel)*.

In der BR Deutschland sind **gesetzliche Zahlungsmittel** – in dem Sinne, daß jeder Inländer verpflichtet ist, sie zur Tilgung von Verbindlichkeiten anzunehmen – *Zentralbanknoten* in unbeschränkter Höhe und *Geldmünzen* bis zu bestimmten Höchstbeträgen je Zahlungsvorgang (bei auf volle DM lautenden Münzen beträgt der Höchstbetrag 20,– DM, und bei auf Pfennig lautenden Münzen sind es bis zu 5,– DM, die angenommen werden müssen). Daneben fungieren als Geld *Sichtguthaben*, über die bargeldlos durch Scheck oder Überweisung jederzeit verfügt werden kann, bei der (staatlichen) Zentralbank und bei den (privatwirtschaftlichen) Geschäftsbanken. Da die Sichtguthaben nur in den Büchern der Banken und den Kontoauszügen ausgewiesen sind, bezeichnet man diese Geldart auch als **Buchgeld**. Schließlich gibt es **geldnahe Forderungen**, die von ihren Inhabern jederzeit in Geld verwandelt werden können (z. B. bei ,,*Spareinlagen mit gesetzlicher Kündigungsfrist*" innerhalb von jeweils 30 Tagen Beträge bis zu 2000,– DM) oder bei denen dies nach Ablauf bestimmter Fristen möglich ist *(Termineinlagen)*.

Insgesamt besteht das Geld in entwickelten Volkswirtschaften heute aus **Bargeld** *in Form von Zentralbanknoten und Münzen sowie* **Buchgeld** *(Sichteinlagen) bei der Zentralbank und bei den Geschäftsbanken. Ein fließender Übergang ist zu den geldnahen* **Termineinlagen** *und insbesondere den* **Spareinlagen** *vorhanden.*

Das ausschließliche Recht, Banknoten in Umlauf zu bringen, hat in der Bundesrepublik die **Deutsche Bundesbank,** während Münzen von der Bundesregierung in den Verkehr gebracht werden (bis zum Höchstbetrag von 30 DM pro Kopf der Bevölkerung). Die Bundesbank ist als zentrale für die Geld- und Kreditpolitik zuständige wirtschaftspolitische Instanz *(Träger der Geldpolitik)* im Jahre 1957 mit Sitz in Frankfurt am Main als juristische Person des öffentlichen Rechts errichtet worden.[4] Ihre Hauptverwaltungen in den elf Bundesländern (einschließlich Westberlin) sind die Landeszentralbanken. Für die wirtschaftspolitische Willensbildung maßgebliches Organ ist der *Zentralbankrat*. Er besteht aus dem Präsidenten, dem Vizepräsidenten und weiteren (bis zu acht) Mitgliedern des Direktoriums der Deutschen Bundesbank sowie den elf Präsidenten der Landeszentralbanken. Er tagt in der Regel im Abstand von zwei Wochen, um währungs- und kreditpolitische Beschlüsse zu beraten und zu fassen.

,,Die Deutsche Bundesbank regelt mit Hilfe der (ihr verliehenen) währungspolitischen Befugnisse . . . den Geldumlauf und die Kreditversorgung der Wirtschaft mit dem Ziel, die Währung zu sichern, und sorgt für die bankmäßige Abwicklung des Zahlungsverkehrs im Inland und mit dem Ausland" (§ 3 BBankG). Unter dem *Ziel, die Währung zu sichern,* wird in erster Linie die Sicherung der Währung nach innen (d. h. Preisniveaustabilität) sowie auch die Sicherung des Außenwerts der Währung (Stabilisierung des Austauschverhältnisses der DM gegenüber ausländischen Währungen) verstanden. Bei der Ausübung ihrer Befugnisse ist die Bundesbank ,,von Weisungen der Bundesregierung unabhängig", wenn sie auch ,,unter Wahrung ihrer Aufgabe die allgemeine Wirtschaftspolitik der Bundesregierung zu unterstützen" hat (§ 12 BBankG). Durch diese – auch im internationalen Vergleich – recht große *Unabhängigkeit der Bundesbank* kann die Regierung z. B. nicht mehr einfach durch Ingangsetzen der Notenpresse die Geldmenge ausdehnen und damit die Währung ruinieren, wie es in diesem Jahrhundert in Deutschland bereits zweimal in den großen Inflationen geschehen ist. (Währungsreformen erfolgten in den Jahren 1923 und 1948).

Um die zusätzlich zur Geldschöpfung durch die Bundesbank für die Geldversorgung der Volkswirtschaft wesentliche **Buchgeldschöpfung der Geschäftsbanken** zu erläutern, soll an die Übersicht der Abb. 67 mit den drei Gruppen Bundesbank, Geschäftsbanken sowie Nichtbanken angeknüpft werden. Bei der *Bundesbank* ist – buchhalterisch auf der Passivseite ihrer Bilanz – das gesamte Zentralbankgeld ausgewiesen, das in Form von Noten, Münzen und Buchgeld in der Volkswirtschaft im Umlauf ist. Besitzer dieses Zentralbankgeldes sind teils die Nichtbanken und teils die Geschäftsbanken.

Für die *Geschäftsbanken* ergibt sich als Besonderheit, daß sie gesetzlich verpflichtet sind, einen Teil ihres Zentralbankgeldes als unverzinsliche Mindestreserven bei der Zentralbank zu halten – was in Abb. 67 durch die schraffierten Flächen zum Ausdruck gebracht ist. Nur der Rest an Zentralbankgeld ist die sogenannte Überschußreserve. Sie ist die Basis für die Buchgeldschöpfung der Geschäftsbanken. Die Geschäftsbanken können nämlich in dieser Höhe ohne weiteres Geld an Nichtbanken ausleihen und Sichtverpflichtungen eingehen; denn selbst wenn alles von den Geschäftsbanken geschaffene Buchgeld plötzlich von den Nichtbanken in Zentralbankgeld abgefordert würde, kämen die Geschäftsbanken nicht in Zahlungsschwierigkeiten. Praktisch räumen die Geschäftsbanken den Nichtbanken allerdings im Zuge von Kreditgewährungen weit mehr Buchgeldansprüche ein, als durch ihre Überschußreser-

---

[4] Das Gesetz über die Deutsche Bundesbank vom 26. 7. 1957 (BBankG) regelt im einzelnen Rechtsform, Organisation, Aufgaben und Befugnisse der Bundesbank sowie ihr Verhältnis zur Bundesregierung.

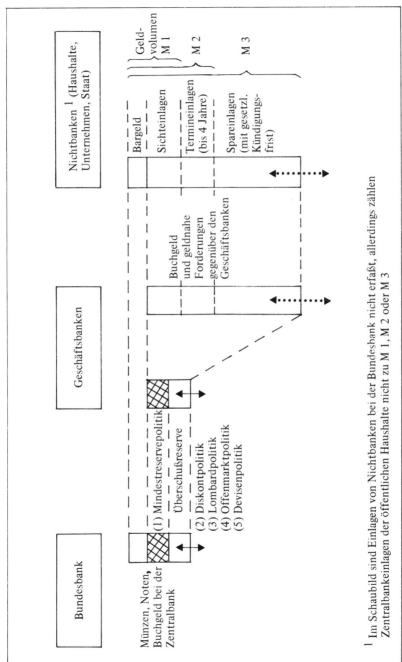

Abb. 67: Geldpolitische Instrumente

[1] Im Schaubild sind Einlagen von Nichtbanken bei der Bundesbank nicht erfaßt, allerdings zählen Zentralbankeinlagen der öffentlichen Haushalte nicht zu M 1, M 2 oder M 3

ve an Zentralbankgeld gedeckt ist. Sie können nämlich davon ausgehen, daß die Kreditnehmer aufgrund der bestehenden Zahlungsgewohnheiten über den größten Teil der eingeräumten Sichtguthaben mittels Scheck und Überweisung verfügen und sich dabei die bargeldlosen Umbuchungen zwischen den Banken in etwa ausgleichen. Insoweit gebrauchen die Geschäftsbanken für das von ihnen geschaffene Buchgeld kein Zentralbankgeld, so daß nur ein kleiner – vom Anteil der Bargeldzahlungen abhängiger – Bruchteil an Buchgeld von der Überschußreserve gedeckt sein muß.

Bei den Geschäftsbanken ist außerdem für den Zusammenhang zwischen den Buchgeldverbindlichkeiten gegenüber den Nichtbanken und ihrer Buchgeldhaltung bei der Zentralbank generell maßgeblich, daß sich die Höhe der gesetzlichen Mindestreserve nach Art und Umfang der Buchgeldverbindlichkeiten richtet. Im einzelnen werden die für die Errechnung der Mindestreserve maßgeblichen Mindestreservesätze, die als Prozentsätze auf die Buchgeldverpflichtungen der Geschäftsbanken anzuwenden sind, von der Bundesbank für Sichteinlagen und für bis zu vier Jahren befristete Termineinlagen sowie für Spareinlagen unterschiedlich festgelegt. Für die Buchgeldschöpfungsmöglichkeiten bedeutet das, daß eine etwa durch Kreditgewährungen beabsichtigte Ausweitung des Buchgeldes der Geschäftsbanken (um z.B. 100000 DM) zugleich eine Zunahme der nach dem Buchgeld berechneten Mindestreserve zur Folge hat (und zwar wären das bei einem durchschnittlich maßgeblichen Mindestreservesatz von 10 v.H., der auf die 100000 DM anzuwenden ist, 10000 DM). Diese Zunahme der gesetzlichen Mindestreserve bedingt bei gleichbleibender Versorgung der Geschäftsbanken mit Zentralbankgeld, daß die Überschußreserve der Geschäftsbanken um diesen Zusatzbetrag der Mindestreserve sinkt. Da die Überschußreserve wiederum für Auszahlungen als Bruchteil des Buchgeldes bereitgehalten werden muß, kann es sein, daß letztlich der – als Ausgangspunkt angenommene – Versuch der Geschäftsbanken, durch Geldschöpfung das bei ihnen gehaltene Buchgeld auszuweiten, bereits nicht mehr verwirklicht werden kann, weil das Kreditpotential schon vorher ausgeschöpft ist.

Insgesamt können die Geschäftsbanken also eine Buchgeldschöpfung vornehmen, die wesentlich höher ist als ihre eigene Bar- und Buchgeldversorgung durch die Zentralbank. Das Ausmaß des Buchgeldschöpfungspotentials der Geschäftsbanken hängt – außer von der Versorgung der Geschäftsbanken mit Zentralbankgeld – vom Umfang der Bargeldzahlungen des Nichtbankensektors und von der Höhe der gesetzlichen Mindestreserve ab.

Bei den *Nichtbanken* sind dann – wie Abb. 67 veranschaulicht – als Zahlungsmittel Bargeld und Buchgeld (Sichteinlagen) sowie Termin- und Spareinlagen, die in solches Geld umgewandelt werden können, vorhanden. Im Januar 1989 waren 139 Mrd. DM Bargeld bei den Nichtbanken im Umlauf, die Sichteinlagen betrugen 267 Mrd. DM, die Termineinlagen mit einer Befristung bis unter vier Jahre 268 Mrd. DM und die Spareinlagen 498 Mrd. DM.

Für die Bundesbank als Träger der Geldpolitik stellt sich dann die Frage, an welcher Größe sie ihre Politik ausrichtet (monetärer Indikator bzw. Zwischenziel für die güterwirtschaftlichen Konjunkturziele). Der Indikator ist um so besser geeignet, je exakter er monetäre Impulse, die beim Einsatz geldpolitischer Instrumente durch die Zentralbank entstehen und auf Gütermärkte einwirken, erfaßt. Außerdem sollte er auf Einflüsse, die von Gütermärkten in den monetären Bereich zurückwirken, möglichst nicht reagieren.

Als monetäre Indikatoren werden folgende Größen diskutiert und in der praktischen Politik nebeneinander verwendet:

(a) Das *Geldvolumen M 1* umfaßt das Bargeld und die Sichteinlagen von inländischen Nichtbanken (ohne die Zentralbankeinlagen der öffentlichen Haushalte) und gibt Auskunft über den unmittelbar verfügbaren Zahlungsmittelbestand bei Staat sowie privaten Haushalten und Unternehmen (vgl. Sektor ,,Nichtbanken" in Abb. 67).

Der Indikator *M 2 (Geldvolumen und Quasigeldbestände)* enthält zusätzlich zu M 1 noch die bei inländischen Nichtbanken gehaltenen Termineinlagen mit einer Befristung bis unter vier Jahre. Schließlich berücksichtigt *M 3 das Geldvolumen und das Quasigeldvolumen zuzüglich der Spareinlagen mit gesetzlicher Kündigungsfrist.*

Als Orientierungsgröße für die Geldpolitik reicht indessen keiner der drei Indikatoren aus, weil z. B. ein Anstieg der Zinssätze für Termin- und Spareinlagen in der Regel zu einer Zunahme dieser Einlagen führt, während die Sichtguthaben stagnieren oder sogar abnehmen, so daß M 1 die Geldpolitik restriktiv erscheinen läßt, während M 2 und M 3 expansiv zu deuten wären. Außerdem sind sie nicht immun gegen Einflüsse, die von Gütermärkten ausgehen, weil z. B. eine verstärkte Investitionsnachfrage im Konjunkturaufschwung zu einer Geldschöpfung führt, die die Indikatoren ansteigen läßt, ohne daß das durch den Einsatz geldpolitischer Instrumente verursacht worden ist. Dieser Nachteil ist bei dem folgenden Indikator insofern kleiner, als er bei der Zentralbankgeldmenge (,,Geldbasis") als Quelle der Geldversorgung ansetzt.

(b) Die *Zentralbankgeldmenge* in der Abgrenzung der Deutschen Bundesbank erfaßt die aktuellen Bargeldbestände, wie sie von der Bundesbank ausgegeben und beim Staat sowie den privaten Haushalten und Unternehmen vorhanden sind, und das bei der Bundesbank zu unterhaltende Mindestreservesoll der Geschäftsbanken. Letzteres wird zu den Reservesätzen, die bei der Einführung dieses Indikators im Januar 1974 galten, berechnet. Eine Konstanz der Mindestreservesätze ist erforderlich, weil sonst z. B. im Falle eines Herabsetzens der Reservesätze die insgesamt (bei unveränderten Beständen an Buchgeld und geldnahen Forderungen gegenüber den Geschäftsbanken) bei der Bundesbank zu unterhaltenden Mindestreserven sinken und die Zentralbankgeldmenge entsprechend rückläufig ist, was einen restriktiven Kurs signalisiert, obwohl die Geldpolitik tatsächlich expansiv ist.

Der Vorteil der so definierten Zentralbankgeldmenge gegenüber den monetären Indikatoren M 1, M 2 und M 3 ist, daß neben dem Bargeldumlauf
die drei Einlagearten gemäß ihrer unterschiedlichen ,,Geldnähe" berücksichtigt werden, weil die konstant angewandten Mindestreservesätze des
Jahres 1974 die Sicht-, Termin- und Spareinlagen etwa in der Relation
4:3:2 gewichten. Dadurch wird der Einfluß, der von geldpolitischen Instrumenten auf die Gütermärkte ausgeht, besser erfaßt. Generell bleibt es ein
Nachteil der genannten Indikatoren, daß es oft lange dauert, bis sich von
der Bundesbank ausgehende monetäre Anstöße über den Sektor ,,Ge-
schäftsbanken" und den Sektor ,,Nichtbanken" auf die Gütermärkte auswirken.

Die *freien Liquiditätsreserven* der Geschäftsbanken haben als monetärer Indikator an
Bedeutung verloren, seit die Bundesbank ab dem Jahr 1974 ihre Politik vor allem an
der Zentralbankgeldmenge orientiert; jedoch spielen sie nach wie vor eine Rolle.Sie
errechnen sich als Summe des bei den Geschäftsbanken als Überschußreserve vorhandenen Zentralbankgeldes und des von diesen zusätzlich dadurch beschaffbaren Zentralbankgeldes, daß sie Wechsel oder andere Papiere an die Bundesbank verkaufen
oder bei ihr gegen Verpfändung von Wertpapieren einen Kredit aufnehmen. Ihr
Vorteil ist, daß sie über den Geld- und Kreditschöpfungsspielraum der Geschäftsbanken Auskunft geben. Da dieser Spielraum allerdings von den Geschäftsbanken z.B. je
nach den Kreditwünschen ihrer Kunden unterschiedlich ausgenutzt wird, ist die Über-
tragung monetärer Impulse auf die Gütermärkte unsicher. Wenn die Bundesbank als
expansive Maßnahme zum Beispiel die Mindestreservesätze senkt, erhöhen sich die
Überschußreserven und damit die freien Liquiditätsreserven. Vergeben die Geschäftsbanken daraufhin mehr Kredite an Unternehmen, steigen die Mindestreserve-
pflichten an, und die freien Liquiditätsreserven sinken wieder. Insgesamt können die
freien Liquiditätsreserven kleiner werden, so daß sie eine kontraktive Geldpolitik anzeigen, obwohl die Bundesbank eine expansive Maßnahme ergriffen hat.
Auch die *Zinssätze* auf den Kreditmärkten werden inzwischen nur noch ergänzend zur
Beurteilung von geldpolitischen Maßnahmen herangezogen. Wenn eine Krise mit
einer ,,Politik des billigen Geldes" bekämpft wird und sich die Wirtschaft wie ge-
wünscht belebt, führt der Aufschwung zu einer verstärkten Kreditnachfrage und damit zu höheren Zinsen. Dieser Zinsanstieg läßt sich nur vermeiden, indem die Zentralbank die Geldversorgung ausweitet. Würde sich die Geldpolitik nur am Zinsniveau orientieren, könnte der Zinsanstieg als Zeichen einer restriktiven Geldpolitik
gedeutet werden. Demgegenüber signalisiert die Zunahme der Geldmenge, wie sie
durch die oben genannten Indikatoren gemessen wird, einen expansiven Kurs. Das
veranschaulicht, daß eine sachgerechte Geldpolitik nur betrieben werden kann, wenn
mehrere Indikatoren gleichzeitig berücksichtigt werden.

Welche Indikatoren für die Geldpolitik geeignet sind, hängt auch von der
Aufgabe ab, die ihr gestellt wird. Grundsätzlich konkurrieren derzeit folgende
drei **Konzepte der Geldpolitik:**
(I) Nach dem *Konzept der antizyklischen Geldpolitik* können die konjunkturellen Schwankungen von gesamtwirtschaftlicher Nachfrage und gesamtwirt-
schaftlichem Angebot dadurch bekämpft werden, daß sich mit monetären Im-
pulsen, die durch einen antizyklischen Einsatz geldpolitischer Maßnahmen erzeugt werden, insbesondere die privaten Investitionen stabilisieren lassen. Als
Übertragungswege kommen dafür Zins- und Geldmengeneffekte in Frage. In-

dem z. b. im Konjunkturabschwung und in der Krise das Zinsniveau gesenkt wird und sich dadurch Kredite verbilligen, sollen Investitionen und soweit möglich auch der Konsum stimuliert werden. Außerdem könnten ähnliche Wirkungen dadurch erzielt werden, daß die Zentralbankgeldmenge erhöht wird und das zusätzliche Geld auf der Suche nach dem höchsten Ertrag zu Käufen von Finanzaktiva (z. B. in Form von Wertpapieren) sowie von Investitions- und Konsumgütern führt.

Ein Problem ist allerdings, daß viele Investitionen kaum auf Zinsänderungen reagieren. Insbesondere ist nicht plausibel, daß Unternehmer in Krisenzeiten bei leerstehenden Kapazitäten allein aufgrund niedriger Zinsen ihre Investitionen ausweiten. Generell kann bei pessimistischen Zukunftserwartungen kaum jemand zur Aufnahme von Krediten veranlaßt werden. Unternehmer lassen sich umgekehrt im Aufschwung in der Regel nicht durch höhere Zinsbelastungen von Investitionen zurückhalten, da die Zinsen im Rahmen der Gesamtkalkulation nur selten der ausschlaggebende Aspekt sind. Selbst wenn durch eine Änderung der Zinsen gelegentlich Investitionen stimuliert oder gedämpft werden können, ist wegen zeitlicher Verzögerungen, die auf dem langen Übertragungsweg monetärer Impulse von der Zentralbank bis zu den Gütermärkten oft nicht zu vermeiden sind, mit prozyklischen Wirkungen zu rechnen. Insofern ist die antizyklisch beabsichtigte Geldpolitik nur ,,gut gemeint'', was tatsächlich das Gegenteil von ,,gut'' ist.

(II) Das *monetaristische Konzept* lehnt jede antizyklische Geld- und sonstige Konjunkturpolitik ab. Da der private Sektor hinreichend zur Stabilität tendiere, konzentriert es sich auf eine langfristig ausgerichtete Geldmengenpolitik, die als bestmöglicher Beitrag zur Konjunkturstabilisierung angesehen wird. Analytisch greifen die Monetaristen im Prinzip auf die sogenannte Quantitätstheorie zurück, die sich mit Hilfe folgender Gleichung veranschaulichen läßt:

$$M_{Zb} \cdot U = Y_r \cdot P$$

Dabei bedeuten:

M_{Zb} = Zentralbankgeldmenge
U = Umlaufgeschwindigkeit der Zentralbankgeldmenge
Y_r = reales Sozialprodukt
P = Preisniveau (als durchschnittlicher Güterpreis)

Die linke Seite der Gleichung kann als Ausdruck für die monetäre Nachfrage in der Volkswirtschaft und die rechte Seite als Ausdruck für das in Geld bewertete Güterangebot interpretiert werden, die definitionsgemäß gleich groß sind, weil in entwickelten Volkswirtschaften auf den Gütermärkten immer Güter gegen Geld getauscht werden.

Die von Monetaristen für die Ausweitung der Zentralbankgeldmenge vorgeschlagene Regel sieht in der einfachsten Form vor, daß die Zentralbankgeldmenge im langfristigen Durchschnitt mit der gleichen Rate wachsen soll wie das bei Vollbeschäftigung erzielbare reale Sozialprodukt (d. h. das gesamtwirtschaftliche Produktionspotential). Wenn z. B. das gesamtwirtschaftliche Produktionspotential um durchschnittlich 2 v. H. pro Jahr zunimmt, müßte die Zentralbank die Zentralbankgeldmenge ebenfalls um 2 v. H. erhöhen, damit bei unterstellter Konstanz der Umlaufgeschwindigkeit gemäß obiger Gleichung Preisniveaustabilität bewirkt wird. Wird realistischerweise berücksichtigt, daß die Umlaufgeschwindigkeit des Geldes bei steigendem Einkommen tendenziell abnimmt (z. B. um jährlich 1 v. H.), weil die Wirtschaftseinheiten sich eine höhere Kassenhaltung für unvorhergesehene Kaufwünsche leisten, muß die Zentralbankgeldmenge um diesen Prozentsatz zusätzlich erhöht werden, damit sich Preisniveaustabilität ergibt. Dies erfaßt eine erweiterte Form der monetaristischen Regelbindung für die Geldmengenexpansion, wobei Milton Friedman als einer der Hauptvertreter dieser Politik weniger die Höhe als eine über Jahre hinweg konstant gehaltene Expansionsrate für wichtig hält, damit von der Geldseite keine Instabilitäten in die Gütermärkte hineingetragen werden.

Insgesamt ist allerdings fraglich, ob mit Quantitätsgleichungen wie der obigen Formel die maßgeblichen Zusammenhänge in der Volkswirtschaft hinreichend berücksichtigt sind. Speziell ist umstritten, ob die Umlaufgeschwindigkeit des Geldes konstant bleibt bzw. sich in vorhersehbarer Weise ändert. Möglicherweise erklärt die Quantitätsgleichung nur die Umlaufgeschwindigkeit des Geldes, nachdem die anderen Größen weitgehend unabhängig voneinander eine bestimmte Höhe angenommen haben. Generell kommt es so entscheidend darauf an, ob und wieweit die Wirkungen in der Quantitätsgleichung von der Geld– nach der Güterseite oder umgekehrt verlaufen. Bis heute ist nicht eindeutig geklärt, ob – wie die Monetaristen behaupten – von der Geldmenge (als Ursache) das Preisniveau und das reale Sozialprodukt (als Wirkung) abhängen oder ob in erster Linie – kausal genau umgekehrt – die güterwirtschaftliche Aktivität als Ursache die Geldmenge und die Umlaufgeschwindigkeit des Geldes (und falls die Geldmenge von der Zentralbank konstant gehalten wird, allein die Umlaufgeschwindigkeit des Geldes) als Wirkung bestimmt.

(III) Ein *modifiziertes Konzept* versucht, monetär-induzierte Inflation und Unterbeschäftigung zu vermeiden, und überläßt antizyklische Maßnahmen zur Dämpfung von Konjunkturschwankungen der Fiskal- und der Lohnpolitik, die in den folgenden Abschnitten noch näher erörtert werden. Die Geldpolitik ist dann allein darauf auszurichten, daß vom Bankensystem keine monetären Impulse ausgehen, die das Zusammenspiel von Angebot und Nachfrage auf den Gütermärkten stören. Die von den Monetaristen vorgeschlagene Regelbindung der Geldmengenexpansion könnte hierfür verwendet werden, ohne allerdings die monetaristische Auffassung zu teilen, daß allein damit bereits der bestmögliche Beitrag zur Konjunkturstabilisierung geleistet wird. Die Fiskalpolitik könnte in erster Linie eingesetzt werden, um die gesamtwirtschaftliche Nachfrage zu stabilisieren. Ergänzend hätte die Lohnpolitik die Aufgabe, das gesamtwirtschaftliche Angebot in geeigneter Weise zu beeinflussen.

Um die Zentralbankgeldmenge nach dem zuletzt genannten oder einem anderen Konzept zu steuern, stehen der Bundesbank als **geldpolitische Instrumente** die (1) Mindestreservepolitik, (2) Diskontpolitik, (3) Lombardpolitik und (4) Offenmarktpolitik aufgrund des Bundesbankgesetzes sowie ergänzend eine (5) Devisenpolitik zur Verfügung:

(1) Die **Mindestreservepolitik** beeinflußt die bereits erläuterten Geldschöpfungsmöglichkeiten der Geschäftsbanken. Die Bundesbank kann die *Mindestreservesätze* für Sichteinlagen bis zu 30 v. H., für Termineinlagen bis 20 v. H. und für Spareinlagen bis 10 v. H. und bei Einlagen von Ausländern sogar bis zu 100 v. H. erhöhen. Weitere Differenzierungen werden nach dem Volumen der Einlagen bei den Geschäftsbanken vorgenommen, wobei die Mindestreserven als Sichteinlagen zinslos bei der Bundesbank geführt werden müssen.

Technische Einzelheiten der Mindestreservehaltung sind in der ,,Anweisung der Deutschen Bundesbank über Mindestreserven (AMR)'' geregelt. Eine Anpassung der AMR an neuere Entwicklungen im Bankwesen und geänderte Geschäftsstrukturen von Kreditinstituten erfolgte im Januar 1983. Die bisherige Freistellung von Kreditinstituten mit überwiegend langfristigem Geschäft und für Bausparkassen, bei denen Bausparanlagen weiterhin freibleiben, wurde aufgehoben. Einige Freistellungsregelungen von quantitativ geringer Bedeutung wurden ebenfalls gestrichen bzw. geändert und technische Erleichterungen bei der Ermittlung von Mindestreserveverpflichtungen eingeführt.

Durch eine Erhöhung der Mindestreservesätze wird die Überschußreserve der Banken beschnitten, weil diese – bei gleichen Beständen ihres Zentralbankgeldes – mehr Pflichtreserven halten müssen. Damit verringert sich der Geldschöpfungsspielraum unmittelbar, d. h. die Geschäftsbanken können weniger Kredite vergeben. Umgekehrt führt eine Senkung der Mindestreservesätze zu ansteigender Überschußreserve bei den Banken, so daß sie mehr und billigere Kredite anbieten können. Da eine Veränderung der Mindestreservesätze die Bankenliquidität in der Regel erheblich beeinflußt – und insbesondere bei einer kontraktiven Mindestreservepolitik die Banken den höheren Mindestreserven nicht ausweichen können –, dient dieses geldpolitische Instrument mehr zur Grobsteuerung des monetären Rahmens. Zur Feinsteuerung setzt die Bundesbank eher die im folgenden behandelten Instrumente ein.

(2) Die **Diskontpolitik** ist das traditionelle Instrument der Zentralbank. Sie umfaßt die Festsetzung einerseits des Diskontsatzes und andererseits der Rediskontkontingente und legt so die Bedingungen fest, zu denen die Geschäftsbanken Wechsel (und einige andere in § 19 BBankG bezeichnete Papiere) an die Zentralbank verkaufen können, um sich Zentralbankgeld zu beschaffen.

Der *Diskontsatz* ist ein prozentualer Abschlag, den die Zentralbank bei Auszahlung des Kredites vornimmt, also der Preis für die Übernahme des Wechsels durch die Zentralbank. Weil die Wechsel bereits beim Verkauf durch Nichtbanken an Banken diskontiert werden, spricht man beim Wechselgeschäft der Banken mit der Zentralbank vom Rediskontgeschäft. Erhöht die Bundesbank den Diskontsatz, so verteuert sich der von ihr an die Geschäftsbanken gewährte Kredit, und diese werden in der Regel auch für die an Nichtbanken weitergegebenen Kredite einen höheren Preis verlangen. Von Diskontsatzänderungen gehen vor allem auch psychologische Effekte aus *(,,Signalwirkung")*, indem z. B. eine Erhöhung des Diskontsatzes die Entschlossenheit der Bundesbank anzeigt, unter Umständen auch drastischere Maßnahmen zur Geldmengensteuerung zu ergreifen.

Durch *Rediskontkontingente* begrenzt die Bundesbank – nach qualitativen (die Wechselbonität betreffenden) und quantitativen Kriterien – den jeder Bank insgesamt zur Verfügung stehenden Umfang der Rediskontkredite. Ihre Herabsetzung verringert die freien Liquiditätsreserven und damit auch das mögliche Kreditangebot der Geschäftsbanken. Umgekehrt wird durch Erhöhung der Rediskontkontingente eine Ausdehnung des Kreditangebots ermöglicht.

(3) Bei der **Lombardpolitik** werden – ähnlich wie bei der Diskontpolitik – die Bedingungen verändert, zu denen sich die Geschäftsbanken bei der Bundesbank zusätzlich Zentralbankgeld beschaffen können – nur handelt es sich hier nicht um Wechselkredite, sondern um Bundesbankdarlehen gegen Verpfändung bestimmter Wertpapiere und Schuldbuchforderungen. Der Preis (Zinssatz) für dieses Darlehen ist der *Lombardsatz*. Er wird in der Regel ein Prozent (oder höher) über dem Diskontsatz festgelegt, weil Lombardkredite die Ausnahme sein sollen, und wird meist gleichzeitig und in gleicher Richtung mit ihm verändert.

Die Lombardpolitik wird oft mit der Diskontpolitik zur *Refinanzierungspolitik* zusammengefaßt, da mit beiden insgesamt festgelegt wird, zu welchen Bedingungen und in welchem Umfang sich die Geschäftsbanken bei der Bundesbank Zentralbankgeld beschaffen können. Im Vergleich zur Mindestreservepolitik kann die Refinanzierungspolitik wesentlich flexibler gehandhabt und feiner dosiert werden.

Die Mindestreservepolitik und die Kontingentpolitik haben den Vorteil, daß die Initiative entscheidend bei der Bundesbank liegt und nicht – wie bei der als nächstes zu behandelnden Offenmarktpolitik – eine maßgebliche Mitwirkung anderer Wirtschaftseinheiten hinzukommen muß.

(4) Unter **Offenmarktpolitik** versteht man den An- und Verkauf folgender Wertpapiere durch die Bundesbank auf dem ,,offenen (freien) Markt", d. h. in der Regel an der Börse: rediskontfähige Wechsel, Schatzwechsel, Schatzanweisungen, Schuldverschreibungen und Schuldbuchforderungen des Bundes, der Länder und bestimmter öffentlicher Sondervermögen sowie andere zum amtlichen Börsenhandel zugelassene Schuldverschreibungen. Die Bundesbank gibt für diese Papiere differenzierte Abgabesätze und höhere Rücknahmesätze an. Der Anteil von Papieren, die von der Bundesbank jederzeit zurückgenommen werden und bis zum Jahr 1973 ausschließlich eingesetzt wurden, ist zurückgegangen und zeitweise ganz ersetzt worden durch Wertpapiere, für die die Bundesbank von vornherein eine feste Rückkaufsfrist von z. B. 30 Tagen vereinbart (Wertpapierpensionsgeschäfte).

Partner der Bundesbank bei Offenmarktgeschäften sind Geschäftsbanken und seit dem Jahr 1971 in kleinerem Umfang auch Nichtbanken. In erster Linie operiert die Bundesbank mit Papieren, die eine Laufzeit bis zu vier Jahren haben, auf dem Geldmarkt. Der Handel mit Papieren von längerer Laufzeit auf dem Kapitalmarkt wird zwar seit dem Jahr 1967 ergänzend betrieben, allerdings könnte hier die Gefahr entstehen, daß die Bundesbank zu Lasten geldpolitischer Ziele vor allem langfristige Kreditwünsche des Staates erfüllt.

Kauft die Bundesbank Papiere von *Geschäftsbanken,* erhöhen sich deren Bestände an Zentralbankgeld, das für ihre Geldschöpfung eingesetzt werden kann. Sofern die Papiere zu den freien Liquiditätsreserven gehört haben, ist an ihre Stelle lediglich Zentralbankgeld getreten, so daß sich die freien Liquiditätsreserven lediglich in ihrer Struktur und nicht in ihrer Höhe verändert haben.

Wenn die Bundesbank Papiere von *Nichtbanken* kauft, erhalten diese unmittelbar Zentralbankgeld, so daß ihr Zahlungsmittelbestand zumindest um diesen Betrag zunimmt. Sofern sich das Zentralbankgeld ganz oder teilweise auf Konten der Geschäftsbanken niederschlägt, kann es wieder zur multiplen Geldschöpfung der Geschäftsbanken benutzt werden.

Da die Bundesbank kein eigenes Recht zur Ausgabe von Wertpapieren hat, könnte es ihr an geeigneten Papieren für Offenmarktgeschäfte fehlen. Deshalb erhielt die Zentralbank im Zuge der Währungsreform sog. Ausgleichsforderungen für alte Forderungen gegenüber der öffentlichen Hand, für die sich zur Offenmarktpolitik geeignete Schatzwechsel oder unverzinsliche Schatzanweisungen bis zur Höhe von rd. 8 Mrd. DM vom Bund aushändigen lassen kann *(Mobilisierungspapiere).* Reichen diese Papiere nicht aus, hat der Bund der Bundesbank aufgrund des durch das Stabilitäts- und Wachstumsgesetz von 1967 geänderten Bundesbankgesetzes weitere Schatzwechsel und unverzinsliche Schatzanweisungen bis zum Höchstbetrag von wiederum 8 Mrd. DM auszuhändigen *(Liquiditätspapiere).* – Die gelegentlich von der Bundesbank im Auftrag und für Rechnung des Bundesministers der Finanzen im *Tenderverfahren,* bei dem Verkaufs- und Ankaufsmengen festgelegt werden (im Gegensatz zum Zinssatzverfahren bei der Offenmarktpolitik), in Umlauf gebrachten Kassenobligationen und unverzinslichen Schatzanweisungen dienen nicht der Offenmarktpolitik, sondern werden lediglich von der Bundesbank als Hausbank des Bundes angeboten.

(5) Die Möglichkeiten der **Devisenpolitik** zur Steuerung der Zentralbankgeldmenge sind eng begrenzt, weil die Bundesbank aufgrund der freien Konvertibilität (Umtauschbarkeit) westlicher Währungen die ihr angebotenen ausländischen Währungen (Devisen) grundsätzlich ankauft und damit die Zentralbankgeldmenge erhöht bzw. solche Währungen bei Nachfrage abgibt, und damit die Zentralbankgeldmenge verringert. Um den internationalen Kapitalverkehr zu beeinflussen, hat die Bundesbank eine *Swapsatzpolitik* entwickelt, die im Bundesbankgesetz nicht geregelt ist. Bei einem Swapgeschäft werden im Ausland anzulegende Devisen zum Tageskurs (per Kassa) gegen DM gekauft und gleichzeitig zu einem anderen Kurs für einen bestimmten Zeitpunkt (per Termin) wieder verkauft, oder es werden – in umgekehrter Richtung – vom Ausland bezogene Devisen per Kassa ver-

kauft und gleichzeitig per Termin zurückgekauft. Die Differenz von Terminkurs und Kassakurs (in Prozent des Kassakurses auf ein Jahr bezogen) wird als *Swapsatz* bezeichnet. Indem die Bundesbank den Swapsatz für den Umtausch z. B. von DM in Dollar und zurück günstig gestaltet, fördert sie die vorübergehende Anlage in Dollar und verringert die Zentralbankgeldmenge, wenn sie die Dollar verkauft. Eine solche Swapsatzpolitik hat die Bundesbank nur gelegentlich betrieben, und zwar nur mit inländischen Geschäftsbanken und nur für Swapgeschäfte zwischen DM und Dollar. Da sich aus den außenwirtschaftlichen Beziehungen besondere Probleme ergeben, werden sie im letzten Kapitel vertieft behandelt.

Als technische Schwierigkeit wird manchmal eine *mangelnde Kontrolle der Zentralbankgeldmenge* beklagt. Sie könnte sich durch die weitgehende Autonomie der Geschäftsbanken bei der Buchgeldschöpfung, wodurch die geldpolitischen Aktionen der Bundesbank wie von einem Puffer gedämpft würden, ergeben. Gelegentlich wird deshalb ein Ausbau des geld- und kreditpolitischen Instrumentariums der Bundesbank vorgeschlagen. So könnte die Bundesbank das Recht erhalten, den einzelnen Geschäftsbanken Höchstbeträge für Kredite an Nichtbanken vorzuschreiben (Kreditplafondierung), oder die Geldschöpfungsmöglichkeiten der Geschäftsbanken werden ganz beseitigt, indem entsprechend dem Vorschlag von Friedman die Mindestreservepflicht auf hundert Prozent festgesetzt und außerdem die Möglichkeiten zur Refinanzierung bei der Bundesbank (durch Wechselrediskont- und Lombardgeschäfte) abgeschafft wird. Insofern ließen sich beliebig starke Einflußmöglichkeiten der Bundesbank auf die Zentralbankgeldmenge schaffen, allerdings deuten die Erfahrungen ab dem Jahr 1973 darauf hin, daß dazu das herkömmliche Instrumentarium ausreicht, wenn es konsequent eingesetzt wird.

Die **Bundesbank** gibt als Zielgröße ihrer Geldpolitik seit dem Jahr 1975 jeweils vor Jahresanfang bekannt, welche Zunahme der Geldmenge sie anstrebt. Die dabei zugrunde gelegten Überlegungen lassen sich im Prinzip durch Rückgriff auf die oben genannte Quantitätsgleichung erläutern. So hielt der Zentralbankrat z. B. für 1980 einerseits einen Anstieg des realen Bruttosozialprodukts um rd. 3 v. H. für realisierbar. Andererseits wurde eine Erhöhung der Preise aller im Inland abgesetzten Produkte in Höhe von etwa 4 v. H. als unvermeidlich angesehen, so daß sich insgesamt ein Anstieg des Ausgabevolumens im Inland um 7 v. H. errechnete. Darüber hinaus galt eine Zunahme der ,,Umlaufgeschwindigkeit der Zentralbankgeldmenge" im Zuge der zu erwartenden Konjunkturbelebung um 1 v. H. als wahrscheinlich, so daß – um den geschätzten Ausgabeanstieg in der Volkswirtschaft zu finanzieren – eine Ausdehnung der Zentralbankgeldmenge um etwa 6 v. H. für ausreichend gehalten und etwas offener eine Bandbreite von 5 bis 8 v. H. festgelegt wurde. Ein Wert im oberen Bereich der Bandbreite sollte angestrebt werden, wenn besonders das Vollbeschäftigungsziel gefährdet wäre, während ein Wert im unteren Bereich für den Fall erwünscht war, daß in erster Linie die Preisniveaustabilität bedroht erschiene. Ab dem Jahr 1988 verwendet die Bundesbank für die Zielvorgabe die Geldmenge M 3 (Bargeld und die von Inländern bei inländischen Kreditinstituten gehaltenen Sichteinlagen, Termineinlagen unter vier Jahren und Spareinlagen mit gesetzlicher Kündigungsfrist). Bei M 3 hat das Bargeld nur noch einen Anteil von etwas mehr als 10 v. H.

Jahr	Durchschnittliche Veränderung gegenüber Vorjahr (in v. H.)		Preisniveau	Arbeitslosenquote im Jahresdurchschnitt
	Geldmenge[1]			
	Zielvorgabe[2]	tatsächlich[3]		
1975	8	7,8	6,1	4,8
1976	9,2	9,3	4,5	4,6
1977	8	9,0	3,8	4,5
1978	8	11,4	2,6	4,3
1979	6–9	9,1	4,1	3,8
1980	5–8	4,8	5,4	3,8
1981	4–7	4,4	6,0	5,5
1982	4–7	4,9	5,3	7,5
1983	4–7	7,3	3,0	9,1
1984	4–6	4,8	2,6	9,1
1985	3–5	4,5	2,1	9,3
1986	3,5–5,5	6,4	− 0,5	9,0
1987	3–6	8,1	0,6	8,9
1988	3–6	6,8	1,2	8,7
1989	etwa 5	4,7	3,1	7,9
1990	4–6	rd. 2,5		rd. 8

[1] Bis 1987 Zentralbankgeldmenge, ab 1988 Geldmenge M 3.
[2] Die Zielvorgabe der Bundesbank für die Entwicklung der Geldmenge bezieht sich für 1975 auf den Zeitraum von Dezember 1974 bis Dezember 1975, für 1976–78 auf das jeweilige Kalenderjahr und ab 1979 auf das 4. Quartal im Vergleich zum 4. Quartal des Vorjahres.
[3] Saisonbereinigt von der Deutschen Bundesbank.

Quellen: Deutsche Bundesbank, lfde. Geschäftsberichte; Bundesregierung, lfde. Jahreswirtschaftsberichte.

gegenüber mehr als 50 v. H. bei der Zentralbankgeldmenge. Die störenden Auswirkungen von Zins- und Wechselkursbewegungen und -erwartungen auf die Höhe des Bargeldumlaufs beeinflussen so die Entwicklung des Zielindikators weniger stark. Einen Eindruck von den geldpolitischen Zielvorgaben der Bundesbank, deren Verwirklichung sowie der Entwicklung der Zentralbankgeldmenge im Vergleich zum Geldvolumen M 3 und der Erreichung von Preisniveaustabilität und Vollbeschäftigung gibt die Tabelle oben.

c) Fiskalpolitik

Ähnlich wie die Geldpolitik kann die Fiskalpolitik antizyklisch eingesetzt werden oder lediglich die Aufgabe erhalten, dafür zu sorgen, daß der Staat jeweils einen konstanten Anteil am gesamtwirtschaftlichen Produktionspotential nutzt. Dieser Anteil kann wiederum entsprechend der gewohnten Höhe einer Referenzperiode fortgeschrieben werden (wie gemäß dem durchschnittlichen Staatsanteil in der Zeit von 1966 bis 1977 nach dem Konzept des „konjunkturneutralen Haushalts" in der BR Deutschland). Er kann aber auch zunächst auf ein niedrigeres Niveau gesenkt werden (wie nach dem amerikanischen Konzept der Reaganomics des Jahres 1980 um etwa ein Viertel), das dann beibehalten wird.

Eine **Verschuldung des Staates** tritt selbst dann auf, wenn die Fiskalpolitik nicht antizyklisch ausgerichtet ist. So wird eine geringe Neuverschuldung (z. B. in Höhe von einem Prozent des bei Vollbeschäftigung erzielbaren Sozialprodukts) zur Finanzierung zukunftsorientierter Aufgaben als normal betrachtet. Der für Zinsen und Tilgung erforderliche Zusatzbetrag fällt dem Staat bei einer wachsenden Wirtschaft selbst bei unveränderten Steuersätzen durch höhere Steuereinnahmen zu, so daß sich auf Dauer keine Finanzierungsprobleme ergeben. Hinzu kommt gegebenenfalls eine konjukturbedingte Verschuldung, durch die der Staat einen Rückgang des Steueraufkommens im Abschwung und in der Krise durch eine befristete Kreditaufnahme ausgleicht, um seine Ausgaben zumindest konstant halten zu können und die konjunkturellen Krisentendenzen nicht noch zu unterstützen. Eine geringfügige ,,normale Neuverschuldung'' und eine zusätzliche ,,konjunkturbedingte Neuverschuldung'' sind somit nicht nur unproblematisch, sondern letztere ist sogar erwünscht, um den Staatsanteil am bei Vollbeschäftigung erzielbaren Sozialprodukt zu stabilisieren und insoweit auch die gesamtwirtschaftliche Nachfrage zu verstetigen.

Bei antizyklischer Fiskalpolitik muß sich der Staat in Krisenzeiten darüber hinaus verschulden, um die fehlende private Nachfrage zu fördern und eventuell durch staatliche Nachfrage zu ersetzen. Da diese Zusatzverschuldungen und -ausgaben im Aufschwung durch bewußte politische Entscheidungen wieder abgebaut werden müssen, wird insoweit im Gegensatz zur Normalverschuldung und konjunkturbedingten Verschuldung von ,,strukturell bedingter Verschuldung'' gesprochen. Im Boom, wenn sich der Staat angesichts privater Übernachfrage antizyklisch mit seinen Ausgaben zurückhalten und private Kaufkraft abschöpfen muß, entstehen in der Regel Einnahmeüberschüsse, die stillzulegen sind und dann für wiederkehrende Krisenzeiten zur Verfügung stehen.

Der Sachverständigenrat zur Begutachtung der gesamtwirtschaftlichen Entwicklung ging z. B. für das Jahr 1981 von einer nur die Ausgaben der Gebietskörperschaften berücksichtigenden ,,konjunkturneutralen Staatsquote'' von 29 v. H. des Vollbeschäftigungseinkommens – d. h. einem Anteil am Volkseinkommen bei voller Auslastung des gesamtwirtschaftlichen Produktionspotentials, wie er im Durchschnitt der Jahre 1966 bis 1977 in Anspruch genommen worden ist – aus. Finanziert sind diese 29 v. H. durch Steuern (25 v. H.), sonstige Einnahmen (2 v. H.), Normalverschuldung (1 v. H.) und eine im Jahr 1981 erforderliche konjunkturbedingte Verschuldung (1 v. H.).
Die tatsächlich verwirklichte ,,Staatsquote'' für das Jahr 1981 enthielt einen antizyklisch-expansiven Konjunkturimpuls durch eine zusätzliche strukturelle Verschuldung in Höhe von 3 v. H. des Vollbeschäftigungseinkommens und betrug somit insgesamt 32 v. H.

Im einzelnen beeinflußt die antizyklische Fiskalpolitik der öffentlichen Haushalte die gesamtwirtschaftliche Nachfrage *sowohl direkt* über (1) die Staatsausgaben für Waren und Dienstleistungen A_{St}, die Teil der gesamtwirtschaftlichen Endnachfrage sind, *als auch indirekt,* indem auf die private Nachfrage durch (2) die öffentlichen Einnahmen (Steuern T) und (3) die Transferzahlungen des Staates Tr eingewirkt wird.

Ansatzpunkte	Maßnahme bei		Wirkung durch Multiplikator M
	Inflation	Unterbeschäftigung	
(1) Staatsausgaben für Waren und Dienstleistungen A_{St}	$A_{St} -\downarrow$	$A_{St} -\uparrow$	$A_{St} -\uparrow \cdot M_A = Y -\uparrow$ wobei $M_A > 1$
(2) Steuern T	automatische Stabilisierung durch progressive Einkommensteuer		$T -\downarrow \cdot M_T = Y -\uparrow$ wobei $M_T < M_A$
	$T -\uparrow$	$T -\downarrow$	
(3) Transferzahlungen Tr	$Tr -\downarrow$	$Tr -\uparrow$	$Tr -\uparrow \cdot M_{Tr} = Y -\uparrow$ wobei $M_{Tr} \approx M_T < M_A$
	automatische Stabilisierung durch Arbeitslosengeld		

Abb. 68

(1) Die **Staatsausgaben für Waren und Dienstleistungen** *(A_{St}) sind so zu variieren, daß sie die konjunkturellen Schwankungen der anderen Komponenten gesamtwirtschaftlicher Nachfrage (C_{pr}; I_{pr}; Ex-Im) ausgleichen.*

Das heißt, bei der Gefahr einer – im Verhältnis zu den Angebotsmöglichkeiten – zu großen gesamtwirtschaftlichen Nachfrage *im Boom* hat der Staat den Nachfrageüberschuß (die sogenannte inflatorische Lücke) zu beseitigen, indem er seine Ausgaben kürzt. Umgekehrt kann der Staat bei einer zu geringen Nachfrage *im Abschwung und in der Krise* in die ,,deflatorische Lücke'' springen und seine Ausgaben so weit erhöhen, daß möglichst Vollbeschäftigung und Preisniveaustabilität verwirklicht werden.

Wichtig ist, daß der Staat – entgegen dem üblichen Verhalten privater Haushalte – diese Ausgabenvariationen nicht mit gleichgerichteten Veränderungen der Einnahmen koppeln darf. So sollte der Staat in der Depression die zusätzlichen Staatsausgaben nicht durch Steuererhöhungen finanzieren, weil dadurch die ohnehin abgeschwächte private Nachfrage noch weiter verringert würde. Vielmehr sind die erforderlichen Mittel über Kredite (besonders von der Bundesbank wegen der dadurch zugleich eintretenden Geldmengenerhöhung und Zinssenkung) oder durch Inanspruchnahme der eigens eingerichteten *Konjunkturausgleichsrücklage* zu beschaffen. Im Boom kann diese Konjunkturausgleichsrücklage gespeist werden durch die – bei gleichen Einnahmen und gekürzten Ausgaben – entstehenden öffentlichen Kassenüberschüsse, die bei der Bundesbank stillzulegen sind.

Im einzelnen ist schon bei der Aufstellung des Bundeshaushaltsplans die antizyklische Variation der Staatsausgaben zu beachten (§ 5 StabG). Tritt die Gefährdung konjunkturpolitischer Ziele erst bei der Ausführung des Bundeshaushaltsplanes auf, so kann die Bundesregierung im Boom den Bundesfinanzminister ermächtigen, bestimmte Ausgaben zu verhindern und den Beginn von Baumaßnahmen und das Eingehen von Verpflichtungen zu Lasten künftiger Rechnungsjahre zu unterbinden. Freiwerdende Mittel sind zur zusätzlichen Tilgung von Schulden bei der Deutschen Bundesbank oder zur Zuführung an die Konjunkturausgleichsrücklage zu verwenden (§ 6 Abs. 1 StabG). In einer Rezession dürfen – über die aus der Konjunkturausgleichsrücklage finanzierten zusätzlichen Ausgaben (Abs. 2) hinaus – weitere Ausgaben bis in Höhe von 5 Mrd. DM durch Kreditaufnahme gedeckt werden (Abs. 3). Im Prinzip gelten die Vorschriften des StabG nicht nur für den Bund, sondern (über die §§ 13, 14, 16 StabG) auch für Länder, Gemeinden und Gemeindeverbände sowie Bundesbahn. Bundespost und andere öffentliche Sondervermögen. Insbesondere kann (nach § 15 Abs. 1 StabG) die Bundesregierung durch Rechtsverordnung mit Zustimmung des Bundesrates dem Bund und den Ländern in der Rezession die Auflösung ihrer Konjunkturausgleichsrücklagen erlauben bzw. im Boom eine Rücklagenbildung vorschreiben. Auf die gleiche Weise kann die Bundesregierung die Kreditaufnahme von Bund, Ländern, Gemeinden und Gemeindeverbänden sowie der öffentlichen Sondervermögen und Zweckverbände beschränken (§ 19 StabG).

Von besonderer Bedeutung ist, daß eine bestimmte Änderung der Staatsausgaben für Waren und Dienstleistungen (z. B. um 100 Einheiten) die gesamtwirtschaftliche Nachfrage und damit das Volkseinkommen letztlich um ein Vielfaches der ursprünglichen Ausgabenvariation ändert (d. h. $Y_{tatsächlich}$ vielleicht um 200 bis 600 ansteigt oder abnimmt). So geben die zusätzlichen Staatsausgaben zunächst einen Anstoß, und das Volkseinkommen steigt gleich im ersten Zug um deren Betrag. Diese Einkommenssteigerung veranlaßt im weiteren die privaten Haushalte zu höherem Konsum, was die gesamtwirtschaftliche Nachfrage und damit das Volkseinkommen über den Betrag der ursprünglichen Staatsausgabenerhöhung hinaus zunehmen läßt *(Multiplikatorprozeß).* Da sich durch diese Volkseinkommens- und Konsumerhöhungen außerdem die Unternehmer veranlaßt sehen können, ihre Investitionen zu erhöhen, wird der ursprüngliche Multiplikatorprozeß des Volkseinkommens noch verstärkt bzw. beschleunigt. Deshalb spricht man hier vom *Akzeleratoreffekt,* der also durch Investitionen hervorgerufen wird, die von gleichgerichteten Konsum- oder Volkseinkommensänderungen induziert werden. Multiplikatorprozeß und Akzeleratoreffekt gelten als wesentliche Bestimmungsgründe für die Konjunkturschwankungen, und sie bieten gleichzeitig für die Wirtschaftspolitik eine Chance, diese Schwankungen bereits mit relativ kleinen Änderungen der gesamtwirtschaftlichen Nachfrage dämpfen zu können.

(2) Die **Steuereinnahmen** (T) *des Staates dienen im Rahmen der Fiskalpolitik zur Einflußnahme auf den privaten Konsum und die privaten Investitionen. Steuererhöhungen drosseln die private Nachfrage, und Steuersenkungen regen sie an.*
Eine sogenannte **automatische Stabilisierung** ist bereits in das Steuersystem eingebaut, weil die Lohn- und Einkommensteuer bei wachsendem Einkommen ohne weitere wirtschaftspolitische Initiative überproportional ansteigt *(progressiver Steuertarif).* Nehmen also die Einkommen in der Hochkonjunktur

stark zu, muß ein immer höherer Prozentsatz des Einkommens an den Staat abgeführt werden, was tendenziell nachfragemindernd wirkt. Umgekehrt geht in der Rezession das für die Haushalte verfügbare Einkommen nicht so stark zurück wie deren ,,Bruttoeinkommen", da – bei niedrigeren Steuersätzen – die steuerliche Belastung überproportional abnimmt.

Diese Stabilisierungseffekte werden durch **diskretionäre fiskalpolitische Maßnahmen** (Fall-zu-Fall-Entscheidungen) verstärkt. In der Rezession kann die Steuerschuld durch Abschläge verringert werden, damit die private Nachfrage nicht noch weiter zurückgedrängt wird. Umgekehrt sorgen Zuschläge zur Steuerschuld in der Hochkonjunktur dafür, daß die private Nachfrageausweitung in Grenzen gehalten wird.

So kann die Bundesregierung nach dem StabG durch Rechtsverordnung mit Zustimmung des Bundesrates und des Bundestages die Einkommen- und Körperschaftssteuer um höchstens 10 v. H. herabsetzen oder erhöhen. Voraussetzung für die Herabsetzung ist, daß eine Störung des gesamtwirtschaftlichen Gleichgewichts eingetreten ist oder sich abzeichnet, die eine nachhaltige Verringerung der Umsätze oder der Beschäftigung zur Folge hat oder erwarten läßt, insbesondere bei einem erheblichen Rückgang der Nachfrage nach Investitionsgütern und Bauleistungen oder Verbrauchsgütern. Voraussetzung für die Erhöhung sind erhebliche Preissteigerungen, die auf einer ungünstigen Nachfrageentwicklung beruhen. Die steuerlichen Mehreinnahmen sind von Bund und Ländern der Konjunkturausgleichsrücklage zuzuführen (§ 15 Abs. 4 StabG). Der Zeitraum der Steuerherabsetzungen oder -erhöhungen darf ein Jahr nicht überschreiten und soll sich mit dem Kalenderjahr decken.
Speziell zur Beeinflussung der privaten Investitionen kann die Bundesregierung auf formell gleichem Weg die steuerlichen Abschreibungen für Wirtschaftsgüter verändern. Beispielsweise läßt sich durch – steuerlich als Kosten anerkannte – erhöhte Abschreibungen oder Sonderabschreibungen, die über die tatsächliche Abnutzung der neubeschafften Maschinen und Anlagen in den ersten Jahren hinausgehen, bei den Unternehmen der zu versteuernde Jahresgewinn mindern, so daß ein Anreiz besteht, solche begünstigten Investitionen vorzunehmen. Im Boom sind solche Abschreibungsvergünstigungen und Investitionsprämien abzubauen, damit die gesamtwirtschaftliche Nachfrage gedämpft wird.

Wie bei den Staatsausgaben für Waren und Dienstleistungen gibt es auch bei Steueränderungen im Prinzip Multiplikatorprozesse und Akzeleratoreffekte, weil z. B. eine Senkung der Steuer um einen bestimmten Betrag das Volkseinkommen um ein Vielfaches dieses Betrags ansteigen läßt. Allerdings ist der *Steuermultiplikator* (M_T) *kleiner als der Staatsausgabenmultiplikator* (M_A), weil eine Änderung der Staatsausgaben für Waren und Dienstleistungen die gesamtwirtschaftliche Nachfrage in der ersten, für den Anstoß maßgeblichen Phase schon direkt um diesen Betrag ändert, während z. B. die Wirkungen einer Steuererhöhung teilweise durch sinkende Ersparnisse abgefangen werden, so daß in der Initialphase die gesamtwirtschaftliche Nachfrage nur insoweit abnimmt, als sich der Konsum der privaten Haushalte verringert bzw. die Investitionen der Unternehmen sinken. Analog wandert bei einer Steuerherabsetzung nicht alles in den Konsum oder wird zusätzlich investiert, sondern ein Teil des zusätzlich verfügbaren Einkommens versickert als Ersparnis und bleibt nachfrageunwirksam.

(3) Schließlich kann durch die antizyklische Variation von **Transferzahlungen** *des Staates an Private (Zahlungen ohne Gegenleistungen) die private Nachfrage in der Krise angekurbelt und im Boom gedämpft werden.*

Eine **automatische Stabilisierung** ergibt sich hier durch das im Rahmen der gesetzlichen Arbeitslosenversicherung ausgezahlte *Arbeitslosengeld*. Es nimmt in Phasen des Abschwungs und der Krise mit steigender Zahl der Arbeitslosen zu, während es sich im Aufschwung und Boom bei rückläufiger Arbeitslosenquote wieder verringert.

Außerdem sind **diskretionäre Änderungen von Transferzahlungen** denkbar. So sollten Sozialleistungen an private Haushalte – konjunkturgerecht – möglichst nur in Abschwung- und Krisenzeiten erhöht werden; deren Abbau im Boom kommt bisher praktisch nicht vor. – Ein wichtiges Beispiel für Transferzahlungen an Unternehmen (Subventionen) sind Investitionsprämien. Von einer *echten Investitionsprämie* spricht man, wenn der Staat – wie in der BR Deutschland z. B. für Investitionen in der ersten Hälfte von 1975 – eine direkte Vergütung für einen Teil der Anschaffungs- oder Herstellungskosten einer Investition an die Unternehmen auszahlt. Das StabG sieht demgegenüber sogenannte *unechte Investitionsprämien* vor, indem in der Krise bei Anschaffung oder Herstellung von abnutzbaren beweglichen und unbeweglichen (Anlagevermögen) Wirtschaftsgütern ein Abzug von höchstens 7,5 v. H. der Anschaffungs- oder Herstellungskosten von der Einkommen- und Körperschaftsteuer erlaubt werden kann. Der Unterschied zur echten Investitionsprämie liegt vor allem darin, daß vom Abzug von der Steuerschuld nur jene Unternehmen profitieren, die einen zu versteuernden Gewinn erwirtschaften. Insofern sind Investitionsprämien Änderungen der Steuerschuld gleichzusetzen, und sie haben auch gleiche Wirkungen auf das Volkseinkommen.

Der *Transferausgabenmultiplikator* (M_{Tr}) entspricht ganz generell dem – im Vergleich zum Staatsausgabenmultiplikator (M_A) kleineren – Steuermultiplikator (M_T); denn wie bei den Steuern ändern die Transferzahlungen teilweise nur die Ersparnisse und bleiben nachfrageunwirksam. Lediglich soweit sie in der Initialphase den privaten Konsum beeinflussen oder die privaten Investitionen ändern, rufen sie Multiplikatorprozesse und Akzeleratoreffekte hervor.

Bei einer vergleichenden **Kritik der fiskalpolitischen Ansatzpunkte** erweist sich das Instrument der Änderung von Staatsausgaben für Waren und Dienstleistungen letztlich als am ehesten geeignet für die antizyklische Einflußnahme auf die gesamtwirtschaftliche Nachfrage, weil diese Staatsausgaben unmittelbar Bestandteil dieser Nachfrage sind und deshalb von ihnen die größten Multiplikatorwirkungen ausgehen. Allerdings sind auch mit diesem Instrument in der Praxis erhebliche Probleme verbunden. Insbesondere ist **fraglich,**

– ob die zusätzlichen Staatsausgaben die gesamtwirtschaftliche Nachfrage überhaupt erhöhen oder ob private Nachfrage dadurch zurückgedrängt wird ("Crowding-out-effect"). Eine totale Verdrängung tritt zum Beispiel ein, wenn Vollbeschäftigung herrscht, so daß die staatliche Mehrnachfrage nicht durch Produktionsausweitungen, sondern lediglich zu Lasten der privaten Nachfrage befriedigt werden kann. Allerdings spielt eine antizyklische Ausweitung der Staatsausgaben nur bei Unterbeschäftigung eine Rolle. Immerhin könnte eine partielle Verdrängung privater Nachfrage auftreten, soweit rentable Produktionschancen durch öffentliche Investitionen wahrgenommen und dadurch private Initiativen gelähmt werden (direktes Crowding-out). Indirekt kann eine Verdrängung auch auftreten, weil der Staat zur Finanzierung seiner Mehrausgaben auf den Kapitalmärkten einen Zins bieten muß, der so hoch ist, daß private Investitionen zurückgehen. Dem würde eine Erhöhung der Geldmenge allerdings entgegenwirken. Zusätzlich sind indirekte Verdrängungseffekte (z. B. über außenwirtschaftliche Zusammenhänge) denkbar. Insgesamt haben die Verdrängungswirkungen in der Wirtschaft wohl keine herausragende, sondern nur eine begrenzte Bedeutung. Zusätzlich ergibt sich als Problem,

– ob die der öffentlichen Hand zur Verfügung stehende *Manövriermasse an Staatsausgaben für Waren und Dienstleistungen ausreichend* groß ist. Tatsächlich kommen für konjunkturpolitische Variationen längst nicht alle Staatsausgaben, sondern allenfalls die öffentlichen Investitionen in Frage, die in der BR Deutschland rund ein Fünftel der gesamten öffentlichen Nachfrage ausmachen. Die Löhne und Gehälter der beim Staat Beschäftigten und auch die staatlichen Ausgaben für den laufenden Güterbedarf (z. B. im Rahmen der inneren und äußeren Sicherheit) können kaum antizyklisch verändert werden. Selbst bei den öffentlichen Investitionen ist allerdings die Flexibilität begrenzt. Beruhen doch mehr als zwei Drittel auf gesetzlich festgelegten Bestimmungen und können zwar erhöht, aber kaum gedrosselt werden. Hinzu kommt, daß der Bund weniger als ein Fünftel der öffentlichen Investitionen unmittelbar tätigt, während allein die Gemeinden fast zwei Drittel kontrollieren und der Rest (von rund einem Fünftel) auf die Länder entfällt. Dabei ist fraglich,

– ob die *Gemeinden (und Länder) ihr bisher ausgeprägt prozyklisches Investitionsverhalten konjunkturgerechter gestalten.* Dafür müßten insbesondere die Gemeinden von ihrer Praxis abgehen, ihre Haushaltswirtschaft und insbesondere die Kreditaufnahme für Investitionszwecke nach der Entwicklung ihrer (vor allem durch die Gewerbesteuer) konjunkturabhängigen jährlichen Einnahmen auszurichten, da sonst die bei ihnen vorhandene „prozyklische Automatik" kaum durchbrochen werden kann. Institutionell gibt es seit Ende der sechziger Jahre in der BR Deutschland mit dem Konjunkturrat (aufgrund des StabG) und dem Finanzplanungsrat (nach dem Haushaltsgrundsätzegesetz von 1969) zwei Gremien, die zu einer konjunkturgerechten Abstimmung aller öffentlichen Haushalte beitragen sollen. Deren Empfehlungen haben indessen keine rechtsverbindliche Wirkung. Überhaupt ist offen,

– ob bei einer fiskalpolitischen Konzentration auf Änderungen der staatlichen Investitionsausgaben nicht der *öffentliche Infrastrukturausbau (z. B. bei Stra-*

ßen, Kindergärten, Schwimmbädern) leidet mit der Folge eines wirtschaftspolitischen Zielkonfliktes und
– ob die *Asymmetrie der öffentlichen Ausgabenvariation* (aufgrund der Tatsache, daß zusätzliche Ausgaben in der Rezession im folgenden Aufschwung
politisch nicht mehr rückgängig gemacht werden können und Folgekosten
verursachen) die antizyklische Ausgabengestaltung nicht zu sehr hemmt.
Insgesamt machen die genannten Schwierigkeiten die Fiskalpolitik nicht
prinzipiell unbrauchbar. Sie kann allerdings die Last der Bekämpfung von
Inflation und Unterbeschäftigung nicht allein tragen.

d) Lohnpolitik

Die Lohnpolitik beeinflußt
(1) über die Lohnkosten direkt und zusätzlich indirekt über Produktivitätsfortschritte, die durch lohninduzierte Änderungen von privaten Investitionen
bewirkt werden, die Stückkosten im volkswirtschaftlichen Durchschnitt
und damit das gesamtwirtschaftliche Angebot sowie gleichzeitig
(2) über die Lohneinkommen den privaten Konsum und damit die gesamtwirtschaftliche Nachfrage.
*Lohnerhöhungen verringern ceteris paribus das gesamtwirtschaftliche Ange-
bot (Verschiebung der gesamtwirtschaftlichen Angebotskurve nach oben) und
erhöhen zugleich die Gesamtnachfrage (Verschiebung der gesamtwirtschaftlichen Nachfragekurve nach rechts). – Lohnsenkungen wirken umgekehrt.*

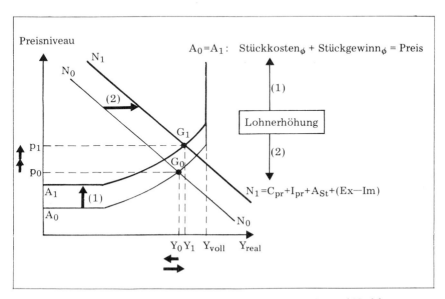

Abb. 69: Isolierte Wirkung einer Lohnerhöhung auf Angebot und Nachfrage

Wie Abb. 69 veranschaulicht, ergibt sich dann als *Gesamteffekt einer Lohnerhöhung,* daß ceteris paribus das Preisniveau ansteigt, während die Beschäftigung zurückgehen, zunehmen oder – als Sonderfall – gleich bleiben kann, je nach betrachteter Ausgangssituation und je nachdem, wie stark die Stückkostenerhöhung (d. h. der Anstieg der Angebotskurve) ist und in welchem Maß die gestiegenen Lohneinkommen nachfragewirksam werden (d. h. eine Rechtsverschiebung der Nachfragekurve eintritt).

Läßt sich daraus folgern, daß jede Lohnerhöhung die Preise treibt und deshalb mit Rücksicht auf das Ziel der Preisniveaustabilität zu unterbleiben hat? Diese Schlußfolgerung wäre voreilig. Wird doch analytisch durch die Ceterisparibus-Klausel der für die Wirklichkeit wichtige Aspekt ausgeklammert, daß das Sozialprodukt – z. B. weil technischer und technisch-organisatorischer Fortschritt realisiert werden oder sich die Arbeitsqualität verbessert – ständig rationeller produziert werden kann. Derartige Rationalisierungen werden mit Hilfe der gesamtwirtschaftlichen Arbeitsproduktivität gemessen, die als reales Bruttosozialprodukt je Erwerbstätigen oder als Produktionsergebnis je Arbeitsstunde definiert ist. Über ihre Entwicklung in ausgewählten Ländern informiert die Tabelle unten. Eine Erhöhung der Arbeitsproduktivität bedeutet, daß sich die gesamtwirtschaftliche Angebotskurve in Abb. 69 wegen sinkender Stückkosten nach unten verschiebt. Dadurch entsteht ein Spielraum für Lohnsteigerungen, die das Ziel der Preisniveaustabilität nicht zwangsläufig verletzen. Fraglich ist allerdings das Ausmaß, in dem Lohnsteigerungen gesamtwirtschaftlich vertretbar sind.

Jährliche Änderung des realen Sozialprodukts[1] je Erwerbstätigen (in v. H.)				
Jahr	BR Deutschland	USA	Großbritannien	Japan
1974	+ 1,4	− 2,7	− 1,2	− 0,6
1976	+ 5,5	+ 1,4	+ 4,3	+ 3,2
1978	+ 2,1	+ 0,7	+ 2,9	+ 3,5
1979	+ 2,6	− 0,6	+ 0,5	+ 3,5
1980	+ 0,3	− 0,5	− 1,8	+ 3,3
1981	+ 0,9	+ 2,6	+ 2,9	+ 3,0
1982	+ 1,1	− 1,7	+ 3,0	+ 1,9
1983	+ 3,1	+ 2,7	+ 5,1	+ 1,5
1984	+ 2,7	+ 2,9	+ 0,2	+ 4,8
1985	+ 2,0	+ 1,1	+ 2,3	+ 4,6
1986	+ 1,6	+ 0,8	+ 3,1	+ 1,9
1987	+ 1,2	+ 1,2	+ 2,1	+ 3,8
1988	− 1,5	+ 2,3	+ 0,5	+ 5,2

[1] Die Zahlen beziehen sich auf das Bruttoinlandsprodukt, das sich vom BSP um den Saldo der Erwerbs- und Vermögenseinkommen zwischen Inländern und der übrigen Welt unterscheidet.

Quelle: Berechnet nach SACHVERSTÄNDIGENRAT ZUR BEGUTACHTUNG DER GESAMTWIRTSCHAFTLICHEN ENTWICKLUNG, Jahresgutachten 1989/90, S. 223.

Die Antwort ist je nach der Ausgangslage der Wirtschaft unterschiedlich. Bei Unterbeschäftigung kommt es darauf an, Angebot und Nachfrage in der Wirtschaft so zu beeinflussen, daß beim vorliegenden Preisniveau gerade Vollbeschäftigung erreicht wird (d. h. die gesamtwirtschaftliche Nachfragekurve soll die gesamtwirtschaftliche Angebotskurve zu Beginn des senkrechten Abschnitts schneiden). Soweit sich die Wirtschaft in einer solchen ,,Ideallage" befindet, geht es konjunkturpolitisch darum, durch Lohnpolitik das gesamtwirtschaftliche Angebot und durch darauf abgestimmte Fiskalpolitik die gesamtwirtschaftliche Nachfrage in der Ideallage zu stabilisieren.

Die sogenannten **lohnpolitischen Konzepte,** die Kriterien dafür angeben, um wieviel Prozent die Löhne ansteigen dürfen, ohne daß eine angebotsinduzierte Inflation oder Unterbeschäftigung die Folge ist, setzen voraus, daß die ,,Ideallage" bereits verwirklicht ist. Generell geht es darum, die Löhne gerade so stark ansteigen zu lassen, daß die gesamtwirtschaftliche Angebotskurve ihre Lage nicht verändert *(Angebotskurven-Neutralität).*

*(1) Die ,,***produktivitätsorientierte Lohnpolitik i. e. S.***" fordert, daß der Zuwachs der Nominallöhne gleich sein sollte der Steigerungsrate der gesamtwirtschaftlichen Arbeitsproduktivität.*

Da ja die Erhöhung der Arbeitsproduktivität die Lohnstückkosten um einen bestimmten Prozentsatz senkt, würde eine Lohnerhöhung um den gleichen Prozentsatz die Angebotskurve ceteris paribus in ihrer alten Höhe belassen. Insoweit würden von der Angebotsseite ausgehende, preistreibende oder die Beschäftigung reduzierende Effekte ausgeschaltet.

Der *Nachteil* dieser ,,Lohnformel" ist, daß damit nur Änderungen einer einzigen Kostenkomponente – nämlich der Lohnkosten – erfaßt werden, obwohl in Wirklichkeit auch andere Kostenänderungen eine Rolle spielen. Außerdem werden auftretende Inflationsraten nicht beachtet, so daß die nach diesem Konzept sich ergebenden Lohnsteigerungen von der Inflationsrate ,,weggefressen" oder sogar überholt werden können und die Kaufkraft der Lohneinkommensbezieher entsprechend sinkt.

*(2) Nach der ,,***kostenniveauneutralen Lohnpolitik***" soll die Erhöhung der Löhne nach Maßgabe der Steigerungsrate der Arbeitsproduktivität unter Berücksichtigung der Änderung der Nichtlohnkosten erfolgen.*

Um den Fortschritt dieser Lohnformel im Vergleich zur ,,reinen" Produktivitätsorientierung zu erkennen, vergegenwärtigen wir uns noch einmal, daß Kostenkomponenten der Angebotskurve – neben den Lohnkosten – die Zinsen, die Pachten, die Kostensteuern und die Preise für alle Importgüter, soweit sie in die Produktion eingehen, sind. Änderungen dieser ,,Nichtlohnkosten" werden bei der kostenniveauneutralen Lohnpolitik also zusätzlich zum Produktivitätsanstieg erfaßt. Gehen nämlich die ,,Nichtlohnkosten" pro Stück zurück, so können die Löhne um diese Marge über die Steigerungsrate der Arbeitsproduktivität hinaus anwachsen, ohne daß die Stückkosten zunehmen. Werden dagegen die ,,Nichtlohnkosten" pro Stück größer, so ist die in der höheren

Lohnpolitik

(1) **produktivitäts- orientiert i.e.S.:**
Lohn- erhöhung = **Produktivitäts- fortschritt**

(2) **kostenniveauneutral:**
Lohn- erhöhung = Produktivitäts- fortschritt + **Senkung von Nichtlohnkosten**

(3) **modifiziert kostenniveauneutral:**
Lohn- erhöhung = Produktivitäts- fortschritt + Senkung von Nichtlohnkosten + **nachfragebedingte Inflationsrate**

(4) **umverteilend:**
Lohn- erhöhung = Produktivitäts- fortschritt + Senkung von Nichtlohnkosten + nachfragebedingte Inflationsrate + **Gewinn- senkung**

Arbeitsproduktivität zum Ausdruck kommende Produktionsverbesserung in diesem Umfang schon verteilt, und die Löhne dürfen nur noch um jene Rate zunehmen, die nach Abzug der Steigerungsrate der sonstigen Stückkosten vom Produktivitätsfortschritt verbleibt.

Diesen Zusammenhängen kam im Jahre 1973 besondere Bedeutung zu, als die Preise für importierte Rohstoffe im Vergleich zum Vorjahr teilweise um mehr als 70 v. H. anstiegen. Im folgenden Jahr nahm der Einfuhrpreis für Rohöl sogar um mehr als 200 v. H. zu. Entsprechend hätten bei Lohnabschlüssen im Sinne der kostenniveauneutralen Lohnpolitik (an Stelle von Zuschlägen wegen gestiegenen Preisniveaus) Abschläge wegen der gestiegenen Rohstoffkosten gemacht werden müssen. Tatsächlich nahm das Bruttoeinkommen aus unselbständiger Arbeit 1974 gegenüber dem Vorjahr um rd. 11 v. H. zu bei einer Erhöhung der gesamtwirtschaftlichen Produktivität um nur 2,5 v. H. und einer Inflationsrate von 7,3 v. H.

Auch gegen die kostenniveauneutrale Lohnpolitik gibt es allerdings *Einwände*. Ist doch selbst eine Kostenniveau-Neutralität der Lohnerhöhungen im Sinne einer Konstanz der durchschnittlichen Stückkosten in der Volkswirtschaft noch keine hinreichende Bedingung dafür, daß angebotsinduzierte Inflation und Arbeitlosigkeit vermieden werden. Schließlich wird der Angebotspreis – außer von den Stückkosten – auch von den Stückgewinnen bestimmt. Wenn diese, statt eine Restgröße darzustellen, von manchen Unternehmen kraft ihrer Marktmacht „kalkuliert" werden können, reicht die kostenniveauneutrale Lohnpolitik nicht aus, und die Frage nach einer sie ergänzenden „Gewinnpolitik" taucht auf. Darauf wurde oben bereits kurz eingegangen. Hier soll noch der durch eine modifizierte Lohnformel behebbare Mangel beseitigt werden, daß bei der „einfachen" Kostenniveauorientierung die Inflationsrate nicht berücksichtigt ist.

(3) Die **„modifizierte kostenniveauneutrale Lohnpolitik"** *empfiehlt die Erhöhung der Löhne nach Maßgabe der Steigerung der Arbeitsproduktivität und der Änderung der Nichtlohnkosten zuzüglich eines Aufschlages in Höhe der voraussichtlichen „unvermeidbaren Preisniveausteigerung" bzw. der nachfragebedingten Inflationsrate.*

Der Lohnzuschlag als Ausgleich für unvermeidbare Preisniveausteigerungen soll den Arbeitnehmern die bisherige Kaufkraft ihrer Löhne erhalten. Soweit allerdings eine Preisniveausteigerung antipiziert wird, die durch Angebotsänderungen verursacht wird, ist gerade diese Antizipation die Ursache für einen Inflationsstoß. Wenn die Inflationsrate demgegenüber auf Änderungen der gesamtwirtschaftlichen Nachfrage beruht, bedingen Lohnzuschläge, die diese Inflationsrate ausgleichen, keine weiteren Preissteigerungen. Es kommt also in diesem Fall zu keiner angebotsinduzierten Preisniveauerhöhung. – Praktisch ist es allerdings kaum möglich, die Inflationsrate in eine angebots- und eine nachfragebedingte Komponente aufzuteilen.

(4) Durch **„umverteilende Lohnpolitik"** *versuchen die Gewerkschaften, zusätzlich zu den bisher genannten Argumenten für Lohnsteigerungen einen besonderen Umverteilungszuschlag durchzusetzen.*

Soweit der Umverteilungszuschlag zu Lasten der Unternehmensgewinne gehen kann, würde die Lage der gesamtwirtschaftlichen Angebotskurve nicht verändert und keine von der Angebotsseite ausgehende Inflation und Unterbeschäftigung verursacht. Es würde lediglich die Lohnquote erhöht und die Gewinnquote entsprechend verringert. Wie bereits oben erörtert, ist es jedoch kaum möglich, durch gewerkschaftlich durchgesetzte Nominallohnerhöhungen die Gewinnquote nachhaltig zu senken, so daß dieses lohnpolitische Konzept gesamtwirtschaftlich bedenklich ist.

Generell konzentriert sich die **Kritik an der Lohnpolitik** vor allem auf:
– Probleme bei der empirischen Datenerfassung,
– Starrheit der Güterpreise nach unten,
– den Grundsatz der Tarifautonomie sowie
– die Schwäche der ,,Konzertierten Aktion''.

Bei der *empirischen Datenerfassung* ergibt sich die praktische Schwierigkeit, die einzelnen Komponenten der Lohnformeln hinreichend genau zu bestimmen. So ist es z. B. bei den Nichtlohnkosten kaum möglich, die Kapitalkosten zu schätzen. Bei der Prognose der Arbeitsproduktivität ist besonders fatal, daß sie ihrerseits entscheidend vom Ausmaß der Lohnerhöhungen beeinflußt wird; denn hohe Löhne machen für die Unternehmer eine verstärkte Substitution von Arbeit durch Kapital lohnend. Außerdem bleibt der technische Fortschritt letztlich immer ein Zufallsprodukt.

So ist es nicht verwunderlich, daß für die Arbeitsproduktivität bei der Zielprojektion der Bundesregierung z. B. im Jahr 1968 eine Zunahme von 3,9 v. H. zugrunde gelegt wurde, obwohl später ein Anstieg um 6,9 v. H. eintrat. Ähnlich wurde für 1969 ein Plus von 4 v. H. geschätzt, während anschließend 6,6 v. H. registriert wurden. Im Jahr 1975 war der Irrtum besonders gravierend, weil ein Anstieg der Arbeitsproduktivität von rd. 3,5 v. H. erwartet wurde und tatsächlich eine Senkung um 0,4 v. H. erfolgte.

Ein besonderes Problem der Lohnpolitik liegt darin, daß die Preise in der Regel nur nach oben flexibel sind, und nach unten besteht oft wegen eines zu geringen Wettbewerbsdrucks *Preisstarrheit (Sperrklinkeneffekt)*. Da sich die Lohnerhöhungen nach allen Lohnformeln am Anstieg der Arbeitsproduktivität im gesamtwirtschaftlichen Durchschnitt orientieren, bliebe die Preisniveaustabilität nur gewahrt, wenn sich einzelne Preissteigerungen mit Preissenkungen in anderen Bereichen der Wirtschaft ausgleichen. Preissteigerungen treten in Branchen mit *unter* durchschnittlichen Produktivitätsfortschritten grundsätzlich auf, weil sich dort das Kostenniveau erhöht, wenn die Löhne in allen Bereichen der Wirtschaft in nahezu gleichem Ausmaß und entsprechend dem gesamtwirtschaftlichen Produktivitätsfortschritt steigen. Diese Preissteigerungen müßten durch Preissenkungen in Branchen mit *über* durchschnittlichen Produktivitätsfortschritten und entsprechenden Kostensenkungen kompensiert werden. Aufgrund der Starrheit der Güterpreise nach unten ist dieser Ausgleich in der Wirklichkeit nicht vorhanden.

Eine weitere Kritik an der Lohnpolitik ergibt sich aus dem *Grundsatz der Tarifautonomie*. Er ist in der BR Deutschland im Grundgesetz (Art. 9 Abs. 3

GG) verankert und verbietet es dem Staat, sich unmittelbar an der Lohnbildung zu beteiligen (es sei denn in seiner Eigenschaft als Arbeitgeber der öffentlich Bediensteten). Die Lohntarife und sonstigen Arbeitsbedingungen werden durch Verhandlungen und Vertragsabschlüsse der betroffenen Arbeitsmarktparteien selbst festgelegt. Tarifvertragsparteien sind die Gewerkschaften auf der einen, einzelne Arbeitgeber (Firmentarife) oder Arbeitgeberverbände (Verbandstarife) auf der anderen Seite. Für die tarifgebundenen Arbeitgeber und Arbeitnehmer sind die tariflich vereinbarten Lohnsätze Mindestbedingungen, von denen die Effektivlöhne zugunsten der Arbeitnehmer nach oben abweichen können (Günstigkeitsprinzip). Entsprechend bleibt für eine staatliche Lohnpolitik kaum Raum.

Die Bundesregierung kann derzeit praktisch nur Lohnpolitik betreiben, indem sie (nach § 3 StabG) ,,Orientierungsdaten für ein gleichzeitiges aufeinander abgestimmtes Verhalten (konzertierte Aktion) der Gebietskörperschaften, Gewerkschaften und Unternehmensverbände" zur Verfügung stellt. Bis zum Jahr 1977 wurde in institutionalisierten – als *Konzertierte Aktion* bezeichneten – Gesprächsrunden zwischen Regierung und Verbänden unter Beteiligung der Bundesbank und des Sachverständigenrats (allerdings ohne die Gebietskörperschaften) durch Informationen und Appelle an die ,,kollektive Vernunft" versucht, Perspektiven über die verteilungspolitischen Möglichkeiten zu eröffnen und alle Gruppen zu einem gesamtwirtschaftlich verantwortungsbewußten Verhalten zu bewegen. Zu den von der Bundesregierung zur Verfügung zu stellenden *Orientierungsdaten,* die auf Verlangen vom Bundesminister für Wirtschaft zu erläutern sind, gehören auch Angaben für eine stabilitätsgerechte Lohnentwicklung. Deren Wirksamkeit ist allerdings aufgrund der bestehenden Tarifautonomie und der von den Gewerkschaften tarifpolitisch verfolgten Umverteilungsstrategie äußerst fraglich. Sind doch alle Hinweise und Empfehlungen im Rahmen der Konzertierten Aktion letztlich nur Seelenmassage *(,,moral suasion")* ohne rechtliche Verbindlichkeit.

Die von der Bundesregierung vorgelegten Orientierungsdaten können konjunkturpolitisch sogar schaden, wenn sich die zugrunde liegenden Prognosen als falsch erweisen. So erwartete die Bundesregierung in den ersten Jahren der Konzertierten Aktion 1968 und 1969 lt. ihren Jahreswirtschaftsberichten ein jährliches Wachstum des realen Bruttosozialprodukts von 4 bzw. 4,5 v. H. Die Gewerkschaften hielten sich daraufhin mit ihren Lohnforderungen zurück. Da das tatsächliche Wachstum 7,3 bzw. 8,2 v. H. betrug, stiegen die Unternehmensgewinne unverhältnismäßig stark an. Daraufhin forderten – durch wilde Streiks aufgeschreckt – die Gewerkschaften in den folgenden Jahren wesentlich höhere Lohnsteigerungen und setzten diese auch durch (1970: 14,7 v. H.; 1971: 11,8 v. H.) Das wiederum war mitverantwortlich für die besonders hohen Preissteigerungsraten in den folgenden Jahren (1971: 5,4 v. H.; 1972: 5,5 v. H.; 1973: 7,0 v. H.).

Insgesamt besitzen wir heute zwar konjunkturtheoretisch geeignete Konzepte der Lohnpolitik; bei der empirischen Datenerfassung und der politischen Durchsetzung ergeben sich allerdings so gravierende Probleme, daß von einer sachgerechten Lohnpolitik noch kaum gesprochen werden kann.

e) Zum Problem konjunkturpolitischer Prognosen und Wirkungsverzögerungen

Generell hemmt die Fiskalpolitik und die Lohnpolitik – über die erörterte Einzelkritik hinaus – die bei beiden vorhandene große Unsicherheit
- bei Konjunkturprognosen, -diagnosen und der Dosierung konjunkturpolitischer Maßnahmen sowie
- bei den beim Mitteleinsatz entstehenden Wirkungsverzögerungen.

Aufgabe von **Konjunkturdiagnosen und -prognosen** ist es, in empirischen Untersuchungen die aktuelle Konjunkturlage und deren zukünftige Entwicklung zu analysieren. Dazu werden Konjunkturindikatoren beobachtet und Schätzungen auf Basis der volkswirtschaftlichen Gesamtrechnung sowie Prognosen mit Hilfe ökonometrischer Modelle erstellt.

Konjunkturindikatoren sind ausgewählte statistische Zeitreihen, die über den Verlauf der wirtschaftlichen Aktivität in naher Zukunft (Frühindikatoren) oder auch nur den zurückliegenden Konjunkturverlauf (Spätindikatoren) Aufschlüsse geben sollen. Da es für den Einsatz wirtschaftspolitischer Maßnahmen besonders auf die weitere Konjunkturentwicklung ankommt, spielen die *Frühindikatoren* die bedeutendste Rolle. Am wichtigsten sind die Auftragseingänge bei der verarbeitenden Industrie, die Baugenehmigungen im Hochbau sowie die bei Unternehmen und Haushalten erfragten Wirtschaftserwartungen. *Präsensindikatoren,* wie z. B. das Sozialprodukt oder der Auslastungsgrad des gesamtwirtschaftlichen Produktionspotentials, dienen vornehmlich als Diagnosehilfe. Demgegenüber können *Spätindikatoren,* wie die Arbeitslosenquote und verschiedene Preisindizes, zur Beurteilung der Wirkungen des konjunkturpolitischen Mitteleinsatzes herangezogen werden. Generell zeigt sich allerdings, daß sich die verschiedenen Konjunkturindikatoren häufig gegenläufig entwickkeln und kaum in einer einzigen Maßgröße zusammengefaßt werden können.

Ein mißglückter Gesamtindikator für die Konjunktur war z. B. das seit dem Jahre 1919 in den USA bevorzugte sog. *Harvard-Barometer,* das zu Beginn der Weltwirtschaftskrise um das Jahr 1930 statt der Krise sogar einen bevorstehenden konjunkturellen Aufschwung anzeigte. Der vom deutschen Sachverständigenrat zur Begutachtung der gesamtwirtschaftlichen Entwicklung Anfang der siebziger Jahre benutzte Gesamtindikator enthielt in einer bereits verbesserten Version einen (mit der Konjunktur gleichlaufenden) Mengenindikator und einen (nachhinkenden) Kosten- und Preisindikator. Er führte in den Jahren 1972/73 insofern zu Verwirrung, als der Mengenindikator eine Krise und der Kosten- und Preisindikator einen Boom andeutete. Seit 1974 wird er nicht mehr berichtet.

Die wegen dieser Schwierigkeiten bei der praktischen Konjunkturprognose vorherrschende „intuitive Methode" geht von einem gesamtwirtschaftlichen Kreislaufschema aus. Es besteht technisch aus einem Tabellensystem der Volkswirtschaftlichen Gesamtrechnung, weshalb man auch von der *VGR-Methode* spricht. In aufeinanderfolgenden Rechengängen wird das VGR-Schema durch Probieren und gefühlsmäßige Anpassungen so ausgefüllt, daß die geschätzten volkswirtschaftlichen Größen miteinander vereinbar und plausibel sind. Der Vorteil dieser Methode ist, daß die Größen im Kreislaufzusammenhang erfaßt werden und die Schätzungen „nach Augenmaß" relativ leicht Verhaltensänderungen und besondere Ereignisse – z.b. bevorstehende politische Wahlen sowie Ergebnisse von Haushalts- und Unternehmerbefragungen über Zukunftserwartungen – berücksichtigen können. Der Hauptnachteil der intuitiven Methode besteht in ihrem hohen Grad an Subjektivität bei der Auswahl und Schätzung der in das gesamtwirtschaftliche Kreislaufschema aufzunehmenden Größen. Bisher werden mit der intuitiven Methode bei der Konjunkturprognose in der Regel bessere Ergebnisse erzielt als mit den – abschließend zu erläuternden – ökonometrischen Modellen.

Ökonometrische Modelle zur Konjunkturprognose bestehen meist aus 40 bis über 200 Gleichungen mit entsprechend vielen Unbekannten und bilden quantitative Zusammenhänge zwischen gesamtwirtschaftlichen Variablen ab. Die Gleichungen enthalten vorgegebene, sog. exogene Größen und mit dem Modell zu schätzende, sog. endogene Größen. Zunächst wird das Modell mit Hilfe aus der Vergangenheit bekannter Zahlen so konkretisiert, daß die konjunkturelle Entwicklung für die zugrunde gelegte Periode (Stützperiode) möglichst gut „nachträglich vorhergesagt" wird. Anschließend wird die zukünftige Entwicklung der endogenen Variablen prognostiziert, indem das gesamte Gleichungssystem beibehalten wird und nur für die exogenen Variablen außerhalb des Modells geschätzte Zukunftswerte eingesetzt werden.

Nach Angaben der „Economic Commission for Europe" der Vereinten Nationen gab es in ihrem Bereich im Jahr 1973 rd. 80 gesamtwirtschaftliche Modelle. Davon sind 24 ausschließlich kurzfristig orientiert, d. h. auf konjunkturpolitische Zwecke ausgerichtet. Bekannt sind z. B. das Brookings-Modell (rd. 200 Gleichungen), das Wharton-Modell (rd. 50 Gleichungen), das Bonner Modell (70 bzw. in „Version V" 127 Gleichungen) sowie das Tübinger Modell (rd. 50 Gleichungen). Das im Jahr 1975 veröffentlichte ökonometrische Modell der Deutschen Bundesbank enthält in der Version von 1978 insgesamt 197 Gleichungen.

Bisher ist allerdings keines der ökonometrischen Konjunkturmodelle theoretisch und empirisch hinreichend untermauert. Vor allem fehlt es wegen der Individualität der Konjunkturzyklen an geeigneten Stützperioden. Hinzu kommt, daß die in den Modellen unterstellte Konstanz der Verhaltensweisen besonders von Investoren und Konsumenten sowie von anderen Strukturelementen in der Realität häufig nicht vorliegt. Außerdem können viele Umweltdaten, wie z. B. Weltmarktpreise oder Produktivitätsfortschritte, nicht richtig vorgegeben werden, und ganz allgemein fehlt es oft an geeigneten statistischen Informationen. Insgesamt ist so die Treffsicherheit von Konjunkturprognosen bisher nicht sehr hoch – unabhängig davon, welche Methode man benutzt.

So stand z. B. bei dem Ende Januar 1969 veröffentlichten Jahreswirtschaftsbericht der Bundesregierung noch ganz die Stimulierung der für die Konjunktur des Jahres 1969 als schwach erwarteten Auftriebskräfte im Vordergrund. Bereits im März zeigten sich indessen so deutliche Anzeichen für eine bevorstehende „Überhitzung", daß die ersten finanzpolitischen Dämpfungsmaßnahmen beschlossen wurden.

Wenn schon die Konjunkturdiagnose und -prognose unsicher ist, wird die **Dosierung der konjunkturpolitischen Maßnahmen** erst recht zu einem Problem. Dabei kann man sich auch nur wenig auf die Erfahrungen aus früheren Konjunkturzyklen stützen, da – wie sich gezeigt hat – im Grunde jeder Konjunkturzyklus Individualität besitzt. Generell sind deshalb dem Einsatz ökonometrischer Modelle enge Grenzen gesetzt, so daß antizyklische Konjunkturpolitik auf Dosierungen ,,nach Augenmaß" angewiesen ist.

Schließlich kommt in der Konjunkturpolitik den **Wirkungsverzögerungen** und der damit verbundenen **Zeitwahl des Mitteleinsatzes** (richtiges ,,Timing") besondere Bedeutung zu. Bei zu spät ergriffenen Maßnahmen besteht die Gefahr, daß sie statt antizyklisch eher prozyklisch wirken, d. h. die Konjunkturschwankungen noch verschlimmern. In der Praxis ist mit erheblichen zeitlichen Verzögerungen *(time lags)* beim Einsatz der Instrumente zu rechnen. Abb. 70 gibt darüber eine schematische Übersicht. Es läßt sich eine Innenverzögerung von einer Außenverzögerung unterscheiden, die in weitere drei bzw. zwei Teilabschnitte eingeteilt werden können. Die *Innenverzögerung* entsteht innerhalb der wirtschaftspolitischen Instanzen, während die *Außenverzögerung* außerhalb der wirtschaftspolitischen Entscheidungsträger vom Zeitpunkt des Einsatzes einer Maßnahme bis zu deren vollen Wirksamkeit reicht. Bei der Geldpolitik ist die Innenverzögerung in der Regel kurz (bis zu drei Monate), da der geldpolitisch maßgebliche Zentralbankrat immerhin alle zwei Wochen tagt. Demgegenüber ist die Außenverzögerung hier meistens lang bzw. sogar unbestimmt, weil die Wirtschaftssubjekte auf Zins- und Geldmengenänderungen häufig nicht sofort und manchmal gar nicht reagieren. Bei der Fiskal- und Lohnpolitik ist die Innenverzögerung wegen der schwerfälligen institutionellen Verfahren normalerweise lang. Die Außenverzögerung ist bei beiden kurz, aber quantitativ unbestimmt, weil insbesondere die Haushalte auf Einkommensänderungen sehr unterschiedlich und gelegentlich kaum reagieren (,,Sikkerverluste"). Im einzelnen hat sich die Messung von zeitlichen Verzögerungen bei konjunkturpolitischen Maßnahmen als äußerst schwierig erwiesen und schon deshalb keine verläßlichen Ergebnisse erbracht, weil die beobachteten Änderungen von Zielgrößen selten bestimmten, vorher ergriffenen Maßnahmen eindeutig zugerechnet werden können. Da die tatsächliche Länge von Reaktionsverzögerungen heute nur wenig bekannt ist, sind prozyklische Wirkungen diskretionärer Eingriffe nicht auszuschließen. Wenn die antizyklische Konjunkturpolitik trotzdem fortgesetzt wird, ist das im Grunde nur wegen der Hoffnung eines fortschreitenden Lernens, das praktische Erfahrungen voraussetzt (,,learning-by-doing"), zu rechtfertigen.

Infolge der seit Ende der sechziger Jahre weltweit angestiegenen Inflationsraten ist verstärkt die Frage erörtert worden, ob die Konjunkturpolitik nicht auch durch die allgemeine Zulassung von **Indexklauseln** verbessert werden könnte. Index- oder Wertsicherungsklauseln koppeln die Höhe einer Geldleistung an die Entwicklung des Preisniveaus, d. h. sie bestimmen, daß sich z. B. ein Lohn oder eine Miete im gleichen Maß ändern soll wie der amtlich ausgewiesene ,,Preisindex für die Lebenshaltung aller

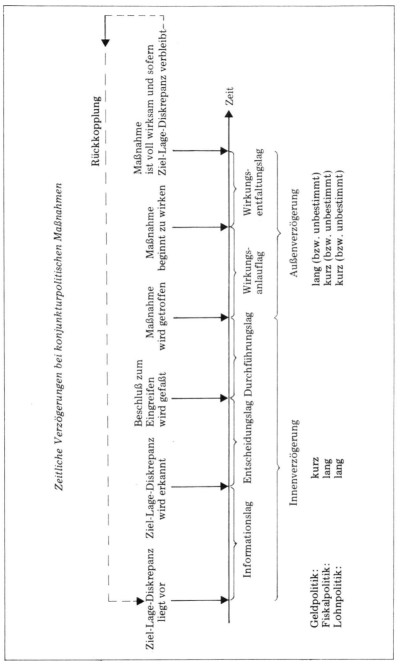

Abb. 70

privaten Haushalte". Derartige Indexklauseln sind in der BR Deutschland an sich verboten, wenn sie die Bundesbank nicht ausnahmsweise aufgrund besonderen Antrags genehmigt (§ 3 Währungsgesetz).

Wenn Indexklauseln in einer Volkswirtschaft allgemein erlaubt und üblich werden, kann von ihnen bei Preisniveauänderungen eine Treibriemenwirkung ausgehen. Eine *Treibriemenwirkung nach oben* ergibt sich bei vorhandenen Inflationsraten dann, wenn durch die Indexierung alle Preise der Wirtschaft gewissermaßen automatisch um die vorher eingetretene Preisniveausteigerung nochmals angehoben werden und ohne Indexierung jeweils zumindest ein Teil der Preise von dem Anstieg abgehängt bleiben und das Preisniveau nicht weiter nach oben treiben würde. Demgegenüber kann auch eine *Treibriemenwirkung nach unten* z. B. dadurch eintreten, daß Löhne und Zinsen grundsätzlich nur in konjunkturgerechten „Realgrößen" ausgehandelt werden, also keinen besonderen Zuschlag für mögliche Geldentwertungen enthalten (müssen), weil die Vertragspartner wissen, daß ihre Einkommen am Ende der Periode durch die Indexbindung jeweils um die tatsächliche Inflationsrate nach oben korrigiert werden. Ohne Indexbindung würden die „gewohnten" Inflationsraten der Vergangenheit (gegebenenfalls zuzüglich einer Sicherheitsmarge) in den vereinbarten Nominalpreisen antizipiert und dann gerade deshalb diese erwartete Preisniveausteigerung mitverursachen, während mit der Indexbindung diese Antizipation entfällt, so daß die vorhandenen Inflationsraten ceteris paribus verringert werden. Insoweit können die Indexklauseln also dazu beitragen, von „gewohnten" Inflationsraten herunterzukommen. Auch dann sind sie allerdings kein Ersatz für eine umfassender ausgerichtete Konjunkturpolitik.

f) Ergebnis mit Bezug zur Konjunkturpolitik in ausgewählten Ländern

Mit Abb. 71 wird die anfangs gegebene Übersicht über die Ansatzpunkte konjunkturpolitischer Maßnahmen wieder aufgegriffen. Allerdings ist sie nunmehr reduziert auf die nach der Erörterung der verschiedenen Instrumente in erster Linie verbleibenden Möglichkeiten.

Wettbewerbspolitik und **Geldpolitik** eignen sich letzlich nicht für eine antizyklische Einflußnahme auf die Marktkräfte. Dennoch sind sie konjunkturpolitisch besonders wichtig, weil sie Grundbedingungen für den Wirtschaftsablauf festlegen. Wettbewerbspolitisch kommt es darauf an, den marktwirtschaftlichen Selbststeuerungsmechanismus zu fördern und so weit wie irgend möglich vor Beschränkungen zu schützen. Aufgabe der Geldpolitik ist es, durch eine verstetigte Versorgung der Wirtschaft mit Geld (z. B. entsprechend der Regelbindung der Geldmengenexpansion, wie sie die Monetaristen vorschlagen) die güterwirtschaftlichen Marktprozesse zu erleichtern und sie im übrigen weitestgehend unbeeinflußt zu lassen.

Als ungeklärt gilt heute, ob eine darüber hinausgehende Konjunkturpolitik überhaupt erfolgversprechend sein kann. Deren bisherige praktische Ergebnisse können kaum befriedigen. Das veranlaßt die einen – heute repräsentiert vor allem durch die Monetaristen mit Milton Friedman – zu der Forderung, endlich aufzuhören mit dem „Versuch, mehr zu tun, als wir tun können".[5] Ihnen

---

[5] M. FRIEDMAN, Geldangebot, Preis- und Produktionsänderung (zunächst in: Ordo, Bd. 11 [1959], S. 193 ff.), hier zitiert nach dem Wiederabdruck in: E. DÜRR (Hrsg.), Geld- und Bankpolitik, Köln u. Berlin 1969, S. 130.

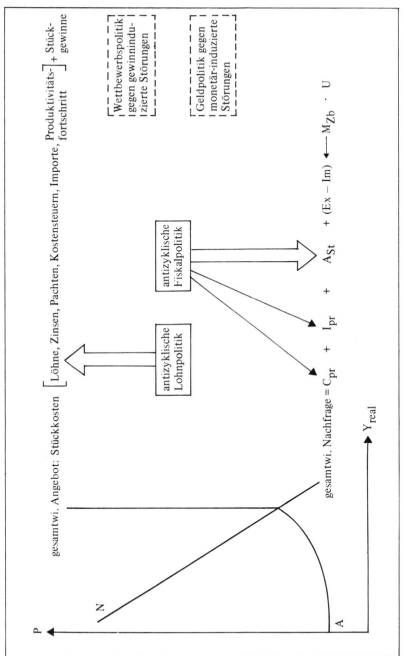

Abb. 71

stehen andere gegenüber, die eine Dämpfung der Konjunkturschwankungen durch gezielte antizyklische Maßnahmen weiterhin versuchen und dabei zu Verbesserungen kommen wollen.

Zur Abrundung soll deshalb ein Überblick über die zu Beginn der achtziger Jahre in einigen westlichen Ländern besonders unterschiedlich betriebene Politik gegeben werden (vgl. die folgende Übersicht). Wegen der nur kurzen Erfahrungen und der prinzipiellen Schwierigkeit, Erfolge und Mißerfolge einzelnen wirtschaftspolitischen Maßnahmen zuzurechnen, kann eine zuverlässige Bewertung der praktizierten Konzepte aber kaum vorgenommen werden.

A. Ablehnung antizyklischer Konjunkturpolitik
  1. **„Thatcherism"** (Großbritannien, ab 1979)
     Vor allem Geldpolitik gemäß monetaristischer Regelbindung für Geldmengenexpansion
  2. **„Reaganomics"** (USA, ab 1980)
     – Geldpolitik gemäß monetaristischer Regelbindung für Geldmengenexpansion und
     – Fiskalpolitik nur langfristig durch Senkung der Staats- und Steuerquote sowie der Steuersätze gemäß Laffer-Kurvenkonzept und Abbau bürokratischer Hemmnisse *(Angebotspolitik)*
B. Befürwortung antizyklischer Konjunkturpolitik
  1. **Herkömmlicher Fiskalismus** (Frankreich, ab 1981)
     Vor allem Fiskalpolitik zum Ausgleich von Schwankungen der gesamtwirtschaftlichen Nachfrage *(Nachfragepolitik)*
  2. **„Konzertierte Aktion"** (BR Deutschland, ab 1967 mit und seit 1977 ohne bes. Gesprächskreis)
     – Fiskalpolitik zum Ausgleich von Schwankungen der gesamtwirtschaftlichen Nachfrage *(Nachfragepolitik)* und
     – Lohnpolitik zur Beeinflussung der gesamtwirtschaftlichen Angebotsbedingungen,sowohl direkt als auch über Investitionen und Produktivitätsfortschritte indirekt *(Angebotspolitik)*

In **Großbritannien** vertraute man fast allein auf die Geldpolitik. Das Wirtschaftsprogramm seit dem Jahr 1979 – nach der Premierministerin Thatcher manchmal als *„Thatcherism"* bezeichnet – lehnte sich eng an die monetaristischen Vorschläge an. Für die Entwicklung der Geldmenge wurde mittelfristig (bis zum Jahr 1984) ein Ziel vorgegeben, das mit Hilfe der Offenmarkt- und Refinanzierungspolitik der Notenbank eingehalten werden sollte. Ergänzend wurden im Jahr 1979 bei etwa gleichbleibendem Steueraufkommen die Einkommen- und Körperschaftsteuer gesenkt, um die Grenzbelastung der Einkommenbezieher zu verringern, und dafür die Mehrwert- und Mineralölsteuer erhöht. Bei einer zweiten großen Einkommensteuerreform wurde im Jahr 1988 der bereits 1980 von 83 v. H. auf 60 v. H. verringerte Spitzensteuersatz weiter auf 40 v. H. gesenkt. Seitdem gibt es nur noch zwei Steuerklassen

(25 v. H. und 40 v. H.). Die hohe staatliche Kreditaufnahme sollte durch Aus-
gabenkürzungen vor allem bei den Subventionen zurückgeführt werden, damit
mehr freie Mittel zu günstigeren Zinsen für private Investitionen zur Verfügung stehen.

Die Inflationsrate nahm zwar – nicht zuletzt wegen der Mehrwertsteuerer-
höhung – zunächst weiter zu, sank aber nach 15,1 v. H. im Jahr 1980 auf ein
Drittel dieses Wertes im Jahr 1984. Die Arbeitslosigkeit stieg parallel zu anfangs hohen Lohnzuwächsen an, und das Bruttosozialprodukt erhöhte sich bei
nur mäßiger Stimulierung der Ertragserwartungen der Unternehmer und der
Investitionen stetig, wenn auch nur langsam. Außerdem wurden die Defizite
der Staatshaushalte zunächst nicht wesentlich abgebaut.

Auch in den **USA** wurde eine antizyklische Konjunkturpolitik überwiegend
abgelehnt. Ähnlich wie in Großbritannien sah man ein stetiges und stabilitäts-
orientiertes Geldmengenwachstum als Grundvoraussetzung für Preisniveaustabilität und Vollbeschäftigung an. Zum Konzept von Präsident Reagan, dessen
neue Politik ab dem Jahr 1980 oft mit dem Schlagwort *„Reaganomics"* charakterisiert wurde, gehörte außerdem eine langfristige Senkung der Staats- und
Steuerquote am Sozialprodukt sowie der Abbau bürokratischer Hemmnisse
und staatlicher Regulierungen. Die Steuersätze wurden in drei Jahren linear
um insgesamt 25 v. H. abgebaut (1981 um 5 v. H., 1982 und 1983 um je 10
v. H.), weil man hoffte, daß die Privatwirtschaft zu mehr Leistung, mehr Einkommen und mehr Ersparnis angeregt wird, wenn den Erwerbstätigen ein
höherer Anteil der Einkommen verbleibt. Gemäß dem Konzept der Laffer-
Kurven wurde von der Senkung der Steuersätze eine Steigerung der Steuereinnahmen erwartet. Für gewerblich genutzte Gebäude, Maschinen und Autos
wurden zudem erhöhte Abschreibungen erlaubt. Die Pläne sahen vor, daß bei
nur unterproportional im Vergleich zum Sozialprodukt ansteigenden Staatsausgaben, die vor allem durch Kürzungen von Ausgaben im Sozialbereich noch
hinter den ursprünglichen Planungen zurückblieben, die Neuverschuldung
schrittweise zurückgeführt werden und im Jahr 1984 ganz entfallen sollte. Da
neben der Rahmengestaltung durch die regelgebundene Geldpolitik mit der
langfristig angelegten Fiskalpolitik vor allem versucht wurde, die Angebotsseite der Volkswirtschaft zu beeinflussen, handelte es sich im Prinzip um *Angebotspolitik*.

Eine erneute Steuerreform durch das Steueränderungsgesetz von 1986 sollte
vor allem eine Steuervereinfachung und mehr Steuergerechtigkeit herbeiführen, ohne das Steueraufkommen zu verringern.

Im einzelnen wurde bei der Einkommensteuer die Zahl der Steuersätze ab 1988 auf
nur zwei verringert (nämlich 15 v. H. und 28 v. H. statt bisher 15 Steuersätze von 11
bis 50 v. H.). Der Grenzsteuersatz von 15 v. H. gilt bei Ledigen für ein zu versteuerndes Einkommen bis 17850 Dollar, der Satz von 28 v. H. für alle darüber liegenden
Einkommen. Allerdings wird für Einkommen zwischen 43150 Dollar und 89560
Dollar ein um 5 v. H. erhöhter Grenzsteuersatz, also 33 v. H., zugrunde gelegt, um
einen allmählichen Übergang von niedrigen auf den höheren Steuersatz zu erreichen.

Bei der Körperschaftsteuer wurde der Höchststeuersatz von bisher 46 v.H. auf 34 v.H. gesenkt. Künftig gelten nur noch die drei Steuertarife 15 v.H. (bei zu versteuerndem Einkommen der Kapitalgesellschaft bis 50000 Dollar), 25 v.H. (Einkommen über 50000 bis 75000 Dollar) und 34 v.H. (Einkommen über 75000 Dollar). Auch hier wird der Vorteil der zu Beginn niedrigen Besteuerung durch eine zusätzliche Steuer von 5 v.H. bei höheren Einkommen allmählich abgebaut. Insgesamt werden die Unternehmen trotz der Steuersatzsenkungen deutlich stärker belastet, da zahlreiche Abschreibungsregelungen eingeschränkt wurden (darunter auch erst 1981 eingeführte Erleichterungen), keine Steuerkredite für Investitionen mehr gewährt werden und eine weitgehende Steuerbefreiung durch Anhäufen unterschiedlicher Steuervergünstigungen künftig mit verschärften Mindeststeuerbestimmungen erschwert wird. Unternehmerische Entscheidungen sollen so nicht mehr wegen verzerrter Rahmenbedingungen zu Kapitalfehlleitungen führen (z.B. daß Investitionen nur wegen erzielbarer Steuererleichterungen durchgeführt werden), sondern sich wieder stärker an realen ökonomischen Daten orientieren (z.B. daß Investitionen wegen Rentabilitätserwartungen erfolgen).

Wegen der außerdem angestrebten größeren Steuergerechtigkeit sind mit den Steuersatzsenkungen und der Abschaffung von Steuervergünstigungen und Sonderregelungen vor allem Haushalte mit relativ niedrigem Einkommen begünstigt und solche, die bisher von den bestehenden Schlupflöchern wenig Gebrauch machten bzw. machen konnten. So brauchen mehr als sechs Millionen Haushalte mit niedrigem Einkommen künftig gar keine Einkommensteuer mehr zu entrichten. Haushaltsgruppen mit höherem Einkommen und intensiver Nutzung der bisherigen Schlupflöcher werden dagegen schlechter gestellt. Sie werden aber angeregt, ihre ökonomischen Anstrengungen mehr auf die Einkommenserzielung zu richten als auf die Frage, wie die Steuerschuld bei gleichem Einkommen verringert werden kann.

Durch die Angebotspolitik in den USA gelang wie in anderen Ländern eine Eindämmung der hohen Inflationsraten – sie betrug im Jahr 1984 weniger als ein Drittel des Wertes von über 13 v.H. im Jahr 1980 –, während die hohe Arbeitslosigkeit unverändert anhielt. In der Industrie wurden fast 1,5 Millionen hochbezahlte Arbeitsplätze abgebaut, aber viele Personen fanden auch eine neue Beschäftigung, wenn auch oft zu niedrigeren Löhnen, in Dienstleistungsbereichen wie Krankenpflege, Handel und Datenverarbeitung. Das reale Bruttosozialprodukt stieg nach einem vorübergenden Rückgang ab 1983 kräftig an, allerdings wurde die Verschuldung der Staatshaushalte zu einem großen Problem. So mußte völlig entgegen den Hoffnungen zu Beginn der achtziger Jahre, als man bereits für das Jahr 1984 einen in Einnahmen und Ausgaben ausgeglichenen Haushalt erwartete, noch im Haushaltsjahr 1985 ein Defizit von über 220 Mrd. Dollar (oder ein Viertel des Etats) in Kauf genommen werden.

In **Frankreich** wurde seit den Amtsantritt von Staatspräsident Mitterand im Jahr 1981 eine völlig andere, im wesentlichen als herkömmlicher *Fiskalismus* anzusehende Nachfragepolitik betrieben. Dabei war die Bekämpfung der Arbeitslosigkeit zum obersten Ziel erklärt worden. Der starke Anstieg der Staatsausgaben (Zunahme im Jahr 1982 gegenüber dem Vorjahr über 27 v.H.), der fehlende private Nachfrage anregen und und teilweise ersetzen sollte, wurde in erster Linie durch Kredite finanziert. Außerdem wurden, um den Staatseinfluß auszuweiten, große Industrieunternehmen und zahlreiche private Banken verstaatlicht. Darüber hinaus sollten die Förderung neuer Technologien insbesondere bei Klein- und Mittelbetrieben sowie steuerliche Erleichterungen für Investitionen das Güterangebot erhöhen und den inflationären Druck auf den Gütermärkten abschwächen. Die Inflationsrate hoffte man zudem durch die Vorgabe eines festen Geldmengenziels (für das Jahr 1983 z. B. plus 13 v. H.) sowie schließlich dirigistisch durch Preiskontrollen und einzelne Preisstopps zu verringern. Zusätzlich wurden für spezielle arbeitsmarktpolitische Maßnahmen hohe finanzielle Mittel z. B. als Einstellungsprämien eingesetzt. Außerdem sollten die Beschäftigten durch kürzere Arbeitszeiten Arbeitsplätze für Arbeitslose freimachen. Vorgesehen waren u. a. Herabsetzungen der Wochenarbeitszeit von 40 auf 35 Stunden bis zum Jahr 1985 und Verlängerungen des Jahresurlaubs. Zusätzlich wurde eine Senkung des Rentenalters und eine Änderung der Arbeitszeit im öffentlichen Dienst (z. B. mehr Teilzeitarbeit, Jobsharing) erwogen.

Während die Inflationsrate in Frankreich deutlich höher blieb als in den meisten anderen europäischen Ländern, aber sinkende Tendenz hatte, wurde die hohe Arbeitslosigkeit nicht abgebaut. Dazu trug bei, daß die verstaatlichten Betriebe oft mit Verlust arbeiteten und teils ihre Beschäftigung verringerten. Im ganzen nahm das Bruttosozialprodukt nicht mehr zu, und die vielfältigen Staatsaktivitäten konnten nur durch eine weiter wachsende Staatsverschuldung finanziert werden. Gleichzeitig schrumpften die privaten Investitionen, die Exporte gingen zurück und bei stärkerer Nachfrage nach Importgütern sowie erheblichen Kapitalabflüssen ins Ausland kam der Wert des Franc durch hohe außenwirtschaftliche Defizite immer mehr unter Druck. Der Franc wurde im März 1983 im Rahmen des europäischen Währungssystems abgewertet, und die Regierung erließ Devisenbeschränkungen für Auslandsreisen. Generell begann im gleichen Jahr eine Abkehr von der Nachfragepolitik, indem zunächst die Staatsausgaben wegen der hohen Staatsverschuldung gedrosselt wurden. Außerdem sollten eine staatliche Zwangsanleihe und eine Sonderabgabe auf alle steuerpflichtigen Einkommen die private Konsumnachfrage dämpfen. Das Wirtschaftswachstum sollte angekurbelt werden, indem die Eigenkapitalausstattung der Unternehmen verbessert und die privaten Investitionen gefördert wurden. Nachdem die Nachfragesteuerung nicht mehr in reiner Form betrieben wurde, ging die Inflationsrate weiter zurück, das Bruttosozialprodukt begann langsam zu wachsen, und außenwirtschaftliche Defizite wurden abgebaut. Das vorrangig verfolgte Ziel, die Arbeitslosigkeit zu verringern, wurde allerdings nicht erreicht.

In der **BR Deutschland** wurde in einer „konzertierten Aktion" – besonders seit das Stabilitäts- und Wachstumsgesetz von 1967 in Kraft getreten ist – eine antizyklische Fiskalpolitik betrieben, um Schwankungen der privaten Nachfrage zu dämpfen und soweit nötig auch durch eine gegenläufige Änderung der staatlichen Nachfrage die Gesamtnachfrage zu stabilisieren *(Nachfragepolitik)*. Gleichzeitig wurde mit Hilfe einer bei grundsätzlicher Aufrechterhaltung der Tarifautonomie nur „weich" betriebenen Lohnpolitik versucht, die Tarifpartner zu konjunkturgerechten Lohnabschlüssen zu bewegen und dadurch die Investitionen ebenso zu fördern wie Produktivitätsfortschritte *(Angebotspolitik)*.

Da ab den Konjunkturkrisen seit dem Jahr 1975 die kurzfristig ausgerichtete antizyklische Globalsteuerung wenig erfolgreich war, wurde als deren Voraussetzung im Falle von ,,Angebotsstockungen" eine mittelfristige Angebotspolitik für erforderlich gehalten. Angestoßen durch die Reformen in den USA wären eine stabilitätsorientierte Geldpolitik und eine Dynamik verstärkende Wettbewerbspolitik um eine Finanzsystempolitik zu ergänzen, die leistungsstimulierende Rahmenbedingungen und vor allem die privaten Investitionen dauerhaft fördert.

Bei der Steuersystempolitik geht es außer um eine Steuervereinfachung um geeignete Anreizwirkungen für die Wirtschaft. Die ertragsunabhängigen Steuern (z. B. Vermögensteuer, Gewerbekapitalsteuer) können ganz abgeschafft werden. Die ertragsabhängigen Steuern (z.B. Einkommensteuer, Körperschaftsteuer) müßten verringert werden, und zwar bietet sich im Extrem an, statt der Einkommen den Haushaltskonsum nach persönlichen Merkmalen zu besteuern. Zum Ausgleich wären die verbrauchsabhängigen Steuern (wie die Mehrwertsteuer und Tabaksteuer) zu erhöhen. Im Ergebnis ließe sich damit erreichen, daß für die Unternehmen alle Investitionen und einbehaltenen Gewinne steuerfrei wären. Bei den Haushalten würde nur der Konsum – stärker als heute – besteuert, während Ersparnisse steuerfrei blieben. Die gesamte steuerliche Belastung der Haushalte müßte dabei nicht unbedingt ansteigen.

Insgesamt sind die seit Mitte der siebziger Jahre aufgetretenen Konjunkturschwächen in den verschiedenen Ländern nahezu einheitlich durch einen Einbruch bei den Investitionen charakterisiert. Unabhängig davon, ob eine antizyklische Konjunkturpolitik abgelehnt oder befürwortet wird, kommt es darauf an, daß die Ursachen der jeweiligen Konjunkturschwankungen bekämpft werden. Wenn die privaten Investitionen wesentlich zurückgegangen sind, können nicht auf Dauer andere Komponenten von Angebot oder Nachfrage wie öffentliche Investitionen an deren Stelle treten. Vielmehr müssen ursachenadäquat die privaten Investitionen Ansatzpunkt der Politik sein.

3. Konjunktur und Wachstum

In Abb. 72 wird die bisherige Analyse, bei der eine unveränderte gesamtwirtschaftliche Kapazitätsgrenze unterstellt ist (kurzfristige Betrachtung), erweitert um die für die mittel- und langfristige Entwicklung wichtige Dimension des Wirtschaftswachstums. Gesamtwirtschaftliches Wachstum im Sinne der Erhöhung des gesamtwirtschaftlichen Produktionspotentials bedeutet eine Rechtsverschiebung obiger Angebotskurve, so daß wir mit dem uns im Prinzip geläufigen Schaubild nunmehr die Erreichung der drei gesamtwirtschaftlich bedeutenden Ziele: Preisniveaustabilität, Vollbeschäftigung und Wirtschaftswachstum gleichzeitig studieren können. Es ergeben sich dann unterschiedliche Fragestellungen für die Konjunktur- und die Wachstumspolitik:

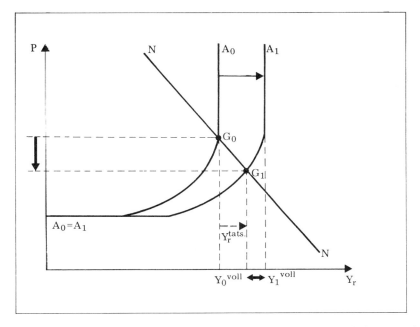

Abb. 72: Einfluß gesamtwirtschaftlichen Wachstums auf Preisniveau, Beschäftigung und reales Volkseinkommen

Die **Wachstumspolitik** *beschäftigt sich damit, wie das gesamtwirtschaftliche Produktionspotential langfristig erhöht werden kann (Verschiebung der volkswirtschaftlichen Kapazitätsgrenze nach rechts). Die* **Konjunkturpolitik** *dagegen behandelt die Frage, wie das kurzfristig vorhandene Produktionspotential bei möglichst konstantem Preisniveau ausgelastet werden kann (Verlagerung des Gleichgewichtspunktes auf die Kapazitätsgrenze).*

Um analytisch den **Einfluß gesamtwirtschaftlichen Wachstums** auf das Preisniveau und die Beschäftigung (sowie auf das reale Volkseinkommen) isoliert von anderen Einflüssen deutlich zu machen, gehen wir von einer vollbeschäftigten Wirtschaft aus (d. h. in Abb. 72 ist der Gleichgewichtspunkt G_0 verwirklicht). Wenn sich das gesamtwirtschaftliche Produktionspotential ausweitet (von Y_0^{voll} nach Y_1^{voll} bei Rechtsverschiebung der Angebotskurve), kommt es ceteris paribus zu einem neuen gesamtwirtschaftlichen Angebots-Nachfrage-Gleichgewicht (bei G_1). Vergleicht man die alte und die neue Wirtschaftlage (d. h. die gesamtwirtschaftliche Situation bei G_0 mit der bei G_1), so zeigt sich:

(1) Das **Preisniveau** (P) erfährt einen Druck nach unten. Die aufgrund der volkswirtschaftlichen Kapazitätsausweitung mögliche größere Güterproduktion läßt sich – bei gegebener Nachfrage und wirksamem Wettbewerb – nur zu niedrigeren Preisen verkaufen.

(2) Der **(Voll-)Beschäftigungsgrad** geht zurück. Während zunächst an der volkswirtschaftlichen Kapazitätsgrenze produziert wird ($Y_0^{\text{tatsächlich}} = Y_0^{\text{voll}}$), kann das größere gesamtwirtschaftliche Produktionspotential bei unveränderter Nachfragesituation nicht mehr voll ausgelastet werden ($Y_1^{\text{tatsächlich}}$ ist kleiner als Y_1^{voll}).

(3) Das **güterwirtschaftlich realisierte Volkseinkommen** ($Y_{\text{real}}^{\text{tats.}}$) steigt gleichwohl an, weil immerhin ein Teil der zusätzlichen Produktionsmöglichkeiten ausgenutzt wird.

Oft wird bei der praktischen *Messung des Wirtschaftswachstums* von der jährlichen Zuwachsrate des realen Bruttosozialprodukts ausgegangen. Darin schlagen sich allerdings sowohl konjunkturbedingte Schwankungen der Nachfrage als auch angebotswirksame Kapazitätsausweitungen nieder. Um das kurzfristige Auf und Ab der Konjunktur für die mehr mittel- und langfristig ausgerichtete Wachstumsbetrachtung zu eliminieren, wird als Indikator für das Wirtschaftswachstum meist der durchschnittliche Anstieg des jährlichen realen Bruttosozialprodukts von mehreren Jahren gewählt. Für ausgewählte Länder vermittelt Tabelle 11 ein Bild von den Unterschieden solcher Änderungsraten. – Die analytisch klarste Trennung des Wachstums von der Konjunktur ergibt sich, wenn Wachstum als Zunahme des gesamtwirtschaftlichen Produktionspotentials gemessen wird, während Konjunkturschwankungen Änderungen im Auslastungsgrad dieses Potentials sind.

Land	1960–1972	1973–1982	1983	1984	1985	1986	1987	1988[1]
BR Deutschland[2]	4,5	1,7	1,5	2,8	2,0	2,3	1,9	3,7
Frankreich[2]	5,8	2,4	0,7	1,4	1,7	2,1	2,3	3,4
Großbritannien[2]	3,1	0,8	3,5	2,0	3,7	3,2	4,3	3,8
USA[2]	4,1	1,9	4,0	7,0	3,1	3,0	3,4	4,4
Japan[2]	11,0	3,8	3,1	5,1	4,9	2,4	4,4	5,7

[1] Vorläufige Ergebnisse
[2] Bruttoinlandsprodukt in konstanten Preisen

Quelle: SACHVERSTÄNDIGENRAT ZUR BEGUTACHTUNG DER GESAMTWIRTSCHAFTLICHEN ENTWICKLUNG, Jahresgutachten 1981/82 und 1984/85 sowie 1989/90.

Tab. 11: Durchschnittliche jährliche Wachstumsraten des realen Bruttosozialprodukts ausgewählter Länder (in v. H.)

Die Bestimmungsgründe des Wirtschaftswachstums sind bereits oben in Verbindung mit der gesamtwirtschaftlichen Produktionsfunktion erörtert. Die Verbindung von Konjunktur und Wachstum ergibt sich hier in erster Linie durch die **Investitionen**. Einerseits sind sie eine besondere konjunkturabhängige volkswirtschaftliche Größe und interessieren wegen ihrer Wirkungen auf die Gesamtnachfrage und damit das aktuelle Volkseinkommen *(Einkommenseffekt)*, andererseits beeinflussen sie maßgeblich die zukünftigen Produktionsmöglichkeiten *(Kapazitätseffekt)*. So haben konjunkturpolitische Maßnahmen, die auf die Investitionen ausgerichtet sind, immer zugleich Nebenwirkungen auf das Wirtschaftswachstum – und umgekehrt. Wachstumspolitisch geht es dabei vor allem um einen anhaltend hohen Anteil der Investitionen am Sozialprodukt (Investitionsquote) sowie dessen zweckmäßige Struktur.

In der BR Deutschland machten die Anlageinvestitionen (Bauten und Ausrüstungen) in den letzten Jahren etwa 25 v. H. des Bruttosozialprodukts aus. Davon entfiel etwa ein Fünftel auf staatliche Investitionen, und der Rest in Höhe von rund 20 v. H. des BSP wurde von Privaten vorgenommen. – In Schweden sind die privaten und staatlichen Investitionen etwa gleich hoch. Die USA verwenden nur ungefähr ein Fünftel ihres gesamten Outputs für Investitionen. Demgegenüber beträgt die Investitionsquote in der Sowjetunion fast ein Drittel, wobei für den Wachstumsprozeß wichtige Wirtschaftsbereiche (wie die Stahl-, Mineralöl-, Chemikalien- oder Werkzeugindustrie) z. B. im Verhältnis zum Kapazitätsausbau im Einzel- und Großhandel besonders bevorzugt sind.

Eine äußerst umstrittene Frage ist, ob und wieweit der Staat in Marktwirtschaften verstärkten Einfluß auf die Investitionen nehmen soll (**staatliche Investitionslenkung**). Da die private Dispositionsfreiheit ein tragendes Element der wettbewerblichen Selbststeuerung ist, bedürfen Eingriffe, die Investitionen beschränken, der Begründung, daß wesentliche wirtschaftspolitische Ziele ohne oder durch weniger einengende Maßnahmen nicht verwirklicht werden können. Eine indirekte Investitionslenkung ist bereits heute in Marktwirtschaften weit verbreitet. Fraglich ist indessen, ob darüber hinaus vom Staat ein generelles System direkter Investitionskontrollen eingerichtet werden sollte, wie einige (politisch ,,links" stehende) Kritiker fordern.

Bei der **indirekten Investitionslenkung** werden wirtschaftspolitische Mittel der Information, der Indoktrination (,,Seelenmassage") und vor allem materielle Anreize eingesetzt. Informationsmaßnahmen können die Entscheidungsgrundlagen der Unternehmen verbessern (z.B. bei Ankündigung von vorgesehenen Staatsaktivitäten oder bei Anfertigung und Veröffentlichung staatlicher Bedarfsprognosen für bestimmte Märkte). Durch Indoktrination versucht man – über die Bekanntgabe von Tatsachen oder von geplanten Aktivitäten hinaus – die Wirtschaftssubjekte moralisch zu einem erwünschten Verhalten zu drängen (z.B. wird an die soziale Verantwortung oder an das Maßhalten im Konsum und bei Lohnabschlüssen appelliert, um die für das Wachstum notwendigen Investitionen zu ermöglichen). Schließlich bedeuten materielle Anreize für die Wirtschaftseinheiten Marktdatenänderungen, die sie aufgrund ihres Strebens nach privatem Vorteil bei ihren Investitionen berücksichtigen. Zum Beispiel gehören hierher die – schon behandelten – Maßnahmen der Geld- und Fiskalpolitik, wobei die unter konjunkturpolitischem Aspekt erörterten Schwierigkeiten der Beeinflussung von Investitionen analog auch für die Wachstumspolitik gelten. Allerdings ist der Einsatz materieller Anreize in der Regel wirksamer, als es die Informations- und Indoktrinationsmaßnahmen sind, die ihrerseits den Vorteil haben, weniger in die private Dispositionsfreiheit einzugreifen und deshalb am ehesten in einer marktwirtschaftlichen Ordnung Platz finden.
Demgegenüber würden bei der Einführung eines **Systems direkter staatlicher Investitionskontrollen** Umfang und Struktur der privaten Investitionen nicht mehr der individuellen Dispositionsfreiheit einzelner Unternehmer unterliegen, sondern durch hoheitlichen Zwang, d.h. durch Verbote[6] und Gebote, in eine bestimmte Richtung

---

[6] Einzelne Verbote bestimmter Investitionen gehören durchaus auch heute schon zum staatlichen Instrumentarium in Marktwirtschaften. Allerdings werden sie nicht zu wachs-

gelenkt. Eine entscheidungsbefugte Behörde (z. B. in Form eines ,,Bundesamtes für Investitionskontrolle'') hätte im einzelnen zu kontrollieren, daß die gesellschaftlich ,,richtigen'' Investitionen im ,,richtigen'' Umfang von den ,,richtigen'' Unternehmen durchgeführt werden. Dazu wären vor allem geeignete Beurteilungskriterien notwendig (detaillierte Bedarfsrangskalen), die schon deshalb immer hochgradig willkürlich festgelegt werden müßten, weil keine Zentralbehörde wissen kann, welche Güter die Gesellschaft in der Zukunft bevorzugen wird und in welcher Höhe sie benötigt werden. Außerdem würden Fehlentscheidungen eines zentralen ,,Bundesamtes für Investitionskontrolle'' die ganze Volkswirtschaft betreffen, ohne daß es einen Ausgleich durch gegenläufige Investitionsentscheidungen anderer Wirtschaftssubjekte gibt. Auch ist es nicht einzusehen, warum private Unternehmer die Zukunftsaussichten ihrer Märkte im Durchschnitt nicht besser abschätzen können als behördliche Instanzen. Ohne die Erörterung hier zu vertiefen, kann bezweifelt werden, daß aus einem politisch-bürokratischen Instanzenweg Entscheidungen über die Struktur der Vielzahl unterschiedlicher Investitionen hervorgehen, die besser sind als bei Steuerung durch den Wettbewerbsmechanismus.

Außerdem besteht die Gefahr, daß eine direkte staatliche Investitionskontrolle die Investitionsbereitschaft der Unternehmer und damit das *Investitionsvolumen* herabsetzt. Würden doch die Eigentümer weiter das volle Risiko von Fehlentscheidungen zu tragen haben, obwohl wesentliche Teile der Entscheidungsgewalt auf den Staat übergingen. Vor allem wären Investitionsgebote nur dort sinnvoll und notwendig, wo die Unternehmer – z. B. aufgrund mangelnder Ertragserwartungen – nicht freiwillig investieren. Umgekehrt würden Investitionsverbote die Investitionen gerade dort nicht erlauben, wo die Unternehmer freiwillig investieren wollen. Die Folge kann eigentlich nur ein Rückgang der volkswirtschaftlichen Investitionsquote sein – zumal die Unterordnung unter staatlichen Zwang die Leistungsmotivation der Unternehmer ganz allgemein beeinträchtigen dürfte.

Ein (wenn auch umstrittenes) Argument gegen die direkte Investitionslenkung ist schließlich die These, daß sie – einmal eingeführt – zwangsläufig zu weiteren Verwaltungseingriffen des Staates in die Wirtschaft führe, bis schließlich eine Zentralverwaltungswirtschaft vorläge *(,,Ölflecktheorie'')*. Tatsächlich ist es denkbar, daß ein Staat, der zunächst die Investitionen lenkt, um eine geplante Produktionsstruktur zu verwirklichen, für den Fall, daß die Planvorstellungen für den Produktionsablauf im Rahmen der Struktur nicht erfüllt werden, nunmehr auch zu Kontrollen des Produktionsablaufs übergeht. Wenn es selbst dann noch zu Diskrepanzen zwischen Marktangebot und -nachfrage kommt, könnte in letzter Konsequenz die Kontrolle auch auf den Konsum ausgeweitet werden.

III. Spezielle Arbeitsmarktpolitik als Ergänzung zur Konjunkturpolitik

1. Arten der Arbeitslosigkeit

Bei genauer Analyse der zu einem Zeitpunkt vorhandenen Arbeitslosigkeit zeigt sich, daß die konjunkturell bedingte Arbeitslosigkeit nur eine von mehreren Arten der Arbeitslosigkeit ist. Da durch konjunkturbelebende Maßnah-

---

tumspolitischen Zwecken benutzt. Vielmehr schaffen sie einen Ordnungsrahmen, der Investitionen in bestimmten Bereichen oder Gegenden nicht zuläßt. Solche Verbote werden z. B. mit dem Schutz der Umwelt oder bestimmter Regionen begründet. Außer dem völligen Verbot bestimmter Investitionen werden häufig bestimmte Auflagen gemacht, die bei den erlaubten Investitionen beachtet werden müssen (z. B. Baugenehmigungen).

men unmittelbar nur die konjunkturelle Arbeitslosigkeit bekämpft werden kann, bedarf es für die wegen anderer Gründe bestehenden Arbeitslosigkeit einer darüber hinausgehenden Arbeitsmarktpolitik, die den jeweiligen Ursachen der Arbeitslosigkeit in geeigneter Weise entgegenwirkt. Im folgenden wird zunächst auf die Arten der Arbeitslosigkeit, die vor allem nach den zugrunde liegenden Ursachen unterschieden sind, näher eingegangen.

Arten der Arbeitslosigkeit

A. Versteckte Arbeitslosigkeit
B. Registrierte Arbeitslosigkeit
  I. Freiwillige (,,unechte") Arbeitslosigkeit
  II. Unfreiwillige (,,echte") Arbeitslosigkeit
    1. Friktionelle Arbeitslosigkeit
    2. Saisonale Arbeitslosigkeit
    3. Konjunkturelle Arbeitslosigkeit
    4. Strukturelle Arbeitslosigkeit
      a) aufgrund fehlender Arbeitsplätze
      b) bei vorhandenen Arbeitsplätzen wegen Angebots-/Nachfragediskrepanz
      ba) beruflich bzw. sektoral
      bb) regional
      bc) institutionell (z. B. tarifbedingt, betriebsbedingt, gesetzlich bedingt)

Zunächst läßt sich – neben der von den Arbeitsämtern registrierten – eine **versteckte Arbeitslosigkeit** beobachten. Auch sie ist Teil des volkswirtschaftlichen ,,Arbeitskräftepotentials"; denn der gesamtwirtschaftlich produzierte Güterberg kann ceteris paribus erhöht werden,
– wenn in einem Beschäftigungsverhältnis stehende Erwerbstätige produktiver arbeiten, indem sie ihrer Qualifikation entsprechend besser eingesetzt werden (qualitative versteckte Arbeitslosigkeit), statt nach betrieblichen Rationalisierungen aus tarifvertraglichen oder sozialen Gründen an weniger ergiebigen Arbeitsplätzen zu bleiben, oder
– durch Beschäftigung von Personen, die bei den Arbeitsämtern nicht als arbeitssuchend gemeldet sind, aber arbeitsfähig und latent arbeitsbereit sind (quantitative versteckte Arbeitslosigkeit oder ,,stille Reserve"). Es handelt sich einerseits um Nichterwerbstätige, die ohne Arbeitsämter selbst einen Arbeitsplatz suchen (aktiver Teil der ,,stillen Reserve"), sowie andererseits um Nichtbeschäftigte im erwerbsfähigen Alter, die sich erst dann nach einem Arbeitsplatz umsehen würden, wenn sie sich Chancen ausrechnen, einen zu finden (vorerst inaktiver Teil der ,,stillen Reserve").
Um die Größe der ,,stillen Reserve" abzuschätzen, wird davon ausgegangen, daß in Hochkonjunkturzeiten das Arbeitskräftepotential weitgehend ausgeschöpft ist und in Abschwungphasen nicht nur die registrierte Arbeitslosigkeit, sondern auch die ,,stille Reserve" ansteigt. Es sind allerdings zwei gegenläufige Tendenzen zu beobachten. Einerseits erhöht sich die ,,stille Reserve",

wenn bei sich verschlechternder Arbeitsmarktlage manche potentielle Zweit-
oder Drittverdiener von Haushalten so entmutigt werden, daß sie vom Arbeitsmarkt fernbleiben (Resignationsthese). Andererseits könnten bei Verlust des
Arbeitsplatzes – vor allem des Hauptverdieners einer Familie – weitere, bisher
nicht erwerbstätige Familienmitglieder zusätzlich ihre Arbeit über das Arbeitsamt anbieten (Zusatz-Arbeiter-These). Empirisch ist die zweitgenannte Wirkung fast immer kleiner als die erstgenannte, so daß die „stille Reserve" bei
sich verschlechternder Arbeitsmarktlage per Saldo in der Regel zunimmt. Als
wichtigste Gruppen der „stillen Reserve" gelten verheiratete Frauen mittlerer
Jahrgänge, Frührentner und teils auch Jugendliche. Im Jahr 1984 z. B. hat die
Bundesanstalt für Arbeit neben den 2,3 Millionen registrierten Arbeitslosen
die „stille Reserve" auf etwa 1,3 Millionen Personen geschätzt.

Bei der **registrierten Arbeitslosigkeit** ist wieder zu unterscheiden zwischen
unfreiwilliger (echter) Arbeitslosigkeit und *freiwilliger (unechter) Arbeitslosigkeit*. **Freiwillig Arbeitslose,** die zwar arbeitsfähig, aber nicht arbeitsbereit sind,
können im Einzelfall bei einem Sperren der Arbeitslosenunterstützung (wie es
den Arbeitsämtern im Fall der Ablehnung zumutbarer Arbeit durch den Arbeitslosen möglich ist) oder allgemein durch Herabsetzung der Unterstützungszahlungen (was trotz sozialer Nachteile gelegentlich gefordert wird) gegebenenfalls zur Übernahme von Arbeit motiviert werden. Nach einer Befragung
von Vermittlern in den Arbeitsämtern und von Arbeitslosen selbst waren Anfang der achtziger Jahre im Durchschnitt 3,5 v. H. aller Arbeitslosen als nicht
ernsthaft an einer Arbeitsaufnahme interessiert einzuschätzen, d. h. von den
insgesamt mehr als 2 Millionen Arbeitslosen waren immerhin über 70 000 als
freiwillig arbeitslos einzustufen. Sie werfen andere Fragen auf als die „echten"
Arbeitslosen, die – obwohl sie arbeitsfähig und arbeitsbereit sind – keinen
passenden Arbeitsplatz finden und bei denen sich das wirtschaftspolitische
Problem mit der Dauer der Arbeitslosigkeit verschärft.

Bei der **registrierten unfreiwilligen Arbeitslosigkeit** sind die friktionelle sowie
die saisonale Arbeitslosigkeit im Prinzip von *kurzfristiger* Dauer (bis neun
Monate). Die **friktionelle oder Fluktuations-Arbeitslosigkeit** entsteht bei einem
Arbeitsplatzwechsel, wenn zwischen der Aufgabe des bisherigen und der Annahme des neuen Arbeitsplatzes eine Zeit verstreicht. Der Arbeitsplatzwechsel
kann auf eine Arbeitnehmerkündigung zurückgehen (z. B. wenn der Arbeitnehmer Aufstiegschancen wahrnehmen will oder aus persönlichen Gründen
den Wohnort verändert), oder er kann von der Arbeitgeberseite erzwungen
sein (z. B. wenn das Unternehmen Konkurs macht oder die Geschäftstätigkeit
einschränkt). Als friktionelle Arbeitslosigkeit werden im allgemeinen 0,5 bis
1,5 v. H. der Gesamtarbeitnehmerzahl als unvermeidlich und „normal" angesehen, d. h. bei rd. 24 Millionen Arbeitnehmern in der BR Deutschland in den
80er Jahren erklärten sich dadurch etwa 240 000 Arbeitslose.

Demgegenüber liegen die Ursachen der **saisonalen Arbeitslosigkeit** in jahres-
zeitlich schwankenden Witterungsbedingungen (besonders betroffen sind zum
Beispiel Landwirtschaft und Bauwirtschaft) oder in einer saisonal konzentrier-

ten Nachfrage (Fremdenverkehrsgewerbe, Getränkehandel u. a.) sowie zum Beispiel in den Produktionsbedingungen und der Lagerfähigkeit von Produkten (Forstwirtschaft, Nahrungsmittelindustrie u. a.). Um das Ausmaß der saisonalen Arbeitslosigkeit abzuschätzen, werden spezielle Erhebungen angestellt. Im Grunde sind die Arbeitsplätze für saisonal Arbeitslose also vorhanden, wenn sie auch vorübergehend auf dem Arbeitsmarkt nicht als ,,offene Stellen'' angeboten werden.

Der zweite Typ von Arbeitslosigkeit, bei dem die Arbeitsplätze zwar im Prinzip eingerichtet, aber vorübergehend keine ,,offenen Stellen'' sind, ist die **konjunkturelle Arbeitslosigkeit.** Wie schon in Verbindung mit den Konjunkturschwankungen ausgeführt, liegen die Ursachen hier in gleichzeitigen Nachfragedefiziten bzw. Angebotsüberhängen auf nahezu allen Märkten, wie sie infolge des konjunkturellen Auf und Ab der allgemeinen Wirtschaftsaktivitäten in einer Volkswirtschaft immer wieder entstehen. Entsprechend der Länge von Konjunkturzyklen ist diese Art der Arbeitslosigkeit in der Regel von mittelfristiger Dauer (um bis zu fünf Jahre), und ihr Ausmaß kann für einen bestimmten Zeitpunkt abgeschätzt werden, indem von der – allerdings schwer zu ermittelnden – Zahl aller für die Arbeitslosen an sich vorhandenen, aber nicht ,,offenen'' Arbeitsplätze die Zahl der Arbeitsplätze, die den nur saisonal Arbeitslosen entspricht, abgezogen wird.

Im Gegensatz dazu lassen sich unter dem Oberbegriff **strukturelle Arbeitslosigkeit** die im Prinzip *langfristigen* Arten der Arbeitslosigkeit (auch über fünf Jahre) zusammenfassen. Ein besonderer Fall liegt vor, wenn in der Volkswirtschaft bei gegebener Produktionstechnik **nicht für alle registrierten Arbeitslosen mit Realkapital ausgestattete Arbeitsplätze vorhanden** sind, sondern wenn für deren Eingliederung ins Erwerbsleben die fehlenden Arbeitsplätze erst noch geschaffen werden müssen. Im Jahr 1984 z. B. galt das in der BR Deutschland für mehr als 1 Million Arbeitnehmer. Im Unterschied dazu gibt es noch eine Reihe von Arten struktureller Arbeitslosigkeit, bei denen zwar die Arbeitsplätze im Prinzip vorhanden sind und sogar den Arbeitnehmern angeboten werden, aber **Arbeitslose und ,,offene Stellen'' aufgrund von Merkmalsdiskrepanzen nicht zusammenpassen.** Das Ausmaß dieser zweiten Gruppe von struktureller Arbeitslosigkeit läßt sich schätzen, wenn von der Gesamtzahl der registrierten und nicht registrierten ,,offenen Stellen'' die Zahl der Arbeitsplätze, die der Summe aus freiwillig und friktionell Arbeitslosen entspricht, abgezogen wird, weil diesen – und nur diesen – Arten der Arbeitslosigkeit definitionsgemäß ,,offene Stellen'' gegenüberstehen.

Im einzelnen kann sich die strukturelle Arbeitslosigkeit wegen Angebots/Nachfragediskrepanzen bei vorhandenen Arbeitsplätzen durch *berufliche oder sektorale Merkmalsunterschiede* von Arbeitsangebot und -nachfrage ergeben, z. B. nach der Einführung von technischem Fortschritt. Als Folge technologischer Umstellungen in den Betrieben werden in der Regel Arbeitskräfte bestimmter Qualifikation durch Maschinen ersetzt (Freisetzungseffekt) und lassen sich erst allmählich und gegebenenfalls nach Umschulungen an anderer

Stelle der Wirtschaft – besonders zur Produktion der neuen Kapitalgüter – wieder in den Arbeitsprozeß eingliedern (Absorptionseffekt). *Regionale Diskrepanzen zwischen Arbeitsangebot und -nachfrage* treten auf, wenn durch Arbeitskräftezuwanderung, regionale Standortverschiebungen oder sektorale Nachfrageverschiebungen auf einzelnen Arbeitsmärkten ein Überangebot an Arbeitskräften bestimmter beruflicher Qualifikationen entsteht, das wegen einer beschränkten regionalen oder beruflichen Mobilität der Arbeitslosen und/ oder beschränkter Nachfrageflexibilität der Unternehmer kaum abgebaut wird, wenn nicht gezielte wirtschaftspolitische Maßnahmen erfolgen.

Außerdem verursachen *institutionelle Hemmnisse* strukturelle Arbeitslosigkeit wegen Angebots-/Nachfragediskrepanzen bei vorhandenen Arbeitsplätzen. So hat die sogenannte *tariflohnbedingte Arbeitslosigkeit* ihren Grund in ,,zu hoch" festgesetzten Mindestlöhnen, wie sie zum Beispiel von den Gewerkschaften als Tariflohn für bestimmte Tätigkeiten durchgesetzt werden könnten. Ist der Ertrag, den ein Arbeitnehmer in einem Betrieb erwirtschaftet, kleiner als der vom Betrieb zu zahlende Mindestlohn, so unterbleibt in der Regel die Beschäftigung solcher Arbeitskräfte. Weitere institutionelle Hemmnisse für die Annahme von Arbeitsplatzangeboten durch Arbeitslose beruhen teils auf *betriebsorganisatorischen Gegebenheiten* (z. B. wenn keine Möglichkeiten für Teilzeitarbeit, für gleitende Arbeitszeit, für freie Wochenenden oder für variable Urlaubsregelungen bestehen). Teils spielen hier auch *gesetzliche Vorschriften* eine Rolle. So gibt es besondere Vorschriften für die Beschäftigung von Ausländern, und gelegentlich wirken sich spezielle Arbeitsschutzbestimmungen z. B. für Frauen, Jugendliche oder Behinderte bei der Einstellung von Angehörigen dieser Personengruppen nachteilig aus.

Da es für eine möglichst wirksame Arbeitsmarktpolitik darauf ankommt, letztlich die Ursache der Arbeitslosigkeit zu bekämpfen, ist der Überblick über die vielfältigen Arten der Arbeitslosigkeit eine gute Basis, um im weiteren die wirtschaftspolitische Eignung von arbeitsmarktpolitischen Instrumenten zu erörtern.

2. Maßnahmen

a) Arbeitslosenunterstützung

Mit dem **Arbeitsförderungsgesetz** (AFG) vom 25. Juni 1969, das inzwischen mehrfach geändert wurde, sind der **Bundesanstalt für Arbeit** (BA) arbeitsmarktpolitische Instrumente übertragen worden, die ergänzend zur Globalsteuerung mit ihren bereits gesondert behandelten Möglichkeiten und Grenzen gesamtwirtschaftlicher Nachfrage- und/oder Angebotspolitik eingesetzt werden. Während ursachenadäquate Maßnahmen die Arbeitslosigkeit von vornherein verhindern oder nachträglich verringern sollen, geht es bei neutralisierenden Maßnahmen lediglich darum, die unerwünschten Folgen der Arbeitslosigkeit zu dämpfen, wobei die Arbeitslosigkeit an sich bestehenbleibt. Im Arbeitsförderungsgesetz sind als neutralisierende Maßnahmen finanzielle Unterstützungen an Arbeitslose verankert, so daß die individuellen Härten bei erwerbslosen Arbeitnehmern wenigstens materiell etwas ausgeglichen werden.

Im einzelnen wird **Arbeitslosengeld** in Höhe von 63 v. H. des Nettoarbeitseinkommens (68 v. H. bei Leistungsbeziehern mit Kindern) auf Antrag an Arbeitslose gezahlt, wenn sie dem Arbeitsamt gemeldet und für eine Vermittlung zur Verfügung stehen sowie in den letzten drei Jahren vor der Arbeitslosigkeit mindestens 360 Kalendertage versicherungspflichtig beschäftigt waren. Die Dauer dieser Unterstützung beträgt je nach der beitragspflichtigen Beschäftigung innerhalb der letzten sieben Jahre mindestens 156 und höchstens 832 Tage, wobei allerdings mit zunehmendem Alter die Höchstdauer stufenförmig ansteigt (ab 43. Lebensjahr auf 18 Monate, ab 45. Lebensjahr auf 22 Monate, ab 50. Lebensjahr auf 26 Monate, ab 55. Lebensjahr auf 32 Monate und ab 58. Lebensjahr bis zum Erreichen der Rentenaltersgrenze).

Wer als Arbeitsloser keinen Anspruch mehr oder noch keinen Anspruch auf Arbeitslosengeld hat, kann ohne zeitliche Begrenzung **Arbeitslosenhilfe** bis zu 56 v. H. des Nettoarbeitsentgelts (58. v. H. bei Leistungsbeziehern mit Kindern) erhalten, wenn er der Arbeitsvermittlung zur Verfügung steht, im letzten Arbeitsjahr mindestens 150 Kalendertage gegen Entgelt beschäftigt war und „bedürftig" unter Berücksichtigung von sonstigen Einkommen und Vermögen (auch von im gemeinsamen Haushalt lebenden Verwandten) ist. Schließlich sorgt seit dem Jahr 1974 ein **Konkursausfallgeld** dafür, daß für die letzten drei Monate eines Arbeitsverhältnisses vor einem Konkurs das volle Nettoarbeitseinkommen für die Arbeitnehmer gegebenenfalls vom zuständigen Arbeitsamt statt vom zahlungsunfähigen Arbeitgeber ausgezahlt wird.

Im Durchschnitt hat ein unterstützungsberechtigter Arbeitsloser im Jahr 1989 die öffentlichen Haushalte mit rund 29000 DM belastet, wenn neben den Leistungen der Bundesanstalt für Arbeit auch die Ausfälle an Beiträgen zur Rentenversicherung und an Steuern berücksichtigt werden. Um die Wiederaufnahme der Arbeit zu beschleunigen, ist ein Arbeitsloser verpflichtet, jede zumutbare Beschäftigung anzunehmen (§ 103 AFG). Durch die im Jahr 1982 novellierte „Zumutbarkeits-Anordnung" wurde diese Generalklausel verschärft. Danach muß ein Arbeitsloser auch einen Arbeitsplatz einer geringeren Qualifikationsstufe annehmen, wenn dieser Platz sonst nicht besetzt werden kann. Als zumutbar angesehen wird außerdem eine Wegezeit von täglich bis zu insgesamt zweieinhalb Stunden für Hin- und Rückfahrt sowie ein Arbeitsentgelt, das bis auf 80 v. H. des letzten Bruttolohns – und nach längerer Arbeitslosigkeit sogar bis zur Höhe des Arbeitslosengeldes bzw. der Arbeitslosenhilfe – verringert ist. Die Ablehnung einer als zumutbar anzusehenden Stelle durch den Arbeitslosen hat eine Sperrung der Unterstützungszahlung für die Dauer von bis zu acht Wochen zur Folge. Eine Sperrung der Unterstützungszahlung tritt auch ein, wenn ein Arbeitnehmer den Arbeitsplatz von sich aus kündigt; die Sperrzeit ist auf zwölf Wochen erhöht (befristet bis Ende 1995) für Arbeitnehmer, die die Arbeitslosigkeit schuldhaft selbst herbeigeführt haben.

b) Arbeitsplatzerhaltung

Eine Übersicht der behandelten Ansatzpunkte arbeitsmarktpolitischer Maßnahmen, die über die Arbeitslosenunterstützung hinausgehen, enthält das folgende Schaubild.

Ansatzpunkte arbeitsmarktpolitischer Maßnahmen:

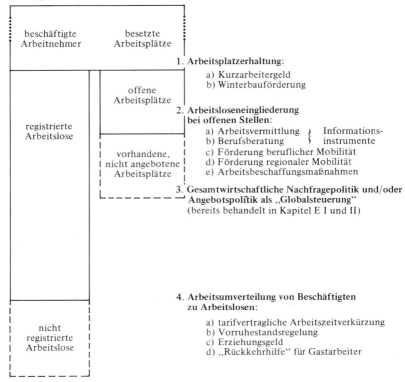

Ein wichtiges Instrument, um bei vorübergehendem Arbeitsausfall in Betrieben den Arbeitnehmern die Arbeitsplätze und dem Betrieb die eingearbeiteten Arbeitnehmer zu erhalten, ist die Gewährung von **Kurzarbeitergeld.** Es kann vom Arbeitsamt für einen Zeitraum von bis zu 6 Monaten (und bei außergewöhnlichen Verhältnissen nach Rechtsverordnung des Bundesministers für Arbeit und Sozialordnung auch bis zu 24 Monaten in Höhe von 63 v.H. des ausfallenden Nettoarbeitseinkommens (bzw. 68 v.H. bei Leistungsbeziehern mit Kindern) genehmigt werden. Voraussetzung ist, daß die Arbeitszeitsenkung in dem Betrieb für mindestens ein Drittel der Belegschaft mehr als 10 v.H. beträgt. Da das Kurzarbeitergeld nicht gezahlt wird, wenn der Arbeitsausfall überwiegend branchenüblich, betriebsüblich oder saisonbedingt ist oder ausschließlich auf betriebsorganisatorischen Gründen beruht, kann es dazu beitragen, einer drohenden konjunkturellen Arbeitslosigkeit entgegenzuwirken.

Als Vorbeugung gegen saisonale Arbeitslosigkeit in der Bauwirtschaft dient die sogenannte **produktive Winterbauförderung,** die eine kontinuierliche, ganzjährige Beschäftigung anregen soll.

Arbeitgeber des Baugewerbes erhalten Zuschüsse für den Erwerb oder die Miete von Geräten und Einrichtungen (bis zu 50 v. H. des Kaufpreises bzw. Mietzinses), die für die Durchführung von Bauarbeiten in der Schlechtwetterzeit (1. November bis 31. März) zusätzlich erforderlich sind. Außerdem erhalten diese Arbeitgeber für die Bauarbeiten, die sie in der Förderungszeit durchgeführt haben, einen Zuschuß zu den sonstigen witterungsbedingten Mehrkosten (zwischen einem und zwei Drittel der Mehrkosten). Die Förderung durch Investitions- und Mehrkostenzuschüsse ist allerdings im Jahr 1986 zunächst für drei Jahre und dann für weitere drei Jahre ausgesetzt worden.

Arbeitnehmern im Baugewerbe wird bei witterungsbedingtem Arbeitsausfall in der Schlechtwetterzeit ein sog. **Schlechtwettergeld** gewährt, wenn trotz ausreichender Schutzvorkehrungen die Fortführung der Bauarbeiten z. B. bei Regen, Schnee oder Frost technisch unmöglich ist, wirtschaftlich unvertretbar ist oder den Arbeitnehmern nicht zugemutet werden kann. Die Höhe des Schlechtwettergeldes beträgt bis zu 68 v. H. des letzten Nettolohnes. Wenn in der witterungsungünstigen Jahreszeit vom 1. Dezember bis 31. März im Baugewerbe gearbeitet wird, erhalten die Arbeitnehmer auf witterungsabhängigen Arbeitsplätzen eine Zulage als sog. **Wintergeld** (2 DM pro Arbeitsstunde).

c) Arbeitsloseneingliederung bei offenen Stellen

Soweit in der Wirtschaft Arbeitsplätze offen für Arbeitnehmer angeboten werden, kann sich die Arbeitsmarktpolitik darauf beschränken, eventuell vorhandene Hemmnisse abzubauen, die der Eingliederung von Arbeitslosen entgegenstehen. Das geschieht einerseits mit den Informationsinstrumenten Arbeitsvermittlung und Berufsberatung sowie andererseits durch darüber hinausgehende finanzielle Anreize wie die Förderung beruflicher und regionaler Mobilität und sogenannte Arbeitsbeschaffungsmaßnahmen.

Die **Arbeitsvermittlung** wird von der Bundesanstalt für Arbeit in – seit Beitritt der DDR zur BR Deutschland – 182 lokalen Arbeitsämtern (mit 643 Nebenstellen und rd. 75000 Mitarbeitern) und für einige Berufe in zentralen Vermittlungsstellen durchgeführt. Um Arbeitslose davor zu schützen, daß ihre soziale Notlage eventuell durch skrupellose private Vermittler ausgenutzt wird, und um mittellosen Personen bei der Arbeitsvermittlung möglichst gleiche Chancen einzuräumen, hat die Bundesanstalt für Arbeit ein gesetzliches Recht auf alleinige Zuständigkeit (rechtliches Monopol für Arbeitsvermittlungen), und zusätzlich gelten die Grundsätze unentgeltlicher, chancengleicher und individueller Information durch Fachkräfte. Für einige eng begrenzte Bereiche, wie für die Vermittlung von Führungskräften der Wirtschaft durch Personalberater oder von Künstlern durch spezielle Künstleragenturen, sind allerdings ausnahmsweise auch private Arbeitsvermittler von der Bundesanstalt für Arbeit zugelassen worden.

In der Praxis ist die öffentliche Arbeitsvermittlung trotz des rechtlichen Zuständigkeitsmonopols bei der tatsächlichen Besetzung von offenen Stellen in der BR Deutschland in weniger als der Hälfte und teils weniger als einem

Drittel der Fälle eines Jahres in die Vermittlung eingeschaltet worden. Insofern dominiert immer noch die ,,Selbstsuche'' auf den Arbeitsmärkten. Dabei wird die ,,Selbstsuche'' im Durchschnitt von qualifizierten Arbeitnehmern stärker als von ungelernten bevorzugt, von Angestellten mehr als von Arbeitern gewählt, in Dienstleistungsberufen in stärkerem Maß als im verarbeitenden Gewerbe angewandt sowie bei Kleinbetrieben mehr als bei Großbetrieben angetroffen.

Nach einer Befragung von Erwerbstätigen im Jahr 1983, welcher Weg der Arbeitsplatzsuche bei ihnen letztlich erfolgreich war, gaben nur etwas über 20 v. H. der Befragten die Vermittlung des Arbeitsamtes an, mehr als ein Drittel nannten ,,Verbindungen'' (wie Hinweise von Bekannten oder Bewerbungen über Wartelisten beim alten Betrieb), knapp 28% der Einstellungen kamen durch Zeitungsanzeigen zustande (die zwar für Selbstsucher besonders wichtig sind, aber wegen der großen Konkurrenz als nicht so erfolgreich gelten), und knapp ein Fünftel der früher Arbeitslosen hat die Stelle durch Bewerbungen auf ,,gut Glück'', wie vor allem durch unaufgeforderte Direktbewerbungen bei Betrieben, erhalten. Generell sind die Einschaltquoten der Arbeitsämter bei Vermittlungen in Zeiten von Arbeitskräfteknappheit in der Regel hoch (wegen des in der Hochkonjunktur großen Anteils von vermittelten Hilfskräften, bei denen die Arbeitsämter überdurchschnittlich stark eingeschaltet sind). Demgegenüber sind in Zeiten hoher Arbeitslosigkeit – z. B. seit dem Jahr 1975 – die Einschaltquoten der Arbeitsämter rückläufig. Bei den Arbeitgebern bewirkt eine sich vergrößernde Bewerberzahl, daß die Auswahlanforderungen steigen und verstärkt betriebsinterne Einstellungsverfahren praktiziert werden. Zusätzlich führt bei sich verringernden Stellenzugängen eine verschärfte Konkurrenz um die Arbeitsplätze bei den Arbeitnehmern zu verstärkter Selbstsuche, da sich die Chancen, über das Arbeitsamt eine Stelle zu bekommen, verschlechtern.

Angesichts gelegentlicher Klagen, daß die öffentliche Arbeitsvermittlung zu bürokratisch und nicht individuell genug sei und es an persönlichem Einsatz oder hinreichender Qualifikation der Vermittlungskräfte mangele, stellt sich generell die Frage, wie die Arbeitsvermittlung verbessert und allgemein die friktionelle Arbeitslosigkeit wirksamer bekämpft werden kann.

Ein diskutierter Ansatzpunkt wäre, die Arbeitslosenunterstützung zu senken. Dadurch wird ein Arbeitsloser stärker veranlaßt, sich um Arbeit zu bemühen und angebotene Arbeitsplätze anzunehmen. Wenn so die Dauer friktioneller Arbeitslosigkeit auch tendenziell verkürzt werden kann, bleiben die Ursachen anderer Arten von Arbeitslosigkeit doch erhalten, und in all diesen Fällen würden die sozialen Härten bei Arbeitslosigkeit, die durch die Unterstützungszahlungen neutralisiert werden sollen, größer. Außerdem steigt bei überhasteter Annahme fast jedes angebotenen Arbeitsplatzes die Gefahr, daß ein für den Arbeitnehmer und letztlich auch für den Arbeitgeber unpassendes Arbeitsverhältnis zustande kommt, das nur kurze Zeit dauert.

Solche Nachteile würden vermieden, wenn statt einer Senkung der Arbeitslosenunterstützung unmittelbar die Arbeitsvermittlung verbessert wird. Das kann einerseits von der Bundesanstalt für Arbeit durch internen Leistungsausbau verwirklicht werden. Wegen des rechtlichen Monopolcharakters fehlen ihr allerdings weitgehend Vergleichskriterien, die Leistungsdefizite anzeigen und zur Entdeckung neuer Möglichkeiten anregen. Deshalb ist zu erwägen, ob nicht andererseits zusätzlich zur öffentlichen Arbeitsvermittlung privatwirtschaftliche Vermittler als Wettbewerber zugelassen werden sollten. Dann müßte allerdings durch eine besondere Rahmenordnung gesichert werden, daß der bisherige Schutz sozial Schwacher erhalten bleibt.

Eine solche spezielle Wettbewerbsordnung für Arbeitsvermittler könnte z.B. vorsehen, daß privatwirtschaftliche Vermittler nur unter geschützter Berufsbezeichnung und nach vorgeschriebenen Gebührensätzen arbeiten dürften, die generell wie bei Eheinstituten erst im Anschluß an abgeschlossene Vermittlungen fällig werden. Ähnlich wie bei Notaren ergäbe sich dann keine Preis-, sondern im wesentlichen Qualitätskonkurrenz. Zum Schutz vor unseriösen Geschäftspraktiken zu Lasten der Arbeitssuchenden ließe sich als persönliche Voraussetzung für zuzulassende Arbeitsvermittler fordern, daß sie eine spezielle Befähigung, keine Schulden und keine besonderen Vorstrafen haben. Außerdem sollte durch eine Informationspflicht erreicht werden, daß alle Arbeitslosen oder offenen Stellen, die privatwirtschaftlichen Arbeitsvermittlern bekannt werden, auch an die Bundesanstalt für Arbeit gemeldet werden. Dann bliebe die soziale Schutzfunktion der unentgeltlichen öffentlichen Arbeitsvermittlung insoweit erhalten, als sich jeder prinzipiell über alle an einer Arbeitsvermittlung interessierten Personen (mit Adressen) auch über die Arbeitsämter informieren kann. Für eine über den allgemeinen Standard hinausgehende Vorauswahl oder andere Zusatzleistungen bei der Vermittlung wären dann allerdings Anreize zu Initiativen, zu Flexibilität und größerer Wirksamkeit im Rahmen geordneten Wettbewerbs geschaffen.

Die **Berufsberatung,** mit der die Bundesanstalt für Arbeit schon in den Schulen beginnt, wirkt vom Ansatz her präventiv der Gefahr struktureller Arbeitslosigkeit aufgrund von Merkmalsdiskrepanzen bei vorhandenen ,,offenen Stellen'' und Berufsqualifikationen von Arbeitssuchenden entgegen. Bei der Beratung kommt es im Prinzip darauf an, daß die subjektiven Eigenschaften der ratsuchenden Personen möglichst mit den objektiven Berufsanforderungen in der Wirtschaft in Einklang gebracht werden. Die bisherigen Möglichkeiten, durch Tests die persönlichen Neigungen der Ratsuchenden und deren körperliche, geistige und charakterliche Eigenschaften festzustellen, sind allerdings äußerst begrenzt. Auch die Prognosen zur quantitativen und qualitativen Entwicklung der einzelnen Berufe sowie der Wirtschaftszweige und -regionen sind wenig zuverlässig. So kann es kaum gelingen, die subjektiven Kenntnisse und Fertigkeiten der Arbeitnehmer mit den objektiven Anforderungen zukünftiger Arbeitsplätze wirklich in Einklang zu bringen. Berufsanfänger sollten deshalb damit rechnen, daß sie während ihres Berufslebens eventuell in einen anderen als den erlernten Beruf wechseln. Außerdem kommt es zukünftig immer weniger darauf an, eine spezielle Fachausbildung mit engem Einsatzbereich zu erwerben, als vielmehr darauf, das Schwergewicht auf die Entwicklung breit angelegter Schlüsselqualifikationen zu legen, die im konkreten Fall für weite Einsatzbereiche ausbaufähig sind (z.B. für Bedienung und Wartung sich ständig weiterentwickelnder Einrichtungen der Kommunikationstechnik).

Da dennoch die sich erst zu späteren Zeitpunkten zeigenden Merkmalsdifferenzen zwischen Arbeitsangebot und -nachfrage nicht im voraus verhindert werden können, liegt das Kernstück der aktiven Arbeitsmarktpolitik nach dem

Arbeitsförderungsgesetz bei den Instrumenten finanzieller Anreize zur beruflichen und regionalen Mobilitätsförderung. Im Rahmen der **Förderung der beruflichen Mobilität** können Arbeitnehmer, Arbeitgeber und Bildungsinstitutionen Mittel von der Bundesanstalt für Arbeit erhalten. Für Arbeitnehmer ist z.B. bei Teilnahme an Maßnahmen der beruflichen Fortbildung oder Umschulung mit ganztägigem Unterricht ein Unterhaltsgeld in Höhe von 65 v.H. des früheren Nettoeinkommens vorgesehen (73 v.H. bei Teilnehmern mit mindestens einem Kind oder pflegebedürftigem Ehegatten), wenn sie zuvor arbeitslos waren *oder* unmittelbar von Arbeitslosigkeit bedroht waren *oder* keinen beruflichen Abschluß besaßen. Falls keine dieser Voraussetzungen erfüllt ist, kann ein Unterhaltsgeld als Darlehen in Höhe von 58 v.H. des früheren Nettoeinkommens gewährt werden. Die Kosten der Teilnahme an anderen beruflichen Bildungsmaßnahmen können nach Ermessen der Arbeitsverwaltung ganz oder teilweise übernommen werden. Im Jahr 1989 haben 489900 Arbeitnehmer an geförderten Maßnahmen zur beruflichen Fortbildung oder Umschulung teilgenommen. Als finanzieller Anreiz für Arbeitgeber lassen sich Einarbeitungszuschüsse (bis 50 v.H. des tariflichen Arbeitsentgelts für vorher arbeitslose oder von Arbeitslosigkeit unmittelbar bedrohte Arbeitskräfte) sowie Eingliederungsbeihilfen als Zuschuß oder Darlehen (in der Regel bis 50 v.H. des tariflichen Arbeitsentgelts) für zwölf bzw. 24 Monate sowie z.B. Ausbildungszuschüsse für Behinderte beantragen. Außerdem können Bildungsinstitutionen Zuschüsse oder Darlehen (meist in Höhe von 50 v.H. der Gesamtkosten) für den Aufbau und die Ausstattung von Einrichtungen der beruflichen Bildung beziehen.

Die **regionale Mobilitätsförderung** umfaßt für Arbeitnehmer Zuschüsse (oder Darlehen) zu Bewerbungs-, Reise- und Umzugskosten und für Arbeitsausrüstung sowie Trennungs- und Überbrückungshilfen. Arbeitgeber können sich bis zu vier Wochen die vollen Kosten für eine Arbeitserprobung eines besonders schwer vermittelbaren Arbeitslosen oder für eine Probebeschäftigung zur Verbesserung der Vermittlungsaussichten eines Arbeitslosen gewähren lassen. Der Erfolg aller Maßnahmen zur Förderung der regionalen Mobilität hat sich allerdings bisher als begrenzt erwiesen. Viele Arbeitslose – z.B. wenn bei Verheirateten nur ein Partner arbeitslos wird – wechseln eher den Beruf oder geben sich mit einem niedrigeren Einkommen zufrieden, als daß sie ihre gewohnte soziale Umgebung verlassen und an einen anderen Wohnort ziehen.

Wieweit sich mit **Arbeitsbeschaffungsmaßnahmen** (ABM), die sich seit Mitte der siebziger Jahre in einer Reihe von Ländern zu einem beachtlichen, eigenständigen Instrument finanzieller Anreize entwickelt haben, wirksam Arbeitslosigkeit bekämpfen läßt, ist umstritten. Sie werden im allgemeinen erst dann eingesetzt, wenn Maßnahmen der Arbeitsplatzerhaltung und Vermittlungstätigkeiten der Arbeitsverwaltung sowie finanzielle Förderungen der beruflichen und regionalen Mobilität nicht den gewünschten Erfolg zeigen. Mit Arbeitsbeschaffungsmaßnahmen soll durch eine (a) befristete Förderung von Arbeiten, die (b) im öffentlichen Interesse liegen, aber (c) ohne Arbeitsbeschaffungsmaßnahmen nicht erledigt würden, Arbeitslosen eine befristete Unterbrechung ihrer Arbeitslosigkeit bzw. der Übergang in dauerhafte Beschäftigung ermöglicht werden.

Nach der verfolgten Zielsetzung lassen sich *problemgruppenorientierte* Arbeitsbeschaffungsmaßnahmen zwecks Wiedereingliederung schwervermittelbarer Arbeitsloser, *antizyklisch* beabsichtigte Arbeitsbeschaffungsmaßnahmen zur erhofften Überbrückung von Konjunkturschwankungen und – weniger bedeutsam und im folgenden nicht näher behandelt – *experimentelle* Arbeitsbeschaffungsmaßnahmen zur Erprobung von Beschäftigungsmöglichkeiten in neuen, vor allem ,,sozialen'' Bedarfsbereichen unterscheiden. Ihr Einsatz ist seit der langanhaltend hohen Arbeitslosigkeit ab dem Jahr 1975 nicht zuletzt deshalb zu einem stark ausgeweiteten Instrument der Arbeitsmarktpolitik geworden, weil sie für die öffentlichen Haushalte nur mit geringen zusätzlichen Kosten im Verhältnis zur andernfalls zu zahlenden Arbeitslosenunterstützung verbunden sind. Rechnungen haben ergeben, daß ein Arbeitsloser Mitte der achtziger Jahre die öffentlichen Haushalte unter Berücksichtigung der ausgezahlten Unterstützungen sowie der entfallenen Steuern und Sozialbeiträge durchschnittlich fast 25 000 DM im Jahr gekostet hat, während Arbeitsbeschaffungsmaßnahmen pro Arbeitnehmer und Jahr netto nur etwa 4000 DM an Aufwendungen verursachten. Bei zum Beispiel 2 Mio. Arbeitslosen scheint es dann, als ließe sich im Grunde für nur 8 Mrd. DM (d. h. 4000 DM mal 2 Mio.) allein durch Arbeitsbeschaffungsmaßnahmen Vollbeschäftigung verwirklichen.

Solche ,,mechanischen'' Rechnungen übersehen allerdings, daß durch die Zuschüsse (in der Regel ein Jahr lang 50 bis 100 v. H. des Arbeitsentgelts) für vom Arbeitsamt zugewiesene Arbeitslose die Arbeitgeber zwar eventuell veranlaßt werden können, solche geförderten Arbeitnehmer zu beschäftigen, aber dafür nichtsubventionierte Arbeitslose möglicherweise nicht eingestellt werden oder sogar bisher beschäftigte Arbeitnehmer verdrängt werden. Beschäftigungspolitisch kommt es letztlich darauf an, wieviele sich selbst tragende, rentable Arbeitsplätze unter Abzug aller Mitnahme- und Verdrängungswirkungen per Saldo zusätzlich geschaffen werden. Selbst Arbeitgeber des öffentlichen Dienstes haben teils reguläre Aufgaben durch Personen vornehmen lassen, die mit ABM-Mitteln gefördert wurden, so daß insoweit lediglich die Finanzierung vom eigenen öffentlichen Haushalt auf die Bundesanstalt für Arbeit überging. Da sich im Ergebnis die Gesamtnachfrage nach Arbeitskräften durch Arbeitsbeschaffungsmaßnahmen nur wenig beeinflussen läßt, sind sie als antizyklische Instrumente zur Bekämpfung von konjunktureller Arbeitslosigkeit kaum wirksam.

Für das neben der generellen Nachfrageerhöhung nach Arbeitskräften verfolgte Ziel, bei Problemgruppen von Arbeitslosen die spezielle Schwervermittelbarkeit zu durchbrechen und im Einzelfall die Vermittlungschancen zu erhöhen, erscheinen vom Ansatz der Arbeitsbeschaffungsmaßnahmen her eher Erfolgsaussichten zu bestehen. Eine Schwierigkeit ist allerdings, daß ABM-Teilnehmer, wie junge akademische Soziologen, Politologen oder Pädagogen, oftmals auf einem ABM-Arbeitsplatz Qualifikationen erwerben, die später nicht für andere Tätigkeiten verwertbar sind (anhaltende Fehlqualifikation) oder sich an ein Einkommensniveau gewöhnen, das weit höher liegt als das Einkommen, das sie nach Auslaufen der Arbeitsbeschaffungsmaßnahme am Markt verdienen können (unrealistische Einkommensgewöhnung). Insofern sind auch für schwervermittelbare Arbeitslose Bildungsmaßnahmen in der Regel geeigneter, um ihnen zu jenen Qualifikationen und Arbeitserfahrungen zu verhelfen, die ihre Chancen auf den Arbeitsmärkten nicht nur vorübergehend erhöhen.

d) Arbeitsumverteilung von Beschäftigten zu Arbeitslosen

Sofern – wie in den Jahren ab 1975 – durchschlagende Erfolge weder durch die zuletzt behandelten Maßnahmen der Arbeitsplatzerhaltung und der Arbeitsloseneingliederung bei offenen Stellen noch durch die vorher erörterte gesamtwirtschaftliche Nachfrage- und Angebotspolitik als ,,Globalsteuerung'' gegen konjunkturelle Arbeitslosigkeit und strukturelle Arbeitslosigkeit aufgrund fehlender Arbeitsplätze vorauszusehen sind, werden verstärkt Maßnahmen erwogen, um Arbeit von den Beschäftigten zu den Arbeitslosen umzuverteilen. Dadurch werden von vornherein nicht spezielle Ursachen der Arbeitslosigkeit bekämpft, sondern es ist der Idee nach beabsichtigt, die Beschäftigungsmöglichkeiten lediglich gleichmäßiger auf die Arbeitnehmer zu verteilen. Im Prinzip können dafür ,,finanzielle Anreize'' oder ,,Zwangsinstrumente'' eingesetzt werden, für die der Staat und zum Teil auch die Tarifvertragsparteien zuständig sind.

Nicht zuletzt durch die Streiks um die 35-Stunden-Woche im Jahr 1984 in der BR Deutschland stehen dabei **tarifvertragliche Arbeitszeitverkürzungen** im Brennpunkt des Interesses. Sofern – wie in den Jahren 1956 bis 1966 beim Übergang von der 48- auf die 40-Stunden-Woche – die Arbeitszeitverkürzungen den Wünschen der Arbeitnehmer nach Wohlstandssteigerung entsprechen und sich die Kombination von Lohnerhöhungen und Arbeitszeitverkürzungen im Rahmen des gesamtwirtschaftlichen Produktivitätsfortschritts und der oben bei den ,,Lohnformeln'' näher charakterisierten Kostenniveauneutralität bewegt, werfen Arbeitszeitverkürzungen in bezug auf die Erreichung gesamtwirtschaftlicher Ziele keine Probleme auf.

Umstritten wird die Frage erst, wenn die tarifvertraglichen Arbeitszeitverkürzungen über das von den einzelnen Arbeitnehmern bei Abwägung mit ihren Einkommensinteressen gewünschte Maß politisch hinausgeht, um dadurch einerseits das Arbeitsangebot der bisher Beschäftigten zu verringern und andererseits die Arbeitgeber zur Einstellung von Arbeitslosen auf den freiwerdenden Arbeitsplätzen zu veranlassen. Wird die Arbeitszeit pro Woche um eine Stunde für rd. 22 Mio. beschäftigte Arbeitnehmer verringert, ergibt sich bei mechanischer Rechnung ein Bedarf von rd. 560 000 neu einzustellenden Arbeitskräften (22 Mio. Arbeitsstunden dividiert durch 39 Wochenarbeitsstunden pro neu einzustellenden Arbeitnehmer), wenn angenommen wird, daß die Zahl der geleisteten Arbeitsstunden insgesamt konstant bleibt.

Es ist allerdings bereits fraglich, wieweit eine gegen die Wünsche der beschäftigten Arbeitnehmer „erzwungene" Arbeitszeitverkürzung überhaupt die von ihnen geleisteten Arbeitsstunden wirklich herabsetzt. Legal könnte z. B. die Zahl der Überstunden zunehmen oder vorher vorhandene Kurzarbeit abgebaut werden. Auch wenn die zusätzliche Freizeit zum Beispiel zur verstärkten Tätigkeit in Form des „Do-it-yourself" oder der Nachbarschaftshilfe genutzt wird, gehen Güternachfragen am Markt und damit Arbeitsplätze verloren. Außerdem ist als illegale Ausweichreaktion ein unerwünschter Anstieg der Schwarzarbeit denkbar, so daß auch insofern reguläre Arbeitsstunden nicht mehr nachgefragt werden.

Selbst soweit bei den bisher Beschäftigten die Arbeitszeit wirklich verringert wird, werden die Arbeitgeber kaum im entsprechenden Umfang Arbeitslose einstellen. Dabei spielt eine Rolle, ob der ausgezahlte Gesamtlohn für die von der Arbeitszeitverkürzung betroffenen Arbeitnehmer gleichbleibt („voller Lohnausgleich") oder entsprechend der verringerten Arbeitszeit sinkt („ohne Lohnausgleich"). Bei Arbeitszeitverkürzungen um z. B. 5 Stunden von 40 auf 35 Wochenarbeitsstunden steigen bei vollem Lohnausgleich die Lohnkosten pro Stunde um 14,3 v. H. an, und selbst wenn keinerlei Lohnausgleich für die bisher Beschäftigten erfolgt, ergeben sich durch Anwerben und Einstellen neuer Mitarbeiter sowie alle sonstigen betrieblichen Umstellungen zunehmende Stück- und Grenzkosten. Diese steigenden Kosten wirken tendenziell beschäftigungssenkend und können vor allem die internationale Wettbewerbsfähigkeit so schwächen, daß sich der zynische Satz „Arbeitszeitverkürzungen schaffen Arbeitsplätze, aber leider solche im Ausland" in Teilbereichen der Wirtschaft als wirklichkeitsnah erweist. Insofern ist es vom Ansatz her bedenklich, von einer volkswirtschaftlich konstant gegebenen Menge an nachgefragten Arbeitsstunden auszugehen, die gleichmäßiger verteilt werden kann, ohne das Problem des schwankenden Gesamtumfangs an Beschäftigung zu berücksichtigen.

Hinsichtlich der beschriebenen Kostensteigerungen wird allerdings häufig darauf hingewiesen, daß sie zum Teil gar nicht auftreten, sofern durch die Verkürzung der Arbeitszeit eine Zunahme der Arbeitsproduktivität bewirkt wird. Das ist zwar einerseits richtig, aber wenn die gleiche Produktionsmenge mit weniger Arbeitsstunden hergestellt werden kann, machen andererseits gerade die Produktivitätssteigerungen der bereits Beschäftigten Neueinstellungen insoweit überflüssig. So unterbleiben z. B. Neueinstellungen, wenn die gleichen Arbeitsergebnisse selbst bei Wegfall der letzten Arbeitsstunde in der Woche von der Belegschaft in der kürzeren Zeit bewältigt werden.

Generell ist es die Frage, wieweit Produktivitätsfortschritte unmittelbar als Folge der Arbeitszeitverkürzung auftreten oder ob die Unternehmen nicht ohnehin jede Rationalisierungschance nutzen, so daß mit Arbeitszeitverkürzungen prinzipiell keine zusätzlichen Gefahren für ein Wegrationalisieren der Arbeitsplätze verbunden wären. Allgemein bedeutet eine Verteuerung des

Produktionsfaktors Arbeit, daß es lohnend wird, von diesem Faktor weniger nachzufragen und ihn stärker durch den Produktionsfaktor Kapital zu substituieren. Gerade auf mittlere Sicht gehen von diesen durch Arbeitszeitverkürzungen bewirkten Rationalisierungsinvestitionen also negative Wirkungen auf die Beschäftigung aus.

Selbst soweit die Betriebe als Folge der Arbeitszeitverkürzung Neueinstellungen vornehmen wollen, scheitert das gelegentlich daran, daß die angebotenen Arbeitsplätze ein anderes Profil haben, als die regional vorhandenen Arbeitslosen aufweisen. Auch ohne Arbeitszeitverkürzung treten bereits Engpässe bei Facharbeitern auf, und pointiert ausgedrückt werden dadurch, daß z. B. Facharbeiter in der Produktion gezwungen werden, weniger zu arbeiten, noch keine zusätzlichen Arbeitsplätze für Bürokräfte geschaffen.

Außerdem können beabsichtigten Neueinstellungen betriebliche Restriktionen entgegenstehen. So fände beim Übergang von der 40- zur 35-Stunden-Woche rechnerisch jeweils nur dann eine zusätzliche Person volle Arbeit, wenn sieben ähnlich qualifizierte Arbeitnehmer oder ein Vielfaches davon im Betrieb beschäftigt sind. Im Grunde sind für diese Restriktionen sogar nicht die Betriebsgrößen, sondern die Größen der einzelnen Betriebsabteilungen maßgeblich. Wird zum Beispiel die Arbeitszeit der einzigen Laborkraft oder von nur zwei Buchhaltern um fünf Stunden pro Woche verkürzt, wird im Regelfall nicht ohne weiteres eine weitere Person zum Ausgleich eingestellt. Darüber hinaus können sich Probleme bei der betrieblichen Arbeitszeiteingliederung und Arbeitsplatzausstattung für zusätzlich vorgesehene Arbeitnehmer ergeben.

Angesichts der vielfältigen Schwierigkeiten und Nebenwirkungen erwarten z. B. auch die Gewerkschaften, daß von den sich „mechanisch" errechnenden maximalen Beschäftigungswirkungen einer Verkürzung der wöchentlichen Arbeitszeit allenfalls die Hälfte wirksam sein könnte und die andere Hälfte „versickert". Demgegenüber gibt es andere wissenschaftliche Studien – wie vom Wissenschaftlichen Beirat beim Bundeswirtschaftsministerium –, die unter bestimmten Annahmen zu dem Ergebnis kommen, daß beschäftigungspolitisch „gutgemeinte" Arbeitszeitverkürzungen unter Umständen die Arbeitslosigkeit noch verstärken, statt sie zu verringern.

Eine ähnliche Schätzunsicherheit herrscht hinsichtlich der Wirkungen einer Arbeitszeitverkürzung durch **Verlängerung des Jahresurlaubs.** Rein rechnerisch bedeutet zwar ein zusätzlicher Urlaubstag pro Arbeitnehmer, daß 100 000 Arbeitskräfte benötigt würden, wenn die gesamte Arbeitszeit konstant gehalten wird. Eine um einen Tag verlängerte Urlaubszeit könnte aber eventuell dadurch überbrückt werden, daß – wie vielfach üblich – Kollegen die wichtigsten Tätigkeiten des in Urlaub befindlichen Arbeitnehmers vorübergehend mitübernehmen, so daß die Unternehmer keinen zwingenden Anlaß zu Neueinstellungen hätten.
Zu den Ansatzpunkten einer Arbeitszeitsenkung gehören außerdem das **Verbot von Überstunden** und eine **Überstundenabgabe,** mit der die Überstundenarbeit weniger rentabel gemacht werden soll. Gelänge es, die Zahl der wöchentlichen Überstunden pro Industriearbeiter um eine Stunde zu senken, so errechnet sich – unter der Annahme, daß die Unternehmer quasi „mechanisch" die bisherige Zahl von Arbeitsstunden

weiter verwirklichen – eine theoretische Beschäftigungsmöglichkeit für rd. 150 000 Arbeitslose. Tatsächlich ist es allerdings oft schon betriebstechnisch nicht möglich, an den Maschinen einfach zusätzliche Arbeiter einzusetzen, oder es finden sich keine geeignet qualifizierten Arbeitslosen. Auch können sich die Unternehmen bei einem Verbot von Überstunden oder einer Überstundenabgabe weniger flexibel an kurzfristige Absatzschwankungen anpassen, und die damit generell verbundenen Kostensteigerungen wirken beschäftigungsdämpfend. Außerdem läßt sich die Produktion auch ohne zusätzliche Arbeitskräfte im bisherigen Umfang aufrechterhalten, soweit wegfallende Überstunden durch Produktivitätsfortschritte ausgeglichen werden. Insgesamt ist bei der Einführung eines – im übrigen schwer kontrollierbaren – Verbots von Überstunden oder einer Überstundenabgabe kaum mit einer Entlastung des Arbeitsmarktes zu rechnen, aber es ergeben sich direkte Nachteile für die Unternehmen und auch die Arbeitnehmer, die an gelegentlichen Zusatzeinkommen aus Überstundenarbeit oft interessiert sind.

Außer der Verkürzung der Wochen- und Jahresarbeitszeit spielen **Vorruhestandsregelungen** zur Verkürzung der Lebensarbeitszeit arbeitsmarktpolitisch eine Rolle. Ihr Vorteil gegenüber den Formen partieller Arbeitszeitsenkung ist, daß mit dem Ausscheiden eines Arbeitnehmers Arbeitsplätze in der Regel ganz frei werden und wiederbesetzt werden können. Wenn zum Beispiel Mitte der achtziger Jahre alle als Frührentner in Frage kommenden (mehr als 500 000 berufstätige Männer, die im Jahr 1985 58 bis 62 Jahre alt waren, und etwa 200 000 berufstätige Frauen im Alter von 58 und 59 Jahren) von einer Herabsetzung der flexiblen Altersgrenze auf einheitlich 58 Jahre Gebrauch gemacht hätten und außerdem für die geräumten Arbeitsplätze der vorzeitigen Rentner tatsächlich jeweils Arbeitsuchende eingestellt worden wären, wäre der Arbeitsmarkt um rd. 700 000 Arbeitslose entlastet worden. Solange jeder frei entscheiden kann, ob er den vorzeitigen Ruhestand antreten will oder nicht, dürften sich auch die bei Beendigung der Erwerbstätigkeit oft auftretenden psychologischen und sozialen Spannungen nicht verstärken, sondern werden eher die individuellen Wünsche erfüllt.

Hinsichtlich der volkswirtschaftlichen Wirkungen kommt es allerdings darauf an, daß möglichst weder die Unternehmen noch die Rentenversicherungsträger zusätzlich belastet werden. Für die Unternehmen entstehen durch eine Vorverlegung des Rentenalters keine Kosten, wenn die Rente ausschließlich von der Sozialversicherung aufgebracht wird. Würden indessen die vorzeitigen Rentner eine ungekürzte Rente erhalten (ohne versicherungsmathematische Abschläge), müßten die Beiträge zur Rentenversicherung erheblich erhöht werden, weil diese Rentner früher als Beitragszahler ausfallen und zudem länger Leistungsempfänger werden. Ohne Beitragserhöhung ließe sich auskommen, wenn die vorgezogenen Renten versicherungsmathematisch wie folgt gekürzt würden. Bei einer um fünf Jahre vorgezogenen Rente würde die bisher durchschnittliche Dauer des Rentenempfangs von etwa fünfzehn Jahren also um mehr als 30 v. H. verlängert, so daß die Rente um diesen Betrag gekürzt werden müßte. Außerdem sinkt die durchschnittliche Beitragszeit von bisher etwa vierzig Jahren um fünf Jahre, d. h. um rd. 12 v. H., so daß die Rente zusätzlich um diesen Satz gesenkt werden müßte. Ein vorzeitiger Rentner müßte also insgesamt auf rd. 40 bis 45 v. H. seiner bisher zu erwartenden Rente verzichten. Solche drastischen Kürzungen der Renten würden dann wohl nur wenige Arbeitnehmer veranlassen, von der vorgezogenen Altersgrenze Gebrauch zu machen, so daß der Entlastungseffekt für den Arbeitsmarkt bereits im Ansatz erstickt würde.

Um dem entgegenzuwirken, war ab Mai 1984 befristet bis Ende 1988 in der BR Deutschland ein Vorruhestandsgesetz in Kraft. Es sah Zahlungen an Arbeitgeber vor, die Vorruhestandsbezüge in Höhe von mindestens 65 v. H. des durchschnittlichen Bruttoarbeitsentgelts der letzten 6 Monate aufgrund eines Tarifvertrags oder einer Einzelvereinbarung an freiwillig ausgeschiedene Arbeitnehmer leisteten, die in den Jahren 1984 bis 1988 das 58. Lebensjahr vollendeten oder bereits älter waren und ihre Erwerbstätigkeit beendeten. Wenn die freigemachten Arbeitsplätze mit gemeldeten Arbeitslosen oder gleichgestellten Personen wiederbesetzt wurden, gewährte die Bundesanstalt für Arbeit zu den Aufwendungen des Arbeitgebers für die Vorruhestandsleistungen auf Antrag einen Zuschuß in Höhe von 35 v. H., die sich auf 65 v. H. des genannten Bruttoarbeitsentgelts bezogen.

Ein rascher Erfolg konnte allerdings nicht erzielt werden. Bis Ende 1988 wurden nur für rd. 121 000 Personen Anträge auf Zuschußgewährung nach dem Vorruhestandsgesetz gestellt, so daß die Erwartungen (von z. B. 80 000 Vorruhestandsbeziehern allein im Jahr 1985) nicht erfüllt wurden. Arbeitsmarktpolitisch bleibt außerdem im Prinzip aus ähnlichen Gründen, wie sie oben für die Verkürzung der Wochenarbeitszeit diskutiert sind, fraglich, wieweit die von älteren Arbeitnehmern freigemachten Arbeitsplätze wirklich zu zusätzlichen Einstellungen von Arbeitssuchenden geführt haben oder die Unternehmen zwar formal Arbeitslose in gleicher Zahl einstellten, wie Arbeitnehmer vorzeitig Rente beantragten, aber im Grunde damit doch nicht gesichert werden konnte, daß die Zahl der Arbeitslosen dadurch wirklich sank.

An die Stelle des ausgelaufenen Vorruhestandsgesetzes trat zum 1. Januar 1989 ein Altersteilzeitgesetz. Es ist bis Ende 1992 befristet und soll älteren Arbeitnehmern einen gleitenden Übergang vom Erwerbsleben in den Ruhestand ermöglichen sowie die Eingliederung von Arbeitslosen erleichtern. Begünstigt werden Arbeitnehmer, die das 58. Lebensjahr vollendet haben und noch nicht 65 Jahre alt sind. Als weitere Bedingungen sind festgelegt, daß innerhalb der letzten fünf Jahre mindestens 1080 Kalendertage in einer beitragspflichtigen Beschäftigung nachgewiesen werden und dabei die tarifliche regelmäßige wöchentliche Arbeitszeit geleistet wurde. Auch muß die Arbeitszeit auf die Hälfte der tariflichen regelmäßigen Arbeitszeit reduziert sein, jedoch müssen mindestens noch 18 Stunden wöchentlich gearbeitet werden. Der Arbeitgeber muß sich gegenüber dem Arbeitnehmer verpflichten, das bei Altersteilzeitarbeit erzielte Arbeitsentgelt um mindestens 20 v. H. aufzustocken (sowie Beiträge zur Höherversicherung in der gesetzlichen Rentenversicherung mindestens in Höhe der Pflichtbeiträge zwischen dem verminderten Lohn oder Gehalt und 90 v. H. des Entgelts bei Vollarbeit zu entrichten). Der Arbeitgeber hat gegenüber der Bundesanstalt für Arbeit Anspruch auf Erstattung der ihm dadurch entstehenden Kosten, wenn er auf dem freiwerdenden Arbeitsplatz einen vorher arbeitslos gemeldeten Arbeitnehmer einstellt. Da der Arbeitgeber im übrigen bei seinen Einstellungen und Entlassungen uneingeschränkt bleibt, bedeutet das nicht, daß die Zahl der Beschäftigten in dem Unternehmen zunimmt.

Aus Gründen der Freiheit sind Regelungen, die auch auf Dauer weitgehende Wahlmöglichkeiten beim Ruhestandsalter aufrechterhalten, zu begrüßen. Sie wären allerdings sinnvoller, wie allgemein die Gestaltung der Arbeitszeit, möglichst nicht mit öffentlichen Zuschüssen auf Kosten der Gesellschaft, sondern auf eigene Kosten zu verwirklichen.

Ebenfalls nur für eine Übergangszeit (bis Ende 1995) ermöglicht das **Beschäftigungsförderungsgesetz** aus dem Jahr 1985, daß befristete Arbeitsverträge bis zu 18 Monaten ohne weitere Voraussetzungen geschlossen werden können. Außerdem ist die Höchstdauer für das Überlassen eines (Leih-)Arbeitnehmers an denselben Arbeitgeber auf sechs Monate ausgeweitet worden. Insgesamt wird davon erwartet, daß Arbeitgeber weniger davor zurückschrecken, neue Arbeitskräfte zu beschäftigen, weil die sozialen Folgekosten einschließlich eventuell einzuhaltender Kündigungsschutzbestimmungen niedrig gehalten werden. Wegen des Wegfalls von sonst üblichen sozialen Sicherungen lehnen die Gewerkschaften solche Arbeitsverträge im Grundsatz ab. In der Praxis spielen bisher weder die befristeten Arbeitsverhältnisse noch die Ausweitung der Höchstdauer von (Leih-)Arbeitnehmerüberlassungen eine besondere Rolle.

Für die Frage einer Umverteilung der Arbeit von Beschäftigten zu Arbeitslosen sind auch die in den letzten Jahren vorgenommenen Änderungen des **Erziehungsgeldes in Verbindung mit Mutter- oder Vaterschaftsurlaub** diskutiert worden. Seit dem Jahr 1979 wurden weibliche Berufstätige auf Wunsch insgesamt sechs Monate nach der Geburt eines Kindes von der Arbeit freigestellt und erhielten für diese Zeit maximal 750,– DM Erziehungsgeld im Monat. Ab dem Jahr 1986 beträgt das monatliche Erziehungsgeld 600,– DM. Es wurde zunächst zehn Monate gezahlt und wird (stufenweise erhöht) bei Geburten ab 1. Juli 1990 für 18 Monate gewährt, und zwar nicht mehr nur an vorher berufstätige Frauen, sondern auch an ,,Hausfrauen'' und außerdem an antragsberechtigte Männer. Unter arbeitsmarktpolitischem Aspekt ist allerdings fraglich, ob die Arbeitgeber bei Mitarbeitern, die nur für ein Jahr oder höchstens 18 Monate aus dem Erwerbsleben ausscheiden, in vollem Umfang neue Arbeitskräfte einstellen oder ob sie statt dessen versuchen, deren vorübergehende Abwesenheit durch höhere Leistungen der noch vorhandenen Arbeitnehmer oder durch Hinnahme von teilweisen Produktionseinbußen zu überbrücken. Soweit neue Arbeitskräfte eingestellt werden, ergibt sich das Problem, was mit ihnen geschieht, wenn die zeitweilig ausgeschiedenen Arbeitnehmer an ihren Arbeitsplatz zurückkehren. Letztlich dient das Erziehungsgeld in Verbindung mit der Möglichkeit zu zeitlich befristetem Mutter- oder Vaterschaftsurlaub in erster Linie familien- und sozialpolitischen Zielen. Einmal eingeführt, ist es sicherlich kein arbeitsmarktpolitisches Instrument, das je nach den Erfordernissen des Arbeitsmarktes variiert werden könnte. Davon abgesehen, ließen sich von ihm auch nur geringe Beschäftigungswirkungen erwarten.

Als Instrument der Arbeitsumverteilung sind schließlich noch **„Rückkehrhilfen" für Ausländer** oder gar deren rechtliche Zwangsausweisung zu erwägen. Als im Jahr 1955 die Bundesanstalt für Arbeit im Auftrag von deutschen Arbeitgebern mit der Anwerbung von ausländischen Arbeitnehmern begann, arbeiteten weniger als 80000 „Gastarbeiter" (das waren 0,4 v. H. aller beschäftigten Arbeitnehmer) in der BR Deutschland. Als Anfang der siebziger Jahre die Zahl der Gastarbeiter auf über 2 Mio. anstieg (im Jahr 1973 wurde mit fast 2,6 Mio. Gastarbeitern oder einem Ausländeranteil an den Beschäftigten von annähernd 12 v. H. ein Höhepunkt erreicht), erfolgte ab November 1973 ein Anwerbestopp. Außerdem mußte der Nachzug von Ehegatten und minderjährigen Kindern der in der BR Deutschland lebenden Ausländer besonders geregelt werden, nachdem sich dort „Schlupflöcher" zeigten. Von November 1983 bis Juni 1984 wurde zudem Arbeitnehmern aus der Türkei sowie aus Spanien, Portugal, Tunesien, Marokko, Jugoslawien und Korea eine Rückkehrhilfe von 10500,– DM zuzüglich 1500,– DM für jedes Kind gewährt, wenn sie infolge von Betriebsstillegungen oder eines Konkurses arbeitslos wurden und auf Dauer in ihre Heimatländer zurückreisten. Die Höhe der Rückkehrhilfe entsprach etwa der Kapitalisierung des durchschnittlich für die ausländischen Arbeitnehmer ohnehin aufzuwendenden Arbeitslosengeldes zuzüglich möglicherweise eingesparter Infrastrukturkosten, wie öffentlicher Schulausbildung, je mitausreisendem Kind. Außerdem konnten sich diese Ausländer den Arbeitnehmeranteil ihrer Beiträge zur gesetzlichen Rentenversicherung vorzeitig auszahlen lassen (im Durchschnitt über 10000,– DM je Arbeitnehmer). Da dieses Programm teils als ausländerfeindlich gewertet wurde und bei etwa 14000 erfolgreichen Rückkehranträgen nur geringe Auswirkungen auf den Arbeitsmarkt hatte, wurde es nicht fortgesetzt.

Gelegentlich wird unabhängig von den Erfahrungen mit den bisherigen Rückkehrhilfen als arbeitsmarktpolitisches Patentrezept die Ansicht vertreten, bei fast 2 Mio. Gastarbeitern Anfang der achtziger Jahre und den auf über 2 Mio. angestiegenen Arbeitslosenzahlen könne in der BR Deutschland das Beschäftigungsproblem durch eine geeignete Rückführung der Ausländer gelöst werden. Solche zahlenmäßigen Vergleiche von Arbeitslosen und Gastarbeitern sind allerdings sowohl aus ökonomischen Gründen als auch wegen der juristischen und humanitären Grenzen letztlich „Milchmädchenrechnungen".

Ökonomisch konkurrieren die Gastarbeiter oft nur im Teilbereich der an- und ungelernten Tätigkeiten um Arbeitsplätze mit deutschen Arbeitnehmern. Auch hat die Konzentration der Ausländerbeschäftigung auf bestimmte Bereiche (z. B. ist der Ausländeranteil in Gießereien, der Fischwirtschaft und im Gaststätten- und Beherbergungsgewerbe über 20 v. H.) die soziale Abwertung der an sich schon unterdurchschnittlich attraktiven Arbeitsplätze noch verstärkt, so daß deren Annahme selbst von wenig qualifizierten deutschen Arbeitnehmern als Abstieg empfunden wird. Eine verstärkte Rückführung von

Gastarbeitern würde einige Wirtschaftszweige letztlich vor schwierige Ersatzprobleme stellen, so daß zumindest ein Teil der Ausländer dazu beiträgt, die trotz der allgemein hohen Arbeitslosenzahlen auf dem Gesamtarbeitsmarkt vorhandenen Profildiskrepanzen zwischen Arbeitsangebot und -nachfrage etwas auszugleichen. Außerdem läßt sich möglicherweise bei starkem konjunkturellen Aufschwung auch mit den Gastarbeitern Vollbeschäftigung verwirklichen, und mittelfristig könnten die ausländischen Arbeitnehmer wegen des Geburtendefizits in der BR Deutschland erwünscht sein.

Einer Rückführung von Gastarbeitern stehen zudem *juristische Grenzen* entgegen, da innerhalb der Europäischen Gemeinschaft Freizügigkeit gilt und zum Beispiel ein mit der Türkei ausgehandeltes Assoziierungsabkommen zukünftig Türken freien Zugang zum EG-Arbeitsmarkt eröffnen soll. Außerdem ist im Rahmen der EG-Süderweiterung die Freizügigkeit für Griechen seit 1988 und für Spanier und Portugiesen ab dem Jahr 1993 vereinbart.

Schließlich ist es unter *humanitären Aspekten* problematisch, ursprünglich willkommene Gäste plötzlich zu verdrängen. Allerdings sind gegen einen Anwerbestopp für zusätzliche Gastarbeiter wohl keine Einwände zu erheben. Auch kann ein Angebot von Rückkehrprämien, über deren Inanspruchnahme der ausländische Arbeitnehmer freiwillig entscheidet, an sich nur von Vorteil für ihn sein. Wünschenswert wäre, daß die Rückkehrprämien die Wiedereingliederung der Rückkehrer im Heimatland absichern und dort zusätzliche Entwicklungsimpulse schaffen. Für das Gastland ist die Ausgestaltung solcher Rückkehrprämien, deren Höhe einerseits einen arbeitsmarktpolitisch erwünschten Rückkehranreiz auslösen soll und andererseits volkswirtschaftlich nicht zu teuer sein darf, keine leicht zu lösende Aufgabe. Möglicherweise muß sich ein Land wie die BR Deutschland dazu allerdings veranlaßt sehen, vor allem wenn der technische Fortschritt die Nachfrage nach wenig qualifizierten Arbeitskräften weiter verringert, so daß viele der von Ausländern besetzten Arbeitsplätze zukünftig verstärkt wegrationalisiert werden und die Gastarbeiter mehr noch als bisher von Arbeitslosigkeit betroffen sind.

Alle Maßnahmen zur Arbeitsumverteilung erreichen allenfalls die Beschäftigung von derzeit Arbeitslosen durch eine Arbeitseinschränkung der bisher Beschäftigten und gliedern deshalb die arbeitsfähigen und arbeitsbereiten Mitglieder der Gesellschaft nicht ihren Wünschen entsprechend in den Arbeitsprozeß ein. Ganz allgemein kann die Arbeitsumverteilung in der Volkswirtschaft nur als vorübergehende Ergänzung und keineswegs als Ersatz zu einer neue Arbeitsplätze schaffenden Wirtschaftspolitik gesehen werden. Die volkswirtschaftlichen Kosten der Arbeitslosigkeit bestehen ja – neben den sozialen Problemen – vor allem darin, daß die Produktion in einer Wirtschaft, in der nicht alle arbeitsfähigen Menschen Arbeit finden, hinter ihren Möglichkeiten zurückbleibt.

IV. Außenwirtschaftliches Gleichgewicht

1. Definition dieses wirtschaftspolitischen Ziels mit Hilfe der Zahlungsbilanz

Kein Land kann es sich in der Regel leisten, daß sich die inländischen Wirtschaftseinheiten zunehmend gegenüber dem Ausland verschulden. Um die Vorteile internationaler Arbeitsteilung zu nutzen, müssen sich die Außenwirtschaftsbeziehungen vielmehr auf Dauer etwa ,,gleichgewichtig`` entwickeln. Zum Verständnis des nach dem Stabilitäts- und Wachstumsgesetz ,,außenwirtschaftliches Gleichgewicht`` genannten Ziels der Wirtschaftspolitik werden zunächst die Zahlungsbilanz und ihre Komponenten betrachtet.

Die **Zahlungsbilanz** *eines Landes ist die systematische Aufzeichnung aller ökonomischen Transaktionen zwischen Inländern und Ausländern während eines bestimmten Zeitraumes, in der Regel eines Jahres.*

Zu den Inländern werden alle Wirtschaftseinheiten mit ständigem Wohnsitz oder Aufenthalt im Inland gerechnet. Dazu gehören statistisch auch ausländische Gastarbeiter und Unternehmen in ausländischem Eigentum mit Sitz im Inland, während z.B. ausländische Studenten und diplomatische Vertreter fremder Staaten sowie Angehörige ausländischer Streitkräfte nicht dazuzählen. Unter die ökonomischen Transaktionen fallen Waren- und Dienstleistungsexporte oder -importe (entgeltliche Leistungen) sowie Übertragungen (unentgeltliche Leistungen) und Kapitalexporte oder -importe. Je nach Art dieser Transaktionen läßt sich die Zahlungsbilanz in verschiedene Teilbilanzen untergliedern, wobei es außerdem zweckmäßig ist, die Auslandstransaktionen von den privaten Wirtschaftseinheiten und dem Staat (ohne Zentralbank) von den – wirtschaftspolitisch wichtigen – Transaktionen der Zentralbank abzugrenzen. Es ergeben sich dann die folgenden Teilbilanzen (vgl. Abb. 73):

Gliederung der Zahlungsbilanz

I. Leistungsbilanz:	1. Handelsbilanz	⎫	,,Außenbeitrag``
	2. Dienstleistungsbilanz	⎬	(als Saldo
	3. Übertragungsbilanz	⎭	von 1. und 2.)
II. Kapitalbilanz:	1. Langfristiger Kapitalverkehr		
	2. Kurzfristiger Kapitalverkehr		
III. Veränderung der Netto-Auslandsposition der Bundesbank:	1. Devisenbilanz		(als Saldo von I. und II.)
	2. Ausgleichs- und Restposten		

Abb. 73

(I) In der **Leistungsbilanz** werden Handels-, Dienstleistungs- und Übertragungsbilanz zusammengefaßt.

(1) Die *Handelsbilanz* (einschließlich ,,Ergänzungen zum Warenverkehr") erfaßt die Werte aller exportierten und importierten Waren und stellt sie einander gegenüber.

(2) Die *Dienstleistungsbilanz* enthält Export- und Importwerte verschiedenartigster immaterieller Güter. Dazu gehören z. b. die für die BR Deutschland bedeutenden Posten des touristischen Reiseverkehrs, exportierte oder importierte Transportleistungen sowie Kapitalerträge (weil Zinsen, Dividenden und Gewinne als Entgelte für geleistete Kapitaldienste gedeutet werden können).

(3) In der *Übertragungsbilanz* werden alle international von Inländern empfangenen oder geleisteten unentgeltlichen Übertragungen zusammengestellt. Sie erfaßt z. B. die Beiträge der BR Deutschland an internationale Organisationen, Renten und Pensionen an Ausländer, staatliche Entwicklungshilfe und auch die Überweisungen von Gastarbeitern an ihre Familien im Ausland (weil die Gastarbeiter ja als Inländer gelten).

Der Saldo aus Handels- und Dienstleistungsbilanz (also ohne Übertragungsbilanz) wird als *Außenbeitrag* bezeichnet. Ist der Außenbeitrag positiv, so bedeutet das, daß der Wert der von Inländern an Ausländer gelieferten Waren und Dienste größer gewesen ist als der Wert der erhaltenen Güter, es liegt ein Netto-Güterexport vor. Der Außenbeitrag geht – soweit er geplante Größen enthält – in die oben erörterte Gleichung für die gesamtwirtschaftliche Nachfrage als ,,Export minus Import" ein und ist so mitbestimmend für die Höhe des Volkseinkommens.

(II) Die **Kapitalbilanz** erfaßt die Änderungen in den Gläubiger- und Schuldnerpositionen, genauer des Nettoauslandsvermögens, der privaten Wirtschaftseinheiten und des Staates (ohne Zentralbank) gegenüber Ausländern. Wenn z. B. von Inländern Kredite an ausländische Wirtschaftseinheiten gegeben werden oder Grundstücke im Ausland gekauft werden, erhöhen solche Kapitalexporte das inländische Vermögen gegenüber dem Ausland (Erhöhung des Nettoauslandsvermögens). Umgekehrt sind Kapitalimporte mit einer Abnahme des Nettoauslandsvermögens verbunden.

Üblicherweise wird beim Kapitalverkehr zwischen kurzfristigen und langfristigen Forderungen und Verbindlichkeiten unterschieden, je nachdem, ob sie eine ursprüngliche Laufzeit bis zu einem Jahr oder von mehr als einem Jahr haben. Außerdem ist von Interesse, wieweit private Haushalte und Unternehmen, staatliche Stellen oder Geschäftsbanken am Kapitalverkehr beteiligt sind. Zudem läßt sich aufgrund der Art der Transaktionen gliedern nach Finanzkrediten und Krediten aus einem Waren- oder Dienstleistungsgeschäft sowie z. B. Portfolioinvestitionen (im Fall von Wertpapierkäufen) und Direktinvestitionen (d. h. Kapitalanlagen, die in der Absicht vorgenommen werden, einen unmittelbaren Einfluß auf die Geschäftstätigkeit des Unternehmens, an dem die Beteiligung erfolgt, auszuüben).

(III) In der **Devisenbilanz** werden Veränderungen des Bestandes an Währungsreserven bei der Zentralbank (,,Veränderungen der Netto-Auslandsaktiva") registriert. Die Währungsreserven bestehen insgesamt aus Gold und fremden konvertiblen Währungen (Devisen) sowie aus an ausländische Zentralbanken gewährten Krediten und internationalen Zahlungsmitteln, die in Form der sogenannten Reserveposition beim Internationalen Währungsfonds und aus den Sonderziehungsrechten eines Landes bestehen.

Die Zahlungsbilanz und ihre Teilbilanzen lassen allerdings grundsätzlich nicht die Höhe der jeweiligen Bestände (im Sinne einer *Bestandsbilanz*) erkennen, sondern erfassen nur die Veränderungen innerhalb einer abgeschlossenen Periode *(Bewegungsbilanz)*. Außerdem schlagen sich wie bei jeder Bilanz die Transaktionen nach dem Prinzip der doppelten Buchführung immer sowohl auf der (linken) Aktivseite als auch auf der (rechten) Passivseite der Zahlungsbilanz nieder. So führt beispielsweise ein Warenexport zu einer Buchung auf der Aktivseite der Handelsbilanz und, wenn die erlösten ausländischen Zahlungsmittel von der Zentralbank angekauft worden sind, zu einer Gegenbuchung auf der Passivseite der Devisenbilanz. D. h. obwohl die Währungsreserven zunehmen, bleibt die Gesamt-Zahlungsbilanz ,,buchhalterisch" stets ausgeglichen. Der *Begriff ,,unausgeglichene Zahlungsbilanz"* kann sich darum nur auf die Teilbilanzen beziehen. Und zwar ist z. B. der aus Devisenzuflüssen und -abflüssen bei der Zentralbank resultierende Saldo der Devisenbilanz immer – allerdings mit umgekehrtem Vorzeichen – gleich der Summe der Salden der übrigen Teilbilanzen, weil die Summe der Salden aller Teilbilanzen wegen des angewandten Prinzips der doppelten Buchhaltung grundsätzlich Null ist.

Der so als Summe der Salden von Leistungs- und Kapitalbilanz erklärte Saldo der Devisenbilanz erfaßt hinsichtlich der Änderungen der Währungsreserven bei der Zentralbank allerdings nur eine Ursache. Davon läßt sich als *Devisenbilanz im weiteren Sinn* eine Aufstellung unterscheiden, die generell alle Mengen- und Wertänderungen der Währungsreserven mitzuerfassen versucht. Beispielsweise treten durch Sondervorgänge zusätzliche mengenmäßige Änderungen auf, wenn der Internationale Währungsfonds der Bundesbank Sonderziehungsrechte zuteilt. Außerdem kommt es zu wertmäßigen Änderungen, wenn z. B. vorhandene Währungsreserven wegen Wechselkursänderungen neu bewertet werden müssen. Solche Sondervorgänge (,,Ausgleichsposten") wie auch statistisch bedingte ,,Restposten", die Ermittlungsfehler und nicht genauer erfaßbare Größen beinhalten, sind in Tab. 12 bei der Devisenbilanz ergänzend ausgewiesen. Im folgenden wird mit Devisenbilanz allerdings generell der engere Sachverhalt bezeichnet, der sich aus den Salden von Leistungs- und Kapitalbilanz bzw. allein den Devisenzuflüssen und -abflüssen bei der Zentralbank ohne Sondervorgänge erklärt.

Teilbilanzen	1971 bis 1973	1981 bis 1983	1989[1]
I. Leistungsbilanz	**+ 20,6**	**+ 17,9**	**+ 104,0**
1. Handelsbilanz	+ 69,6	+ 124,9	+ 131,6
2. Dienstleistungsbilanz	− 12,9	− 31,1	− 7,1
3. Übertragungsbilanz	− 36,1	− 75,9	− 34,6
II. Kapitalbilanz	**+ 29,8**	**− 15,8**	**− 128,1**
1. Langfristiger Kapitalverkehr	+ 34,8	− 12,7	− 22,7
2. Kurzfristiger Kapitalverkehr	− 5,0	− 3,1	− 105,4
III. Veränderung der Netto-Auslandsposition der Bundesbank	**+ 42,3**	**+ 2,3**	**− 21,6**
1. Devisenbilanz (als Saldo von I und II)	+ 50,4	+ 2,1	− 24,1
2. Ausgleichs-[2] und Restposten	− 8,1	+ 0,2	+ 2,5

[1] vorläufig
[2] z.B. Wertänderungen von Devisen bei Auf- und Abwertungen, Zuteilungen von Sonderziehungsrechten durch den Internationalen Währungsfonds.

Quelle: DEUTSCHE BUNDESBANK, Monatsbericht August 1990, S. 75*.

Tab. 12: Zahlungsbilanzsalden (Teilbilanzen) der BR Deutschland (in Mrd. DM)

Um nunmehr das wirtschaftspolitische **Ziel „außenwirtschaftliches Gleichgewicht"** zu konkretisieren, läßt sich auf zwei Teilbilanzen zurückgreifen:

1. Definition: „Außenwirtschaftliches Gleichgewicht" liegt vor, wenn der *Saldo der Devisenbilanz Null* ist, die Währungsreserven in der betrachteten Periode also durch Zu- und Abflüsse an Devisen insgesamt gleich hoch geblieben sind.

Erhöhen sich die Gold- oder Devisenbestände bei der Zentralbank, ist der Saldo der Devisenbilanz positiv, und es wird von einer aktiven Devisenbilanz oder häufig unpräziser von einer „aktiven Zahlungsbilanz" gesprochen. Wenn sie abnehmen, dann ist die Devisenbilanz passiv.

Bei dieser am häufigsten gebrauchten Definition für eine „gleichgewichtige" Außenwirtschaftsverflechtung ist vorteilhaft, daß sie alle außenwirtschaftlichen Transaktionen der Leistungs- und Kapitalbilanz zusammenfaßt. Ein Nachteil ist, daß sie nicht nur die (autonomen) Transaktionen der Privaten enthält, die ohne Rücksicht auf die Auswirkungen auf die Zahlungsbilanz erfolgen, sondern auch solche (Anpassungs-)Transaktionen, die von der Zentralbank oder dem Staat herbeigeführt werden, um den Devisenbilanzsaldo in eine bestimmte Richtung zu beeinflussen, was im Abschnitt über Wechselkurse noch eine Rolle spielt.

2. Definition: „Außenwirtschaftliches Gleichgewicht" liegt vor, wenn der *Saldo der Leistungsbilanz Null* ist.

Dann haben insgesamt die Inländer genauso viele Leistungen von den Ausländern empfangen wie die Ausländer von den Inländern, so daß sich das Vermögen der Inländer gegenüber den Ausländern nicht geändert hat. Allerdings schließt das nicht aus, daß zum Beispiel permanente Überschüsse in der Handels-, Dienstleistungs- oder Devisenbilanz vorhanden sind. Generell ist es zweckmäßig, sich letztlich wirtschaftspolitisch nicht einseitig an nur einer Teilbilanz der Zahlungsbilanz zu orientieren, sondern deren außenwirtschaftlichen Informationswert durch kombinierte Analyse mehrerer Aspekte zu erhöhen.

Für die *BR Deutschland* (vgl. Tab. 12) waren in den letzten 25 Jahren die Handels- und mit Ausnahme der Jahre 1979 bis 1981 auch die gesamte Leistungsbilanz positiv, und viele sehen darin einen Beweis deutscher Tüchtigkeit. Jedoch fragt es sich, ob derartige Leistungsbilanzüberschüsse ökonomisch überhaupt anzustreben sind. Sicherlich ist ein Überschuß der Handelsbilanz für die Bundesrepublik insoweit positiv zu bewerten, als dadurch die Defizite der Dienstleistungsbilanz und auch der Übertragungsbilanz ausgeglichen werden. Darüber hinaus freilich sind permanente Überschüsse der Handelsbilanz wenig sinnvoll. Sie bedeuten vielmehr auf Dauer einen Verkauf realer Güter an das Ausland, deren monetäre Entgelte gegebenenfalls als teils unverzinsliche Währungsreserven bei der Bundesbank festliegen und aus politischen Gründen nicht jederzeit vollständig in Güterimporte überführt werden können. Statt von einem Verkauf ließe sich ökonomisch dann teilweise von einem „Verschenken" inländischer Güter sprechen. Entsprechend lautet das außenwirtschaftspolitische Ziel auch nicht Maximierung der Leistungsbilanzüberschüsse, sondern es geht um den langfristigen Ausgleich der Leistungsbilanz, der allerdings kurzfristige Ungleichgewichte nicht ausschließt.

2. Der Wechselkurs als wirtschaftspolitisches Instrument

a) Flexible Wechselkurse als Mittel für ständiges Gleichgewicht

Im folgenden wird von der zuerst genannten Definition außenwirtschaftlichen Gleichgewichts und damit dem wirtschaftspolitischen Ziel einer möglichst ausgeglichenen Devisenbilanz ausgegangen. Bei freier Marktpreisbildung auf den Devisenmärkten (ohne Interventionen der Zentralbank) läßt sich dieses Ziel durch „flexible Wechselkurse" erreichen.

Der **Wechselkurs** *ist der Preis für eine Einheit ausländischer Währung (zum Beispiel für einen Dollar) ausgedrückt in inländischen Währungseinheiten (zum Beispiel Deutsche Mark). Um* **flexible Wechselkurse** *handelt es sich, wenn sich die Höhe der Wechselkurse durch Angebot und Nachfrage auf den Devisenmärkten bestimmt, ohne daß die Zentralbank oder andere Währungsbehörden die Kurse durch Interventionen beeinflussen.*

Auf dem Devisenmarkt für Dollar (vgl. Abb. 74) kommt es zum Beispiel zu einem Dollar-Angebot, weil Waren- und Dienstleistungsexporteure Dollar erlösen, die sie in inländische Währung eintauschen wollen.

Als Beispiel läßt sich vorstellen, daß ein Automobilhersteller Kraftfahrzeuge im Ausland gegen Dollar verkauft. Die inländischen Produktionsfaktoren müssen indessen in DM entlohnt werden, und deshalb wechselt das Unternehmen die erhaltenen Dollar in DM um.

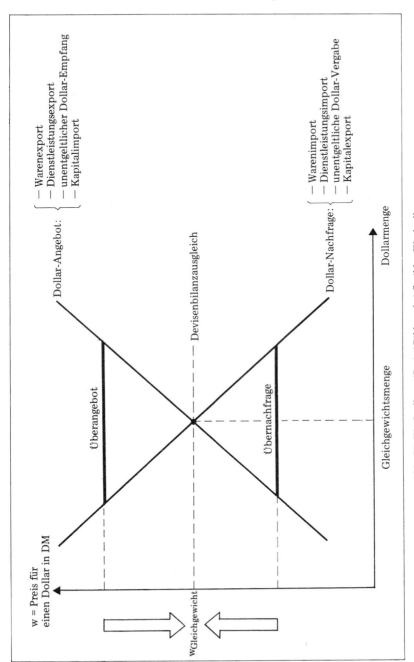

Abb. 74: Wechselkurs-(Preis-)Bildung bei flexiblen Wechselkursen

Außerdem werden Dollar angeboten, die durch Schenkungen oder durch Inanspruchnahme ausländischer Kredite (Kapitalimport) in das Inland gelangt sind. – Ganz analog dazu kommt es zu Dollar-Nachfrage, wenn inländische Importeure Güter im Ausland mit Dollar bezahlen müssen (Waren- und Dienstleistungsimporte) oder wenn Dollar an Ausländer verschenkt werden (unentgeltliche Dollar-Vergabe) oder an Ausländer Kredite vergeben werden (Kapitalexport).

Diese – in den jeweiligen Teilen der Zahlungsbilanz erfaßten – Komponenten von Dollarangebot und -nachfrage bestimmen am Dollarmarkt aufgrund der Gesetze von Angebot und Nachfrage den Preis des Dollars (in DM). Ein Überangebot an Dollar führt zu einer Senkung des Dollarkurses, und eine Übernachfrage an Dollar hat einen Wechselkursanstieg zur Folge, bis sich jeweils jener Dollarkurs einstellt, bei dem Angebot und Nachfrage gleich sind.

Steigt der Dollarkurs, so wird von einer *Dollar-Aufwertung* gesprochen. Sie ist mit einer entsprechenden *Abwertung der DM* verbunden; denn um einen Dollar zu erhalten, müssen dann mehr DM als vorher hingegeben werden. Umgekehrt bedeutet ein Sinken des Dollarkurses eine *Dollar-Abwertung* bzw. eine *DM-Aufwertung*.

Da also bei flexiblen Wechselkursen das Devisenangebot und die Devisennachfrage ständig zum Ausgleich gebracht werden, gibt es bei freier Preisbildung auf den Devisenmärkten grundsätzlich kein Problem unausgeglichener Devisenbilanzen.

Als im Jahre 1974 die Preise für Rohölimporte (um mehr als 200 v. H. gegenüber dem Vorjahr) anstiegen, bedeutete das eine Zunahme des Wertes der Importe und damit ceteris paribus eine Rechtsverschiebung der Kurve der Dollar-Nachfrage, so daß ein Abwertungseffekt für die DM eintrat. Dennoch blieb ihr Außenwert nahezu konstant, weil als kompensierender Einfluß das Preisniveau im Ausland ungleich stärker anstieg als im Inland, so daß die relativ billigeren deutschen Waren auf den internationalen Märkten besser abgesetzt werden konnten. Letztlich waren die so bedingten Exportsteigerungen etwas größer als die durch die Rohölpreiserhöhung hervorgerufenen Importsteigerungen. Insgesamt war der Leistungsbilanzsaldo im Jahr 1974 positiv und die Devisenbilanz etwa ausgeglichen.

b) Feste Wechselkurse

Im Gegensatz zu flexiblen Wechselkursen werden beim System fester Wechselkurse die Devisenpreise prinzipiell stabil gehalten, indem die Zentralbanken – d. h. in der BR Deutschland die Bundesbank – als zusätzliche Anbieter und Nachfrager auf den Devisenmärkten intervenieren.

Die Funktionsweise dieses Systems entspricht den oben allgemein erörterten staatlich festgesetzten Höchst- und Mindestpreisen; denn feste Wechselkurse bedeuten keine absolute Stabilität des Wechselkurses, sondern man legt – als Beispiel betrachten wir wieder den Dollarmarkt – einen bestimmten Wechselkurs w als Preis des Dollars in DM fest, der innerhalb einer **Bandbreite** (zwischen einem „*oberen Interventionspunkt*" und einem „*unteren Interventions-*

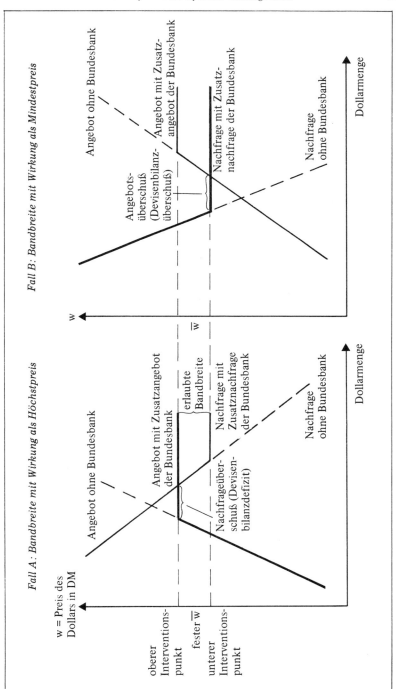

Fall A: Bandbreite mit Wirkung als Höchstpreis

Fall B: Bandbreite mit Wirkung als Mindestpreis

Abb. 75

punkt") schwanken darf (vgl. Abb. 75). Wenn Angebot und Nachfrage auf dem Devisenmarkt zu einem Gleichgewichtswechselkurs drängen, der oberhalb der erlaubten Bandbreite liegt, ergäbe sich ohne Eingreifen der Bundesbank beim oberen Interventionspunkt ein Nachfrageüberschuß nach Devisen. Diesen beseitigt die Bundesbank, indem sie Dollar aus ihren (Reserve-)Beständen als zusätzlicher Anbieter auf dem Devisenmarkt verkauft. Dieses Zusatzangebot der Bundesbank führt dazu, daß die Angebotskurve an Dollar ab dem oberen Interventionspunkt vollkommen elastisch wird.

Demgegenüber wirkt die Bandbreite wie ein Mindestpreis, wenn die freien Marktkräfte zu einem Gleichgewichtspreis drängen, der unterhalb des unteren Interventionspunktes liegt (vgl. Fall B in Abb. 75). Dann beseitigt die Bundesbank den dort bestehenden Angebotsüberschuß an Dollar, indem sie Dollar – gegen Hergabe von DM – aufkauft. Analytisch bedeutet diese Zusatznachfrage der Bundesbank, daß die Nachfragekurve ab dem unteren Interventionspunkt vollkommen elastisch wird. Für die Binnenwirtschaft hat ein Ankauf von Dollar durch die Bundesbank zur Folge, daß die Zentralbankgeldmenge ceteris paribus ansteigt und damit gegebenenfalls die oben erörterten Geldschöpfungsmöglichkeiten und Inflationsgefahren verbunden sind.

Bei festen Wechselkursen (und freiem Devisentausch) gibt es also keinen automatischen Devisenbilanzausgleich. Vielmehr muß die Wirtschaftspolitik im Inland – notfalls unter Vernachlässigung binnenwirtschaftlicher Ziele – darauf ausgerichtet werden, daß sich Devisenangebot und -nachfrage der privaten Wirtschaftseinheiten und des Staates möglichst ausgleichen. Soweit das nicht gelingt, verändern sich aufgrund der Interventionspflicht der Zentralbank ihre Währungsreserven (und eventuell werden Verschuldungen der Zentralbank gegenüber dem Ausland zwecks Beschaffung internationaler Liquidität notwendig).

Institutionell wurde ein – formal bis Anfang 1976 geltendes – System fester Wechselkurse durch das *internationale Abkommen von Bretton Woods* (im Jahre 1944) errichtet.

Als Grundprinzipien wurden (in Art. 8) die Konvertierbarkeit, d.h. freie Austauschbarkeit, der Währungen der Mitgliedsländer und die Stabilität der Wechselkurse innerhalb sehr enger Grenzen vereinbart. Gleichzeitig gründete man den Internationalen Währungsfonds (IWF) als Organ zur Sicherung der internationalen Liquidität (und die Weltbank als Institution für die Entwicklungspolitik). Gemeinsamer Nenner für die festen Wechselkurse zwischen den Währungen aller beteiligten Länder war der Dollar – und letzlich das Gold, weil der Dollar wiederum in einer festen Relation zum Gold stand (1 Feinunze Gold entsprach 35 Dollar) und außerdem die USA Dollarforderungen auf Verlangen in Gold einlösen mußten. Die anderen Länder verpflichteten sich, den Kurs ihrer Währungen innerhalb einer engen Bandbreite (zunächst ± 1 v. H.) festzuhalten, indem ihre Zentralbanken in der oben beschriebenen Weise an den Devisenmärkten zu intervenieren hatten. Als besonderes Element ergänzte dieses Prinzip fester Wechselkurse die sogenannte Stufenflexibilität. Falls sich nämlich bei einem Land ,,fundamentale Zahlungsbilanzungleichgewichte" ergaben, war es ihm erlaubt, seine Währung (um bis zu 10 v. H.) auf- oder abzuwerten. – Die BR Deutschland gehört dem IWF seit 1952 an.

Tatsächlich kam es im System fester Wechselkurse zu ständig neuen Währungskrisen, die durch die immer wieder notwendig werdenden Auf- und Abwertungen von Währungen ausgelöst wurden. Im März 1973 brach das System fester Wechselkurse endgültig zusammen, als man – trotz zunächst formaler Weitergeltung des Abkommens von Bretton Woods – faktisch zu flexiblen Wechselkursen überging. (Die Goldeinlösungspflicht des Dollars war bereits vorher am 15. 8. 1971 aufgehoben worden.) Inzwischen sind die IWF-Statuten geändert und erlauben seit 1. April 1978 auch flexible Wechselkurse.

In **Europa** hatte eine Reihe westeuropäischer Länder im *Baseler Abkommen* (von 1972) einen besonderen *Europäischen Währungsverbund* mit festen Wechselkursen, der gemeinhin als Währungs-,,Schlange" bezeichnet wurde, vereinbart. Am 13. 3. 1979 wurde dieser Währungsverbund durch das *Europäische Währungssystem (EWS)* abgelöst. Mitglieder des EWS sind alle Länder der Europäischen Gemeinschaft; allerdings haben sich Griechenland und Portugal vorerst nur den Kreditbeistandsregeln angeschlossen, und sie nehmen keine Intervention zur Stabilisierung fester Wechselkurse vor.

Eine neugeschaffene **Europäische Währungseinheit ECU** (European Currency Unit) setzt sich aus den Währungen der Gemeinschaft zusammen. Der Anteil jeder Währung im Währungskorb des ECU richtet sich nach der wirtschaftlichen Bedeutung des jeweiligen Landes. So entsprach 1979 ein ECU der Summe aus 0,828 DM + 0,089 Pfund Sterling + 1,15 Französische Francs + 109,0 italienische Lire + 0,286 niederländische Gulden + 3,66 belgische Francs + 0,14 luxemburgische Francs + 0,217 dänische Kronen + 0,008 irische Pfund. Die Gewichte der Währungen im ECU-Währungskorb wurden vereinbarungsgemäß erstmals im September 1979 überprüft; die DM wurde um 2 v. H. aufgewertet und die dänische Krone um 3 v. H. abgewertet. Da vereinbarungsgemäß der Währungskorb in der Regel alle fünf Jahre revidiert werden soll, wurde er im September 1984 erneut umgestellt. Dabei wurden als neue Währung die griechische Drachme einbezogen sowie der Wertanteil der DM herabgesetzt und die Anteile des französischen Franc und der italienischen Lira erhöht. Bereits zehn Monate später wurde die italienische Lira nach einem erheblichen Kursverfall in einer Blitzaktion der Mitgliedsländer des Europäischen Währungssystems um 7,8 v. H. abgewertet. Änderungen sind prinzipiell allerdings nur bei Zustimmung aller Mitglieder erlaubt. Bei der Revision des Währungskorbs im September 1989 wurden die spanische Peseta und der portugiesische Escudo neu aufgenommen und die ECU-Anteile der anderen Währungen entsprechend neu festgelegt. Geringfügige Änderungen der Leitkurse gab es auch im Oktober 1990, als sich Großbritannien dem Interventionssystem zur Stabilisierung der Wechselkurse anschloß.
Der ECU dient vor allem als Bezugsgröße für die Festlegung der festen Wechselkurse zwischen den Mitgliedswährungen. Für jede Teilnehmerwährung ist ein sog. *ECU-Leitkurs* festgelegt, der zunächst dem Tageswert dieser Währung zum ECU bei Ingangsetzen des EWS am 13. 3. 1979 entsprach und inzwischen durch Auf- und Abwertungen etwas abgeändert worden ist. Über diese ECU-Leitkurse ergibt sich dann auch eine mittelbare Beziehung zwischen jeweils zwei Währungen (z. B. wenn als Leitkurse festgesetzt sind 1 ECU = 2,51 DM und 1 ECU = 5,80 FF, gilt folglich 5,80 FF = 2,51 DM oder 1 FF = 0,43 DM). Für die Schwankungen einer Währung gegenüber jeder anderen Währung – wie schon im Europäischen Währungsverbund – eine erlaubte Bandbreite von ± 2,25 v. H. festgelegt (ausnahmsweise beträgt die Bandbreite gegenüber der spanischen Peseta und dem britischen Pfund vorerst noch ± 6 v. H.). Wenn eine der beteiligten Währungen gegenüber einer anderen den oberen Interventionspunkt und die andere entsprechend den unteren Interventions-

punkt erreicht, müssen die Notenbanken beider Währungen am Devisenmarkt eingreifen. Dadurch wird von zwei Ländern aus das Angebot der starken Währung erhöht und das der schwachen verknappt. Außerdem wurde auf der Grundlage des ECU ein *Frühindikatorsystem* für erhebliche Abweichungen einer Währung vom Durchschnitt der übrigen Währungen vereinbart. Sobald die sogenannte Abweichungsschwelle in Höhe von 75 v. H. der maximal erlaubten Abweichung des ECU-Tageswertes einer Währung (errechnet durch Multiplikation der jeweiligen Devisentageskurse mit den Devisenmengen im festgelegten Währungskorb) vom ECU-Leitkurs erreicht wird, muß die betroffene Notenbank die Ursachen für die Abweichung prüfen und damit beginnen, geeignete Gegenmaßnahmen einzuleiten.

Institutionell wird der ECU als bargeldloses Zahlungsmittel zwischen den EG-Zentralbanken vom **Europäischen Fonds für währungspolitische Zusammenarbeit (EFWZ)** ausgegeben und von ihm in Verbindung mit dem kurzfristigen Währungsbeistand in der Gemeinschaft verwaltet. Die EG-Zentralbanken haben zunächst 20 v. H. ihrer Goldbestände und Dollarreserven beim EFWZ hinterlegt und dafür ECU als Währungsreserven erhalten. Nach einer Übergangsphase soll der EFWZ in einem mit weitergehenden Vollmachten ausgestatteten *Europäischen Währungsfonds* aufgehen. An Kreditmechanismen gibt es eine ,,*sehr kurzfristige Finanzierung*" (Rückzahlung spätestens 45 Tage nach dem Monat der Inanspruchnahme), durch die die intervenierenden Zentralbanken im Bedarfsfall Kredite in unbegrenzter Höhe erhalten. Für einen ,,*kurzfristigen Währungsbeistand*" (bis neun Monate) stehen derzeit 14 Milliarden ECU zur Verfügung, die ebenfalls ohne weiteres in Anspruch genommen werden können. Dagegen sind die Mittel für einen *mittelfristigen finanziellen Beistand*" (zwei bis fünf Jahre) mit einer derzeitigen Gesamtsumme von 11 Milliarden ECU kleiner und außerdem nur bei Erfüllung wirtschaftspolitischer Auflagen, die der EG-Ministerrat jeweils im Einzelfall festzulegen hat, erhältlich. Anzumerken ist, daß für jede Notenbank ein bereitstehender Kreditbetrag (Schuldnerquote) und ein doppelt so hoch zu gewährender Finanzierungsbetrag (Gläubigerquote) vereinbart wurde. Damit wird die Finanzierung von Krediten auch für den Fall gesichert, daß sich einzelne Notenbanken nicht daran beteiligen können.

Insgesamt unterstützen die bisherigen Erfahrungen mit dem EWS allerdings kaum die großen Hoffnungen auf eine dauerhaft stabile Währungszone in Westeuropa. Im Mittel der teils vor Beginn des EWS liegenden Jahre 1970 bis 1980 betrug der Anstieg der Verbraucherpreise gegenüber dem Vorjahr z. B. in der BR Deutschland rd. 5 v. H., in Frankreich rd. 10 v. H. und in Italien sogar rd. 16 v. H.

Unterschiedliche Inflationsraten sind ein Hauptgrund dafür, daß Wechselkursänderungen schließlich unumgänglich werden. Nehmen wir z. B. an, daß das Preisniveau im Inland stärker steigt als im Ausland. In der Regel werden dann (bei gleichen Wechselkursen) vom Inland mehr von den relativ billigen Auslandsgütern nachgefragt, d. h. der Import steigt an. Außerdem nimmt normalerweise der Export ab, weil das Ausland weniger die (bei gleichem Wechselkurs und hoher Inflationsrate) teurer gewordenen Inlandsgüter nachfragt. Export- und Importveränderungen verschlechtern also die Leistungsbilanz, und die Devisenbilanz neigt dazu, passiv zu werden. Wenn die Devisenabflüsse die -zuflüsse andauernd übertreffen, schmelzen die Währungsreserven des Landes schließlich so dahin, daß die Zentralbank in Liquiditätsschwierigkeiten kommt und die anderen Länder um Beistandskredite bitten muß, damit sie ihrer Pflicht, den festen Wechselkurs durch Interventionen am Devisenmarkt zu verteidigen, weiter genügen kann. Die Kredithilfen sind dann leicht ein Faß ohne Boden.

Letztlich sind jene Länder, deren Inflationsraten den Geldwertschwund in anderen Ländern längere Zeit übersteigen, aufgrund von Devisenabflüssen gezwungen, entweder *Devisenkontrollen* einzuführen oder – wenn das aus grundsätzlichen Erwägungen für das Wirtschaftssystem abgelehnt wird – durch eine *drastische Konjunkturpolitik* die heimische Inflationsrate unter die Inflationsrate der anderen Länder zu drücken oder – falls diese Zahlungsbilanzorientierung wegen der Verletzung binnenwirtschaftlicher (Voll-)Beschäftigungs- und Wachstumsziele ebenfalls nicht gewollt ist – die *Abwertung der eigenen Währung* vorzunehmen. Tatsächlich sind auch in Systemen fester Wechselkurse die Wechselkurse langfristig nicht „fest", sondern sie werden in unregelmäßigen Zeitabständen „stufenflexibel" den Marktentwicklungen angepaßt. Insofern unterscheiden sich die beiden Typen von Wechselkurssystemen im wesentlichen durch die Art der Wechselkursanpassungen. Flexible Wechselkurse folgen laufend der Marktentwicklung, während in Systemen fester Wechselkurse abrupte Sprünge in ungewissen Zeitabständen durch politische Entscheidungen auftreten. Je häufiger Änderungen fester Wechselkurse nötig werden, um so mehr wird schließlich das ganze System in Frage gestellt.

In der **BR Deutschland** beeinflußten die Inflationsraten die Zahlungsbilanzungleichgewichte bei festen Wechselkursen meist in umgekehrter Richtung. Zunächst wurde zwar dem Besiegten des Zweiten Weltkriegs ein relativ ungünstiger Wechselkurs von 4,20 DM pro US-Dollar aufgezwungen, so daß ständige Defizite die außenpolitische Abhängigkeit der Bundesrepublik (durch Bitten um Kredite zur Defizitfinanzierung) bis zum Jahre 1950 verstärkten. Mit dem Beginn des Koreakriegs und dem „Koreaboom" stieg jedoch das ausländische Preisniveau – besonders in den USA – wesentlich stärker als das Preisniveau der Bundesrepublik. Als Folge ergaben sich nunmehr laufend Überschüsse der Handels- und meist auch der Devisenbilanz, so daß die Währungsreserven außerordentlich anwuchsen. Statt dem „schlechten" Vorbild der ausländischen Handelspartner zu folgen und höhere Inflationsraten mitzumachen, wurde die DM schließlich 1961 erstmals aufgewertet. Ein US-Dollar war danach nur noch 4 DM wert. Weitere DM-Aufwertungen folgten ab 1969, bis schließlich die Bundesbank im März 1973 ihre systematischen Interventionen an den Devisenmärkten einstellte, so daß wir seither ein System flexibler Wechselkurse haben. Anfang 1980 kostete der Dollar weniger als 2 DM, stieg jedoch im Jahr 1985 vorübergehend auf fast 3,50 DM und fiel im Jahr 1990 auf Werte von etwa 1,50 DM.
Nicht selten werden die großen Devisenbilanzüberschüsse der Bundesrepublik und der hohe Stand ihrer Währungsreserven (Januar 1989 über 90 Mrd. DM, davon mehr als 13 Mrd. Gold und fast 50 Mrd. DM US-Dollar-Anlagen) allgemein auf die oft zitierte deutsche Tüchtigkeit zurückgeführt. Das ist allenfalls sehr eingeschränkt richtig; denn letztlich waren dafür teils „falsche" feste Wechselkurse verantwortlich, und die deutsche Tüchtigkeit bestand im wesentlichen in einer günstigen Kostenentwicklung und Stabilitätspolitik, die die Inflationsrate in der Bundesrepublik relativ zu den Inflationsraten in anderen Ländern niedrig bleiben ließen.

c) Abschließende Stellungnahme

Die seit Jahrzehnten geführte Debatte, ob ein Währungssystem mit festen oder flexiblen Wechselkursen vorzuziehen ist, dauert noch an. Von der Vielzahl der Argumente läßt sich für flexible Wechselkurse anführen, daß sie wegen der wettbewerblichen Selbststeuerung gut zur Marktwirtschaft passen *(keine Marktinterventionen der Zentralbank).* Außerdem wirken sie weitgehend als Puffer gegenüber ausländischen Konjunktur- und Inflationstendenzen, und insbesondere bleibt das binnenländische Preisniveau von Änderungen der Zentralbankgeldmenge, die gegebenenfalls durch An- oder Verkäufe von Devisen zur Verteidigung fester Wechselkurse entstehen, unbeeinflußt *(außenwirtschaftliche Absicherung).* Generell können die konjunkturpolitischen Instrumente bei flexiblen Wechselkursen wirkungsvoller eingesetzt werden, weil flexible Wechselkurse eine Rücksichtnahme auf eventuelle Devisenzuflüsse oder -abflüsse unnötig machen *(Spielraum für binnenländische Konjunkturpolitik).*

Kritisch wird in den letzten Jahren allerdings auch auf die Gefahren spiralförmiger Wechselwirkungen von Abwertungen und Inflationsprozessen bei flexiblen Wechselkursen hingewiesen. Als Folge einer Abwertung steigen die Preise der Importgüter und damit das Inlandspreisniveau. Das könnte Anlaß zu Lohnerhöhungen sein, die wiederum die Inlandsinflation beschleunigen, woraus weitere Abwertungstendenzen resultieren usw. Ein solcher möglicher Teufelskreis von Abwertungen *(vicious circle),* der inflationsverstärkend wirkt und die Leistungsbilanz nicht verbessert, hätte sein Gegenstück im Tugendkreis eines aufwertenden Landes *(virtuous circle),* wenn als Folge einer Aufwertung die Importpreise sinken, dadurch das binnenländische Preisniveau gedrückt, die Lohnentwicklung gedämpft und wegen der damit angehobenen Wettbewerbsfähigkeit die Leistungsbilanz verbessert wird und weitere Aufwertungen erfolgen.

Empirische Studien haben speziell gezeigt, daß sich nach einer Abwertung die Leistungsbilanz zunächst verschlechtern kann, weil die Importpreise in Inlandswährung sofort steigen, während die Exportpreise erst mit einer gewissen Verzögerung folgen und sich die dadurch induzierten Mengenänderungen im Sinne von Senkungen der Importmengen und Erhöhungen der Exportmengen im allgemeinen noch später zeigen. Erst wenn die Zuwächse der Importwerte allmählich zurückgehen und von gleichzeitigen Erhöhungen der Exportwerte übertroffen werden – dies hat teils bis zu eineinhalb Jahren gedauert –, verbessert sich schließlich die Leistungsbilanz.

Ein bereits auf den ersten Blick naheliegender Kritikpunkt an flexiblen Wechselkursen ist das im Verhältnis zu festen Wechselkursen höhere *Wechselkursrisiko,* das sich in Verbindung mit höheren Informations- und sonstigen laufenden Handelskosten der Wirtschaftseinheiten negativ auf das außenwirtschaftliche Handelsvolumen und letztlich die internationale Arbeitsteilung auswirken könnte. Ein solcher Effekt ist allerdings in der Regel im Vergleich zu den üblichen Absatzrisiken im internationalen Handel von begrenzter Bedeutung; denn das Wechselkursrisiko läßt sich durch ,,Rückversicherungen" auf dem Devisenterminmarkt und so im voraus kalkulierbare, relativ niedrige Kosten ausschließen – ähnlich wie Versicherungen gegen andere Risiken durch begrenzte zusätzliche Kosten möglich sind. Außerdem sind die Wechselkursrisiken auch in den verwirklichten Systemen ,,fester" Wechselkurse langfristig –

und gelegentlich in schlecht funktionierenden Festkurs-Systemen sogar oft kurzfristig – keineswegs ausgeschaltet gewesen. Vielmehr erfolgten hier – meist zu spät und in zu kleinen Dosierungen – stufenflexible Wechselkursanpassungen, ohne daß die Wirtschaftseinheiten wußten, ob und wann und in welchem Umfang die Paritäten abrupt geändert würden. Demgegenüber wecken flexible Wechselkurse erst gar nicht die Illusion, daß Wechselkursrisiken nicht bestehen, sondern bieten insoweit die Chance, zu annähernd realistischen Erwartungen zu kommen.

Allerdings bleibt dann als besonderer Nachteil, daß fortgesetzte Wechselkursänderungen Reibungsverluste bei den außenhandelsabhängigen Branchen durch *laufende Produktionsumstellungen und Faktorverschiebungen* herbeiführen. Ein Festhalten an scheinbar „festen" Wechselkursen ist dafür indessen kein Ausweg, wenn dadurch nur Anreize zur Anpassung ökonomisch überholter Strukturen entfallen. Vielmehr ergibt sich hier im allgemeinen lediglich eine Rechtfertigung für die Praxis, daß die Zentralbanken auch bei im Prinzip flexiblen Wechselkursen durch Käufe und Verkäufe auf den Devisenmärkten versuchen, kurzfristige Schwankungen von Wechselkursen, wie sie z. B. auch zins- und spekulationsbedingt auftreten können, zu glätten *(System des kontrollierten Floating)*.

Ein Problem ist dabei, daß sich in der Regel erst im nachhinein beurteilen läßt, ob eine auftretende Wechselkursbewegung eine dem längerfristigen Trend entsprechende Änderung ist oder eine kurzfristige Schwankung um den Trend darstellt und deshalb möglichst geglättet werden sollte. Schon wegen dieses Prognoseproblems der zukünftigen Wechselkursentwicklung besteht bei den Interventionen der Zentralbanken grundsätzlich die Gefahr, daß die Eingriffe destabilisierend wirken, selbst wenn sie glättend gemeint sind. Außerdem widerstehen die Währungsbehörden offenbar gelegentlich nicht der Versuchung, bewußt gegen die langfristige Markttendenz zu intervenieren, um so dem Druck von Interessengruppen zu entsprechen oder aus politischen Gründen die negativen Auswirkungen einer Inflationspolitik auf den Wechselkurs nicht allgemein sichtbar werden zu lassen. Um generell diesem sog. „schmutzigen Floating" zu begegnen und außerdem die gewünschten Glättungspolitiken der Zentralbanken wirkungsvoller aufeinander abzustimmen, wäre es von Vorteil, wenn die auf den Devisenmärkten intervenierenden Währungsbehörden prinzipiell die Zentralbanken, deren Währungen davon betroffen werden, über den Umfang der Interventionen unterrichten müßten *(Notifizierungsgebot)*.

Wenn insgesamt die währungspolitischen Erfahrungen mit flexiblen Wechselkursen inzwischen auch einige mit ihnen verbundene Gefahren deutlich gemacht haben, sind sie als Element der internationalen Währungsordnung im Prinzip doch so lange unersetzlich, wie es erheblich divergierende Inflationsraten der wichtigsten Welthandelsländer gibt. Allenfalls könnten die Vorteile fester Wechselkurse innerhalb kleiner Währungsblöcke mit von den Mitgliedsländern koordinierter Stabilitätspolitik wahrgenommen werden, was allerdings nicht nur ein Wunschtraum bleiben darf, wie z. B. bisher beim Europäischen

Währungssystem. Generell könnten dann im Innern unterschiedlich erfolgreiche Stabilitätsgemeinschaften Währungsblöcke bilden und nach außen durch flexible Wechselkurse miteinander verbunden sein.

3. Zum Stand der Wirtschaftsintegration

a) Europa

Ökonomisch bedeutet Integration den Zusammenschluß von Staatsräumen zu einem binnenmarktähnlichen Wirtschaftsgebiet. Ihr Vorteil liegt in den Möglichkeiten verstärkter Arbeitsteilung, die ein Anwachsen des insgesamt produzierten Güterbergs für den Konsum erlaubt. Wirtschaftliche Schwierigkeiten ergeben sich in erster Linie aufgrund der Umstrukturierungszwänge bei den Wirtschaftseinheiten innerhalb des neuen, größeren Marktes. Das politische Grundproblem jeder Integration ist die Verteilung der Hoheitsgewalt auf nationale und supranationale Institutionen.

Der bedeutendste Integrationsprozeß nach dem Zweiten Weltkrieg ist in Europa der wirtschaftliche Zusammenschluß einer Reihe westeuropäischer Länder zur **Europäischen Gemeinschaft (EG)** mit den seit 1986 zwölf Mitgliedsländern: BR Deutschland, Frankreich, Belgien, Niederlande, Luxemburg, Italien, Großbritannien, Irland, Dänemark, Griechenland, Portugal und Spanien. Um den Integrationsgrad der EG zu beschreiben, sollen zunächst als **allgemeine Integrationsstufen** unterschieden werden:

– *Freihandelszone,* bei der für die Güterströme zwischen den Mitgliedsländern auf Beschränkungen durch Zölle oder Kontingente verzichtet wird. (Werden für den Handel zwischen den Mitgliedsländern nur niedrigere Zölle vereinbart, so spricht man von Präferenzzone.)

– *Zollunion,* bei der neben dem Freihandel zwischen den Mitgliedsländern ein gemeinsamer Außenzoll gegenüber Drittländern festgelegt wird.

– *Gemeinsamer Markt* liegt vor, wenn über die Zollunion hinaus die unbeschränkte Mobilität der Produktionsfaktoren verwirklicht ist.

– *Wirtschaftsunion* erfordert, daß zusätzlich zum gemeinsamen Markt eine einheitliche (zumindest harmonisierte) Wirtschaftspolitik betrieben wird.

– *Staatenbund/Bundesstaat* ist verwirklicht, wenn außer der Wirtschaftsunion eine politische Union besteht.

Die EG brauchte von ihrer Gründung im Jahre 1958 bis zur Verwirklichung der **Zollunion** rund zehn Jahre. Nach weiteren zwanzig Jahren kam es zur Einheitlichen Europäischen Akte (in Kraft seit 1. 7. 1987), gemäß der bis Ende 1992 der **Gemeinsame Markt** durch Wegfall der restlichen Binnengrenzen vollendet sein soll. Die noch abzubauenden Hemmnisse lassen sich den drei Bereichen physische, technische und fiskalische Schranken zuordnen, für deren Beseitigung von den EG-Behörden in einem „Weißbuch" im Jahre 1985 fast 300 Einzelmaßnahmen für erforderlich gehalten wurden. Bei den *physischen* Schranken geht es um den Wegfall von Zollämtern und Grenzstationen,

so daß zukünftig keinerlei Waren- und Personenkontrollen an den innerge-
meinschaftlichen Grenzen mehr stattfinden. Bei den *technischen* Schranken,
die vor allem in den Bereichen Normen und Prüfverfahren, den Berufsbefähi-
gungen und Zulassungsnachweisen, im Dienstleistungs- und Kapitalverkehr
sowie im öffentlichen Auftragswesen eine Rolle spielen, sollen vorgeschriebene Standards teils vereinheitlicht werden. Im übrigen müßte generell dem für
Einzelfälle vom Europäischen Gerichtshof bereits verkündigten Grundsatz
Geltung verschafft werden, daß Waren und Dienstleistungen, die in einem
Mitgliedsland legal produziert werden, auch für Händler und Verbraucher in
jedem anderen Land verfügbar sind. Ähnlich lassen sich die *fiskalischen*
Schranken, die aus einer unterschiedlichen Besteuerung – vor allem bei der
Mehrwertsteuer und den verschiedenen Verbrauchsteuern wie bei Treibstoff,
Wein oder Tabakwaren – resultieren, einerseits abbauen, indem die Steuersätze in der EG harmonisiert werden. Andererseits wäre für verbleibende Unterschiede vorzusehen, daß auf Ausgleichszahlungen im innereuropäischen Verkehr generell verzichtet wird, so daß letztlich die Regelung des Ursprunglandes
und nicht die des Bestimmungslandes maßgeblich ist.

Als Vorteile aus der Vollendung des Gemeinsamen Marktes in der EG sind
außer offensichtlichen Kosteneinsparungen – z. B. durch den Wegfall der innereuropäischen Grenzkontrollen und durch vermehrte Nutzung des „Gesetzes der Massenproduktion" in den Unternehmen (vgl. oben Kap. C. III. 3 a) –
allgemeine Belebungen der Wirtschaftsaktivitäten infolge eines Anstiegs der
Wettbewerbsintensität zu erwarten. So wurde im Jahr 1988 im sog. Cecchini-
Bericht ein zusätzlich mögliches Wirtschaftswachstum in der Gemeinschaft in
Höhe von 4,3 bis 6,4 v. H. des Bruttoinlandsprodukts in Werten von 1988
geschätzt. Gleichzeitig könnte in der EG das Niveau der Verbraucherpreise um
rund 6 v. H. sinken, und es würden mehr als 1,8 Mio. (bis zu evtl. 5 Mio.) neue
Arbeitsplätze entstehen. Zusätzlich wäre bei den öffentlichen Finanzen mit
einer Saldoverbesserung um durchschnittlich 2,2 v. H. des Bruttoinlandsprodukts zu rechnen, während der Handelsbilanz-Saldo der EG um rund 1 v. H.
des Bruttoinlandsprodukts verbessert werden könnte. Selbst wenn diese Schätzungen, die auf analytischen Auswertungen von Umfragen bei 11000 Unternehmen basieren, teils zu optimistisch sein sollten, macht die Studie prinzipiel-
le Vorteile deutlich, die durch die Vollendung des einheitlichen EG-Binnen-
marktes noch ausgeschöpft werden können.

Indem in der EG die Agrarpolitik (durch EG-Marktordnungen für die einzelnen landwirtschaftlichen Produkte) sowie die Wettbewerbspolitik, soweit
der Güterverkehr zwischen den Mitgliedsländern betroffen ist, einheitlich betrieben werden, sind insoweit auch Ansätze zu einer **Wirtschaftsunion** vorhanden. Vorstöße, diese partielle Wirtschaftsunion stufenweise auch auf anderen
Gebieten auszubauen, gibt es zwar (z. B. für die Währungspolitik, Konjunkturpolitik und Verkehrspolitik), eine Einigung steht aber noch aus.

Erst recht kam es bisher nicht zu der – mit den EG-Gründungsverträgen
angestrebten – Entwicklung zur **politischen Union**. Trotz gelegentlich anders

vertretener Thesen wird eine solche politische Union auch nicht unmittelbar von den erreichten wirtschaftlichen Gemeinsamkeiten erzwungen. Wie die von Zeit zu Zeit wiederkehrenden Krisenmeldungen zeigen, ist bei fehlendem politischen Einigungswillen selbst die erreichte partielle Wirtschaftsunion und die beschlossene Vollendung des Gemeinsamen Marktes gefährdet. Den Gedanken an eine möglichst weitgehende europäische Integration rufen allerdings z. B. die regelmäßigen Direktwahlen zum Europäischen Parlament, die erstmals im Jahr 1979 durchgeführt wurden, immer wieder ins Bewußtsein. (Abb. 76 gibt einen Überblick über Integrationsschritte der EG.)

Für die künftige Entwicklung der europäischen Integration läßt sich die Frage stellen, ob jeweils die Mitgliedsländer die Geschwindigkeit des Integrationsprozesses bestimmen sollten, denen an einer Weiterentwicklung am wenigsten gelegen ist. Nachdem sich die Zahl der Mitglieder der EG seit der Gründung verdoppelt und die jüngste EG-Süderweiterung sowohl das Wohlstandsgefälle innerhalb der EG von Nord nach Süd als auch die Agrarprobleme verschärft hat, drängt sich verstärkt auf, zu prüfen, wieweit der Integrationsprozeß von verschiedenen Ländergruppen in der EG mit unterschiedlicher Geschwindigkeit verwirklicht werden könnte. Schon der Tindemans-Bericht des Jahres 1976 enthielt Gedanken eines ,,Europas der zwei Geschwindigkeiten". Eine Kerngruppe von Ländern unter Beteiligung von Frankreich und der BR Deutschland könnte die Wirtschaftunion vollenden – sichtbar auch durch Ausgabe von gemeinsamen Noten und Münzen z. B. in ECU – und zur politischen Integration in Form eines Bundesstaates übergehen, während die restlichen Länder, die nicht bereit oder in der Lage sind, diesen Weg mitzugehen, sich letztlich auf die Integrationsstufe der Freihandelszone oder der Zollunion beschränken. So könnte durch die Initiative von Ländern, die an der baldigen Verwirklichung der bundesstaatlichen Integrationsstufe interessiert sind, der Gefahr einer zunehmenden Verfestigung der bisher unbefriedigenden Strukturen (,,Eurosklerose") mit ihren häufigen Krisen entgegengewirkt werden.

Von den **Organen der EG** hat der *Ministerrat* die höchste Kompetenz; er ist für die politischen Grundsatzentscheidungen zuständig. In ihm ist jedes EG-Land durch ein Regierungsmitglied (in der Regel den Ressortminister für den jeweiligen Fragenkreis) vertreten, und bei Entscheidungen von ,,vitalem" Interesse für eins der Mitgliedsländer wird auf – im Prinzip vorgesehene – Mehrheitsbeschlüsse zugunsten einstimmiger Beschlüsse verzichtet. – Die *Kommission* erarbeitet für die Entscheidungen des Ministerrats Vorschläge und ist Exekutivorgan der EG. Die von den nationalen Regierungen im gegenseitigen Einvernehmen ernannten 17 Kommissionsmitglieder fassen ihre Beschlüsse mit einfacher Mehrheit. Außerdem bereitet der *Ausschuß der ständigen Vertreter* Entscheidungen des Rates vor. Er setzt sich aus je einem von den jeweiligen Länderregierungen entsandten Vertreter zusammen und schiebt sich damit – als von den einzelstaatlichen Regierungen unmittelbar abhängige Zwischeninstanz – zwischen Ministerrat und Kommission. Die Abgeordneten des *Europäischen Parlaments* werden jeweils auf fünf Jahre direkt gewählt. Das Parlament hat kein Entscheidungsrecht, sondern nur beratende und kontrollierende Funktion, ist zu Vorschlägen der Kommission anzuhören und arbeitet bei der Erstellung des EG-Haushalts mit. Der *Europäische Gerichtshof* achtet auf die Einhaltung der sich aus den Verträgen ergebenden Verpflichtungen durch die einzelnen Länder und überwacht die Tätigkeit des Rates und der Kommission.

Die **Finanzierung** der Gemeinschaftshaushalte erfolgt zum Teil aus eigenen Zolleinnahmen und Agrarabschöpfungen der Gemeinschaft. Außerdem erhält sie einen Anteil am Aufkommen der Mehrwertsteuer in den Mitgliedsländern, der jährlich vom Ministerrat bis zur Höchstgrenze von zunächst 1 v. H. der Bemessungsgrundlage beschlossen und ab 1986 auf 1,4 v. H. erhöht wurde. Seit dem Jahr 1988 wird im Rahmen des EG-Haushaltsverfahrens für die Mitgliedsländer ein Prozentsatz des Bruttosozialprodukts als Finanzierungsbeitrag festgelegt, auf den die genannten drei anderen Beitragsarten angerechnet werden.

Chronik der EG-Integration:

1952 Gründung der Europäischen Gemeinschaft für Kohle und Stahl (Montanunion) durch Belgien, Niederlande, Luxemburg, Frankreich, Italien und die BR Deutschland

1958 Gründung der Europäischen Wirtschaftsgemeinschaft (EWG) und der Europäischen Atomgemeinschaft (EURATOM) durch die gleichen sechs Länder

1967 Entstehung der Europäischen Gemeinschaft (EG) durch Zusammenfassung der Organe der Montanunion, EWG und EURATOM (gemeinsamer Ministerrat und gemeinsame Kommission)

1968 Vollendung der Zollunion durch Abbau der Zölle und Handelsbeschränkungen innerhalb der EG-Länder (und Einrichtung eines gemeinsamen Zolltarifs gegenüber Drittländern)

1973 Beitritt Großbritanniens, Irlands und Dänemarks zur EG, Freihandelsabkommen mit den restlichen EFTA-Ländern

1979 erstmalige Direktwahlen zum Europäischen Parlament (Neuwahlen alle fünf Jahre) und Beginn des Europäischen Währungssystems (EWS)

1981 Beitritt Griechenlands

1986 Beitritt Portugals und Spaniens

1987 Einheitliche Europäische Akte mit dem Hauptzweck der Schaffung eines einheitlichen Binnenmarktes bis Ende 1992

1990 Beitritt der DDR zur Bundesrepublik Deutschland sowie erste Stufe der Europäischen Wirtschafts- und Währungsunion (WWU)

Heutiger Stand der EG-Gemeinschaftspolitik:

integriert:	Zoll- und z. T. sonstige Außenwirtschaftspolitik, Agrarpolitik, Binnenhandels- und Wettbewerbspolitik soweit der Güterverkehr zwischen Mitgliedsländern betroffen ist
nicht integriert:	Außenpolitik, Bildungspolitik, Sozialpolitik, Konjunkturpolitik, Verkehrspolitik u. a.

Abb. 76

Die **ökonomische Wirkung der EG-Integration** besteht in Aufschließungs- und Abschließungseffekten. Zu den *wohlfahrtssteigernden Aufschließungseffekten* kommt es in erster Linie durch die Intensivierung des Wettbewerbs, der von

Binnengrenzen nicht mehr beschränkt wird. Im einzelnen werden z. B. die Produktionsfaktoren und Produktionsstätten von Standorten höherer zu Standorten niedriger Realkosten im Integrationsraum verlagert, und durch die Ausdehnung des Binnenmarktes können Massenproduktionsvorteile sowie sonstige Produktivitätsfortschritte infolge einer verbesserten regionalen Arbeitsteilung verwirklicht werden.

Demgegenüber ergeben sich die *wohlfahrtsmindernden Abschließungseffekte* durch die an den Grenzen des Integrationsraums eingerichteten Handels- und Wettbewerbsschranken gegenüber Drittländern. Sie behindern die – ökonomisch letztlich weltweit wünschenswerte – internationale Arbeitsteilung, was besonders wegen der dadurch erschwerten Bedingungen für die Entwicklungsländer, ihren Rückstand gegenüber den Industrieländern zu verringern, Bedeutung hat.

In der Praxis schlagen sich die genannten Effekte in der Außenhandelsverflechtung der BR Deutschland nieder. Diese wickelte im Jahr 1986 mehr als die *Hälfte* ihrer gesamten Ein- und Ausfuhr mit EG-Ländern ab, weitere *30 Prozent* des gesamten Warenaustauschs wurde mit den übrigen westlichen Industrieländern getätigt. Die größten **Lieferanten** waren die Niederlande (47,8 Mrd. DM deutscher Importwert), Frankreich (47,1 Mrd. DM), Italien (38,1 Mrd. DM) und Großbritannien (29,8 Mrd. DM); die größten **Kunden** waren Frankreich (62,3 Mrd. DM deutscher Exportwert), die USA (55,2 Mrd. DM), die Niederlande (45,5 Mrd. DM) und Großbritannien mit Nordirland (44,6 Mrd. DM).

b) Welt

Ländergruppe (Erdteilzuordnung)	BSP pro Kopf (in US-$)	
	1980	1986[1]
Industrieländer (Nordhälfte)		
– Nordamerika und westliches Europa	10760	12960
– östliches Europa	4640	. .[2]
Entwicklungsländer (Südhälfte)		
– Länder mit niedrigem Einkommen (z. B. Äthiopien, Indien, China)	270	270
– Länder mit mittlerem Einkommen (z. B. Indonesien, Türkei, Kolumbien)	1510	1270
Ölexportländer (Sondergruppe)		
– Länder mit hohem Einkommen (z. B. Saudi-Arabien, Kuwait)	14540	6740
– sonstige Entwicklungsländer (z. B. Mexico, Nigeria)	1290	930

[1] geschätzt.
[2] nach 1980 nicht mehr berichtet.

Quelle: WELTBANK, Weltentwicklungsbericht 1982, Washington 1982, S. 118f. sowie dieselbe, Weltentwicklungsbericht 1988, Washington 1988, S. 223, 316f.

Tab. 13: Zum weltwirtschaftlichen Wohlstandsgefälle

Ausdruck der geringen weltwirtschaftlichen Integration ist das gewaltige **Wohlstandsgefälle** zwischen (und innerhalb) der Ländergruppe der ,,Dritten Welt" (Entwicklungsländer) und den Mitgliedern der ,,ersten beiden Welten" (Industrieländer). Wie aus Tab. 13 hervorgeht, verfügten im Jahr 1980 die westlichen Industrieländer über ein durchschnittliches Pro-Kopf-Sozialprodukt, das vierzigmal so hoch war wie das von Entwicklungsländern (Nord-Süd-Gefälle), und innerhalb der Gruppe der Industrieländer belief sich der Unterschied zwischen den Marktwirtschaften und den Zentralverwaltungswirtschaften auf mehr als das Doppelte (West-Ost-Gefälle). Bezieht man die Bevölkerungsanteile in die Betrachtung ein, ergibt sich, daß auf die rund 16 v. H. der in (dreiundzwanzig) marktwirtschaftlichen Industrieländern lebenden Weltbevölkerung von insgesamt etwa 4 Mrd. Menschen fast zwei Drittel des Weltsozialprodukts entfielen. Demgegenüber standen den Entwicklungsländern mit mehr als der Hälfte der Weltbevölkerung nur etwa 15 v. H. des Weltsozialprodukts zur Verfügung.

Angesichts dieser Diskrepanzen ist das **Ziel der Wohlstandsangleichung** heute unbestritten. Es rückte nach dem Zweiten Weltkrieg besonders in den Vordergrund, als die Konfrontation der beiden Weltmächte im Zuge des Ost-West-Konflikts in die Dritte Welt ausstrahlte, weil die Überlegenheit der beiden konträren Wirtschafts- und Gesellschaftssysteme an den Entwicklungsländern demonstriert und die Einflußsphären abgegrenzt werden sollten.

Als **Mittel der Entwicklungspolitik** werden von den Industrieländern und internationalen Organisationen heute *Kapitalhilfen* (Schenkungen, verbilligte Kredite), *technische Hilfen* (Entsendung von Beratern, Lehrern und technischem Personal) und *Handelshilfen* (Zollabbau, langfristige Rohstoffabkommen u. a.) gewährt sowie unternehmerische *Direktinvestitionen* (Betriebsgründungen, -beteiligungen von ausländischen Firmen in Entwicklungsländern) begünstigt. Nach den Vorstellungen der Vereinten Nationen sollen die Industrieländer jährlich mindestens 1 v. H. ihres Bruttosozialprodukts (und dabei 0,7 v. H. aus öffentlichen Quellen) für Entwicklungshilfe aufwenden. Der tatsächliche Anteil der öffentlichen Entwicklungshilfe liegt allerdings im Durchschnitt niedriger (westliche Länder z. B. im Jahr 1986 durchschnittlich 0,35 v. H., sozialistische Länder insgesamt eher etwas niedriger und dabei Konzentration auf wenige Empfängerländer).

Unter Hinweis auf das für einige Entwicklungsländer ungünstiger werdende Verhältnis der Preise exportierter Güter zu den Preisen importierter Güter, d. h. der terms of trade (definiert als Quotient der Preisindizes von Exportgütern und Importgütern), drängen viele Entwicklungsländer auf eine besondere Ordnung der internationalen Rohstoffmärkte. Eine der Forderungen bezieht sich auf die Schaffung eines *Systems von ,,buffer-stocks"* zur Stabilisierung der Preise der international gehandelten Rohstoffe, indem bei Unterschreiten eines Mindestpreises Rohstoffmengen aus dem Markt genommen und Ausgleichslagern (buffer-stocks) zugeführt werden, während bei Erreichen eines Höchstpreises Lagervorräte abgebaut und zusätzlich auf dem Rohstoffmarkt angeboten werden. Für Zinn, Kaffee und Kakao gibt es inzwischen wirksame Abkommen zwischen Entwicklungs- und Industrieländern über derartige Markteingriffe. Allerdings bedeuten solche Preisstabilisierungen nicht, daß die Entwicklungsländer auch annähernd konstante Exporterlöse erzielen; denn gerade bei Agrarprodukten schwanken die Angebotsmengen erheblich, und die Lagerzugänge und -abgänge beim buffer-stock brauchen sich langfristig nicht auszugleichen. Nach den Erfahrungen auf dem EG-Agrarmarkt ist vielmehr zu befürchten, daß die Preise aus politischen Gründen so hoch festgesetzt werden, daß auf Dauer nur noch die Mindestpreise eine Rolle spielen und die buffer-stocks an Vorräten überquellen.

Einfacher und ohne direkte Eingriffe in die Preisbildung auf den internationalen Rohstoffmärkten lassen sich die Exporterlöse der rohstoffabhängigen Entwicklungsländer stabilisieren, indem *die marktbedingten Erlösschwankungen durch ergänzende Zahlungen aus einem Fonds ausgeglichen* werden. Das heißt: Sobald die Erlöse eines Landes aus der Rohstoffausfuhr (mengen- und/oder preisbedingt) einen aus durchschnittlichen Vergangenheitswerten festgelegten Mindestbetrag nicht erreichen, erhält dieses Land günstige Kredite oder ,,verlorene'' Zuschüsse aus dem Fonds. Dabei kann die Vergabe der Kredite und Zuschüsse an bestimmte Bedingungen geknüpft werden. Denkbar ist dann allerdings eine Fehlleitung der Ressourcen in den Entwicklungsländern, weil gegebenenfalls Produktionskapazitäten unnötig ausgeweitet werden, statt daß Rationalisierungsinvestitionen zustande kommen. Wieweit dieses System auf Dauer funktioniert, muß sich erst noch erweisen, wenn nämlich die Fonds durch relativ niedrige Rohstoffpreise stark beansprucht werden sollten.

Ein **Fonds zur Stabilisierung der Ausfuhrerlöse (Stabex)** wurde im Februar 1975 in der togolesischen Hauptstadt Lomé zwischen den neun EG-Ländern und 46 afrikanischen, karibischen und pazifischen Staaten (AKP-Länder) vereinbart. Er umfaßte zunächst 28 Agrarprodukte (und zwei Mineralien) und war mit 955 Millionen DM ausgestattet. Im *zweiten Lomé-Abkommen* vom Oktober 1979 wurden unter Beteiligung von nunmehr 57 Entwicklungsländern zehn weitere Produkte in den *Agrar-Stabex* einbezogen, und es wurde ein spezieller *Mineralien-Stabex* für neun Produkte geschaffen. Die Fonds-Mittel für die Laufzeit des Abkommens (bis 1985) wurden auf 1,375 Milliarden DM aufgestockt. Ausfallzahlungen aus dem Agrar-Stabex wurden ,,(quasi-)automatisch'' und ohne Auflagen gewährt und mußten von den 35 am wenigsten entwickelten Ländern nicht zurückgezahlt werden. Kredite aus dem Mineralien-Stabex erforderten demgegenüber eine Einzelfallprüfung und wurden zwar zinsverbilligt, aber grundsätzlich nicht ohne Rückzahlungsverpflichtung gegeben. Die AKP-Länder erhielten sie nur für Bergbauinvestitionen, und zwar ausschließlich im Fall von Krisenzeiten und jeweils mit speziellen Lieferbedingungen für die mit Hilfe der investierten Gelder ermöglichte Produktion. Aufgrund des dritten *Lomé-Abkommens* stellte die Europäische Gemeinschaft von März 1985 bis 1990 insgesamt 65 AKP-Ländern unter anderem 16,7 Milliarden DM Entwicklungshilfe sowie 2,47 Milliarden DM zinsbegünstigte Darlehen zur Verfügung. Neu aufgenommen wurde eine Vereinbarung über den Schutz von Privatinvestitionen. Nach dem vierten *Lomé-Abkommen* wurden die Finanzmittel für inzwischen 67 AKP-Staaten auf 24,6 Mrd. DM für den Zeitraum von 1990 bis 1995 aufgestockt. Erstmals wurde die Möglichkeit einer Unterstützung der wirtschaftlichen Sanierung der Staatsfinanzen von AKP-Ländern vorgesehen. Außerdem wurde der Export von Giftmüll und radioaktivem Abfall aus den zwölf Ländern der Europäischen Gemeinschaft in AKP-Länder verboten.

Die Aufnahme von Krediten im Ausland kann für Entwicklungsländer ein geeignetes Mittel sein, um über die eigenen Exporterlöse hinaus Devisen für den Import von z. B. ausländischen Investitionsgütern (wie Maschinen) zu erhalten. Werden die ausländischen Kredite so eingesetzt, daß Produktions- und Exportsteigerungen eintreten, deren Erträge die für den Schuldendienst (Verzinsung und Rückzahlung) erforderlichen Mittel übersteigen, ist die Verschuldung für das kreditnehmende Land im Prinzip von Vorteil.

Allerdings ist die Aufnahmefähigkeit der Entwicklungsländer für (inländisches und) ausländisches Kapital nicht selten begrenzt, d. h. zusätzliche Investitionen können ab einer bestimmten Grenze kurzfristig nicht mehr lohnend vorgenommen werden. Dafür sind häufig Engpässe im personellen, sozialen oder öffentlich-administrativen Bereich verantwortlich. Solche von Land zu Land unterschiedlichen Hemmnisse lassen sich in der Regel nur in langwierigen und komplexen Entwicklungsprozessen reduzieren. Um den außerordentlich stark voneinander abweichenden Verhältnissen in den einzelnen Entwicklungsländern Rechnung zu tragen, ist es notwendig, für jedes Entwicklungsland ein diesem besonders angepaßtes Entwicklungskonzept zu entwerfen und zu verfolgen. Von Auslandshilfen sind dabei grundsätzlich keine schnellen Erfolge, sondern bestenfalls wichtige Impulse als Hilfe zur Selbsthilfe zu erwarten.

Inzwischen ist es zu einer internationalen „Verschuldungskrise" gekommen, nachdem die Auslandsverschuldung der Entwicklungsländer in den siebziger Jahren und besonders ausgeprägt noch einmal Anfang der achtziger Jahre explosionsartig angestiegen ist. Dabei hat sich zudem eine Konzentration auf einige Hauptschuldnerländer – darunter vor allem lateinamerikanische Länder wie Brasilien und Mexiko – ergeben. In bezug auf die Fähigkeit, den Schuldendienst zu leisten und die damit verbundenen Belastungen zu tragen, kommt es allerdings weniger auf die absolute Höhe der Verschuldung an. Vielmehr ist dafür z. B. die Schuldendienstquote, die den Prozentsatz der Exporterlöse angibt, der für den Schuldendienst aufgebracht werden muß, aussagefähiger. Sie erreichte im Jahr 1989 für die lateinamerikanischen Staaten den hohen Wert von über 43 v. H. und machte für andere Länder wie Algerien oder Somalia sogar über 50 v. H. aus. Die Ursachen der Schuldenexplosion und der hohen Schuldendienstquoten beruhen bei den einzelnen Entwicklungsländern auf unterschiedlichen Kombinationen „äußerer Ursachen", zu denen etwa die drastischen Ölpreissteigerungen für ölimportierende Entwicklungsländer gehören, mit hausgemachten „inneren Ursachen", wie unwirtschaftliche Verwendungen der Kredite z. B. für Prestigeobjekte oder Waffenkäufe.

Wegen des verschiedenen Ausmaßes der Verschuldung der Entwicklungsländer sowie der vielfältigen Ursachen und landesspezifisch unterschiedlichen Möglichkeiten zur Bewältigung der Verschuldungsprobleme kommen im Grundsatz auch hier in erster Linie Fall-zu-Fall-Entscheidungen bei den einzelnen Ländern in Frage. Allerdings bringen bloße Umschuldungen im Zuge wiederkehrenden Krisenmanagements in der Regel nur einen Zeitgewinn, ohne daß die Probleme dauerhaft abgebaut werden. Zur allgemeinen Orientierung und um die bilateralen Verhandlungen leichter als bisher zu fruchtbaren Ergebnissen kommen zu lassen, bedarf es genereller Regeln, die im Einvernehmen zwischen Schuldner- und Gläubigerländern international vereinbart werden. Ungeachtet von Möglichkeiten zur Kritik an einzelnen inhaltlichen Bestimmungen sind insofern der gescheiterte Baker-Plan des Jahres 1985 und der – einen begrenzten Schuldenerlaß einschließende – Brady-Plan von 1989 begrüßenswerte Vorstöße, die zu einfache und beispielsweise nur einseitig die Gläubiger- oder Schuldnerländer belastende Prinzipien vermeiden.

Zu den wichtigsten **internationalen Institutionen der Entwicklungshilfe** gehört die *Weltbank,* die allerdings nur zu marktüblichen Konditionen Entwicklungskredite vergibt. Für die Vergabe von Krediten zu Vorzugsbedingungen ist als Tochter der Weltbank die *IDA* (International Development Association, seit 1960) zuständig, und eine weitere bedeutende Tochtergesellschaft der Weltbank – die *IFC* (International Finance Corporation, gegründet 1956) – fördert speziell private Projekte in Entwicklungsländern. Die bedeutendste Organisation für die internationale Koordination der technischen Hilfeleistungen ist das *United Nations Development Program* (UNDP). Schließlich ragen aus den zahlreichen Sonderorganisationen, die innerhalb der Vereinten Nationen im Bereich der Entwicklungspolitik tätig sind, als auf die Förderung des Welthandels ausgerichtete Institutionen heraus:
– das *Allgemeine Zoll- und Handelsabkommen (GATT* = General Agreement on Tariffs and Trade, von 1948), dem sich heute rund hundert Staaten angeschlossen haben, so daß etwa 80 v. H. des Welthandels unter das Abkommen fallen. Im Mittelpunkt steht das Prinzip der Meistbegünstigung, nach dem zweiseitig ausgehandelte Zollsenkungen allen GATT-Ländern eingeräumt werden müssen. Import- und Exportkontingente sind geächtet, und ein kollektiver Zollabbau wird angestrebt;
– die *Welthandelskonferenz (UNCTAD* = United Nations Conference on Trade and Development, seit 1964), deren Beschlüsse im Gegensatz zu denen des GATT nur den Charakter unverbindlicher Empfehlungen haben. Eine Reihe der Vorschläge verläßt marktwirtschaftliche Prinzipien – z. B. hinsichtlich der Zollpräferenzen zugunsten der Entwicklungsländer oder bei wettbewerbsbeschränkenden Rohstoffabkommen.

Da es letztlich darauf ankommt, die Entwicklungsländer und die Industrieländer in eine geeignete weltwirtschaftliche Arbeitsteilung einzugliedern, durch die ein Weltsozialprodukt geschaffen werden kann, das größer ist, als wenn jedes Land sich ausschließlich selbst versorgt, stellt sich die Frage, auf welche Gütergruppen sich die Länder in erster Linie zwecks Vermeidung von Fehlentwicklungen spezialisieren sollten. Dazu kommt es darauf an, die Gütergruppen zu ermitteln, die die jeweiligen Länder besonders kostengünstig. d. h. mit ,,komparativen Vorteilen'',[7] produzieren können. Eine maßgebliche Rolle

---

[7] Wie in der Theorie ,,komparativer Kostenvorteile'' nachgewiesen ist, lohnt sich internationaler Handel für ein Land nicht nur, wenn es ein Gut ,,absolut kostengünstiger'' produzieren kann; vielmehr ist selbst für ein Land, in dem sich alle denkbaren Güter billiger produzieren lassen als in anderen Ländern, unter bestimmten Voraussetzungen (bei ,,komparativen Vorteilen'') der Außenhandel, d. h. auch die Einfuhr von Waren aus Nachbarländern, ökonomisch von Gewinn. (Das erkannte bereits der – zu den Klassikern zählende – englische Nationalökonom David Ricardo, 1772–1823.)

Zeitraum	Ländergruppe	Produktionsfaktorausstattung		Arbeit		Spezialisierung auf	Beispiele
		Boden	Kapital	Quantität	Qualität		
früher	Entwicklungs-L.	viel	wenig			„boden(rohstoff-)intensive" Güter	Abbau von Erzen, Anbau von Öl, Südfrüchten
	Industrie-L.	wenig	viel			„(maschinen-)kapitalintensive" Güter	
heute	Entwicklungs-L.		wenig	**viel**		**„arbeitsintensive" Güter**	leder-, holzverarbeitende Industrie, Textil- und Bekleidungsindustrie
	Industrie-L.		viel	wenig		„kapitalintensive" Güter	
zukünftig	Entwicklungs-L.		(wenig)	viel	niedrig	„arbeitsmengenintensive" Güter	
	Industrie-L.			wenig	**hoch**	**„ausbildungsintensive" (=„neue") Güter**	mineralölverarbeitende Industrie, Fahrzeugbau, chemische Industrie

Abb. 77: Faktorausstattung „Entwicklungsländer im Verhältnis zu Industrieländern" als Hauptdeterminante für die Spezialisierung bei weltwirtschaftlicher Arbeitsteilung

spielen dabei deren Unterschiede in der Ausstattung mit den Produktionsfaktoren Boden, Kapital und Arbeit, wobei für die weitere Betrachtung hinsichtlich der Arbeit außerdem zwischen der Quantität und der Qualität als besonderen Komponenten differenziert wird.

Früher, zu Beginn der Kolonialzeit im 19. Jahrhundert, wurde der Außenhandel durch die Ausstattung der einzelnen Länder mit den Produktionsfaktoren Boden und Kapital determiniert (vgl. in Abb. 77 die oberen Zeilen). Die Entwicklungsländer hatten im Vergleich zu den heutigen Industrieländern relativ viel Boden und wenig Kapital, konzentrierten sich also sinnvollerweise auf den Abbau ihrer Rohstoffvorkommen und den Anbau (z. B. von Früchten und Gewürzen). Die Industrieländer produzierten vornehmlich industrielle Konsumgüter und Maschinen.

Heute sind der Boden als Produktionsfaktor und die Bodenausstattung als Außenhandelsdeterminante immer mehr in den Hintergrund gedrängt, und das Arbeitspotential der Volkswirtschaften wurde für die Bestimmung der internationalen Handelsgüter wichtiger. Die **Entwicklungsländer** haben derzeit noch relativ wenig Kapital, dafür aber ein großes Arbeitskräftereservoir. Die Nutzung dieses Kostenvorteils erfordert, daß sie **bevorzugt arbeitsintensive Güter** herstellen und bei den Industrieländern gegen Güter eintauschen, zu deren Produktion ein verhältnismäßig hoher Kapitaleinsatz erforderlich ist.

Zukünftig wird das Problem der Kapitalknappheit in den Entwicklungsländern – nicht zuletzt dank der Entwicklungshilfe – eine immer geringere Rolle spielen. Demgegenüber ist zu erwarten, daß die Qualität der in einer Volkswirtschaft verfügbaren Arbeitskräfte, die auch als Ausbildungskapital bezeichnet wird, für die Handelsströme eine zunehmende Bedeutung gewinnt. Ist doch das Ausbildungskapital weder mobil noch kurzfristig von den Entwicklungsländern produzierbar, da der Staat erst ein differenziertes Schul- und Ausbildungssystem aufbauen muß und es außerdem erfahrungsgemäß eine geraume Zeit dauert, bis die ungelernten Arbeitskräfte mit der industriellen Fertigungstechnik vertraut und an die dabei erforderliche Arbeitsdisziplin gewöhnt sind. Daraus folgt, daß die Industrieländer in bezug auf die Qualität des Produktionsfaktors Arbeit vermutlich noch lange einen besonderen Vorteil gegenüber den Entwicklungsländern haben werden. Deshalb sollten sich die **Industrieländer** im Rahmen der weltwirtschaftlichen Arbeitsteilung in erster Linie **auf ausbildungsintensive,** d. h. vor allem **neue und weiterzuentwickelnde Güter** spezialisieren.

Für die Entwicklungsländer ergibt sich daraus konkret, daß sie ihre Produktion verstärkt z. B. auf folgende arbeitsintensive Branchen verlagern müßten: Textil- und Bekleidungsindustrie, leder- und holzverarbeitende Industrie, Stahlverformungs- und Eisen-, Blech- und Metallwarenindustrie, Musikinstrumente- und Spielwarenindustrie. Soweit die Entwicklungsländer bei einer solchen Spezialisierung Güter an die Industrieländer liefern (Exportdiversifikation der Entwicklungsländer), hätten die Industrieländer die Produktion dieser Güter zu reduzieren. Statt dessen sollten sich die Industrieländer unter Ausnutzung ihrer Kapazität verstärkt auf folgende ausbildungsintensive Produktionsbereiche ausrichten: mineralölverarbeitende Industrie, chemische Industrie, Eisen- und Stahlindustrie, Fahrzeug- und Luftfahrzeugbau u. a. Während der Welthandel sich in den letzten Jahren erheblich ausgeweitet hat, ist der Anteil der Entwicklungsländer am Welthandel zurückgegangen (er betrug im Jahr 1986 rd. 20%). Die wichtigsten Handelspartner der Entwicklungsländer sind die westlichen Industrieländer. Sie nahmen 1986 über zwei Drittel der Exporte ab. Nur etwa sieben Prozent der Exporte der Entwicklungsländer gingen in die kommunistischen Staaten, und ein Viertel der Exporte verblieb innerhalb dieser Länder.

Der Spezialisierung im Rahmen der weltwirtschaftlichen Arbeitsteilung liegen die derzeitigen fundamentalen Unterschiede in der Ausstattung mit Produktionsfaktoren zugrunde. Wenn es indessen gelingt, das Entwicklungs- und Wohlstandsgefälle zwischen den Ländern durch eine verstärkte weltwirtschaftliche Integration abzubauen, entfallen allmählich die vorausgesetzten groben Diskrepanzen in der Ausstattung mit Produktionsfaktoren, und das Spezialisierungsmuster verliert inhaltlich seine Bedeutung. Allerdings lassen die auch dann verbleibenden vielfältigen Unterschiede in der Produktionsstruktur der Länder die weltwirtschaftliche Integration mit ihren Möglichkeiten internationaler Arbeitsteilung ökonomisch vorteilhaft sein – ähnlich, wie es längst selbstverständlich ist, daß sich die Individuen einer Gesellschaft beruflich gemäß ihren besonderen Veranlagungen und Fähigkeiten spezialisieren.

c) Energieversorgung als Sonderproblem

Eine wesentliche Voraussetzung für eine stetige Fortentwicklung des internationalen Güteraustauschs ist, daß sich die Weltwirtschaft vom Schock der abrupten Erhöhung des Bezugspreises für Rohöl, der sich innerhalb von sechs Jahren verzehnfachte, erholt.

Die erste spektakuläre Erhöhung des Ölpreises – von 2,50 US-Dollar auf über 10 US-Dollar pro 159-Liter-Faß – gelang im Jahr 1973 dem Kartell der zur *Organization of Petroleum Exporting Countries (OPEC)* gehörenden Länder: Algerien, Barein, Ecuador, Gabun, Indonesien, Irak, Iran, Kathar, Kuweit, Libyen, Nigeria, Oman, Saudi-Arabien, Venezuela und Vereinigte Arabische Emirate. Seither erfolgten weitere Preisanhebungen, so daß im November 1981 ein Rohölpreis pro Faß von 34 US-Dollar erreicht war. Inzwischen haben sich erhebliche Preisschwankungen gezeigt. Mitte 1989 betrug der Rohölpreis pro Faß rd. 18 US-Dollar, und er stieg infolge der Golfkrise im Jahr 1990 auf über 30 US-Dollar.

Der Welthandel mit Rohöl wird heute zu rund 95 v. H. im Rahmen langfristiger Verträge zwischen OPEC-Ländern und Ölgesellschaften abgewickelt *(Konzessionsmarkt)*. Die restlichen 5 v. H. werden an verschiedenen Plätzen – vor allem in Rotterdam – bei sofortiger Lieferung gegen Kasse verkauft *(Spotmarkt)*. Der frei gebildete Tagespreis auf dem Spotmarkt ist ein besonderer Indikator für die Knappheit des Rohöls. An ihm orientieren sich auch die künftigen Preisforderungen der OPEC-Länder auf dem Konzessionsmarkt. Seit der Ölkrise 1973/74 liegt der Spotmarktpreis sehr viel höher als der Konzessionsmarktpreis, wodurch die OPEC-Länder zu immer neuen Preisforde-

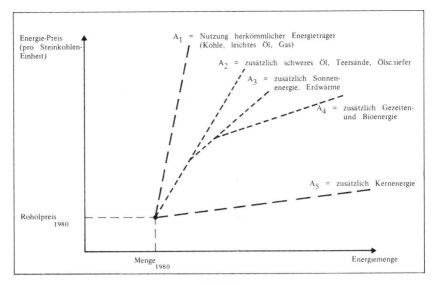

Abb. 78

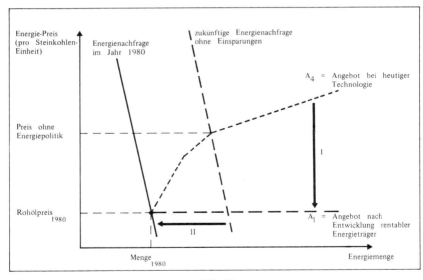

Abb. 79

rungen veranlaßt wurden. Bei weltweiter Nachfragedämpfung könnten die Preise auf dem Spotmarkt wieder unter die Preise des Konzessionsmarktes fallen und das Kartellpreisniveau drücken. Gleichzeitig würden die OPEC-Länder vor das Problem gestellt, ihre Ölfördermengen nach einem intern zwischen den Mitgliedsländern auszuhandelnden Schlüssel an die verringerte Nachfrage anzupassen. Aufgrund der unterschiedlichen Interessen der Länder scheint hier eine Einigung schwierig, so daß das Kartell bei einer weltweiten Nachfragedämpfung nach Erdöl auseinanderbrechen könnte.

Um die mit der Energieversorgung verbundenen ökonomischen Probleme in einem geschlossenen Denkansatz zu erfassen, werden Angebot und Nachfrage wieder in einem Preis-Mengen-Diagramm betrachtet. Wie immer geht es bei einem solchen Modell nicht um genaue Quantifizierung, sondern nur um grundsätzliche Tendenzen. Gerade im Energiebereich haben sich Prognosen bisher als außerordentlich unzuverlässig erwiesen. Abb. 78 zeigt stilisiert, wie hoch bei alternativen Rohölpreisen (als Ursache) die angebotenen Energiemengen (als Wirkung) ceteris paribus sein würden, wenn bestimmte Energieträger in die Betrachtung einbezogen werden.

Die unelastische **Angebotskurve A₁** veranschaulicht, daß bei einem Ansteigen des Rohölpreises über das Niveau des Jahres 1980 die angebotene Energiemenge auf der Welt aus den herkömmlichen Energiequellen Kohle, Erdöl und Erdgas nicht mehr wesentlich ansteigen kann, da die bekannten Vorkommen bereits genutzt und in absehbarer Zeit (schätzungsweise in hundert Jahren) erschöpft sein werden.

In der **BR Deutschland** ist der Anteil der Kohle am Energieverbrauch in der Zeit von 1950 bis 1983 von 88 v.H. auf 32 v.H. zurückgegangen. In der gleichen Zeit stiegen der Anteil des Erdöls von 5 v.H. auf 44 v.H. und der Anteil von Erdgas von weniger als 1 v.H. auf 16 v.H. an. Ökonomisch bedeutungsvoll ist, daß bei den heutigen Preisverhältnissen das Energieangebot in der BR Deutschland kostengünstig durch die Zulassung von Kohleimporten ausgedehnt werden könnte. Derzeit ist die Einfuhr von Kohle, die auf dem Weltmarkt etwa um die Hälfte billiger angeboten wird als die deutsche Kohle, allerdings noch auf 6,6 Millionen Tonnen jährlich begrenzt; und um die deutsche Kohle trotz ihrer hohen Förderkosten konkurrenzfähig zu halten, wird sie zusätzlich staatlich subventioniert (Kohlepfennig). Die Gefahr, daß die BR Deutschland durch eine Ausweitung der Kohleimporte energiewirtschaftlich zu sehr von anderen Staaten abhängig wird, ist relativ klein, da die günstigen Abbaumöglichkeiten der Kohle – anders als beim Erdöl – international breit gestreut sind (z.B. gibt es Kohlevorkommen in den Vereinigten Staaten, Australien, China, Polen und Südafrika).

Die **Angebotskurve A₂** bringt zum Ausdruck, daß es zwar noch nicht beim heutigen Rohölpreis, aber doch bei weiter steigendem Preis rentabel wird, Energie aus schwerem Öl, Ölsänden und Ölschiefer zu gewinnen. Bisher sind diese Energieträger auch bei ihren günstigsten Vorkommen wegen besonders hoher Förder- und Verarbeitungskosten nicht mit den herkömmlichen Energieträgern konkurrenzfähig. Bei steigendem Ölpreis erschlösse sich hier ein großes Energiepotential; denn Kanada, die Vereinigten Staaten und Venezuela verfügen zusammen bereits über bekannte Reserven an schwerem Öl, die ein Vielfaches der Reserven an leichtem Öl in der ganzen Welt betragen, und die Ölsände und Ölschiefer der Rocky Mountains könnten den Energiebedarf der Vereinigten Staaten nach Schätzungen für einige Jahrhunderte decken.

Bei allen fossilen Energieträgern ist auf Dauer allerdings zu berücksichtigen, daß ihre Verbrennung die Umwelt erheblich belastet. Insbesondere wird befürchtet, daß die ständige Zunahme des Kohlendioxidgehaltes in der Atmosphäre einen Anstieg der mittleren Erdtemperatur bewirkt, deren Folgen bisher kaum erforscht sind. Langfristig ist es deshalb sinnvoll, auf andere, nicht mehr fossile Energieträger auszuweichen.

Dafür bieten sich besonders die Nutzung von Sonnenenergie und Erdwärme, sowie die Umwandlung von Gezeiten- und Bioenergie an. Die **Angebotskurven A₃ und A₄** machen deutlich, daß diese Energieträger bei den derzeitigen Energiepreisen noch nicht konkurrenzfähig sind. Bei steigendem Ölpreis würden nach dem heutigen Stand der Technik zunächst Solarkollektoren und auch die Wärmegewinnung aus dem heißen Erdkern rentabel werden. Der Einsatz von Gezeitenkraftwerken und die Ausnutzung der Meeresströmung (zum Beispiel des Golfstroms) erscheint – ähnlich wie die Umwandlung von organischen Abfällen und anderen Biomassen in nutzbare Energie – vorläufig weniger lohnend.

Demgegenüber ist es, wie die **Angebotskurve A₅** zeigt, bereits beim heutigen Rohölpreis wirtschaftlich, den weiteren Energiebedarf durch Kernenergie zu decken. In den achtziger Jahren waren auf der Erde über 250 Kernkraftwerke in Betrieb und mehr als 400 weitere im Bau oder geplant. Während der Ausbau in einigen Ländern (zum Beispiel in den Vereinigten Staaten oder in Frankreich) forciert wird, ist der Einsatz der Kernenergie in der Bundesrepublik weit hinter den Zielen der Regierung zurückgeblieben. Hier erschweren auf besonders hohe Sicherheit ausgerichtete Genehmigungsverfahren den Kraftwerksbau. Außerdem gibt es Verzögerungen durch zahlreiche Bürgerinitiativen und Prozesse.

Dabei beruht die Abneigung gegenüber der Kernkraft auf wichtigen Gründen. So nähren neuerdings bekannt gewordene Störfälle Zweifel, ob die Reaktorsicherheit immer gewährleistet ist. Hinzu kommen die Gefährdung durch äußere Gewalteinwirkung (zum Beispiel durch Terroranschläge oder im Kriegsfall) und die Möglichkeit, materielle Abfälle für militärische Zwecke zu verwenden. Ungelöste Entsorgungsprobleme verstärken das Unbehagen, wenn man bedenkt, daß Brennstoffe erst nach Jahrtausenden ungefährlich werden und ein Kernkraftwerk erst fünfzig Jahre nach der Stillegung verschrottet werden kann. Im Vergleich zu diesen schwerwiegenden Risiken erscheint die konzentrierte Umweltbelastung durch die Standortgebundenheit der Kernkraftwerke an Flüssen (Kühlwasser erwärmt die Flüsse) schon fast harmlos.

Auf den Ausbau der Kernenergie könnte verzichtet werden, wenn es gelänge, durch technische Fortschritte die alternativen nichtfossilen Energiequellen zu den gegenwärtigen Energiepreisen konkurrenzfähig einzusetzen. Eine entsprechende Förderung der Energieforschung wird seit Jahren in allen hochent-

wickelten Industriestaaten betrieben. Die Erfolgsaussichten sowie der Mittel-
und Zeitbedarf einer solchen Politik lassen sich jedoch nicht zuverlässig abschätzen. Insofern bleibt es ein Werturteil, ob man die Erschließung rentabler
Energiequellen – d. h. die Schaffung eines elastischen Energieangebots beim
heutigen Energiepreisniveau – unter Inkaufnahme der Risiken der Kernenergie befürwortet oder statt dessen die Entwicklung alternativer Energiequellen
trotz ihrer erheblichen Kosten und Unsicherheiten für geeigneter hält.

Allerdings ist die **Entwicklung rentabler Energieträger,** wie Abb. 79 zeigt, nur
ein Ansatzpunkt der Energiepolitik (Alternative I). Der Energiepreis kann
auch dadurch auf der Höhe des Niveaus vom Jahr 1980 gehalten werden, daß
die Energiepolitik **Energieeinsparungen** durchsetzt (Alternative II). Nur wenn
die auf das Angebot bezogene Politik und die bei der Nachfrage ansetzenden
Maßnahmen nicht wirksam sind, kommt es zu einer erheblichen Energiepreis-
erhöhung – unter den gegebenen Bedingungen in Abb. 79 bis zum ,,Preis ohne
Energiepolitik''.

In den letzten Jahrzehnten wuchs der Energieverbrauch etwa mit den glei-
chen Steigerungsraten wie das Bruttosozialprodukt, d. h. die Elastizität der
Änderung des Energieverbrauchs (als Wirkung) in bezug auf Änderungen des
Bruttosozialprodukts (als Ursache) war nahezu eins. Diese für eine ,,Zeit der
billigen Energie'' festgestellte Beziehung kann indessen nicht einfach für die
Prognose der zukünftigen Entwicklung übernommen werden. Vielmehr ist es
gerade das Ziel der Energiesparmaßnahmen, den Energieverbrauch vom
Wachstum des Sozialprodukts abzukoppeln.

Für eine Politik der Energieeinsparung steht eine ganze Palette von Maßnahmen zur Verfügung. Sie reicht von der (1) Verbraucherinformation hinsichtlich energiesparenden Verhaltens über (2) finanzielle Sparanreize sowie
(3) einzelne Energieverwendungsverbote bis zu (4) Rationierungsmaßnahmen,
die den Marktmechanismus durch ein staatliches Verteilungssystem ersetzen.
Bevorzugt geht es um Öleinsparungen im Bereich der Haushalte (mit zur Zeit
44 v. H. des Energieverbrauchs in der BR Deutschland), aber auch in der
Industrie (heute 36 v. H.) sowie im Verkehr (heute 20 v. H.), wobei der private
Kraftfahrzeugverkehr (mit heute weniger als 10 v. H. des gesamten Energieverbrauchs) Ansatzpunkt für besonders kontrovers diskutierte Maßnahmen
ist.

(1) Die energiepolitische **Verbraucherinformation** hat durch Spartips in Presse,
    Funk und Fernsehen, die Verteilung von Broschüren (wie die vom Bun-
    deswirtschaftsminister herausgegebenen Hefte ,,Mehr Kilometer mit weni-
    ger Benzin'' oder ,,Damit Sie Ihr Geld nicht verheizen'') sowie Empfeh-
    lungen über die sparsame Verwendung von Energie (zum Beispiel für die
    Isolierung von Häusern oder Hinweise auf sparsames Fahrverhalten) be-
    reits zu ersten Erfolgen geführt. Private und öffentliche Bauherren berück-
    sichtigen mehr als bisher in ihren Planungen, daß etwas höhere Kosten für
    eine Wärmedämmung und Verbesserung des Nutzungsgrades der Hei-
    zungsanlagen angesichts der hohen Energiepreise bald wieder amortisiert

sind. Die Industrie ist ohnehin aus wettbewerbspolitischen Gründen in der Regel gezwungen, die Energiekosten bei der Produktion so niedrig wie möglich zu halten und auch Maschinen mit niedrigerem Energieverbrauch anzubieten. Da aber trotz alle Sparappelle unvernünftiges Verhalten nicht auszuschließen ist, sind ergänzende Maßnahmen notwendig, die nicht nur auf die Einsicht des Verbrauchers, sondern auch auf seinen Geldbeutel zielen.

(2) Solche **finanziellen Anreize** sollen über eine Förderung energiesparender Investitionen und Forschungen den künftigen Bedarf verringern oder über eine zusätzliche Energieverteuerung den Preismechanismus verschärfen und die Nachfrage unmittelbar reduzieren. So stellte zum Beispiel das Energiesparprogramm der Bundesregierung von 1978 ein Gesamtvolumen von 4,35 Milliarden DM zur Verfügung, mit denen über fünf Jahre bestimmte Heizenergiesparmaßnahmen in bestehenden Gebäuden mit einem Investitionskostenzuschuß von 25 v. H. gefördert wurden. Auch der Einbau von Solarkollektoren und Wärmepumpen wurde mit diesem Sofortprogramm gefördert. Eine künstliche Verteuerung wäre zum Beispiel die Einbeziehung der Kraftfahrzeugsteuer in die Mineralölsteuer. Die Kraftfahrzeugsteuer wäre dann ebenfalls im Benzinpreis enthalten. Von der dadurch bewirkten Erhöhung der Benzinpreise ließe sich ein noch energiebewußteres Verhalten der Autofahrer erhoffen. Gleichzeitig könnte die Bildung von Fahrgemeinschaften im Berufsverkehr steuerlich gefördert werden. Ein weiterer Ansatzpunkt ist die Aufhebung der Mineralölsteuerfreiheit für Wassersportfahrzeuge mit Dieselmotor. Auf Ablehnung ist dagegen der Vorschlag des Sachverständigenrates zur Begutachtung der gesamtwirtschaftlichen Entwicklung gestoßen, das Energiesparen und die Umstellung von Öl auf andere Energien durch eine Sondersteuer auf Kraftstoff und Heizöl zu beschleunigen. Abgesehen von unerwünschten verteilungspolitischen Nebeneffekten müßte eine zusätzliche Besteuerung des Mineralölverbrauchs in der Bundesrepublik zu internationalen Wettbewerbserschwernissen führen, solange in anderen Industrieländern der Energieverbrauch sogar noch subventioniert wird. Schließlich besteht die Gefahr, daß Ölförderländer eine solche Steuer zum Anlaß nehmen, ihrerseits die Preise noch stärker als bisher zu erhöhen. Insgesamt ist umstritten, ob Sparappelle und finanzielle Anreize ausreichen, um die Nachfrage nach Öl genügend einzuschränken.

(3) Ergänzend werden gesetzliche **Verbotsregelungen für einzelne Energienutzungen** diskutiert, denen sich die Verbraucher nicht mehr entziehen können. Anknüpfend an die 2. Fortschreibung des Energieprogramms 1973 der Bundesregierung wurde 1979 zum Beispiel überlegt, bei Mehrfamilienhäusern die verbrauchsabhängige Abrechnung der Heizkosten vorzuschreiben und generell höhere Anforderungen an den Wärmeschutz und an heizungstechnische Anlagen in bestehenden Gebäuden zu stellen. Darüber hinaus empfahl der Bundesforschungsminister u. a. eine Genehmi-

gungspflicht für neue Ölheizanlagen und für die Heizung mit Strom, die Genehmigung von Klimaanlagen nur in Sonderfällen und ein grundsätzliches Verbot von beheizten Privatschwimmbädern. Ähnlich drastische Eingriffe in die private Entscheidungsfreiheit wären Geschwindigkeitsbegrenzungen (zum Beispiel 100 km/h auf Autobahnen und 80 km/h auf Bundesstraßen) und Sonntagsfahrverbote. Wie der Widerstand der Bundesbürger gegen solche Verbote zeigt, wird damit freilich eine erhebliche Nutzeneinbuße bewirkt, der nur eine relativ geringe quantitative Ersparnis gegenübersteht. Nach den Erfahrungen der Ölkrise 1973/74 verringern Tempolimit und Fahrverbote den Ölverbrauch höchstens um 1 v. H.

(4) **Rationierungsmaßnahmen** wie eine Benzinzuteilung für Kraftfahrzeuge und Heizölverteilung über Bezugsscheine durch den Staat würden den marktwirtschaftlichen Preis- und Lenkungsmechanismus außer Kraft setzen. Die mit solchen Zwangsmaßnahmen verbundenen Nachteile haben deren Einführung vorerst verhindert. So wird es politisch immer umstritten sein, nach welchem Zuteilungskriterium die Bezugsscheine an die verschiedenen privaten Haushalte, die Unternehmen und die öffentliche Hand abgegeben werden sollen und wieweit der Wiederverkauf von Gutscheinen zulässig sein soll. Außerdem würde ein erheblicher Verwaltungs- sowie Kontrollaufwand für die Verhinderung von illegalen Bezügen erforderlich werden, durch den an anderer Stelle in der Volkswirtschaft einsetzbare Produktionsfaktoren gebunden würden, ohne daß ein einziges Faß Erdöl mehr auf den Markt gelangt. Von besonderem Nachteil ist, daß eine erfolgreiche Rationierung den Preis entgegen den Marktkräften so niedrig hält, daß für die Nachfrager Anreize für Einsparungen von Energie entfallen und es für die Anbieter unrentabel bleibt, alternative Energieträger zu entwickeln.

Zusammenfassend erscheinen noch so ausgeklügelte Rationierungssysteme und Verbotsregelungen ungeeignet, den Energieverbrauch ohne besondere Nutzeneinbußen für die Verbraucher zu drosseln. Eher sind gezielte finanzielle Anreize und Appelle zur sparsamen Energieverwendung in Verbindung mit steigenden Preisen in der Lage, den Energieverbrauch im Verhältnis zum Wachstum des Sozialprodukts langsamer zunehmen oder gar zurückgehen zu lassen. Nur in Einzelfällen können dabei auch gesetzliche Vorschriften (wie zum Beispiel über die Wärmedämmung beim Hausbau) hilfreich sein. Außerdem beschleunigen höhere Energiepreise die Entwicklung leistungsfähiger Energieträger. Diese Aussicht könnte die Verbraucher wenigstens etwas trösten, wenn sie künftig von erneuten Energiepreissteigerungen betroffen werden.

Verständnisfragen zu Kapitel E

1. a) Was sind Konjunkturschwankungen, wie werden sie gemessen, und wer betreibt in der BR Deutschland Konjunkturpolitik?
   b) Warum ändert sich in den einzelnen Phasen des Konjunkturzyklus charakteristi-

scherweise der Zielerreichungsgrad der beiden Ziele Vollbeschäftigung und Preisniveaustabilität?

2. a) Erläutern Sie die negativen Auswirkungen von Arbeitslosigkeit und von Inflation, und zeigen Sie – in bezug auf diese Wirkungen – die unterschiedliche Eignung der gebräuchlichen Indikatoren zur Messung der Zielerreichungsgrade.

   b) Wie ist es ökonomisch erklärbar, daß in einer Wirtschaft gelegentlich sowohl eine beachtliche Inflationsrate als auch eine hohe Arbeitslosigkeit vorhanden sein können?

   c) Inwieweit besteht zwischen Arbeitslosenquoten und Inflationsraten eine feste – und wirtschaftspolitisch verläßliche – Beziehung (Phillips-Theorem)?

3. a) Erklären Sie, warum trotz einer Arbeitslosenzahl von über 800000 in der zweiten Hälfte der siebziger Jahre ständig mehr als 200000 offene Stellen in der BR Deutschland vorhanden waren, und erörtern Sie, durch welche Maßnahmen zur Bekämpfung der Arbeitslosigkeit sich die Besetzung offener Stellen erreichen läßt.

   b) Unterscheiden Sie weitere Ursachen von Arbeitslosigkeit, und diskutieren Sie Maßnahmen, die gezielt zur Bekämpfung dieser Ursachen angewandt werden können.

   c) Häufig wird gefordert, der Staat solle dafür sorgen, daß für jeden Bürger ein passender Arbeitsplatz zur Verfügung steht. Welche ökonomischen Folgen könnte eine solche Arbeitsplatzgarantie haben?

4. a) Erläutern Sie mehrere Ursachen der Inflation unter Berücksichtigung unterschiedlicher gesamtwirtschaftlicher Ausgangssituationen.

   b) Zur Bekämpfung der Inflation ist wiederholt ein Preisstopp für alle Güter einer Volkswirtschaft vorgeschlagen und – in einer Reihe von Ländern – zeitweilig auch praktiziert worden. Erörtern Sie, unter welchen Bedingungen ein genereller Preisstopp zu aufgestauter Inflation führt und welche ökonomischen Probleme regelmäßig mit ihm verbunden sind.

5. a) „In einer konjunkturellen Krisensituation ist ein kombinierter Einsatz von Fiskalpolitik und Lohnpolitik zur Erreichung von Preisniveaustabilität und Vollbeschäftigung in der Wirtschaft unerläßlich". Nehmen Sie zu dieser These Stellung, und zeigen Sie, wie die Fiskalpolitik und die Lohnpolitik aufeinander abgestimmt werden müssen, damit weder Inflation noch Unterbeschäftigung entsteht.

   b) Vergleichen Sie die Geldpolitik mit der Fiskalpolitik und der Lohnpolitik im Hinblick auf die Ansatzpunkte und Wirkungsweisen zur Erreichung der Konjunkturziele.

6. a) Nehmen Sie zu folgender These eines bekannten Gewerkschaftsführers Stellung: „Indem die Gewerkschaften hohe Lohn- und Gehaltsforderungen durchsetzen, steigern sie die Massenkaufkraft und tragen damit zum Abbau der Arbeitslosigkeit bei".

   b) Erläutern Sie den Satz: „Eine Lohnpolitik der Gewerkschaften, die durch hohe Nominallohnerhöhungen eine Umverteilung zugunsten der Arbeitnehmer anstrebt und die Kostenniveauneutralität nicht beachtet, gefährdet die gesamtwirtschaftlichen Ziele Preisniveaustabilität und Vollbeschäftigung und ist im Hinblick auf ihr Ziel ‚Einkommensumverteilung' äußerst begrenzt".

7. a) Was ist Geld, wozu wird es benötigt, und welchen Beitrag leisten die Geschäftsbanken bei der Geldversorgung der Wirtschaft? Welche Änderungen träten ein, wenn alle Geschäftsbanken zu einer hundertprozentigen Reservehaltung verpflichtet würden (wie M. Friedman fordert)?

   b) Wie wirken die verschiedenen geldpolitischen Instrumente der Deutschen Bundesbank auf die Geldmenge und das Zinsniveau in der Wirtschaft, und wie können dadurch mittelbar das Preisniveau, die Beschäftigung und das Wirtschaftswachstum in der BR Deutschland beeinflußt werden?

c) Erläutern Sie die Regelbindung für Änderungen der Geldmenge, mit der die sogenannten Monetaristen die Konjunktur verstetigen wollen.

8. a) Wie kann festgestellt werden, ob und wieweit das wirtschaftspolitische Ziel „außenwirtschaftliches Gleichgewicht" erreicht ist, und inwiefern ergeben sich bei diesem Ziel für die BR Deutschland heute noch Probleme?

b) Warum ist es für ein Land nicht sinnvoll, auf Dauer einen positiven Saldo der Handels- und Dienstleistungsbilanz („Außenbeitrag zum Sozialprodukt") anzustreben?

c) Welche Nachteile ergeben sich durch ständige Defizite in der Devisenbilanz? Erläutern Sie, wie ein System flexibler Wechselkurse für einen ständigen Ausgleich der Devisenbilanz sorgt.

9. a) Warum lassen sich „feste" Wechselkurse zwischen den Währungen der Mitgliedsländer des Europäischen Währungssystems nicht lange durchhalten, wenn die Inflationsraten der Länder sehr unterschiedlich sind?

b) Wie wirken sich Preissteigerungen für importierte Rohstoffe (wie z. B. Erdöl) auf den „flexiblen" Wechselkurs der DM und auf die Zahlungsbilanz der BR Deutschland aus?

10. a) Warum ist Außenhandel für Volkswirtschaften vorteilhaft, und welche Spezialisierung der Güterproduktion zwischen Entwicklungsländern und Industrieländern erscheint bei deren Ausstattung mit Produktionsfaktoren sinnvoll?

b) Wie wirkt sich eine – in der Energiedebatte diskutierte – Sondersteuer für den Benzinverbrauch auf den Gleichgewichtspreis und die Gleichgewichtsmenge am Benzinmarkt aus (bei normal reagierender Nachfrage und normalem Angebot), und was ergibt sich daraus hinsichtlich der Einsparung von Energie und der Förderung neuer Energiequellen?

c) Was halten Sie von der Aussage: „Es ist genauso wenig möglich, die Energiekrise durch Energiesparprogramme zu bekämpfen, wie sich Hunger durch Fasten bewältigen läßt".

Literaturhinweise

Zum Phänomen der empirisch beobachteten **Konjunkturschwankungen:**
– *G. J. Tichy*, Konjunkturschwankungen, Berlin u. a. 1976, 223 S. sowie als laufende Veröffentlichung amtlicher Stellen in der BR Deutschland
– *Sachverständigenrat zur Begutachtung der gesamtwirtschaftlichen Entwicklung,* Jahresgutachten 1964 ff. sowie die dazu Stellung nehmenden Jahreswirtschaftsberichte der Bundesregierung und
– *Deutsche Bundesbank,* Monatsberichte und Jahres-Geschäftsberichte.
Speziell zur Problematik von Konjunkturprognosen:
– *R. Weichhardt*, Praxis der Konjunkturprognose, Stuttgart u. a. 1982, 95 S.
Zur Konjunktur- und Wachstumspolitik generell:
– *U. Teichmann*, Grundriß der Konjunkturpolitik, 1976, 4. Aufl. München 1988, 378 S. Eine Einführung mit Bezug auf institutionelle Gegebenheiten in der BR Deutschland.
– *H. Friedrich*, Stabilisierungspolitik, Opladen 1983, 2. Aufl. Wiesbaden 1986, 272 S.
– *J. Pätzold*, Stabilisierungspolitik, Grundlagen der nachfrage- und angebotsorientierten Wirtschaftspolitik, 1985, 3. Aufl. Bern und Stuttgart 1989, 371 S. Dieser Grundriß informiert auch über neuerdings in den Vordergrund gerückte Instrumente, die über

die traditionellen Konzepte der antizyklischen Geld- und Fiskalpolitik hinausgehen. Das gilt auch für:
- *H. Wagner*, Stabilitätspolitik: theoretische Grundlagen und institutionelle Alternativen, München 1989, 317 S.
- *H. Giersch*, Konjunktur- und Wachstumspolitik in der offenen Wirtschaft, Wiesbaden 1983, 360 S. Ein zur Vertiefung geeignetes Lehrbuch, das komprimiert für Fortgeschrittene geschrieben ist und besonders wachstums- und außenwirtschaftliche Aspekte mitbehandelt.

Speziell zur Arbeitsmarktpolitik, die über die Konjunkturpolitik hinausgeht:
- *E. Görgens*, Beschäftigungspolitik, München 1981, 166 S. Eine knappe, verständliche Einführung.
- *B. Molitor*, Lohn- und Arbeitsmarktpolitik, München 1988, 237 S.

Speziell zum Phillips-Theorem vergleiche den Sammelband:
- *E. Nowotny* (Hrsg.), Löhne, Preise, Beschäftigung, Frankfurt a. M. 1974, 339 S.

Ein Kommentar zum Stabilitäts- und Wachstumsgesetz von 1967:
- *K. Stern, P. Münch, K.-H. Hansmeyer*, Kommentar zum „Gesetz zur Förderung der Stabilität und des Wachstums der Wirtschaft", 1967, 2. Aufl. Stuttgart 1973, 392 S.

Zur Geldpolitik:
- *O. Issing*, Einführung in die Geldpolitik, 1981, 3. Aufl. München 1990, 279 S.
- *H.-J. Jarchow*, Theorie und Politik des Geldes, Bd. II: Geldmarkt, Bundesbank und geldpolitisches Instrumentarium, 1974, 5. Aufl. Göttingen 1988, 243 S.
- *J. Badura, O. Issing* (Hrsg.), Geldpolitik, Stuttgart 1980, 151 S. In diesem Aufsatzband werden keynesianische und monetaristische Varianten berücksichtigt.

Zur Fiskalpolitik:
- *K. Mackscheidt, J. Steinhausen*, Finanzpolitik I, Grundfragen fiskalpolitischer Lenkung, 1974, 3. Aufl. Düsseldorf 1978, 196 S. Das Buch gibt einen guten einführenden Überblick.
- *H. Zimmermann, K.-D. Henke*, Einführung in die Finanzwissenschaft, 1975, 5. Aufl. München 1988, 448 S. Es ist eines von mehreren Lehrbüchern, die die Gesamtheit der ökonomischen Aktivität des Staates behandelt; vgl. außerdem die Hinweise auf Lehrbücher der Finanzwissenschaft am Ende von Kapitel C.
- *R. Lenk*, Zur Schätzung und Beurteilung konjunktureller Wirkungen öffentlicher Haushalte, Berlin und München 1979, 281 S.

Zur Lohnpolitik:
Die inhaltliche Ausrichtung der folgenden Bücher geht aus den Titeln gut hervor (vgl. außerdem die obigen Hinweise zur Arbeitsmarktpolitik, die über die Lohnpolitik hinausgehen):
- *EWG-Kommission* (Hrsg.), Grundkriterien für die Festsetzung der Löhne und damit zusammenhängende Probleme einer Lohn- und Einkommenspolitik, Studien, Reihe Sozialpolitik, Nr. 19 (1967), 97 S.
- *D. Cassel, H. J. Thieme*, Einkommenspolitik, Kritische Analyse eines umstrittenen stabilitätspolitischen Konzepts, Köln 1977, 170 S.
- *E. M. Lipp*, Finanzpolitik und Lohnpolitik – Akteure zwischen Konflikt und Kooperation, Köln u. a. 1980, 258 S.
- *A. Schmid*, Beschäftigung und Arbeitsmarkt, Eine sozioökonomische Einführung, Frankfurt und New York 1984, 303 S.

Zur Außenwirtschaft:
Einen Überblick geben:
- *H. Glismann, E.-J. Horn, S. Nehring, R. Vaubel*, Weltwirtschaftslehre, Eine problemorientierte Einführung, 2 Bde., 1980, Bd. 1: Außenhandels- u. Währungspolitik, 3. Aufl. Göttingen 1986, 240 S.

– *M. Borchert*, Außenwirtschaftslehre, Theorie und Politik, 1977, 3. Aufl. Wiesbaden 1987, 342 S.

– *E. Birnstiel*, Theorie und Politik des Außenhandels, Stuttgart u. a. 1982, 213 S. Theoretische Ansätze werden ausführlich behandelt in dem Standardwerk:

– *K. Rose*, Theorie der Außenwirtschaft, 1963, 10. Aufl. München 1989, 518 S.

Speziell zur Wirkungsweise fester und flexibler Wechselkurse in Verbindung mit Gegenwartsproblemen internationaler Währungssysteme vgl.:

– *W. Schäfer*, Währungen und Wechselkurse, Heidelberg 1981, 160 S.

– *N. Berthold*, Das Europäische Währungssystem (EWS), Konzeption und bisherige Erfahrungen, Beiträge zur Wirtschafts- und Sozialpolitik des Instituts der deutschen Wirtschaft, Nr. 95/96, Köln 1981, 80 S.

Auf der Außenwirtschaftspolitik liegt das Schwergewicht bei:

– *H. Berg*, Internationale Wirtschaftspolitik, Göttingen 1976, 267 S.

– *Th. Balogh*, Internationale Wirtschaftsbeziehungen, Doktrin und Wirklichkeit, Frankfurt a. M. 1974, 135 S.

– *W. Glastetter*, Außenwirtschaftspolitik, Eine problemorientierte Einführung mit einem Kompendium außenwirtschaftlicher Fachbegriffe, 1975, 2. Aufl. Köln 1979, 392 S.

– *H. Willgerodt*, Die Krisenempfindlichkeit des internationalen Währungssystems, Berlin 1981, 97 S.

Speziell zur Entwicklungspolitik:

– *W. Ochel*, Die Entwicklungsländer in der Weltwirtschaft, Eine problemorientierte Einführung mit einem Kompendium entwicklungstheoretischer und -politischer Begriffe, Köln 1982, 332 S. Eine auch ohne besondere Vorkenntnisse gut lesbare und informative Einführung.

– *G. Addicks, H.-H. Bünning*, Ökonomische Strategien der Entwicklungspolitik, Stuttgart u. a. 1979, 184 S. In dem Buch werden die Probleme vor allem aus der Sicht der Entwicklungsländer behandelt.

– *V. Timmermann*, Entwicklungstheorie und Entwicklungspolitik, Göttingen 1982, 232 S. In dem Buch werden neuere Erkenntnisse der Wirtschaftsgeschichte, der Wirtschaftstheorie und der empirischen Wirtschaftsforschung zusammengeführt.

– *H. Hesse, H. Sautter*, Entwicklungstheorie und -politik, 2 Bde., bisher erschien nur Bd. I: Tübingen und Düsseldorf 1977, 200 S. Das einführende Lehrbuch setzt Grundkenntnisse der mikro- und makroökonomischen Theorie voraus, wie auch das umfangreiche folgende Lehrbuch:

– *H. R. Hemmer*, Wirtschaftsprobleme der Entwicklungsländer, 1978, 2. Aufl. München 1988, 850 S.

Sachverzeichnis

(Fachbegriffe, die wirtschaftstheoretisch oder -politisch besonders wichtig sind, sind fett gedruckt)

1661086